内蒙古民族文化通鉴·研究系列丛书

草原文化与元代文学研究

王双梅　查洪德◎著

中国社会科学出版社

图书在版编目(CIP)数据

草原文化与元代文学研究 / 王双梅, 查洪德著 . —北京: 中国社会科学
出版社, 2023.9

(内蒙古民族文化通鉴. 研究系列丛书)

ISBN 978-7-5227-2499-7

Ⅰ.①草… Ⅱ.①王…②查… Ⅲ.①蒙古族—民族文化—研究—中国
②中国文学—古典文学研究—元代 Ⅳ.①K281.2②I206.47

中国国家版本馆 CIP 数据核字 (2023) 第 163541 号

出 版 人	赵剑英	
责任编辑	宫京蕾	周怡冰
责任校对	周 昊	
责任印制	郝美娜	

出　　版	中国社会科学出版社
社　　址	北京鼓楼西大街甲 158 号
邮　　编	100720
网　　址	http://www.csspw.cn
发 行 部	010-84083685
门 市 部	010-84029450
经　　销	新华书店及其他书店

印刷装订	北京君升印刷有限公司
版　　次	2023 年 9 月第 1 版
印　　次	2023 年 9 月第 1 次印刷

开　　本	710×1000　1/16
印　　张	19.5
插　　页	2
字　　数	328 千字
定　　价	118.00 元

凡购买中国社会科学出版社图书, 如有质量问题请与本社营销中心联系调换
电话: 010-84083683

《内蒙古民族文化通鉴》总序

乌 兰

"内蒙古民族文化研究建设工程"成果集成——《内蒙古民族文化通鉴》（简称《通鉴》）六大系列数百个子项目的出版物将陆续与学界同仁和广大读者见面了。这是内蒙古民族文化传承保护建设中的一大盛事，也是对中华文化勃兴具有重要意义的一大幸事。借此《通鉴》出版之际，谨以此文献给所有热爱民族文化，坚守民族文化的根脉，为民族文化薪火相传而殚智竭力、辛勤耕耘的人们。

一

内蒙古自治区位于祖国北部边疆，土地总面积 118.3 万平方公里，占中国陆地国土总面积的八分之一，现设 9 市 3 盟 2 个计划单列市，全区共有 102 个旗县（市、区），自治区首府为呼和浩特。2014 年，内蒙古总人口 2504.81 万，其中蒙古族人口 458.45 万，汉族人口 1957.69 万，包括达斡尔族、鄂温克族、鄂伦春族"三少"自治民族在内的其他少数民族人口 88.67 万；少数民族人口约占总人口的 21.45%，汉族人口占78.15%，是蒙古族实行区域自治、多民族和睦相处的少数民族自治区。内蒙古由东北向西南斜伸，东西直线距离 2400 公里，南北跨度 1700 公里，横跨东北、华北、西北三大区，东含大兴安岭，西包阿拉善高原，南有河套、阴山，东南西与 8 省区毗邻，北与蒙古国、俄罗斯接壤，国境线长达 4200 公里。内蒙古地处中温带大陆气候区，气温自大兴安岭向东南、西南递增，降水自东南向西北递减，总体上干旱少雨，四季分明，寒暑温差很大。全区地理上大致属蒙古高原南部，从东到西地貌多样，有茂密的森林，广袤的草原，丰富的矿藏，是中国为数不多的资源富集大区。

内蒙古民族文化的主体是自治区主体民族蒙古族的文化，同时也包括达斡尔族、鄂温克族、鄂伦春族等人口较少世居民族多姿多彩的文化和汉族及其他各民族的文化。

"内蒙古"一词源于清代"内札萨克蒙古"，相对于"外扎萨克蒙古"即"外蒙古"。自远古以来，这里就是人类繁衍生息的一片热土。1973年在呼和浩特东北发现的大窑文化，与周口店第一地点的"北京人"属同一时期，距今50万—70万年。1922年在内蒙古伊克昭盟乌审旗萨拉乌苏河发现的河套人及萨拉乌苏文化、1933年在呼伦贝尔扎赉诺尔发现的扎赉诺尔人，分别距今3.5万—5万年和1万—5万年。到了新石器时代，人类不再完全依赖天然食物，而已经能够通过自己的劳动生产食物。随着最后一次冰河期的迅速消退，气候逐渐转暖，原始农业在中国北方地区发展起来。到了公元前6000年—前5000年，内蒙古东部和西部两个亚文化区先后都有了原始农业。

"红山诸文化"（苏秉琦语）和海生不浪文化的陆续兴起，使原始定居农业逐渐成为主导的经济类型。红山文化庙、坛、冢的建立，把远古时期的祭祀礼仪制度及其规模推进到一个全新的阶段，使其内容空前丰富，形式更加规范。"中华老祖母雕像""中华第一龙""中华第一凤"——这些在中华文明史上具有里程碑意义的象征物就是诞生在内蒙古西辽河流域的红山文化群。红山文化时期的宗教礼仪反映了红山文化时期社会的多层次结构，表明"'产生了植根于公社，又凌驾于公社之上的高一级的社会组织形式'（苏秉琦语——引者注），这已不是一般意义上的新石器时代文化概念所能包容的，文明的曙光已照耀在东亚大地上"[1]。

然而，由于纪元前5000年和纪元前2500年前后，这里的气候出现过几次大的干旱及降温，原始农业在这里已经不再适宜，从而迫使这一地区的原住居民去调整和改变生存方式。夏家店文化下层到上层、朱开沟文化一至五段的变迁遗迹，充分证明了这一点。气候和自然环境的变化、生产力的进一步发展，必然促使这里的人类去寻找更适合当地生态条件、创造具有更高劳动生产率的生产方式。于是游牧经济、游牧文化诞生了。

---

[1] 田广金、郭素新：《北方文化与匈奴文明》，江苏教育出版社2005年版，第131页。

　　历史上的游牧文化区，基本处于北纬40度以北，主要地貌单元包括山脉、高原草原、沙漠，其间又有一些大小河流、淡水咸水湖泊等。处于这一文化带上的蒙古高原现今冬季的平均气温在-10℃—20℃之间，年降雨量在400毫米以下，干燥指数在1.5—2之间。主要植被是各类耐寒的草本植物和灌木。自更新世以来，以有蹄类为主的哺乳动物在这一地区广泛分布。这种生态条件，在当时的生产力水平下，对畜牧业以外的经济类型而言，其制约因素无疑大于有利因素，而选择畜牧、游牧业，不仅是这种生态环境条件下的最佳选择，而且应该说是伟大的发明。比起从前在原始混合型经济中饲养少量家畜的阶段，逐水草而居，"依天地自然之利，养天地自然之物"的游牧生产、生活方式有了质的飞跃。按照人类学家L. 怀特、M. D. 萨林斯关于一定文化级差与一定能量控驭能力相对应的理论，一头大型牲畜的生物能是人体生物能的1—5倍，一人足以驾驭数十头牲畜从事工作，可见真正意义上的畜牧、游牧业的生产能力已经与原始农业经济不可同日而语。它表明草原地带的人类对自身生存和环境之间的关系有了全新的认识，智慧和技术使生产力有了大幅提高。

　　马的驯化不但使人类远距离迁徙游牧成为可能，而且让游牧民族获得了在航海时代和热兵器时代到来之前绝对所向披靡的军事能力。游牧民族是个天然的生产军事合一的聚合体，具有任何其他民族无法比拟的灵活机动性和长距离迁徙的需求与能力。游牧集团的形成和大规模运动，改变了人类历史。欧亚大陆小城邦、小农业公社之间封闭隔绝的状况就此终结，人类社会各个群体之间的大规模交往由此开始，从氏族部落语言向民族语言过渡乃至大语系的形成，都曾有赖于这种大规模运动；不同部落、不同族群开始通婚杂居，民族融合进程明显加速，氏族部族文化融合发展成为一个个特色鲜明的民族文化，这是人类史上的一次历史性进步，这种进步也大大加快了人类文化的整体发展进程。人类历史上的一次划时代的转折——从母权制向父权制的转折也是由"游牧部落"带到农耕部落中去的。①

　　对现今中国北方地区而言，到了公元前一千年左右，游牧人的时期业

---

　　① ［苏］Д. Е. 叶列梅耶夫：《游牧民族在民族史上的作用》，《民族译丛》1987年第5、6期。

已开始，秦汉之际匈奴完成统一草原的大业，此后的游牧民族虽然经历了许多次的起起伏伏，但总体十分强势，一种前所未有的扩张从亚洲北部，由东向西展开来。于是，被称为"世界历史两极"的定居文明与草原畜牧者和游牧人开始在从长城南北到中亚乃至欧洲东部的广阔地域内进行充分的相互交流。到了"蒙古时代"，一幅中世纪的"加泰罗尼亚世界地图"，如实反映了时代的转换，"世界体系"以"蒙古时代"为开端确立起来，"形成了人类史上版图最大的帝国，亚非欧世界的大部分在海陆两个方向上联系到了一起，出现了可谓'世界的世界化'的非凡景象，从而在政治、经济、文化、商业等各个方面出现了东西交流的空前盛况"。① 直到航海时代和热兵器时代到来之后，这种由东向西扩张的总趋势才被西方世界扭转和颠倒。而在长达约两千年的游牧社会历史上，现今的内蒙古地区始终是游牧文化圈的核心区域之一，也是游牧世界与华夏民族、游牧文明与农耕文明碰撞激荡的最前沿地带。

在漫长的历史过程中，广袤的北方大草原曾经是众多民族繁衍生息的家园，他们在与大自然的抗争和自身的生存发展过程中创造了各民族自己的文化，形成了以文化维系起来的人群——民族。草原各民族有些是并存于一个历史时期，毗邻而居或交错居住，有些则分属于不同历史时期，前者被后者更替，后者取代前者，薪尽而火传。但不论属何种情形，各民族文化之间都有一个彼此吸纳、继承、逐渐完成民族文化自身的进化，然后在较长历史时期内稳定发展的过程。比如，秦汉时期的匈奴文化就是当时众多民族部落文化和此前各"戎""狄"文化的集大成。魏晋南北朝时期的鲜卑文化，隋唐时期的突厥文化，宋、辽、金时期的契丹、女真、党项族文化，元代以来的蒙古族文化都是如此。

二

蒙古民族是草原文化的集大成者，蒙古文化是草原文化最具代表性的文化形态，蒙古民族的历史集中反映了历史上草原民族发展变迁的基本

---

① 《杉山正明谈蒙古帝国："元并非中国王朝"一说对错各半》，《东方早报·上海书评》2014年7月27日。

规律。

有人曾用"蝴蝶效应"比喻 13 世纪世界历史上的"蒙古风暴"——斡难河畔那一次蝴蝶翅膀的扇动引起周围空气的扰动，能量在连锁传递中不断增强，最终形成席卷亚欧大陆的铁骑风暴。这场风暴是由一位名叫铁木真的蒙古人掀起，他把蒙古从一个部落变成一个民族，于 1206 年建立了大蒙古汗国。铁木真统一蒙古各部之后，首先废除了氏族和部落世袭贵族的权利，使所有官职归于国家，为蒙古民族的历史进步扫清了重要障碍，并制定了世界上第一部具有宪法意义、包含宪政内容的成文法典，而这部法典要比英国在世界范围内最早制定的宪法性文件早了九年。成吉思汗确立了统治者与普通牧民负同等法律责任、享有同等宗教信仰自由等法律原则，建立了定期人口普查制度，创建了最早的国际邮政体系。

13、14 世纪的世界可被称为蒙古时代，成吉思汗缔造的大蒙古国囊括了多半个亚欧版图，发达的邮驿系统将东方的中国文明与西方的地中海文明相连接，两大历史文化首度全面接触，对世界史的影响不可谓不深远。亚欧大陆后来的政治边界划分分明是蒙古帝国的遗产。成吉思汗的扩张和西征，打破了亚欧地区无数个城邦小国、定居部落之间的壁垒阻隔，把亚欧大陆诸文明整合到一个全新的世界秩序之中，因此他被称为"缔造全球化世界的第一人"①。1375 年出现在西班牙东北部马略卡岛的一幅世界地图——"卡塔拉地图"（又称"加泰罗尼亚地图"，现藏于法国国家图书馆)，之所以被称为"划时代的地图"，并非因为它是标明马可·波罗行旅路线的最早地图，而是因为它反映了一个时代的转换。从此，东西方之间的联系和交往变得空前便捷、密切和广泛。造纸、火药、印刷术、指南针——古代中国的这些伟大发明通过蒙古人，最终真正得以在欧洲推广开来；意大利作家但丁、薄伽丘和英国作家乔叟所用的"鞑靼绸""鞑靼布""鞑靼缎"等纺织品名称，英格兰国王指明要的"鞑靼蓝"，还有西语中的许多词汇，都清楚地表明东方文化以蒙古人为中介传播到西方的那段历史；与此同时，蒙古人从中亚细亚、波斯引进许多数学家、工匠和管理人员，以及诸如高粱、棉花等农作物，并将其传播到中国和其他

---

① [美] 杰克·威泽弗德：《成吉思汗与今日世界之形成》，温海清、姚建根译，重庆出版社 2014 年版，第 8 页封面。

地区，从而培育或杂交出一系列新品种。由此引发的工具、设备、生产工艺的技术革新，其意义当然不可小觑；特别是数学、历法、医学、文学艺术方面的交流与互动，知识和观念的传播、流动，打破了不同文明之间的隔阂，以及对某一文明的偏爱与成见，其结果就是全球文化和世界体系若干核心区的形成。1492 年，克里斯托弗·哥伦布说服两位君主，怀揣一部《马可·波罗游记》，信心满满地扬帆远航，为的就是找到元朝的"辽阳省"，重建与蒙古大汗朝廷的海上联系，恢复与之中断的商贸往来。由于蒙古交通体系的瓦解和世界性的瘟疫，他浑然不知此时元朝已经灭亡一百多年，一路漂荡到加勒比海的古巴，无意间发现了"新大陆"。正如美国人类学家、蒙古史学者杰克·威泽弗德所言，在蒙古帝国终结后的很长一段时间内，新的全球文化继续发展，历经几个世纪，变成现代世界体系的基础。这个体系包含早先蒙古人强调的自由商业、开放交通、知识共享、长期政治策略、宗教共存、国际法则和外交豁免。①

即使我们以中华文明为本位回望这段历史，同样可以发现蒙古帝国和元朝对我国历史文化久远而深刻的影响。从成吉思汗到忽必烈，历时近百年，元朝缔造了人类历史上版图最大的帝国，结束了唐末以来国家分裂的状况，基本划定了后世中国的疆界；元代实行开放的民族政策，大力促进各民族间的经济文化交流和边疆地区的开发，开创了中华民族多元一体的新格局，确定了中国统一的多民族国家的根本性质；元代推行农商并重政策，"以农桑为急务安业力农"，城市经济贸易繁荣发展，经贸文化与对外交流全面推进，实行多元一体的文化教育政策，科学技术居于世界前列，文学艺术别开生面，开创了一个新纪元；作为发动有史以来最大规模征服战争的军事领袖，成吉思汗和他的继任者把冷兵器时代的战略战术思想、军事艺术推上了当之无愧的巅峰，创造了人类军事史的一系列"第一"、一系列奇迹，为后人留下了极其丰富的精神财富；等等。

统一的蒙古民族的形成是蒙古民族历史上具有划时代意义的时间节点。从此，蒙古民族成为具有世界影响的民族，蒙古文化成为中华文化不可或缺的组成部分。漫长的历史岁月见证了蒙古族人民的智慧，他们在文

---

① ［美］杰克·威泽弗德：《成吉思汗与今日世界之形成》（修订版），温海清、姚建根译，重庆出版社 2014 年版，第 6、260 页。

学、史学、天文、地理、医学等诸多领域成就卓然，为中华文明和人类文明的发展做出了不可否认的伟大贡献。

20世纪30年代被郑振铎先生称为"最可注意的伟大的白话文作品"的《蒙古秘史》，不单是蒙古族最古老的历史、文学巨著，也是被联合国教科文组织列为世界名著目录（1989年）的经典，至今依然吸引着世界各国无数的学者、读者；在中国著名的"三大英雄史诗"中，蒙古族的《江格尔》、《格斯尔》（《格萨尔》）就占了两部，它们也是目前世界上已知史诗当中规模最大、篇幅最长、艺术表现力最强的作品之一；蒙古民族一向被称为能歌善舞的民族，马头琴、长调、呼麦被列入世界非物质文化遗产，蒙古族音乐舞蹈成为内蒙古的亮丽名片，风靡全国，感动世界，诠释了音乐不分民族、艺术无国界的真谛；还有传统悠久、特色独具的蒙古族礼仪习俗、信仰禁忌、衣食住行，那些科学简洁而行之有效的生产生活技能、民间知识，那些让人叹为观止的绝艺绝技以及智慧超然且极其宝贵的非物质文化遗产，都是在数千年的游牧生产生活实践中形成和积累起来的，也是与独特的生存环境高度适应的，因而极富生命力。迄今，内蒙古已拥有列入联合国非物质文化遗产名录的项目2项（另有马头琴由蒙古国申报列入名录）、列入国家级名录的81项、自治区及盟市旗县级名录的3844项，各级非遗传承人6442名。其中蒙古族、达斡尔族、鄂温克族、鄂伦春族等内蒙古世居少数民族的非遗项目占了绝大多数。人们或许不熟悉内蒙古三个人口较少民族的文化传统，然而那巧夺天工的达斡尔造型艺术、想象奇特的鄂温克神话传说、栩栩如生的鄂伦春兽皮艺术、闻名遐迩的"三少民族"桦皮文化……这些都是一朝失传则必将遗恨千古的文化瑰宝，我们当倍加珍惜。

内蒙古民族文化当中最具普世意义和现代价值的精神财富，当属其崇尚自然、天人相谐的生态理念、生态文化。游牧，是生态环保型的生产生活方式，是现代以前人类历史上惟一以人与自然和谐共存、友好相处的理念为根本价值取向的生产生活方式。游牧和狩猎，尽管也有与外在自然界相对立的一面，但这是以敬畏、崇尚和尊重大自然为最高原则、以和谐友好为前提的非对抗性对立。因为，牧民、猎人要维持生计，必须有良好的草场、清洁的水源和丰富的猎物，而这一切必须以适度索取、生态环保为条件。因此，有序利用、保护自然，便成为游牧生产方式的最高原则和内在要求。对亚洲北部草原地区而言，人类在无力改造和控制自然环境的条件下，游牧生产方式是维持草畜平衡，使草场及时得到休整、涵养、恢复的自由而能动的最佳选择。我国北方的广大地区尽管数千年来自然生态环境相当脆弱，如今却能够成为我国北部边疆的生态屏障，与草原游牧民族始终如一的精心呵护是分不开的。不独蒙古族，达斡尔族、鄂温克族、鄂伦春族等草原世居少数民族在文化传统上与蒙古族共属一个更大的范畴，不论他们的思维方式、信仰文化、价值取向还是生态伦理，都与蒙古族大同小异，有着多源同流、殊途同归的特点。

随着人类历史进程的加速，近代以来，世界各地区、各民族文化变迁、融合的节奏明显加快，草原地区迎来了本土文化和外来文化空前大激荡、大融合的时代。草原民族与汉民族的关系日趋加深，世界各种文化对草原文化的作用和影响进一步增强，农业文明、工业文明、商业文明、城市文明的因素大量涌现，草原各民族的生产生活方式，乃至思想观念、审美情趣、价值取向都发生了巨大变化。虽然，这是一个凤凰涅槃、浴火重生的过程，但以蒙古族文化为代表的草原各民族文化，在空前的文化大碰撞中激流勇进，积极吸纳异质文化养分，或在借鉴吸纳的基础上进行自主的文化创新，使民族文化昂然无惧地走上转型之路。古老的蒙古族文化，依然保持着她所固有的本质特征和基本要素，而且，由于吸纳了更多的活性元素，文化生命力更加强盛，文化内涵更加丰富，以更加开放包容的姿态迎来了现代文明的曙光。

三

古韵新颜相得益彰，历久弥新异彩纷呈。自治区成立以来的近 70 年间，草原民族的文化事业有了突飞猛进的发展。我国社会主义制度和民族区域自治、各民族一律平等的宪法准则，党和国家一贯坚持和实施的尊重、关怀少数民族，大力扶持少数民族经济文化事业的一系列方针政策，从根本上保障了我国各民族人民传承和发展民族文化的权利，也为民族文化的发展提供了广阔空间。一些少数民族，如鄂伦春族仅仅用半个世纪就从原始社会过渡到社会主义社会，走过了过去多少个世纪都不曾走完的历程。

一个民族的文化发展水平必然集中体现在科学、文化、教育事业上。在历史上的任何一个时期，蒙古民族从来不曾拥有像现在这么多的科学家、文学家等各类专家教授，从来没有像现在这样以丰富的文化产品供给普通群众的消费，蒙古族大众的整体文化素质从来没有达到现在这样的高度。哪怕最偏远的牧村，电灯电视不再稀奇，网络、手机、微信微博业已成为生活的必需。自治区现有 7 家出版社出版蒙古文图书，全区每年都有数百上千种蒙古文新书出版，各地报刊每天都有数以千百计的文学新作发表。近年来，蒙古族牧民作家、诗人的大量涌现，已经成为内蒙古文学的一大景观，其中有不少作者出版有多部中长篇小说或诗歌散文集。我们再以国民受教育程度为例，它向来是一个民族整体文化水准的重要指标之一。中华人民共和国成立前，绝大多数蒙古人根本没有接受正规教育的机会，能够读书看报的文化人寥若晨星。如今，九年义务教育已经普及，即便是上大学、读研考博的高等教育，对普通农牧民子女也不再是奢望。据《内蒙古 2014 年国民经济和社会发展统计公报》显示，全自治区 2013 年少数民族在校大学生 10.8 万人，其中蒙古族学生 9.4 万人；全区招收研究生 5987 人，其中，少数民族在校研究生 5130 人，蒙古族研究生 4602 人，蒙古族受高等教育程度可见一斑。

每个时代、每个民族都有一些杰出人物曾经对人类的发展进步产生深远影响。正如爱迪生发明的电灯"点亮了世界"一样，当代蒙古族也有为数不少的文化巨人为世界增添了光彩。提出"构造体系"概念、创立地质力学学说和学派、提出"新华夏构造体系三个沉降带"理论、开创油气资源勘探和地震预报新纪元的李四光；认定"世界未来的文化就是中国文化复兴"、素有"中国最后一位大儒家"之称的国学大师梁漱溟；在国际上首次探索出山羊、绵羊和牛精子体外诱导获能途径，成功实现试管内杂交育种技术的"世界试管山羊之父"旭日干；还有著名新闻媒体人、文学家、翻译家萧乾；马克思主义哲学家艾思奇；当代著名作家李准……这些如雷贯耳的大名，可谓家喻户晓、举世闻名，但人们未必都知道他们来自蒙古族。是的，他们来自蒙古民族，为中华民族的伟大复兴，为全人类的文明进步做出了应有的贡献。

历史的进步、社会的发展、蒙古族人民群众整体文化素质的大幅提升，使蒙古族文化的内涵得以空前丰富，文化适应能力、创新能力、竞争能力都有了显著提升。从有形的文化特质，如日常衣食住行，到无形的观念形态，如思想情趣、价值取向，我们可以举出无数个鲜活的例子，说明蒙古文化紧随时代的步伐传承、创新、发展的事实。特别是自2003年自治区实施建设民族文化大区、强区战略以来，全区文化建设呈现出突飞猛进的态势，民族文化建设迎来了一个新的高潮。内蒙古文化长廊计划、文化资源普查、重大历史题材美术创作工程、民族民间文化遗产数据库建设工程、蒙古语语料库建设工程、非物质文化遗产保护、一年一届的草原文化节、草原文化研究工程、北部边疆历史与现状研究项目等，都是这方面的有力举措，收到了很好的成效。

但是，我们也必须清醒地看到，与经济社会的跨越式发展相比，文化建设仍然显得相对滞后，特别是优秀传统文化的传承保护依然任重道远。优秀民族文化资源的发掘整理、研究转化、传承保护以及对外传播能力尚不能适应形势发展，某些方面甚至落后于国内其他少数民族省区的现实也尚未改变。全球化、工业化、信息化和城市化的时代大潮，对少数民族弱势文化的剧烈冲击是显而易见的。全球化浪潮和全方位的对外开放，意味着我们必将面对外来文化，特别是强势文化的冲击。在不同文化之间的交往中，少数民族文化所受到的冲击会更大，所经受的痛苦也会更多。因为，它们对外来文化的输入往往处于被动接受的状态，而对文化传统的保护常常又力不从心，况且这种结果绝非由文化本身的价值所决定。换言之，在此过程中，并非所有得到的都是你所希望得到的，并非所有失去的都是你应该丢掉的，不同文化之间的输入输出也许根本就不可能"对等"。这正是民族文化的传承保护任务显得分外紧迫、分外繁重的原因。

文化是民族的血脉，内蒙古民族文化是中华文化不可或缺的组成部分，中华文化的全面振兴离不开国内各民族文化的繁荣发展。为了更好地贯彻落实党的十八大关于文化建设的方针部署，切实把自治区党委提出的实现民族文化大区向民族文化强区跨越的要求落到实处，自治区政府于2013年实时启动了"内蒙古民族文化建设研究工程"。"工程"包括文献档案整理出版，内蒙古社会历史调查、研究系列，蒙古学文献翻译出版，内蒙古历史文化推广普及和"走出去"，"内蒙古民族文化建设研究数据库"建设等广泛内容，计划六年左右的时间完成。经过两年的紧张努力，从2016年开始，"工程"的相关成果已经陆续与读者见面。

建设民族文化强区是一项十分艰巨复杂的任务，必须加强全区各界研究力量的整合，必须有一整套强有力的措施跟进，必须实施一系列特色文化建设工程来推动。"内蒙古民族文化建设研究工程"就是推动我区民族文化强区建设的一个重要抓手，是推进文化创新、深化人文社会科学可持续发展的一个重要部署。目前，"工程"对全区文化建设的推动效应正在逐步显现。

"内蒙古民族文化建设研究工程"将在近年来蒙古学研究、"草原文化研究工程""北部边疆历史与现状研究"、文化资源普查等科研项目所取得的成就基础上，突出重点，兼顾门类，有计划、有步骤地开展抢救、保护濒临消失的民族文化遗产，搜集记录地方文化和口述历史，使民族文化传承保护工作迈上一个新台阶；将充分利用新理论、新方法、新材料，有力推进学术创新、学科发展和人才造就，使内蒙古自治区传统优势学科进一步焕发生机，使新兴薄弱学科尽快发展壮大；"工程"将会在科研资料建设，学术研究，特色文化品牌打造、出版、传播、转化等方面取得突破性的成就，推出一批具有创新性、系统性、完整性的标志性成果，助推自治区人文社会科学研究和社会主义文化建设事业蓬勃发展。"内蒙古民族文化建设研究工程"的实施，势必大大增强全区各民族人民群众的文化自觉和文化自信，必将成为社会主义文化大发展大繁荣，实现中华民族伟大复兴中国梦的一个切实而有力的举措，其"功在当代、利在千秋"的重要意义必将被历史证明。

（作者为时任内蒙古自治区党委常委、宣传部部长，"内蒙古民族文化建设研究工程"领导小组组长）

目　录

绪　论

在中国文学史上，元代文学是特殊的也是复杂的。这种文学上的特殊和复杂，根源于元代文化的特殊和复杂。元代是草原文化、农耕文化、西域商业文明的多元冲突、融合后形成的多元一体文化。这对元代文人、社会、政治秩序、文化、艺术等都具有重大影响。而在这个多元一体的新的文化体系中，政治上处于统治地位的蒙古民族所代表的草原文化具有特殊的地位。立足草原文化考察元代文学的新变、独特性，以及元代对文学传统的延续性、元代在文学史上的地位和意义等问题，是元代文学研究的一个重要视角、重要课题。

"所谓草原文化，就是世代生息在我国北方草原地区的先民、部落、民族共同创造的一种与草原生态环境相适应的文化，这种文化包括草原人们的生产方式、生活方式以及与之相适应的风俗习惯、社会制度、宗教信仰、思想观念、文学艺术等。"① 草原文化的诞生和发展，从最早的距今约 70 万年的旧石器时代呼和浩特东郊大窑石器制造场，到距今约 8000 年的新石器时代的赤峰市兴隆洼聚落遗址"中华老祖母"；从遥远的先秦，到秦汉时期北方的匈奴、鲜卑、柔然、突厥、契丹、蒙古等游牧民族政权的建立和更迭，再到"五胡十六国"，与两宋并立的辽、金朝，可以说，在有文字记录以来，历经千余年，北方草原民族在一次次的政权更迭中，实现了民族的融合、迁徙，实现了胡汉文化的碰撞、交流，无论对草原文化，还是对汉文化来说，历史都在这一次次碰撞、交流中不断发展改变和推演，吴团英认为："草原文化和黄河文化的碰撞与交融，主导了中国古代历史发展的进程。从秦朝统一到鸦片战争的 2000 余年间，中国古代历史的每一个重要发展时期，都伴随着草原民族的身影。草原民族在中原地

---

① 　吴团英：《草原文化与游牧文化》，《内蒙古社会科学》2006 年第 5 期。

区建立的割据王朝和统一王朝有 20 余个，统一时间累计逾 1000 余年。"① 可以说，在中华民族文化的发展历史长河中，形成中草原文化、中原农耕文化你中有我、我中有你的局面。吴团英先生曾这样评述过草原文化在中国历史和文化发展中的地位和贡献："草原文化是中华文化发展的重要动力源泉。中华文化源远流长、长盛不衰，其历史脉络从未中断，这在各文明古国中是绝无仅有的。造就这种独特而伟大的文化现象的重要原因之一，就在于其多元一体的内在建构。因为，只有'多元'而没有'一体'，就会出现四分五裂、一盘散沙的状况，而只有'一体'没有'多元'，就会缺失生机与活力。辩证法则和历史逻辑就这样统一于中华文化生命机体之中，使之永葆青春和活力。在这'多元一体'的内在建构中，草原文化以游牧民族特有的豪迈刚健的气质和品格，不断为中华文化的发展兴旺增添生机与活力，一次又一次地实现新的变革与发展。因此，从这个意义上说，一部中华文化发展史，差不多就是北方草原游牧文明与中原农耕文明交互作用、融会贯通、共同进步的历史。"②

就草原文化而言，当历史发展到由蒙古族肇建的一统政权元朝时，胡汉一家、华夷一体才真正意义上实现，也从文化类型的角度，第一次真正将草原文化在社会、政治层面推到最高，也第一次因蒙古统治者独特的政治地位，使得其所代表的草原文化对社会、文化、政治、经济、民族关系、文人心态、文学艺术等产生全方位的、深层次的影响。而这种影响不仅限于中国内部的华夷之间，还远远影响到了亚欧其他国家，并对明清时期也产生深远影响。

在元代海宇混一、华夷一体的一统政权下，元代统治者在政治上不仅实行两都巡幸制，还不同程度地接纳儒学、推行汉文化政策，如科举制的推行，在多族文人圈的各种文化活动中，进行频繁的交往交流交融，这既让我们看到了元代以蒙古族为代表的草原文化自身的变化、发展，也彰显出元代社会处处体现的大气包容，体现了那个社会时代的大元气象。这种包容、气象集中体现在"海宇混一"之盛、"王化大行"，在文化和文学上体现为多元一体的文化和谐。这些都是唐宋、明清所没有的社会气象和

---

① 吴团英：《新与升华：草原文化与草原文化研究》，巴特尔主编《草原文化与文学艺术论丛》第 4 辑，内蒙古人民出版社 2008 年版，第 82 页。

② 吴团英：《草原文化讲演录》，远方出版社 2016 年版，第 124 页。

文人精神。无疑，这与草原文化的影响是分不开的。正是这种华夷一体的大元气象、和谐精神，对元代文人、元代文学产生深远影响，成就了元代独特的文坛、独特的文人、独特的文学创作，也成就了元代在中国文学发展史上不可或缺、不可替代的重要地位。

第一章　大元气象：元代文化的基本精神

　　元代是蒙古民族建立的一统政权，作为北方民族，蒙古族所代表的草原文化精神是什么？草原人认为有水有草的地方，就是自己生活的地方，马儿能跑到的地方，就是自己生活的地方。中原人恋土重迁，草原民族不以迁徙为难。《世纪·匈奴列传》中说草原人"随畜牧而转移""逐水草迁徙，毋城郭常处耕田之业，然亦各有分地"。这些体现了中原文化与北方草原文化精神的差异。北方草原民族生活在一望无际的大草原，它广阔、苍茫，我们感受的草原文化是"大"：阔大、宏大、远大、旷大，大境界、大心胸、大气象、大气魄、大度包容，等等。

　　元代文化精神，突出地体现为"大"，我们概括为"大元气象"，这与草原文化的特质密切相关。元代文学以各种方式张扬其国土、国力之大，气象、气势、气魄之大。因"大"而有包容，而和谐。元代疆域广阔，民族众多，宗教多样，各种矛盾与冲突客观存在，但和谐是主导。又因"大"而宽松，有利于思想文化及文学的自由发展。当然，"大"也难免疏略，治法粗疏，导致社会混乱。元代文学的"厌乱思治"主题与此有关。总之，这一时代精神对文学的影响是广泛而深刻的，不管是文学的内容还是风格，都与之密切相关。把握这一时代精神，才能认识元代文学的特点。

　　有学者认为，在中国历史上，元代开启了"大中国"时代。这所谓"大"，不仅仅是疆域之广大。在元代，不同种族共居，不同生产、生活方式并存，不同宗教与文化并容，社会生活、政治观念等，就必须有开放与包容的意识，在文化精神上，就体现为"大"——开放与包容之"大"。"大"体现在元代文化的很多方面，元代的文化精神，可以概括为大元气象。而这也是草原文化所独有的文化品格和文化精神。

　　大元气象，表现元人超越往古的时代自信。"大"，是元代的时代特征，国号大元，都曰大都，国力强大，气运盛大。关于其"大"的表述还有很多，如阔大、宏大、远大、旷大，大心胸，大气象，大气魄，大度包容，大大落落，等等。元人对版图和国势的描述，都突出"大"，所谓"大元至大古今无"，所谓"堂堂大元"。元人常说的"海宇混一""夷夏同风""无远弗至"，体现的都是"大"的精神，也就是大元气象。

这种时代精神的形成，与草原文化影响有关，是草原文化精神与中原文化精神融合而成。蒙古进入中原，将草原文化精神也带到了中原，中原文人在一定程度上受其影响，甚至接受了其中的一些观念。如郝经的《化城行》诗，就对中原政权千百年来筑城自守的思维方式和一代代的胡汉战争进行反思，说：

> 君不见始皇万里防胡城，人土并筑顽如冰……只今安在与地平，平地深谷为丘陵。江南善守铁瓮城，城外有田不敢耕。西北广莫无一城，控弦百万长横行。①

所谓化城，即海市蜃楼。郝经看到如三都两京之壮的海市蜃楼，一阵风来，顷刻消散，想到千百年来包括长城在内的各种巍峨之城，其实都是没有意义的。特别是江南城守的被动，与西北草原上的任意驰骋，两相比较，更觉筑城而守的被动和无意义。

中原文化本有对"大"的推崇，《周易·坤》六二爻辞："直、方、大，不习无不利。"② 直、方、大，是大地之德，无物不载，是地德之"大"。天无不覆，地无不载，是天地之"大"德。圣人廓然大公，其心与"天地同其大"③，心普万物而无心，才能"感而遂通天下"④，此为圣德之大。圣人在上，四海为一，是为大一统："王者受命，制正月以统天下，令万物无不一一皆奉之以为始，故言大一统也。"⑤ 中原文化中的"大"与草原精神的"大"也有所不同，中原文化之"大"是一个具有

---

① 郝经：《陵川集》卷十《化城行》，《北京图书馆古籍珍本丛刊》影印明正德李瀚刊本。
② 郭彧译注：《周易·坤卦》，中华书局 2006 年版，第 12 页。
③ 程颢、程颐：《二程遗书》卷十八《二程集》，中华书局 1981 年版，第 239 页。
④ 郭彧译注《周易·系辞上》，中华书局 2006 年版，第 370 页。
⑤ 何休解诂、徐彦疏：《春秋公羊传注疏》，上海古籍出版社 2014 年版，第 12 页。

本体论意义的概念，《老子》第二十五章："有物混成，先天地生，寂兮寥兮！独立不改，周行而不殆，可以为天下母。吾不知其名，强字之曰'道'，强为之名曰'大'。……故道大，天大，地大，王亦大。"①　《庄子·天道》云："夫天地者，古之所大也，而黄帝、尧、舜之所共美也。"②　"大"即天地。"大"还是至高之美的德性，《论语·泰伯》："子曰：大哉尧之为君也！巍巍乎！唯天为大，唯尧则之。荡荡乎，民无能名焉。巍巍乎，其有成功也，焕乎其有文章！"③　所以，《易·乾·文言》称"夫大人者，与天地合其德。"④　中原文化对"大"的表述，不像草原文化那样具象直观，《周易·系辞上》："夫乾，其静也专，其动也直，是以大生焉。夫坤，其静也翕，其动也辟，是以广生焉。广大配天地，变通配四时。"⑤　对比《敕勒歌》："敕勒川，阴山下。天似穹庐，笼盖四野。天苍苍，野茫茫，风吹草低见牛羊。"⑥　自可感受二者的不同。但这并不影响"大"成为两种文化共同崇尚的精神。元人以"大元"名其国，"大"成为一代文化精神的概括性表述，乃是取中原文化的概念：《易·乾》云："大哉乾元！万物资始，乃统天。"⑦　一统华夷的"大元"，是草原文化与中原文化所共有。

　　唯其为中原文化与草原文化共同崇尚的精神，才能成为元代的文化精神。大元气象，是元代的文化精神，也是元代的文学精神：文学中体现着这一文化精神。正如元人李洧孙《大都赋序》中所言："盖当国家盛时，区宇博大，洪威远畅。湛恩旁洽，斯人归之，如众星之拱北极，如百川之朝东海。""千纪以来，是不一姓，惟今皇元为最盛；四极之内，是不一都，惟今大都为独隆……语其疆场之广，则商周所未睹、汉度所未闻；称其都邑之壮，则崤函不为雄、京雒不为尊也。"这是国之大气象，都之大气象。而"夫有盛德大业者，必有巨笔鸿文，铺张扬厉，高映千古，以

---

①　陈鼓应：《老子注译及评介》，中华书局 1984 年版，第 163 页。

②　曹基础：《庄子浅注》，中华书局 2000 年版，第 193 页。

③　杨伯峻：《论语译注》，中华书局 1980 年版，第 83 页。

④　郭彧译注：《周易·系辞上》，中华书局 2006 年版，第 350 页。

⑤　郭彧译注：《周易·系辞上》，中华书局 2006 年版，第 361—362 页。

⑥　郭茂倩：《乐府诗集》卷八十六，中华书局 1979 年版，第 1212 页。

⑦　郭彧译注：《周易·系辞上》，中华书局 2006 年版，第 2 页。

昭无穷"。① 与之相副之文，也需要大气象，以巨笔鸿文，铺张扬厉。

第一节　"大元气象"之文学表达

一　文人对大元气象之铺张

元人对自己时代的自豪感，大致来自两个方面：疆域广大，国力强盛。疆域广大，是时代自信心的基础。在元代之前，称强盛者必言汉唐。《旧唐书·地理志》言其疆域，说："北逾阴山，西抵大漠。其地东极海，西至焉耆，南尽林州南境，北接薛延陀界，凡东西九千五百一十里，南北万六千九百一十八里。"② 与此相比，《元史·地理志》的表述，气势上就大不同："自封建变为郡县，有天下者，汉、隋、唐、宋为盛，然幅员之广，咸不逮元。……若元，则起朔漠，并西域，平西夏，灭女真，臣高丽，定南诏，遂下江南，而天下为一。故其地北逾阴山，西极流沙，东尽辽左，南越海表。……元东南所至，不下汉唐，而西北则过之，有难以里数限者矣！"③ 汉、唐、宋疲于宿边，元百馀年无边患，这带给元代文人强烈的大而强的感觉，于是他们在各种文学作品中铺张渲染这种大而强之感。人们最熟悉的，是贯云石的散曲［双调·新水令］《皇都元日》："江山富，天下总欣伏。忠孝宽仁，雄文壮武。""赛唐虞，大元至大古今无。"④ 散曲中还有马致远的［中吕·粉蝶儿］："至治华夷，正堂堂大元朝世，应乾元九五龙飞。万斯年，平天下，古燕雄地，日月光辉。喜氤氲一团和气。""小国土尽来朝，大福荫护助里。""大元洪福与天齐！"⑤ 这"大"包含了多方面的内涵。元人展示其盛大气象的仪式，无过于诈马

---

①　李洧孙：《大都赋并序》，于敏中、英廉等：《日下旧闻考》卷六，文渊阁《四库全书》本。

②　刘昫等：《旧唐书》卷三十八《地理一》，中华书局1975年版，第1384—1385页。

③　宋濂等：《元史》卷五十八《地理一》，中华书局1976年版，第1345页。

④　贯云石：［双调·新水令］《皇都元日》，隋树森主编：《全元散曲》，中华书局1964年版，第384页。

⑤　马致远：［中吕·粉蝶儿］，隋树森主编：《全元散曲》，中华书局1964年版，第273—274页。

宴。每年六月吉日，在上都西郊草地行宫举行，有王公贵族数千人参加，大宴三日，元人周伯琦《诈马行》诗序说：

> 国家之制，乘舆北幸上京，岁以六月吉日，命宿卫大臣及近侍服所赐济逊，珠翠金宝，衣冠腰带，盛饰名马，清晨自城外各持彩仗，列队驰入禁中。于是上盛服御殿临观。乃大张宴为乐，唯宗王戚里宿卫大臣前列行酒，馀各以所职叙坐合饮，诸坊奏大乐，陈百戏，如是凡三日而罢。其佩服日一易，大官用羊二千臞、马三匹，它费称是，名之曰"济逊宴"。"济逊"，华言一色衣也。俗呼日"诈马筵"。①

盛大仪式，展示盛大国势，要求盛大之文来表现。所以，元代诗文中有不少写诈马宴的作品，对这一盛大仪式，加以记叙渲染。如贡师泰《上都诈马大燕五首》之二："百年典礼威仪盛，一代衣冠意气豪。"写其豪盛，之五："清凉上国胜瑶池，四海梯航燕一时。岂谓朝廷夸盛大，要同民物乐雍熙。当筵受几存周礼，拔剑论功陋汉仪。此日从官多献赋，何人为诵武公诗。"② 说如此大型盛宴，目的不是夸耀国力盛大，而是崇尚德业，展示和乐升平，与民同乐，享雍熙之盛，像《诗经·郑风·缁衣》那样，颂扬王公大臣之盛德。草原民族的盛大典礼，在这些人的作品里，已经涂上了中原文化的色彩。

大都在当时，是"世界诸城，无能与比"③ 的大城市，当时文人，"一至京师，获观山河之高深，土宇之绵亘，都邑之雄大，宫殿之壮丽，与夫中朝巨公之恢廓严重。目识若为之增明，心量若为之加宽"④。元代文人游大都，瞻仰大都，往往有一种难以抑制的兴奋与激动，歌咏大都，成为元代诗文的重要内容。只《大都赋》，流传至今的就有李洄孙、黄文仲两人之作。黄文仲的《大都赋》和传统的都城赋一样，也是设为主客问答的形式。首先是客问，由大都所在之燕地说起，"窃闻燕之为壤，古

---

① 周伯琦：《近光集》卷一《诈马行有序》，文渊阁《四库全书》本。

② 贡奎、贡师泰、贡性之：《贡氏三家集》，邱居里等校点，吉林文史出版社 2010 年版，第 230 页。

③ ［法］沙海昂：《马可波罗行纪》，冯承钧译，商务印书馆 2012 年版，第 215 页。

④ 吴澄：《吴文正集》卷二十五《送徐则用北上序》，文渊阁《四库全书》本。

曰幽州……名踪胜迹，万岁千秋，子能举之否乎？"客的这种认识，被主人所鄙夷，说今之大都，是"天下大都"，哪是昔日燕地所可比："主人抚掌而笑曰：固哉客之问也。……维昔之燕，城南废郛；维今之燕，天下大都。宇宙千龄而启运，帝王一出而应符。山川改观，民物易居。开天拓地，自作制度。岂辙人之轨而蹑人之跗？"客又对"大都"之名提出怀疑，为何称为"大"：自古没有以"大"名都者，"今名以'大'，夸孰甚焉？"主人回答，批评客没有见识，"主人变乎色曰：尔言过矣。岂谓鸿之翮而犹鹏之翮，蜥之鳞亦犹龙之鳞耶？大之为义，无匹无伦。非我皇上之德，畴克当之"。之所以称作大都，首先是皇上之德，可以当"大"之义。然后重点说，大都之大是建立在大元之大基础上的，历数前代统一王朝，秦汉晋隋唐，但都不过"西至乎玉关，东至于辽水，北至于幽陵，南至于交趾，得从者失横，有此者无彼"①，而我大元，四振天声，大恢土宇，舆图之广，历古所无：

> 大哉天朝，万古一时。渌江成血，唐不能师，今我吏之，辽阳高丽；银城如铁，宋不能窥，今我臣之，回鹘河西；汉立铜柱，马无南蹄，今我置府，交占云黎；秦筑长城，土止北陲，今我故境，阴山仇池。躶舌螺发，黥面雕题，献獒效马，贡象进犀，络绎乎国门之道，不出户而八蛮九夷。谓之大都，不亦宜乎？②

大都之大，源于大元之大，而大元之大，乃由于德之大，功之大："惟其有大德之大，故能成大元之功。惟其有大元之大，故能成大都之雄。"③　大德、大功、大元、大都，总之是"大"，体现混元一气的大元气象。

写上都雄大气势的诗文也很多，如陈孚《开平即事》："百万貔貅拥御闲，滦江如带绿回环。势超大地山河上，人在中天日月间。金阙觚稜龙虎气，玉阶闾阖鹭鸳班"，"天开地辟帝王州"④，写出帝都气象。

---

①　黄文仲：《大都赋并序》，周南瑞编：《天下同文集》卷十六，文渊阁《四库全书》本。

②　黄文仲：《大都赋并序》，周南瑞编：《天下同文集》卷十六，文渊阁《四库全书》本。

③　黄文仲：《大都赋并序》，周南瑞编：《天下同文集》卷十六，文渊阁《四库全书》本。

④　陈孚：《开平即事》（其一、其二），《陈刚中诗集》卷三，文渊阁《四库全书》本。

元代的大气象，也体现在士气士风上，元人也以此自傲。苏天爵还特别对比了宋、元士人之精神气魄，其《跋胡编修上京纪行诗后》说：

> 尝闻故老云：宋在江南时，公卿大夫多吴、越之士，起居服食，率骄逸华靡。北视淮甸，已为极边。及当使远方，则有憔悴可怜之色。呜呼！士气不振如此，欲其国之兴也难矣哉！今国家混一海宇，定都于燕，而上京在北又数百里，銮舆岁往清暑，百司皆分曹从行，朝士以得侍清燕，乐于扈从，殊无依依离别之情也。……余于是知国家作兴士气之为大也。①

这"大"，还包括"知国家作兴士气之为大"。元代士人"乐于扈从"的，很多都是"吴越之士"，时代不同，精神气魄也就不同。士风体现着国势气运，有国势气运之盛，才有一代之大气象；有此大气象，才有士风之盛。

与此相适应，文学中也追求大气象。元人认为，"方今文治方张，混一之盛，又开辟所未尝有，唐盖不足为盛"，"盛时作者，如浑河厚岳，不假风月为状；如偃松曲柏，不与花卉争妍"②。盛时作者，自应展现盛时景象。大元舆地之广，旷古未有；气运之盛，超越往古；文运之盛，也超越往古。诗当然也因之而盛。元人戴良说：

> 气运有升降，人物有盛衰，是诗之变化，亦每与之相为于无穷。……魏晋而降，三光五岳之气分，而浮靡卑弱之辞，遂不能以复古。……然能得夫风雅之正声，以一扫宋人之积弊，其惟我朝乎？我朝舆地之广，旷古所未有。学士大夫乘其雄浑之气以为诗者，固未易一二数。……刘禹锡谓八音与政通，文章与时高下，岂不信然欤？③

天下分裂，气运衰靡。发而为文，只能是"浮靡卑弱之辞"。大元四海为一，华夷一统，气运盛，文运也盛，其盛之程度，是"熙熙然有非汉唐

---

① 苏天爵：《滋溪文稿》，陈高华、孟繁清点校，中华书局1997年版，第470页。
② 刘将孙：《天下同文集序》，周南瑞编：《天下同文集》卷首，第592页。
③ 戴良：《皇元风雅序》，李军等校点：《戴良集》，吉林文史出版社2009年版，第325页。

宋之所可及"。

二　"混一海宇之盛"与"王化大行"

元代有一部书，名《圣武开天记》，记成吉思汗征战之事。其书不传，其具体内容，我们无法知其详。但其以"开天"名书，可见其气魄，可见元人这种往古未曾有之自我体认。元代还有一部书，叫《大元大一统志》，其内容，大约同于以往的全国舆地总志，到元代，改用"大一统志"命名，突出表现元人"疆理无外之大"的强烈自豪。王士点在其所著《秘书监志》卷四《纂修》条如此说："至元乙酉，欲实著作之职，乃命大集万方图志而一之，以表皇元疆理无外之大。诏大臣近侍提其纲，聘鸿生硕士，立局置属庀其事。凡九年而成书。续得云南、辽阳等书，又纂修九年而始就。今秘府所藏《大一统志》是也。"[1] 修撰此书，"以发扬圣朝混一海宇之盛"[2]。著名文人许有壬心目中的"大一统"，就不仅仅是版图概念了，他说：

> 《春秋》所以大一统者，六合同风，九州共贯也。然三代而下，统之一者，可考焉：汉拓地虽远，而攻取有正谲，叛服有通塞，况师异道，人异论，百家殊方，指意不同，亡以持一统，议者病之。……我元四极之远，载籍之所未闻，振古之所未属者，莫不涣其群而混于一。则是古之一统，皆名浮于实；而我则实协于名矣![3]

"六合同风，九州共贯"出自《汉书·王吉传》，按照这样的理解，所谓"大一统"，一方面是疆域空前广大，有"混一海宇之盛"，另一方面是"王化大行"，无远不被。这所谓"化"，当然是以中华化四夷，最终实现华夷一统，六合同风，建立与空前广大疆域相适应的大元文化。这是元代文人的一种追求。当然，在元代，文化的建设一直是一大欠缺，"王化"难与"武功"相称。

---

① 王士点：《秘书监志》卷四《纂修》，文渊阁《四库全书》本。
② 王士点：《秘书监志》卷四《纂修》，文渊阁《四库全书》本。
③ 许有壬：《至正集》卷三十五《大一统志序》，文渊阁《四库全书》本。

　　建立文化大一统，需要含纳四方的心胸和气魄。当时人提出过"大中州"观念：南宋祈请使家铉翁，宋亡羁留北方，看到元好问所编《中州集》，见书中所收，不限于中州一地之人，由此感受了元好问含纳四方的胸怀，大为感动，写了一篇《题中州诗集后》，在这篇文章中，他赞扬元好问，说元好问心中的中州，决非地理意义上之中州："盛矣哉！元子之为此名也；广矣哉！元子之用心也。夫生于中原而视九州四海之人物，犹吾同国之人；生于数十百年后而视数十百年前人物，犹吾生并世之人。"① 传统意义上"齐鲁汴洛"之中原，是中州，生长于中原的"一代人物"，是中州人物，而"生于四方，奋于遐外"之人，也同样是"中州人物"。他阐释文化意义上的中州概念："壤地有南北，而人物无南北，道统文脉无南北。道统文脉无南北，虽在万里外，皆中州也。"他认为，元好问有天下一家的胸怀，他就此加以阐发，从文化观念上，提出大中州、大中原的概念，这"中州"，不以地域论，而以"道统文脉"论，道统文脉所在，即中州所在。"若元子者，可谓天下士矣。"② 地无南北，也不分中原四夷，都应该像元好问那样，做"天下士"。

　　元明之际的叶子奇曾批评元政府政策之失误，是所谓"内北国而外中国，内北人而外南人"，是对元政府一些政治措施及其用意的概括。到元代后期，变得不够自信的元政府，在用人等方面更加排斥汉人和南人。但这两句话，却不能拿来解读元代文化。世祖时，以许衡"为集贤大学士兼国子祭酒，亲为择蒙古弟子俾教之"，"久之，诸生人人自得，尊师敬业，下至童子，亦知三纲五常为生人之道"③。仁宗时行科举，设左、右榜，但左右榜所试内容，都是儒家经典，这是中原文化对元政权下所有人的推广。"九州同风"，是华夏之风。当时著名文人，不管是汉人还是色目人，都要求用中原语言统一四夷语言，署名范德机（梈）著的《木天禁语》记马御史（按即马祖常，官监察御史，色目人）言："东夷、西戎、南蛮、北狄，四方偏气之语，不相通晓，互相憎恶。惟中原汉音，四方可以通行，四方之人皆喜于习说。盖中原天地之中，得气之正，声音散

　　① 家铉翁：《题中州诗集后》，苏天爵编《元文类》卷三十八，《四部丛刊》景元至元本。
　　② 家铉翁：《题中州诗集后》，苏天爵编《元文类》卷三十八，《四部丛刊》景元至元本。
　　③ 宋濂等：《元史》卷一百五十八《许衡传》，中华书局 1976 年版，第 3728 页。

布，各能相入，是以诗中宜用中原之韵，则便官样不凡。"① 语言是文化的符合，语言的统一是文化统一最主要最显著的表征。

说马祖常是色目人，是今天研究者的看法。在当时，马祖常这些人的自我文化身份认同以及当时人对他们的认识，都不是"夷"而是"华"。《元史·马祖常传》载，文宗皇帝曾有"中原硕儒唯祖常"之叹赏②。在苏天爵看来，"儒"是不分中外的。他为马祖常作墓志铭，铭辞说："维天生才，无间中外。封殖乐育，治世攸赖。皇有中国，万方会同。"③ "会同"的基础和纽带，是中原文化。应该说，这才是真正的"一统"观念。

"大元气象"的一个重要表现，是"王化大行""无远弗至"。元代文人为文德远被而自豪。西域之人，"皆舍弓马而事诗书"，这是大元文德远被的有力证明。危素跋葛逻禄诗人迺贤《金台集》说："昔在成周之世，采诗以观民风。……自豳、秦而西，未见有诗。"而在大元，远在"北庭西北，金山之西"，葛逻禄氏之国，"其人之散居四方者，往往业诗书而工文章。……此足以见文化之洽，无远勿至，虽成周之盛，未之有也"。④ 大元朝疆域之广大，超越前古，"文化之洽"，也远达往古不及之地。戴良序丁鹤年诗集说：

> 我元受命，亦由西北而兴。西北诸国……其去邠、秦盖不知其几千万里，而其为诗，乃有中国古作者之遗风，亦足以见我朝王化之大行，民俗之丕变，虽成周之盛，莫及也。⑤

王化大行，以至于回回、吐蕃、康里、乃蛮、维吾尔、也里可温、唐兀、天竺之属都与中原一样"文轨日同"，才显示出大元气象。

元代文人追求在诗文中表现大元气象，陈旅在为苏天爵所辑《元文

---

① 署名范德机（梈）：《木天禁语》，何文焕辑《历代诗话》（下），中华书局 1981 年版，第 752 页。

② 宋濂等：《元史》卷一百四十三《马祖常传》，中华书局 1976 年版，第 3413 页。

③ 苏天爵：《元故资德大夫御史中丞赠摅忠宣宪协正功臣魏郡马文贞公墓志铭》，苏天爵：《滋溪文稿》，陈高华、孟繁清点校，中华书局 1997 年版，第 144 页。

④ 危素：《危学士全集》卷四《马易之金台后稿叙》，《四库全书存目丛书》本。

⑤ 戴良：《鹤年吟稿序》，《戴良集》，李军等校点，吉林文史出版社 2009 年版，第 238 页。

类》所作的序中说：

> 先民有言："三光五岳之气分，大音不完，必混一而后大
> 振。"……我国家奄有六合，自古称混一者，未有如今日之无所不
> 一。则天地气运之盛，无有盛于今日者矣。建国以来，列圣继作，以
> 忠厚之泽，涵育万物。鸿生隽老，出于其间，作为文章，厖蔚光壮。
> 前世陋靡之风，于是乎尽变矣。孰谓斯文之兴，不有关于天地国家
> 者乎？①

诗文中的大元气象是"厖蔚光壮"，这是他的表述。虞集对盛世文风的描
述是"平易正大""青天白日之舒徐""名山大川之浩荡"②，都体现了大
元气象。

大元气象在文学思想上的表现，也是大气包容，包容不同地域、不同
风格："五方嗜欲不同，言语亦异，惟性情越宇宙如一。……譬之大风之
吹窍穴，唱于唱喁，各成一音。刁刁调调，各成一态。皆逍遥，皆天
趣。"因而，不能"执一人之见，以律天下之诗"③，众体齐备，各种风格
并存竞美，才能显示出大气象。

国家有"混一海宇之盛"，文明涵化则"王化大行""无远弗至"，
文人才有了与之相应的眼界与心胸。文人们自觉有责任用文字把这些都表
现出来，如周伯琦所言："昔司马迁游齐鲁吴越梁楚之间，周遍山川，遂
奋发于文章，焜耀后世。今予所历，又在上谷、渔阳、重关、大漠之北千
馀里，皆古时骑置之所不至，辙迹之罕及者，非我元统一之大，治平之
久，则吾党逢掖章甫之流，安得传轺建节，拥侍乘舆，优游上下于其间
哉！"于是自己也应该写作诗文，"以著其概，不惟使观者得以扩闻见，
抑以志吾生之多幸"④。漠北草原，在前代是异域敌国，是高寒难耐之地。
在前代中原和江南文人的想象中，是神秘而可怕的。宋使臣出使辽金，也
曾至其地。元人扈从上都，与宋人所见同，但所感所思不同。漠北风物，

---

① 陈旅：《国朝文类序》，苏天爵编《元文类》卷首，《四部丛刊》景元至元本。
② 虞集：《跋程文宪公遗墨诗集》，《道园学古录》卷四十，文渊阁《四库全书》本。
③ 赵文：《青山集》卷二《黄南卿齐州集序》，文渊阁《四库全书》本。
④ 周伯琦：《扈从集》后序，文渊阁《四库全书》本。

只有到元人笔下，才得以展现其美好，这需要的是元人才有的观察玩赏心态。有此心态，才会有此作品。

明人李开先还认为，元代戏曲之所以达到极致，成为后世的楷模，也与元代国势气运有关，其《西野春游词序》说：

> 传奇戏文，虽分南北；套词小令，虽有短长。……然俱以金元为准，犹之诗以唐为极也，何也？词肇于金而盛于元。元不戍边，赋税轻而衣食足，衣食足而歌咏作，乐于心而声于口，长之为套，短之为令，传奇戏文于是乎侈而可准矣。①

"元不戍边"，其实是一个很大的课题，它与草原文化有关，与元代国势有关，使元代很多方面与其他时代不同，元代文学也因此具有相应的时代特点。

第二节　"大元气象"之大气包容与和谐精神

一　大元气象之大气包容

研究者普遍认可的一个历史事实是，元代没有文字狱。没有文字狱，并非没有文字案，在朝和在野的文字案，起码有以下几个：冯子振誉桑哥诗案、梁栋诗案、虞集草诏案、曹德曲案、俞俊词案、王冕墨梅诗案，只是这些文字案都被化解了，大多是高层化解的，没有形成文字狱。

这其中，比较典型的是梁栋诗案：有道士告发士人梁栋写诗"谤讪朝廷，有思宋之心"，这事一直闹到礼部，礼部以为："诗人吟咏情性，不可诬以谤讪。倘使是谤讪，亦非堂堂天朝所不能容者。"② 于是免罪放还江南。"非堂堂天朝所不能容者"，显示了元人的大度能容，与前之宋、后之明清，深文周纳、罗织罪名、无中生有大兴文字狱，形成鲜明对比。

---

① 李开先：《李开先集》，路工辑校，中华书局 1959 年版，第 335 页。

② 孔齐：《至正直记》卷二，庄敏、顾新点校，上海古籍出版社 1987 年版，第 64 页。

　　梁栋诗案是由礼部化解的。还有皇帝化解的，这有忽必烈时期的冯子振誉桑哥诗案，顺帝时期的虞集诏书案。前者见于《元史·世祖本纪》，至元二十九年，权臣桑哥败，本来汉族儒臣应该借此机会推动忽必烈进一步行汉法，但当时反倒出现了汉人之间的相互攻击：诗人冯子振"尝为诗誉桑哥"，桑哥败，文人们认为应该治冯之罪。忽必烈不同意，说："词臣何罪？使以誉桑哥为罪，则在廷诸臣，谁不誉之？朕亦尝誉之矣。"① 一场政治风波，因忽必烈一句话而平息。虞集诏书案性质更严重。此案明人陈邦瞻《元史纪事本末》有简明且比较完整的记载。至顺三年八月，燕帖木儿去世后，迁延已久的顺帝即位事得成。由于文宗在日曾有诏，言顺帝非明宗子，顺帝要追究，而当时诏书由虞集草拟，攻击虞集的人想借此机会治虞集罪，"帝不怿，曰：'此我家事，岂由彼书生耶？'不问"。② 如果不是皇帝的大度，虞集命运，可想而知。

　　这几个文字案的发生和结局有一个共同点：折腾于下，化解于上。下边折腾，表现了一些文人沿宋而来的思维惯性。上边化解，说明元政府高层的大度。

　　俞俊词案，见于陶宗仪《南村辍耕录》记载：

> 伯颜太师柄国日，（俞俊）尝赋［清平乐］长短句云："君恩如草，秋至还枯槁，落落残星犹弄晓，豪杰消磨尽了。放开湖海襟怀，休教鸥鹭惊猜。我是江南倦客，等闲容易安排。"手稿留叶起之处。后与叶交恶，竟诉于官，必欲构成其罪，夤缘贿赂。浙省移准中书省，咨札付儒学提举司，议得："古人寄情遣兴，作为闺怨诗词，多有指夫为君者。然此亦当禁止。"以故获免罪戾。而所费已几万锭矣。③

---

　　① 宋濂等：《元史》卷十七《世祖本纪十四》，中华书局 1976 年版，第 362 页。按，撰碑非冯子振事，《元史·阎复传》有载："先是，奸臣桑哥当国，尝有旨命翰林撰桑哥辅政碑。桑哥既败，诏有司踣其碑，复等亦坐是免官。"

　　② 陈邦瞻：《元史纪事本末》卷二十二《三帝之立》，中华书局 1979 年版，第 181—182 页。

　　③ 陶宗仪：《南村辍耕录》卷二十八 "醋钵儿"，中华书局 1959 年版，第 352 页。

儒学提举司显然是替他打了掩护，这是明显的政治讽刺而非"寄情遣兴"。尽管折腾得不轻，到底还是没有成狱。曹德曲案也发生在顺帝初年伯颜专权时，曹德不是官方为他化解，而逃跑得免。此不详述。王冕墨梅诗案最早见于王逢《梧溪集》，钱谦益《列朝诗集》记载比较明确："冕工于画梅，以胭脂作没骨体，长安贵人争来求画，乃自画一幅张壁间，题其上曰：'冰花个个圆如玉，羌笛吹他不下来。'或以为刺时，欲执之，即日遁归。"① 这是一个孤傲之士做的事，对蒙古贵族有讽刺意。

在元代意识形态相对宽松的环境中习惯了的文人们，入明，还没有做好精神准备，就在文字狱中丧了命。诗僧释来复（见心）就是如此送命的。他是一位僧人，也是诗人，在元末很活跃，也很潇洒。不幸，他遇到了朱元璋，在朱元璋面前，他依然潇洒，依然展现才华，但这却是他最后的潇洒。郎瑛《七修类稿》卷四十七、蒋一葵《尧山堂外纪》卷七十八都记载了他被杀的事，《七修类稿》记载的还很有趣：

> 太祖既有天下，召至，怪而问之，曰："汝不欲仕我而出家为僧，吾亦任汝。然去发留须，亦有说乎？"对曰："削发无烦恼，留须表丈夫。"上笑而遣之。后承诏赐食，谢诗云："……金盘苏合来殊域，玉碗醍醐出上方。稠叠滥承天上赐，自惭无德诵陶唐。"上见诗，大怒，曰："汝诗用'殊'字，是谓我为'歹朱'耶？又言'无德诵陶唐'，是谓朕无德，虽则欲陶唐诵我而不能耶？何物奸僧，辄敢大胆如此。"②

于是就把他杀了。有此参照，更能见元代文化环境之大而能容。

由于元代文化政策宽松，元代文人写作基本无禁忌，连历代都特别讲究的避讳，元人也不怎么在意。元人想写什么怎么写，要表达什么，都有充分的自由。这又使元代诗文具有表达直白、无忌讳等特点，与此相关的，是抨击时政及时事诗多。如萨都剌《纪事》诗写文宗与明宗兄弟残杀，瞿佑《归田诗话》卷中《萨天锡纪事》载：

---

① 钱谦益：《列朝诗集》第1册，许逸民、林淑敏点校，中华书局2007年版，第300页。
② 郎瑛：《七修类稿》卷四十七《明天渊》，中华书局1959年版，第687—688页。

　　萨天锡以宫词得名，其诗清新绮丽，自成一家，大率相类。惟《纪事》一首，直言时事不讳。诗云："当年铁马游沙漠，万里归来会二龙。周氏君臣空守信，汉家兄弟不相容。只知奉玺传三让，岂料游魂隔九重。天上武皇亦洒泪，世间骨肉可相逢。"盖泰定帝崩于上都，文宗自江陵入据大都，而兄周王远在沙漠，乃权摄位而遣使迎之，下诏四方云："谨俟大兄之至，以遂固让之心。"及周王至，迎见于上都，欢宴，一夕暴卒。复下诏曰："夫何相见之顷，宫车弗驾。"加谥明宗。文宗遂即真。皆武宗子也。故天锡末句云然。①

明宗是弟弟文宗和权臣燕帖木儿杀死的。这样的敏感话题，并且是当时发生的时事，竟然可以写在诗里，可见其政策之宽松。就是这位燕帖木儿，在文宗朝一直把持朝政，在文宗死后，他一直阻挠明宗之子顺帝即位，直到他死，顺帝才得即位。至顺四年，燕帖木儿死，天下庆幸，这时诗人宋本写了一组《绝句》，注："四年闰三月二十九日赋。是日太平王燕帖木儿卒"，诗直言不讳庆贺这位把持朝政多年的权臣的死亡，并控诉他的罪恶：

　　　楼头红粉哭千场，楼下仓头酹百觞。　却怪满城春相杵，歌声更比夜来长。
　　　半岁无君四海忙，尚谈功业叙彝常。　玺书未下桓温死，辜负中朝一字王。
　　　五年相业自多多，擢发其如未了何。　欲使文章少遗憾，南山增竹海增波。②

类似这些，在其他朝代，是难以想象的，但在元代并无大惊小怪。
　　元代文化的宽容精神，还体现在对历史人物的评价上。对一些历来因大节问题被贬斥的历史人物，表现出充分的宽容与理解。比如汉代降匈奴的李陵，元人就不是一味批评，而是给予很多同情。如贡奎《李陵台》

----

　　① 瞿佑：《归田诗话》中卷《萨天锡纪事》，丁福保辑：《历代诗话续编》本，中华书局1983年版，第1271—1272页。

　　② 杨镰主编：《全元诗》（第31册），中华书局2013年版，第92—93页。

诗说：

> 赴死宁无勇，偷生政有为。事疑家已灭，身辱义何亏。 汉网千
> 年密，河梁五字悲。荒寒迷宿草，欲问意谁知。①

肯定李陵战场上的勇武不怕死，且认为，他的投降应该是想有所作为。汉
武帝在没有弄清情况时就将其家人处死，是朝廷对不起李陵。诗人们认
为，李陵并没有背叛朝廷，倒是朝廷对不起李陵："臣岂负朝廷，忠义凤
所尚。横天青茫茫，万里隔亭障。可望不可到，血泪堕汪漾。"② 再看胡
助的《再赋李陵台》：

> 李陵台畔秋云黄，沙平草软肥牛羊。当时不是汉家地，全躯孥戮
> 宁思乡。塞垣西北逾万里，此去中原良迤止。安得有台滦水侧，好事
> 千古空相传。可怜归期典属国，雪埋幽窖无人识。③

千古流传的苏武、李陵故事，都是以李陵之投降，反衬苏武之节操，一褒
一贬，态度鲜明。但这首诗却不同，诗人着眼两人在匈奴时留下的遗迹，
李陵的望乡台，尽管出于后来好事者的附会，但却是千古相传。匈奴幽禁
苏武的大窖倒是实有，苏武归汉只不过得到了一个典属国的官职，那大窖
还有谁知道在何处呢？

当然，对于这类争议人物，元人的评价也表现出另一面，比如对唐人
王维以及当时人吕文焕等人的批评。有人写诗讽刺吕文焕的变节投降，这
也从另一方面说明了元代的宽容：吕文焕在元是高官，高官是可以直接骂
的。在胡人当政的元代，可以随便骂胡人，如金涓《真妃出浴图》："玉
殿春深锦隔屏，海棠凝暖雨初晴。可怜却被胡腥染，千古香魂洗不
清。"④ 诗人们可以任意宣泄情绪，无须委婉之言，隐晦其意。

大元气象之大气包容，在各个方面体现出宽容精神。宽容，有利于对

---

① 贡奎：《云林集》，文渊阁《四库全书》本。

② 陈孚：《陈刚中诗集》卷三《李陵台约应奉冯昂霄同赋》，文渊阁《四库全书》本。

③ 杨镰主编：《全元诗》（第 29 册），中华书局 2013 年版，第 30 页。

④ 金涓：《青村遗稿》附录，德化李氏木犀轩钞本。

学术及文学的发展。

二　元代文学中体现的和谐精神

元朝这样一个地域差异、种族差异、文化差异都很大的国家，需要和谐。文学也应该倡导和谐并体现和谐精神。元代文人是意识到这一点了，他们编辑《天下同文集》，合和天下文学，从理论上也明确"五方嗜欲不同，言语亦异"①，作品当然也就千姿百态，"洪纤曲直，青黄赤白，均为大巧之一巧"②，容纳一切，肯定一切，才有和谐。元初文风的南北矛盾，也逐渐相互接受，"中土之诗，沉深浑厚，不为绮丽语；南人诗尚兴趣，求工于景意间。此固关乎风气之殊，而语其到处，则不可以优劣分也"③。生活需要和谐，文学需要体现和谐精神。

"和"原本是中国文化的核心精神之一，在元代又融入了草原文化中的和谐精神。草原生产方式，决定了草原民族必须吸收和容纳各种文化，兼容和谐相处。研究者指出："单一的游牧经济难以自给，'人不耕织，地无他产'，'不能不资中国以为用'，是明显的事实。为了取得自身不能生产的生活必需品，蒙古封建主多次挥戈南下，掳掠诛求。但是，也正因为战争的背后有着深刻的经济原因，所以，蒙古人只要在可能的条件下，就立刻放弃武力而转向贸迁有无，通贡互市。"④ 这说的是明代的情况，其实是草原生产方式的共同特性。对外战争和掠夺，和通过贸易获取外来物资吸纳各种文化，表现形式不同，但都是草原经济对外依赖性的表现。在元代，要维护政权，单靠蒙古人是不行的，必须使"不同出身、地位、民族、文化背景的人能够在同一片蓝天下和谐相处、和睦共事"⑤，各种人同朝共事，矛盾甚至冲突不可避免，但和谐是主导方面。包容和谐，对于元朝，对于蒙古政权，是必须的。在文人阶层更是如此。终元之世，南北矛盾始终存在。儒士化了的释子、道徒，也不可能没有矛盾。但这都不

---

① 赵文：《青山集》卷二《黄南卿齐州集序》，文渊阁《四库全书》本。

② 吴澄：《吴文正集》卷十五《皮照德诗序》，文渊阁《四库全书》本。

③ 谢升孙：《元风雅序》，傅习《元风雅》前集卷首，文渊阁《四库全书》本。

④ 宝音夫、洪俊：《论俺答求贡》，《历史教学》1982 年第 8 期。

⑤ 哈萨、马永真主编：《草原文化》，中央广播电视大学出版社 2014 年版，第 142 页。

妨碍个体或群体的和谐相处。释来复广交文友，他将友人唱和之作编成《澹游集》，其所与游且以诗赠答唱酬者，虽有释、有道、有儒，有名公卿，有山林韦布之士，有华，有夷，到他这里，在与他的"澹游"中，各种身份都淡化了，大家都是朋友和诗人。元僧廷俊为《澹游集》作序说："缙绅之士，山林之人，儒佛有异，出仕与退隐为益异。而尊礼之降，游从之好，其必有合焉。"① 身份种族多样，出处不同，志向各异，但都能和谐相处。

　　文学中的和谐精神首先体现在文学理论上，这主要是中原文化"和"观念的表现。虞集倡导"性情之正，冲和之至"② 的"治世之音"，他认为，理学家描述的"风来水面"境界，就是诗文"和之至"的境界。他倡导和谐，反对剧烈的冲突，以水为喻，说水之"横奔怒激，拂性而害物"，"必也至平之水而遇夫方动之风，其感也微，其应也溥，涣乎至文生焉，非至和乎？"③ 在元之中期，诗文强调"和"，是主流。

　　元代文学中"和"的精神，体现为人的和谐。在众多的文学活动中，都是不同民族、不同地域、不同宗教、不同阶层的人和谐相处，玉山雅集就是一个显例，有僧有道，有隐士有高官，有南方人也有北方人，他们一起演绎了持久的诗坛神话。北方文章大家姚燧和他的五大弟子张养浩、孛术鲁翀、刘致、贯云石、李洞，是一个人格志趣都令人称赏的文学团体，其中孛术鲁翀是女真人，贯云石是色目人。诗僧释来复，元末主四明定水寺，将其所交游赠答之诗编成《澹游集》，共收 170 人的诗作，其中蒙古、色目 20 人，释子 32 人，以及道士若干人。这样一个极大的诗人群，都是释来复的朋友，是一个多种族、多宗教、多地域来源的和谐的诗人群。正如杨维桢诗所云："皇元正朔承千载，天下车书共一家。"④ 体现

---

　　① 释廷俊：《澹游集序》，释来复：《澹游集》卷首，《续修四库全书》影印国家图书馆藏清抄本。

　　② 虞集：《道园学古录》卷二十七《秋堂》，文渊阁《四库全书》本。

　　③ 虞集：《道园学古录》卷二十二《天心水面亭记》。按"天心水面"之语，有理学背景，从邵雍《清夜吟》来，邵诗云："月到天心处，风来水面时。一般清意味，料得少人知。"而其基本观念，又与《文子》相近，《文子·下德》有云："水激则波起，气乱则智昏。昏智不可以为正，波水不可以为平。"李定生、徐慧君校释《文子校释》卷九《下德》，上海古籍出版社2004年版，第251—252页。

　　④ 杨维桢：《次韵杨左丞五府壁诗》，张昱《可闲老人集》卷四，文渊阁《四库全书》本。

"天下车书共一家"的作品，还有中原、江南文人写于上京及其周围的大量诗作。千百年来，中原与草原，汉与胡，长城限南北。历史留下的记忆，多是战争，是秋风战马，是荒漠白骨。到元代，对抗为和谐取代，血腥的历史成为过去。陈孚《秦长城》诗云：

　　　　驰车出长城，饮马长城窟。朔云黄浩浩，万里见秋鹘。白骨渺何处？腥风卷寒沙。蒙恬剑下血，化作川上花。祖龙一何愚，社稷付征杵。长城土未干，秦宫已焦土。千载不可问，但闻鬼夜哭。矫首武陵源，红霞满山谷。①

"蒙恬剑下血，化作川上花"，在陈孚看来，这是时代的幸运。

　　元曲的主体精神也是倡导社会的和谐，人与人的和谐。戏曲要靠矛盾冲突推进情节，但矛盾的发展，到最后解决，则大多是和谐的结局。这里要特别说一下马致远的《汉宫秋》。长期以来，研究者认为，《汉宫秋》反映的是金宋灭亡后，人们强烈的民族情绪，甚至认为，《汉宫秋》的主题就是反抗民族压迫。说该剧反映了民族情绪和反民族压迫的主题，关键情节是王昭君在胡汉边界投黑龙江而死，以身殉汉，决不入胡。但这应该不是马致远原作的情节。刘世德先生早就发现，元代诗人元淮《吊昭君》《昭君出塞》两诗是写马致远《汉宫秋》杂剧的②，《吊昭君》（马致远词）云："昔年上马衣貂裘，不惯胡沙万里愁。阁泪无言窥汉将，偷生陪笑和箜篌。环佩影遥青冢月，琵琶声断黑江秋。当时若赂毛延寿，安得高名满蓟幽。"③《昭君出塞》云："西风吹散旧时香，收起宫装换北装。绒帽貂裘同锦绮，翠眉蝉鬓怯风霜。草白云黄金勒短，旧愁新恨玉鞭长。一天怨在琵琶上，试倩征鸿问汉皇。"④（按"西风吹散旧时香"是马致远《汉宫秋》第三折［殿前欢］原句）由这两首诗可知，元淮当年看到的《汉宫秋》的结局，并非王昭君投黑龙江而死，她是到了龙庭并在那里生

────────────

　　① 陈孚：《陈刚中诗集》卷三，文渊阁《四库全书》本。

　　② 刘世德：《从元淮的五首诗谈元杂剧的几个问题》，《文汇报》1962年1月24日。

　　③ 元淮：《水镜元公诗集》，《四库全书存目丛书》集部第21册，齐鲁书社1997年版，第705页。

　　④ 元淮：《水镜元公诗集》，第707页。

活的，诗人还庆幸说，幸亏当初没有贿赂毛延寿，否则哪能"高名满蓟幽"？马致远有［南吕·四块玉］《紫芝路》："雁北飞，人北望，抛闪煞明妃也汉君王。小单于把盏呀剌剌唱。青草畔有收酪牛，黑河边有扇尾羊，他只是思故乡。"① 这应该是马致远心中的王昭君。这也可以为《汉宫秋》中王昭君未投江说增加一个旁证。王昭君是否投黑龙江，关乎着这部戏的性质：投黑龙江，是渲染胡汉对立；到龙庭和亲，表现胡汉和谐。元代马致远的原作，应该是后一种，是表现和谐的。起码元淮看到的《汉宫秋》，王昭君是生入胡地而非死不入胡的。

研究者概括元杂剧的主题，有所谓"斗士精神"，其实，这在很大程度上是一种主观想象。元杂剧多是倡导和谐的，社会的和谐，家庭的和谐，这应该无须具体举例。倡导和谐，是很多杂剧作品的共同主题。

三　大而疏略

"大"也有负面的东西，这里要说"大"带来的负面的影响，笔者概括为大而疏略。这一概括未必合适，姑且如此说吧。

大而疏略，一切都是粗线条。有些问题，适宜粗线条，但处处粗线条，难免疏漏，疏漏就会出乱子。缺乏细密与严谨，会带来混乱。元代文化大而疏略带来的负面影响，突出的表现，是官制之乱，政治之乱，所谓："衙门纷杂，事不归一。十羊九牧，莫之适从。"以至于"可家自为政，人自为国"②。蒙古以马上得天下，从耶律楚材起，众多中原士人都向蒙古主建议，马上得天下，不可以马上治之。教化与法制，是中原文人反复向蒙古主强调的。但治法粗疏，一直是元代政治之大弊。在《元史·董士选传》中，记载董士选徒手平定江西赣州刘六十之乱，其本意是表彰董士选，其事近于传奇。在后世看来，有点像笑话，暴露了元代政治大而粗疏之病。成宗即位不久，董士选拜江西行省左丞，他一上任，就发生了赣州刘六十之乱："赣州盗刘六十伪立名号，聚众至万馀。朝廷遣兵讨之，主将观望退缩，不肯战。守吏又因以扰良民，贼势益盛。"看来

---

① 隋树森编：《全元散曲》，中华书局1964年版，第234页。

② 郑介夫：《太平策·治道》，杨士奇等：《历代名臣奏议》卷六十七，台北学生书局影印明永乐刊本。

问题很严重。但董士选知道问题的根源所在，从根源处下手，问题自然解决：不是民要乱，而是官吏害民，官逼民反。惩治这些官吏，乱不讨自平：

> 士选请自往，众欣然托之，即日就道。不求益兵，但率掾史李霆镇、元明善二人，持文书以去，众莫测其所为。至赣境，捕官吏害民者治之。民相告语曰："不知有官法如此"。进至兴国县，去贼巢不百里，命择将校，分兵守地待命。察知激乱之人，悉置于法。复诛奸民之为囊橐者，于是民争出请自效。不数日，遂擒贼魁，散馀众归农。①

说这事有点像笑话，是因为董士选惩治了害民之官，老百姓很意外，"不知有官法如此"。这事发生在成宗元贞二年（1296），此时距灭金已经六十多年，距忽必烈即位建元立制，也已三十多年，距灭宋据有江南，也有二十年。到这时，老百姓竟然"不知有官法"。所以，明初总结元亡教训，说是简宽、纵弛，都是言其治法太过疏略。文献记载朱元璋与人讨论此事：

> 洪武二年春正月，上御奉天门，召元之旧臣问政事得失，马翼对曰："元有天下，以宽得之，亦以宽失之。"上曰："以宽得之则闻之矣，以宽失之，则未之闻也。夫步急则蹶，弦急则绝，民急则乱。居上之道，正当用宽。但云宽则得众，不云宽之失也。元季君臣，耽误逸乐，循至沦亡，其失在于纵弛，实非宽也。大抵圣王之道，宽而有制，不以废弃为宽；简而有节，不以慢易为简。施之适中，则无弊矣。"②

朱元璋说得确实很对，宽而至于废弃，简而至于慢易，法度纵弛，是元代政治中严重的问题。

---

① 宋濂等：《元史》卷一百五十六《董士选传》，中华书局 1976 年版，第 3677 页。
② 娄性：《皇明政要》卷九，《续修四库全书》第 424 册，上海古籍出版社 2002 年版，第 57 页。

由王鹗起草的《中统建元诏》说要稽列圣之洪规，讲前代之定制。前一句是要继承蒙古世代相传的体制，后一句说要吸收沿自唐宋的中原王朝制度。所以，在元代的政治运作中，蒙古旧有的观念、思维和运作方式，始终发生着影响。真正意义上的中央集权制政体，始终没有完整建立起来。而朝中宰臣多蒙古与色目人，有些政令，不仅无助社会秩序的建立，还会带来社会的严重混乱。忽必烈时，西域人桑哥擅权，唯以敛财为务，"一法出则众奸作，一令下则百诈起"①，政令反成了社会和道德混乱之源。这些都显示其行政运作的粗放。

这种大而疏略表现在行政运作上，也表现在军事管理上。蒙古国时期，军队的调动一直没有严格的印信，直到蒙哥汗去世，忽必烈从攻宋的长江前线紧急北归处理汗位继承问题，在此万分紧急时刻，商挺建议必须严军中符信，才赶紧派人到各地军中立约。阿里不哥果然派人到军中调动部队，正因为提前立了契约，军队才没有上当，杀了阿里不哥的使者②。但元代军队的管理，始终没有宋代那样严密的制度，这在元末战争中充分暴露了出来。

元代治法粗疏，突出体现在法制上。元代第一部准法律《至元新格》颁行于世祖至元二十八年（1291），已是世祖末年（三年后忽必烈去世）。《元史·世祖本纪》至元二十八年记："何荣祖以公规、治民、御盗、理财等十事，缉为一书，名曰《至元新格》，命刻版颁行。"③ 这是一个极粗略的东西，其内容不过"十事"，只涉及十个方面，"宏纲大法，不数千言"④。"宏纲大法"固然必要，但只有宏纲大法，没有细密严谨的条规，不具备可操作性。这几乎可以为"大而疏略"作注脚。法制粗疏，给一些污吏留下了舞文弄法的极大空间，造成断案不公，冤狱遍地，影响社会稳定。这些在元杂剧中有充分的表现。

元代文化的大而粗疏，还表现在政府无信，执行力不强，以及朝令夕

---

① 王恽：《秋涧先生大全集》卷三十五《上世祖皇帝论政事书》，《四部丛刊》影印明弘治翻元本。

② 宋濂等：《元史》卷一百五十九《商挺传》，中华书局 1976 年版，第 3739 页。

③ 宋濂等：《元史》卷十六《世祖本纪十三》，中华书局 1976 年版，第 348 页。

④ 苏天爵：《至元新格序》，陈高华、孟繁清点校：《滋溪文稿》，中华书局 1997 年版，第85 页。

改，无所适从。人们习惯于政令律令的不执行或不会执行，上下都视之如同儿戏，郑介夫《太平策》批评说："今朝廷布政颁令，出于一时漫浪之言。百司不知所守，百姓不以为信，习为文具，徒美外观。"① 又说：

> 今者号令不常，有同儿戏。或一年二年，前后不同；或纶音初降，随即泯没。遂致民间有"一紧二慢三休"之谣。上无道揆，下无法守。不闻如是可以立国者。……如往年禁酒，而私酝者比屋有之，酒益薄，价益高，而民益困；又如禁牛而私宰者愈多，辇毂之下，十家而八。又如奸盗杀人，必不可赦，而每岁放秃鲁麻，以此人心轻于犯法。②

政令如同儿戏，社会政治必然混乱，政府与政令都不可能有权威。以戏曲及杂艺的演出管理为例，对比一下元明两代的情况，可以强烈地感受到这一点。元代是戏曲的黄金时代，戏曲演出繁盛活跃。各种杂戏曲艺，对社会的影响都是多方面的，有积极的也有消极的，有正面的也有负面的。元政府也懂得这一点，对戏曲及杂艺教习与演出，也曾有过限制。但其限制的规定是粗略的，落实也不力。明初的处理，就大不相同。两者对比鲜明。《元史·刑法志》载：

> 诸民间子弟不务生业，辄于城市坊镇演唱词话，教习杂戏，聚众淫谑，并禁治之。诸弄禽蛇、傀儡、藏擫、撇钹、倒花钱、击鱼鼓、惑人集众以卖伪药者，禁之，违者重罪之。诸弃本逐末，习用角觗之戏，学攻刺之术者，师弟子并杖七十七。诸乱制词曲为讥议者，流。③

其目的主要在禁游惰，也有防乱的意思。即使这样一个笼统的规定，也没见怎么落实。看看明代的有关规定，则让人感到恐怖。清人董含

---

① 郑介夫：《太平策·核实》，杨士奇等：《历代名臣奏议》卷六十七，文渊阁《四库全书》本。

② 郑介夫：《太平策·定律》，杨士奇等：《历代名臣奏议》卷六十七，第859页。

③ 宋濂等：《元史》卷一百〇五《刑法志四》，中华书局1976年版，第2685页。

《三冈识略》引《邂园赘语》云：

> 洪武二十二年三月二十五日，榜文云："在京军官军人，但有学唱的，割了舌头。娼优演剧，除神仙、义夫节妇、孝子顺孙、劝人为善及欢乐太平不禁外，如有亵渎帝王圣贤，法司拿究。下棋打双陆的断手，蹴圆的卸脚。"千户虞让子虞端，吹笛唱曲，将上唇连鼻尖割去。指挥伏颙与姚晏保蹴球，卸去右足，全家戍滇。[①]

很恐怖。董含惊叹"明初立法之酷，何以至此？几于桀、纣矣"。应该说，元与明，差不多可以说是两个极端。元立法不严，执行力又不强，威严不立。政府无公信力，整个社会就会缺乏诚信，天下大乱是迟早的事。

从一些突发事件中，可以认识元代政治运作中的大而粗疏。这些事件，暴露了元代各方面管理中的极大漏洞。元世祖至元十九年（1282），发生了益都千户王著与高和尚等谋杀丞相阿合马的事件。当时忽必烈和太子金真都在上都，阿合马留大都。因其专权贪恣，人人痛恨。三月十七日夜，王著、高和尚假传皇太子令，诛杀阿合马。当他们派人假冒西僧到中书省传话时，宿卫者已经发现了西僧是假冒，集合了卫士及官兵各执弓矢以备。而枢密副使张易则按王著等人的要求，调动了部队。宿卫高觿带领卫士防守，却见"枢密副使张易亦领兵驻宫外。觿问果何为，易曰：'夜后当自见。'觿固问，乃附耳语曰：'皇太子来诛阿合马也。'夜二鼓，忽闻人马声，遥见烛笼仪仗将至宫门，其一人前呼启关"[②]。这是王著等假扮的太子仪卫——他们"夜聚数百人为仪卫，称太子入健德门，直趋东宫，传令启关甚遽"。守卫者知其假，不让开门，他们就"循垣趋南门外，击杀丞相阿合马"。王著等之所以能够成功，是因为他们"矫太子命征兵枢密副使张易，易不加审，遽以兵与之"[③]。这事听来相当荒唐，假扮太子，传令枢密副使（枢密院是掌管军队的中央最高机构），竟然调动了军队，把丞相杀了。可见，在中央层面的管理，包括军队管理，存在多么严重的漏洞。我们不禁感到奇怪，这样一个百年政权，百年中到底是如

---

① 董含：《三冈识略》卷二，辽宁教育出版社2000年版，第24页。
② 宋濂等：《元史》卷一百六十九《高觿传》，中华书局1976年版，第3979页。
③ 宋濂等：《元史》卷一百六十九《张九思传》，中华书局1976年版，第3980页。

何运行的？

　　"大元气象"体现在元代文化的各个方面，对文学的影响是广泛而深刻的，不管是文学的内容还是风格，都与这一时代精神密切相关。元曲有所谓"不讳体"，恐怕也是元代所特有。研究元代文学，认识和把握这一时代精神，非常重要。

第二章　草原文化品格与元代文坛的"文倡于下"及赏曲之风

第一节　草原文化的无为与"文倡于下"的文坛环境

元朝尚武，而在朝在野的文人则极力强调"文"之不可轻，程钜夫曾说："文之盛衰，世道之占也。"这是站位极高且极具代表性的说法。接下来他说：

> 我朝之盛，自古所未有，独于文若未及者。岂倡之者未至，而学之者未力耶？今天子方以复古为己任于上；弘其风，浚其流，懔焉而任于其下者，非我辈之责耶？[①]

"文"之不够"盛"，关键在"倡之者未至"，这确实是问题的关键和要害。至于"今天子方以复古为己任于上"，当时指仁宗开科举等一些文化举措，这些应该视为朝廷对文化的倡导，但远不足以改变朝廷对文化"倡之者未至"的状况，程钜夫这些话，只是表达了他希望借此在天下大扇文风的愿望。后人也指出过元朝文化倡导的缺失，如晚清况周颐论词而涉及音乐，说："士夫精研宫律者有之，未闻君相之提倡。"[②] 在古人的观念中，礼乐是"文"的核心。缺乏对音乐的倡导，是文化倡导缺失的一

---

① 程钜夫：《李仲渊御史行斋漫稿序》，张文澍校点：《程钜夫集》，吉林文史出版社2009年版，第181—182页。

② 况周颐：《蕙风词话》卷四，孙克强辑考：《蕙风词话·广蕙风词话》，中州古籍出版社2003年版，第152页。

种表现。

元代没有明确的文化政策，当然也不会有与之相应的有力措施。文化上的导向不能说没有，如忽必烈反对文人把精力花在诗歌上，认为赋诗无益修身，无益治国，甚至认为写诗文不如工匠技艺更有用，说："高丽小国也，匠工奕技，皆胜汉人，至于儒人，皆通经书，学孔孟。汉人惟务课赋吟诗，将何用焉？"① 他的这些观念影响文坛，也是一种引导。仁宗时开科取士，《行科举诏》言："举人宜以德行为首，试艺则以经术为先，词章次之。浮华过实，朕所不取。"② 其导向沿忽必烈而来，对文风的影响和引导，是很明显的。

元代皇帝除文宗外，大多不关心文化和文学问题。与其他皇帝不同，文宗是重文的，他建奎章阁，日与文人品书鉴画。奎章阁文人们也以文采相尚，赠答唱和。这与世祖以来的重实用的导向异趣。所以不久，奎章阁文人就连遭弹劾，被贬或被逐。文宗去世后，围绕在他周围的奎章阁文人散去，其风气也随之消歇。整个元代，文化和文学，基本上是在没有政府主导当然也没有管理的情况下自发活动、自然发展的。文的倡导不在朝廷而在民间，不是政府而是文人个人。我们把这种状况概括为"文倡于下"。

元代在中国历史上是一个很特殊的时代，元代文坛也表现出不同于其他时代鲜明的特征，其中"文倡于下"是一个基本特征。要认识元代文学，就应该了解和把握这一特征，可以说，它是正确认识元代文学、元代文化的一大关键。元代文学的很多现象与特点，都与这一特征有关。

"文倡于下"之说，从明代何景明那里借来，他原本并不是说元代，但借来说明元代的文坛情况，却非常合适。他说：

> 文之兴于盛世也，上倡之；其兴于衰世也，下倡之。倡于上，则尚一而道行；倡于下，合者宗，疑者沮，而卒莫之齐也。③

---

① 宋濂等：《元史》卷一百五十九《赵良弼传》，中华书局 1976 年版，第 3746 页。

② 苏天爵：《元文类》卷九，《四部丛刊》影印元至正本。

③ 何景明：《何大复先生集》卷三十四《汉魏诗集序》，中州古籍出版社 1989 年版，第 593 页。

我们不管他如何界定盛世与衰世，但他认为，衰世也可以有"文之兴"，只是衰世之文，不是"倡于上"而是"倡于下"。倡于上则"尚一"，即其宗尚显示出相对的统一性；倡于下则不"一"，即显示出相对的多元性。这种多元，不仅是风格宗尚之多元，而且整个文学的观念、价值都呈现多元性。"倡于下"与多元性，正是元代文学与文学思想的特点。进一步说，在元代"倡于下"的不仅是文学，道德教化，这些本该是政府行为的，政府也无所作为，而由文人自觉担当。何景明说："倡于上，则尚一而道行。"在倡于下的元代，宗尚不一，"道"之行也颇不理想。

倡于上，政府有提倡，有组织，也就有干预；倡于下，文化与文学的发展都没有政治力量的推动，同时也摆脱了政治的干预。元代为我们提供了一个"文倡于下"的时代范本。倡于上，学在官府；倡于下，学在民间。倡于上，多贯彻官方意志的宏大工程和标志性成果，这样的成果，元代之前的宋，之后的明清多有，现在文化史、文献学史能举得出的大型文献都是；倡于下，则缺乏看得见的辉煌。但倡于下，学术文化不一定衰微，文人不会停止他们的思考，反倒因为没有官方意志的强力干预，自由思考更能得出可贵的结论，但这些成果，需要后人去发掘和认识。

元代文学与文化风气不倡于上而"倡于下"，是由于政府相关职能之缺失，而文人自发为之；在上的朝廷没有号召也缺乏号召力，文人以其个人力量影响一时，天下云和景从，成为风气的主导者。除此之外，元代"文倡于下"还有各种表现，比如文坛领袖多在野，文化活动多民间自发，等等。我们分别考察如下。

一　政府职能之缺失与文人的自发作为

我们先看顺帝时，书生陈高写给时为秘书卿的泰不华（原名达普化）的一封信，信中批评"上之人"不能倡导文风、主持风气，使得文气靡弱不振：

> 高尝以为文章之气与世变上下，而亦有系夫上之人，与夫作者之为之倡也。故有世道方盛，而文章不振者，非世之然也，倡之者

无其人也。非无其人也，有其人而不为文章之司命，或为文章之司命又循常习故，而莫之变焉。此文气所以日卑下，而其势固不能以振起也。①

在朝"为文章之司命"者，即掌管文化政策的人，应该是文风甚至是文明、教化的倡导者，应能起到引领文风的作用。陈高对当时情况感到失望。他说，文风不振，是因为朝中没有引领风气的人，或者有这样的人却没有担负起责任，或者他负责，但他很平庸，无所作为，使得文风日益卑下。总之，或者是朝中缺少能够引领风气、振起文风的人，或者是他们的失职："然则世之盛也若此，而文气之不振也若此，非无其人为之倡欤？为文章司命者，尚得以逃其责哉！"②

这封信的写作时间很容易确定，在顺帝至正五年（1345），泰不华只在这一年任秘书卿。此时虞集早已离朝，揭傒斯一年前去世，欧阳玄虽在朝，但不受当政者重视，张翥还没有确立在文坛的地位，朝中确实已经没有了主持风气的人。

但是，陈高批评的，在元代绝不是某一时期独有的问题。在上者不能主持风气、主导文坛，是整个元代都存在的倾向性的问题。在元代的一百多年里，蒙古灭金统一北方后的几十年，元顺帝时期的几十年，文章宗主都不在朝，都是在野文人主导文坛（在《元代文坛的演进》中已述，下一节再具体讨论）。只有成宗即位到文宗去世（1295—1332）这三十几年，文坛领袖在朝。但这些在朝文人，又几乎都是匆匆过客，能够影响文坛的时间很短：成宗时，是姚燧，但其对南方文坛影响不大。仁宗时是赵孟頫，文宗时是虞集。赵孟頫、虞集，分别由于仁宗、文宗的特别欣赏，而在朝掌文柄，但同时又有对立面，文宗曾"怒曰：一虞伯生汝辈不能容邪？"③由此可以想象朝中情况。仁宗、文宗的去世，他们的影响也就终结。

进一步说，即使这些文坛领袖在朝期间，其影响力也不是很大。像宋代欧阳修那样，以一人之力扭转天下风气，在元代是不可能的。宋仁宗

---

① 陈高：《不系舟渔集》卷十五《上达秘卿书》，文渊阁《四库全书》本。
② 陈高：《不系舟渔集》卷十五《上达秘卿书》，文渊阁《四库全书》本。
③ 赵汸：《东山存稿》卷六《邵庵先生虞公行状》，文渊阁《四库全书》本。

时，太学体流行，其弊至于"求深者或至于迂，务奇者怪僻而不可读"①。此弊必须革除。嘉祐二年（1057），欧阳修知贡举，将太学体名士全部黜落，而取苏轼、曾巩等人，一举而文风大变。科举往往是引领文风的有力手段。《宋史·文苑传序》说："国初，杨亿、刘筠犹袭唐人声律之体，柳开、穆修，志欲变古而力弗逮。庐陵欧阳修出，以古文倡，临川王安石，眉山苏轼，南丰曾巩起而和之，宋文日趋于古矣。"② 没有科举的强力引导，扭转文风不会有如此成效。虞集在元代文坛的地位，人们比之为宋代的欧阳修。从他以个人创作和不遗余力地进行理论的倡导说，确有相似之处，但如果说利用在朝身份提倡和引领天下文风，虞集做不到。比如，虞集不赞成科举中经义一尊朱熹传注，他又认为，应该通过科举促进一道德同风俗，使科举成为促进风化的手段。但他的想法，无法付诸实施。他的个人努力，影响也有限。《元史·虞集传》载：

> 泰定初考试礼部，言于同列，曰："国家科目之法，诸经传注，各有所主者，将以一道德同风俗，非欲使学者专门擅业，如近代五经学究之固陋也。圣经深远，非一人之见可尽，试艺之文，推其高者取之，不必先有主意，若先定主意，则求贤之心狭，而差自此始矣。"后再为考官，率持是说。故所取每称得人。……（文宗时）宗藩暌隔，功臣汰侈，政教未立，帝将策士于廷，集被命为读卷官，乃拟制策以进，首以"劝亲亲，体群臣，同一风俗，协和万邦"为问。帝不用。③

虞集的意见在科举中不能贯彻，这是有各方面因素决定的，当然也有"一道德同风俗"在元代难以实行，或者说没有找到切实实行的方法、途径，科举考试中让试子讨论，也是空乏议论而已。

文倡于下，这"文"，历来都不应只做狭义的文章风气理解。"文"是一个大概念，所谓"斯文"。文的倡导，广义的理解，推行教化，使化

---

① 苏轼：《谢欧阳内翰书》，孔凡礼点校：《苏轼文集》卷四十九，中华书局1986年版，第1423页。

② 脱脱等：《宋史》卷四百三十九《文苑传》，中华书局1977年版，第12997页。

③ 宋濂等：《元史》卷一百八十一《虞集传》，中华书局1976年版，第4176—4178页。

行于下。元代朝廷不任教化之责，而在野文人，很多以斯文为己任，也是"文倡于下"的表现。推行教化，本是在上者的责任，正如元代陆文圭所言："劝学崇化，风厉四方，上之人责也。行义达道，尊主庇民，下之人责也。"① 在元代，朝廷在这方面也是缺位的。元代文人不断上书朝廷，希望重视教化，负起应负的责任。如郑介夫《太平策·厚俗》说：

> 自混一以来，今将三纪矣。以时考之，则可兴礼乐、崇教化、变风俗，不可谓之太早计。而朝廷上下，略不及此。苟且一时之谋，不思万世之策，甚可为长太息也！②

教化不行，廉耻丧尽，连卖淫都成了公开的事，不以为耻。教化不行，使人失去了基本的尊严感和道德感。人与人之间没有感情，也不承担相应的责任和义务，"若父不以子为子，夫不以妻为妻，朝为骨肉，暮即歧路，六亲不保，恩情已绝。推是心以往，则子弃其父，妻弃其夫，弟弃其兄"，真是"纲常之道，荡然不存"③。天下不乱，那是侥幸。

正是基于这种情况，大儒许衡才说："纲常不可一日而亡于天下，苟在上者无以任之，则在下之任也。"④ 以道为己任，指的就是推行教化于天下的自觉责任意识。所谓"礼失而求诸野"，元代就是这样的时代，朝廷不任教化之责，而礼仪自行于民间。很多有责任感的文人，都执着地在家乡推行教化，影响一地，使一地人情厚、风俗美。他们自觉有意识地倡导礼仪，如在家乡推行乡饮酒礼，培养子弟敬贤尊老。《礼记·乡饮酒义》云："乡饮酒之义：主人拜迎宾于庠门之外，入，三揖而后至阶，三让而后升，所以致尊让也。"郑注："《乡饮酒义》者，以其记乡大夫饮宾于庠序之礼，尊贤养老之义也。"⑤ 这种礼仪的实行，可以风化乡里，历来为乡贤所重，自觉在乡里推行，如宣城士人贡士濬，在其家乡建家塾，"割膳田廪师生，族子无问疏戚，愿学者肄焉。创为学规，俾世守之。春

---

① 陆文圭：《墙东类稿》卷四《选举策》，文渊阁《四库全书》本。
② 郑介夫：《太平策·厚俗》，浙江古籍出版社1998年版，第47页。
③ 郑介夫：《太平策·厚俗》，浙江古籍出版社1998年版，第77页。
④ 宋濂等：《元史》卷一百五十八《许衡传》，中华书局1976年版，第3717页。
⑤ 阮元校刻：《十三经注疏》，中华书局1980年版，第1682页。

秋仲丁，帅学者舍菜。月望朔盛服升堂，与子弟讲先圣之经，其说一本考亭朱氏，有所疑辩，公一家自为师友，以订其同异。尝慨乡饮酒礼废，乃习于塾中，既娴，集乡人行之，俗用丕变"①。贡氏后人贡师泰作《乡饮酒记》，说："乡饮之与序拜，皆所以明长幼、习威仪、睦闾党、洽情意，其俗至厚，其礼至盛。今顾漓之使薄，废之使替，孰忍然哉！"② 这就是所谓化行乡里。而推行教化的具体措施，往往是办学，或家塾，或义学，培养子弟读书识礼仪。

这里举一个具体的例子，看一个色目青年，是如何在文化礼仪的熏陶下，成长为著名人士和道德模范的。《元史·伯颜传》载，伯颜，西域哈刺鲁氏，居濮阳。"六岁，从里儒授《孝经》《论语》，即成诵。蚤丧父，其兄曲出，买经传等书以资之，日夜诵不辍。稍长，受业宋进士建安黄坦。""伯颜自弱冠，即以斯文为己任，其于大经大法，粲然有睹，而心所自得，每出于言意之表。乡之学者，来相质难，随问随辨，咸解其惑。于是中原之士，闻而从游者日益众。""至正四年，以隐士征至京师，授翰林待制，预修《金史》。"后来辞官家居，"四方之来学者，至千余人。盖其为学专事讲解，而务真知力践，不屑事举子词章，而必期措诸实用"。他是一位注重道德实践的学者。至正十八年（1358），"河南贼蔓延河北，伯颜言于省臣，将结其乡民为什伍以自保，而贼兵大至，伯颜乃渡漳北行，邦人从之者数十万家。至磁与贼遇，贼知伯颜名士，生劫之以见贼将，诱以富贵，伯颜骂不屈，引颈受刃，与妻子俱死之"③。所以，礼乐教化，在民间还是这么延续着，诗书礼仪，也在民间延续着。文明之脉，不因朝廷的缺位和失职而断绝。王构《游民安里二首》诗记其在山西昔阳乡下看的情况，还是颇乐观的，其一云：

乡社询遗老，川原访旧墟。家多行孝弟，人尽读诗书。俗古无争

---

① 欧阳玄：《广陵侯神道碑铭》，（宣城）《贡氏六房宗谱》卷八，贡氏家藏本。

② 贡师泰：《乡饮酒记》，邱居里等校点：《贡氏三家集·贡师泰集》，吉林文史出版社2010年版，第447页。

③ 宋濂等：《元史》卷一百九十《伯颜传》，中华书局1976年版，第4350页。

讼，农勤有贮储。何时谋二顷，来卜里人居。①

元代文坛的特点是文倡于下。但这不仅仅是主导天下文风者不在上而在下，而是担文明教化之责者不在上而在下。这两者是相互联系的，进一步说，也是一回事。元政府不关注文化问题，不任教化之责，而当时有责任感的文人自觉任之；主导文风的学者不在朝而在野，即使在朝也很难发挥作用，原因在于朝廷对文的忽视。形成这样局面的原因，都是朝廷失其职和文人个人的自觉担当。如元好问那样，"虽无位柄，亦自知天之所以畀付者为不轻，故力以斯文为己任"。②

二　文坛领袖多在野

在《元代文坛的演进》中，我们已经梳理了各个时期文坛领袖的状况。大致说来，前期北方文坛领袖是元好问，南方则是刘辰翁。后期文坛领袖是杨维桢。他们都是在野文人。只有中期从成宗即位到文宗去世（1295—1332）这三十几年，文坛领袖分别是在朝任职于翰林院或奎章阁的文人姚燧、赵孟頫、虞集。如《元代文坛的演进》所言，我们说的前期，是由灭金（1234）到忽必烈去世（1294）的 60 年，中期指成宗即位（1295）到文宗去世（1332）的 30 多年，后期指顺帝即位（1333）到元室北迁（1368）的 30 多年。这里还有一些具体问题，需要做些具体考察。

首先，金亡元初的 30 年间，元好问是无可争议的文坛领袖。《金史·元好问传》就说："兵后故老皆尽，好问蔚为一代宗工。"③ 北方文坛之盛，自是元好问开其端。如清人顾嗣立所言："元兴，承金宋之季，遗山元裕之以鸿朗高华之作振起于中州，而郝伯常、刘梦吉之徒继之，故北方之学，至中统、至元而大盛。"④ 当时人徐世隆论元好问文坛宗主地位，

---

① （雍正）《山西通志》卷二百二十三《艺文》。

② 徐世隆：《遗山集序》，姚奠中主编：《元好问全集》附录，山西人民出版社 1990 年版，下册第 414 页。

③ 脱脱等：《金史》卷一百二十六《元好问传》，中华书局 1975 年版，第 2742 页。

④ 顾嗣立编：《元诗选初编》"袁桷小传"，中华书局 1987 年版，第 593 页。

认为他是承金代文脉之正的文坛盟主："窃尝评金百年以来，得文派之正而主盟一时者，大定、明昌则承旨党公，贞祐、正大则礼部赵公，北渡则遗山先生一人而已。"与党怀英（官翰林学士承旨）、赵秉文（官礼部尚书）不同的是，元好问是金亡后蒙古时期的文坛盟主，是以在野文人主盟文坛。所以，徐世隆接着说："自中州鄯丧，文气奄奄几绝。起衰救坏，众望在遗山。"元好问虽不在朝，而自觉任天下之责，在金亡后的差不多三十年中，成为笼罩一时的文坛领袖，他本人有文化救亡"起衰救坏"的自觉，因而，"所在士子从之如市"。由于他的引导，"学者知所指归，作为诗文，皆有法度可观，文体粹然为之一变"①。

由金入元第一代诗人，多围绕在元好问周围，如杨奂、杨弘道、杨云鹏（杨鹏）、杜仁杰。杨奂有《还山遗稿》，杨弘道有《小亨集》，杨云鹏有《陶然集》，后两种，元好问写有序，都是现存元好问重要论诗之文。杨奂，元好问为其作神道碑，高度肯定其诗文。杜仁杰（字仲梁）当时诗名颇著，元好问有《去岁君远游送仲梁出山》诗，云："千首新诗怨枯槁""青眼高歌望君久"等句②。山西地区，有诗人李俊民及稍后的河汾诸老，元人房祺编《河汾诸老诗集》八卷，收麻革、张宇、陈赓、陈庚、房皞、段克己、段成己、曹之谦八位诗人诗各一卷，八人皆从元好问游，房祺《河汾诸老诗集后序》引杨仲德语云："不观遗山之诗，无以知河汾之学；不观河汾之诗，无以知遗山之大……"③

但是，元好问在忽必烈即位前三年（1257）已经去世。在此后的整个忽必烈时期，成宗即位（元贞元年，1295）之前，在长达近40年的时间里，北方文坛的情况如何呢？有没有继元好问而起的文坛领袖呢？其实，上文所引顾嗣立的话："而郝伯常、刘梦吉之徒继之，故北方之学，至中统、至元而大盛。"这个"中统、至元而大盛"，活跃于这一时期文坛、创造了"大盛"的，是元好问的弟子以及宗法元好问的人。这是一个群星灿烂的时期，他们心中的北斗依然是元好问。除顾嗣立所说的郝经

---

① 徐世隆：《遗山集序》，姚奠中主编：《元好问全集》附录，山西人民出版社1990年版，下册第414页。

② 元好问：《去岁君远游送仲梁出山》，姚奠中主编：《元好问全集》（上册），山西人民出版社1990年版，第115页。

③ 房祺：《河汾诸老诗集后序》，《河汾诸老诗集》卷末，中华书局1958年版，第59页。

（伯常）、刘因（梦吉）外，较为突出者还有刘秉忠、卢挚、王恽、胡祗遹、张之翰等，这些人，或为元好问嫡派弟子，如郝经；或曾亲承其教，如王恽、胡祗遹；或深受其影响，如刘因。刘因年辈较晚，不及直接受教于元好问，但一直心向往之，有诗云："晚生恨不识遗山，每诵歌诗必慨然。"① 当然还有与元好问情同父子的白朴。他们同受元好问影响而又各具特色。可以说，这是一个没有元好问的元好问时代。

元代前期，南方的文坛领袖是刘辰翁。大儒吴澄说，宋亡入元，刘辰翁"突兀而起"，成为一时文坛宗主：

> 叙古文之统，其必曰唐韩、柳二子，宋欧阳、苏、曾、王、苏五子也。宋迁江南百五十年，诸儒孰不欲以文自名？可追配五子者谁与？国初，庐陵刘会孟氏突兀而起，一时气焰震耀，远迩乡人尊之，比于欧阳。②

这段话有几点特别值得我们注意：第一，在吴澄眼里，刘辰翁是元人，他影响文坛的时期在元而不在宋；第二，他是入元以后"突兀而起"的文坛领袖；第三，他改变了宋末缺乏文坛领袖的状况。这些，对我们来说，都是有重要价值的文学史判断。吴澄对刘辰翁的评价很高，认为他是跨越南宋、接续韩、柳、欧、苏文坛领袖。

需要特别注意的是，尽管刘辰翁在成宗初年（大德元年，1297）已去世，但他在南方的影响，一直持续到武宗末（1311），这一点与北方的元好问有些相似。此时由于科举重开，社会状况也与元初不同，诗文风气也随之变化，"诗丕变而近于古"③，刘辰翁的影响宣告终结。在成宗时期，北方姚燧在朝主持风气，但其影响主要在京师和中原文坛，对南方文坛影响不是很大，并且姚燧文风，与刘辰翁代表的庐陵文风，比较接近，都属古奥奇崛一路。仁宗时，赵孟頫成为文坛领袖，在北方和南方，同时取代了北方的姚燧和南方的刘辰翁，终结了他们的时代。文风的这一转变，是由赵孟頫文坛领袖的导向作用和重开科举的双重影响促成的。

---

① 刘因：《静修先生文集》卷十四《跋遗山墨迹》，《四部丛刊》影印元刊本。
② 吴澄：《吴文正集》卷二十二《刘尚友文集序》，文渊阁《四库全书》本。
③ 欧阳玄：《圭斋文集》卷八《罗舜美诗序》，《四部丛刊》本。

清人论元诗，一般认为，赵孟頫等人从大德时开始影响文坛，如顾嗣立所言："赵子昂以宋王孙入仕，风流儒雅，冠绝一时。邓善之、袁伯长辈从而和之，而诗学又为之一变。于是虞、杨、范、揭，一时并起，至治、天历之盛，实开于大德、延祐之间。"① 认为大德、延祐时期，是赵孟頫、邓文原（善之）、袁桷（伯长）主导文坛时期，他们是"元诗四大家"诗风之先导，而至治、天历是虞、杨、范、揭的时代。《四库全书总目》论邓文原在元代文坛的地位说："文原学有本原，所作皆温醇典雅。当大德、延祐之世，独以词林耆旧主持风气，袁桷、贡奎左右之，操觚之士，响附景从。元之文章，于是时为极盛。文原实有独导之功。"② 又在马祖常《石田集》提要中说："（马祖常）与会稽袁桷、蜀郡虞集、东平王构，更迭倡和，如金石相宜，而文益奇。盖大德、延祐以后，为元文之极盛。而主持风气，则祖常等数人为之巨擘云。"③ 但大德时期，只是南方文人群在朝形成时期，他们对大都文坛，对整个文坛，还没有取得主导地位。那时主导翰林院以及大都文坛的，还是姚燧代表的北方文人。这在《元代文坛的演进》中有具体考察。

杨维桢在元后期是无可争议的文坛宗主。宋濂《杨铁崖墓铭》开头就说："元之中世，有文章巨公起于浙河之间，曰铁崖君。声光殷殷，摩戛霄汉，吴越诸生多归之，殆犹山之宗岱，河之走海，如是者四十余年乃终。"在宋濂眼里，杨维桢可称为一代宗工："挫之而气弥雄，激之而业愈精，其巍立若嵩华，其昭回如云汉，衣被四海而无慊，流布百世而可征"，"如君亦足以不朽矣"④。元后期几乎所有大型文学活动几乎都与杨维桢有密切关系：玉山雅集、应奎文会、破窗风雨题咏、西湖竹枝词唱和，这些活动之所以形成规模和影响，在很大程度上是由于杨维桢的倡导和参与。元代后期诗坛热点，随杨维桢的迁徙而转移：杨维桢到杭州，杭

---

① 顾嗣立编：《元诗选初集》"袁桷小传"，中华书局 1987 年版，第 593 页。

② 纪昀等：《四库全书总目》卷一百六十六《巴西文集提要》，中华书局 1965 年版，第1426 页。

③ 纪昀等：《四库全书总目》卷一百六十七《石田集提要》，中华书局 1965 年版，第1440 页。

④ 宋濂：《元故奉训大夫江西等处儒学提举杨君墓志铭》，黄灵庚辑校：《宋濂全集》卷五十八，人民文学出版社 2014 年版，第 1352 页。

州诗坛就活跃。杨维桢到吴中，吴中就成了诗歌活动中心。最后他到松江，松江也聚集了一些诗人并有比较活跃的诗坛气氛。

那么，杨维桢的文坛领袖地位是何时形成的呢？宋濂说他"元之中世""起于浙河之间"，我们说他是后期文坛领袖，实际情况如何呢？杨维桢是泰定四年（1327）进士，大约就在此时，他就开始倡导和创作古乐府诗。杨维桢写于"至正丙午"年的《潇湘集序》回忆说：

> 余在吴下时，与永嘉李孝光论古人意，余曰：梅一于酸，盐一于咸。饮食盐梅，而味常得于酸咸之外。此古诗人意也。后之得意者，惟古乐府而已耳。孝光以余言为韪，遂相与唱和古乐府辞，好事者传于海内，馆阁诸老，以为李、杨乐府出，而后始补元诗之缺，泰定文风，为之一变。吁！四十年矣。兵兴来，词人又一变，往往务工于语言，而古意寖矣。语弥工，意弥陋，诗之去古弥远。①

至正丙午为至正二十六年（1366，两年后元亡）。由此上推 40 年，为泰定三年（1326），大约就是他进士及第之时。他的影响，与他倡导的古乐府的流行同步。至正六年（1346），杨维桢《铁雅先生古乐府》十卷编成。从各方面文献看，此时他倡导的乐府诗创作，也形成气候。可以这样说，在元中期，杨维桢在局部地区，已经形成影响。但如果说影响整个诗坛，还是到了元后期的顺帝时期。所谓"泰定文风，为之一变"，大约是他个人的感觉。在至正十年以前，他已经是一位很活跃的诗人，且所到之处，声附影从，特别在吴越地区，影响力和号召力都极强。宋濂所谓"声光殷殷"，所谓"吴越诸生多归之，殆犹山之宗岱，河之走海"，确实如此。但说"四十多年"，则稍有过头。到元亡之前，他的影响也有所减弱，如他自己所言，"兵兴来，词人又一变"，战乱所及之处，铁雅诗风就受到冲击。

现在的问题是，前期和后期文坛领袖在野，而中期文坛领袖在朝。就其最突出者言，在朝文坛领袖也有姚燧、赵孟頫、虞集三人。那么，"文坛领袖多在野"的判断能否成立？这个问题，可以从两个方面来看。

---

① 杨维桢：《东维子文集》卷十一《潇湘集序》，《四部丛刊》影印旧钞本。

首先，尽管我们列举的文坛领袖，在朝在野各有三人，但从时段来看，北方从公元 1234 年灭金，到 1368 年元室北迁，在 134 年中，文坛领袖在朝时间，仅有成宗即位到文宗去世的 38 年，占比仅有 28%。在南方，从 1279 年灭宋，到 1368 年元室北迁的 89 年里，真正由在朝文人主持风气的，只有仁宗（1312）即位到文宗去世之间的 20 年，占比仅有 22%。在元代历史的绝大部分时间里，文坛领袖在野。

其次，即使在朝文人为文坛领袖期间，其主导文坛的作用，也绝不像前期元好问、后期杨维桢那样，其影响力也远没有那么强。在元代，大部分时间里，翰林院、集贤院、秘书监、太常寺的官员，是没有什么事可做的。元代实行两都制，夏季及其前后的几个月在上都，冬天及其前后的几个月在大都。在大都时还有朝中的一些活动，在上都基本上没事可做。即使是在大都期间，也是多数时候闲居于家，郑介夫《太平策》曾批评他们是白请俸禄："十日之间，仅聚三日，一月二十一日闲居私家，虚给俸禄，受若直而怠若事，可乎？况九日完坐，又不过行故事、同杯酌而已。"① 不像宋、明那样，或修书，或聚会中诗歌酬唱。即使有些活动，也是私人性质的。在这种场合，他们的身份，几乎可以同于在野文人。余阙《贡泰父文集序》曾写他与贡师泰在翰林的生活，可以印证郑介夫所言："时泰父为应奉翰林文字，固多暇者，即与聚盍，有蔬一品，鱼一盘，饮酒三行，或五行，即相与赋诗论文。凡经史词章，古今上下治乱贤否，图书彝器，无不言者。意少适即联镳过市，据鞍谈谑，信其所如而止。及暮，无所止，则相与问曰：'将何之？'皆曰：'无所之也'，乃各策马还。"② 真正在馆阁中有活动的，是文宗立奎章阁的几年。但他们的活动，又受到朝中很多官员的批评和反对，奎章阁文人在朝没有很高地位，文宗一死，朝臣迫不及待要罢去奎章阁，《元史·巙巙》载，文宗死后，"大臣议罢先朝所置奎章阁学士院及艺文监诸属官。巙巙进曰：'民有千金之产，犹设家塾，延馆客，岂有堂堂天朝，富有四海，一学房乃不能容耶？'帝闻而深然之，即日改奎章阁为宣文阁，艺文监为崇文监，存

---

① 郑介夫：《太平策·核实》，杨士奇等：《历代名臣奏议》卷六十七，台北学生书局影印明永乐刊本。

② 余阙：《青阳集》卷二《贡泰父文集序》，文渊阁《四库全书》本。

设如初"①。其实也不过今存其名而已。虞集在这期间确实对文坛发生了相当影响，但也主要靠个人力量。这在上文已言及。

三　文学活动多民间自发

元代各种文学活动频繁。这些活动多是民间的、私人化的。有时也有官员参与，但多数连官方背景也没有。比如各种诗酒雅集，在大都，在上都，有很多在朝文人聚会，但在聚会中，他们只是一个文人，与其官员身份没有多大关系。也有官员召集的，如廉希宪在他的廉园经常召集文人聚会，赏乐赋诗。有时有一些官方气息，有时则与文人私人聚会完全一样。如张养浩有《廉园会饮》诗："侘傺常终岁，从容偶此闲。雾松遮老丑，雪石护苍顽。池小能容月，墙低不碍山。殷勤问沙鸟，肯与厕其间?"② 完全是一种轻松气氛，没有官场的堂皇。在南方，南宋故都杭州是文学文化活动一大中心，已经出仕元朝的，不仕新朝要做遗民或隐逸的，北来仕于南方的官员，各种身份的人在这里举行着各种各样的聚会，诗酒酬唱。在吴中，在淞江，很多地方都经常举行各种文学和文化活动。南方的文人聚会，不管有没有官员参与，都是民间的，官员们与会时，也只是文人身份。气氛轻松愉快。

一贯对元代无好感的史学家赵翼，面对这样的情况，感到很困惑，其《廿二史札记》有"元季风雅相尚"一条，他先介绍了张士诚幕府的饶介召集的诗会："元季士大夫好以文墨相尚，每岁必联诗社，四方名士毕集，讌赏穷日夜，诗胜者辄有厚赠。饶介为淮南行省参政，豪于诗，自号醉樵。尝大集诸名士，赋《醉樵歌》，张简诗第一，赠黄金一饼；高启次之，得白金三斤；杨基又次之，犹赠白金一镒（见《明史·文苑传》）然此犹仕宦者之提唱也。"接下来历数一些民间自发的文学活动：

> 贯酸斋工诗文，所至士大夫从之若云，得其片言尺牍，如获拱璧（《元史·小云石海涯传》）。浦江吴氏，结月泉社，聘谢皋羽为考

---

① 宋濂等：《元史》卷一百四十三《嶬嶬传》，中华书局 1976 年版，第 3414 页。

② 张养浩：《归田类稿》卷十八，文渊阁《四库全书》本。

官,《春日田园杂兴》题,取罗公福为首(见《怀麓堂诗话》)。松江吕璜溪,尝走金帛,聘四方能诗之士,请杨铁崖为主考,第其甲乙,厚有赠遗,一时文人毕至,倾动三吴(见《四友斋丛说》)。又顾仲瑛玉山草堂,杨廉夫、柯九思、倪元镇、张伯雨、于彦成诸人尝寓其家,流连觞咏,声光映蔽江表(见《元诗选》)。此皆林下之人,扬风扢雅,而声气所届,希风附响者,如恐不及。其他以名园、别墅、书画、古玩相尚者,更不一而足。如倪元镇之清閟阁,杨竹西之不碍云山楼,花木竹石,图书彝鼎,擅名江南,至今犹有艳称之者。

他重点介绍了早期的月泉吟社征诗活动,和后期的玉山雅集,并概言当时文人诗酒雅集、诗会文会之盛,而这些,都是民间的、自发的,"皆林下之人,扬风扢雅",非官方行为,也无官方倡导,甚至连官方背景也没有。赵翼颇感困惑地说:"独怪有元之世,文学甚轻,当时有'九儒十丐'之谣,科举亦屡兴屡废,宜乎风雅之事弃如弁髦,乃搢绅之徒风流相尚如此。盖自南宋遗民故老,相与唱叹于荒江寂寞之滨,流风余韵,久而弗替,遂成风会,固不系乎朝廷令甲之轻重也欤?"[1]

赵翼指出了元代文学活动多民间自发的现象,但归因为南宋遗民的"流风余韵",以及文化自身的惯性。史学家陈垣不同意他的这一解释,反驳说:

> 据此,则赵翼亦知元人文化不弱,且不系乎政府之提倡,第以此归其功于南宋遗民,则遗民何代蔑有?须知文化是一事,政治又是一事,政治之纷扰,孰甚于战国、六朝,而学术思想之自由,亦惟战国、六朝为最;汉、唐号称盛世,然学术思想,辄统于一尊,其成绩未必即优于乱世。[2]

元代的文学文化活动,"不系乎政府之提倡",不倡于上而倡于下,这是

---

[1] 赵翼:《廿二史札记》卷三十,中华书局1984年版,第705页。

[2] 陈垣:《元西域人华化考》卷八《总论元文化》,《励耘书屋丛刻》本。

他们都看到了的事实。在陈垣看来，政治的乱世，未必不是文化的盛世，因为乱世没有"统于一尊"的高压，文人的思考和活动是自发的，也是自主的，自由的。元代正是如此。

元代文学活动之所以盛行，且多民间自发，正是由于文人们可以在其中充分展示自己，展示其才华与个性，找到自信，找到心灵寄托，显示自我价值。诗酒妓乐，是文人追求的享受："觞政流行，乐部谐畅。碧梧翠竹与清扬争秀，落花芳草与才情俱飞。矢口成句，落毫成文。花月不妖，湖山有发。"① 文人们以各种因由宴集，饮酒赋诗。赏花可宴，玩月可宴，结伴出行可宴。戴表元所作之宴集序，就有《牡丹燕席诗序》《八月十六日张园玩月诗序》《客楼冬夜会合诗序》《城东倡和小序》《游兰亭诗序》《千峰酬倡序》《杨氏池堂燕集诗序》（见于《剡源文集》卷十、卷十一）。人数或多或少，地点或城或郊，有时固定有时不固定。很多时候，宴集后将诗结成集子，再有一人作序，抄写流行，于是引来他人效仿。如果是诗会、文会，还会请人评选。于是名人评点或评选诗文也成为风气。这些都是民间的，这些活动，推动了元代文学创作持续繁荣。

诗歌的采集和编选，也是元代文学活动的重要形式，而这些活动也基本上是民间自发的。

元代少有政府组织的大型文化工程。宋代修有《太平广记》《太平御览》《册府元龟》，明代有《五经大全》《四书大全》《性理大全》《永乐大典》，清代修书更多。元末孔齐《至正直记》有《国朝文典》一条，举元代文献若干，以为这些都是"皆为异日史馆之用，不可阙也"。所举《和林志》《至元新格》《国朝典章》《大元通制》《至正条格》《皇朝经世大典》《大一统志》《平宋录》《大元一统纪略》《元真使交录》《国朝文类》《皇元风雅》《国初国信使交通书》《后妃名臣录》《名臣事略》《钱唐遗事》《十八史略》《后至元事》《风宪宏纲》《成宪纲要》等②，其中《至元新格》《国朝典章》《大元通制》《至正条格》《皇朝经世大典》可以确定为官修。其实，元代最大的文化工程，应该是修辽、金、宋三史。元代流传下来的重要文献《国朝文类》（《元文类》）、《皇元风

---

① 杨维桢：《雅集志》，顾瑛编：《玉山名胜集》卷上，中华书局2008年版，第46页。

② 孔齐：《至正直记》卷一《国朝文典》，上海古籍出版社1987年版，第26页。

雅》《名臣事略》(《元朝名臣事略》) 等，则是私人修撰。

元初，元好问以金源史事自任，"国亡史作，己所当任。时金国实录在顺天张万户家，乃言于张，愿为撰述，既而为乐夔所沮而止。好问曰：'不可令一代之迹，泯而不传。'乃构亭于家，著述其上，因名曰'野史'。凡金源君臣遗言往行，采摭所闻，有所得，辄以寸纸细字为记录，至百余万言。今所传者，有《中州集》及《壬辰杂编》若干卷"①。元人修《金史》，多所参考。他编《中州集》，以诗存史，影响了南北很多文人，不少人欲效法。如虞集就"慨夫吾党之士，知之者微矣。尝欲取太原元公《中州集》遗意，别为《南州集》以表章之。惜篇目虽具，而书未及成"②。虞集不仅有存宋末文献之意，对金元之际北方文献，也有意搜访，撰述传世。他说"中州礼乐文献所在"，在蒙古灭金的过程中，很多人殉难，也有为蒙古所用者，都是豪杰。他们的诗文、事迹，不及时记录，也会淹没。"余来中州，追其哀愤之遗意，将次序其事，以待来世。已七八十年，故老莫有存者，简册无所于征，未尝不为之流涕而太息也。"他没有想到的是，当时已经有人为之采录编辑，当时彰德人田师孟编成《田氏先友翰墨》，收录了这一时期的文人及其诗文，虞集欣慰，为之作序：

　　大德七年夏，兵部员外郎彰德田君师孟缉其先友手翰为一卷，使余为之序。余读其辞而悲之，盖其愤郁哀壮，称余所谓豪杰者，多在是。杨弘道字淑能，淄莱人；王磐字文炳，东平人；姚枢字公茂，中书左丞，谥文献；徒单公履，字云甫，女真人；高鸣字雄飞，太原人；张勃字义夫，彰德人；赵复字仁卿，楚人；杨云鹏字飞卿；橄举字彦举，关东人，不羁，诗有律；刘百熙字善甫，燕人；平玄字浩然，真定人；郭可昪，字仲通，浑源人；杨果字正卿，中山人；薛玄字微之，洛阳人；曹居一字通甫，燕人；杜仁杰字善甫，济南人，善谑；赵著字光祖，燕人，大侠；张朴字孝纯；田文鼎字仲德，衍之先君子也；史罴者，其邻人。诗文总八十五。③

---

① 脱脱等：《金史》卷一百二十六《元好问传》，中华书局1976年版，第2742—2743页。
② 赵汸：《东山存稿》卷六《邵菴先生虞公行状》，文渊阁《四库全书》本。
③ 虞集：《道园学古录》卷五《田氏先友翰墨序》，《四部丛刊》本。

这也是一部类似于《中州集》的诗文总集，也是文人自发编辑，保留一时文献的重要著作。可惜其书失传了。

孔齐所举《国朝文类》《名臣事略》，都是苏天爵编撰。王理《国朝文类序》说：

> 庀文统事，太史之职也。史官放失，而文学之士得以备其辞焉。……自史官不世其业，而一代之载往往散于人间。士之生有幸不幸，其学有传不传。日迁月化，简札埋没，是可叹也。伯修（苏天爵字伯修）三为史氏，而官守格限，遂以私力为之。①

在王理看来，这原本应该由史官完成的职务工作，在元代这样的时代，在上者不加留意，政府不组织安排，苏天爵只好"以私力为之"了。在《元文类》之前，汇集一代诗文的，是南宋吕祖谦撰辑的《宋文鉴》。编撰《宋文鉴》，是皇帝下旨，朝廷组织的官府行为，周必大序《宋文鉴》说："（孝宗皇帝）万几余暇，犹玩意于众作，谓篇帙繁伙，难于遍览，思择有补治道者，表而出之。乃诏著作郎吕祖谦，发三馆四库之所藏，哀缙绅故家之所录，断自中兴以前，汇次来上。"② 元代诗歌总集《皇元风雅》，也是私人采录编辑，书十二卷，前集六卷，傅习采集，孙存吾编类，虞集校选，后集六卷，孙存吾编类，虞集校选。这些都是文人的私人行为。

元代文人出仕多任教职。因教授经书的需要，他们还是有一些著述。明初修撰《五经大全》《四书大全》，其实是就元人成书抄录而成。清王士禛《居易录》就说："明永乐间，胡广等奉诏撰《五经大全》，皆钞录前人成书，窜易其名，《易》则董楷、董鼎、董真卿，《诗》则刘瑾，《书》则陈栎，《春秋》则汪克宽。李太宰《默续孤树哀谈》曾言之。"③ 朱彝尊《经义考》也说："胡广诸人止就前儒之成编，一加抄录而去其名，如《诗》则取诸刘氏，《书》则取诸陈氏，《春秋》则取诸汪氏，《四书》则取诸倪氏，《礼》则于陈氏集说外，增益吴氏之《纂言》，

---

① 王理：《国朝文类序》，苏天爵编《元文类》卷首，《四部丛刊》影印元至正本。
② 周必大：《宋文鉴序》，《宋文鉴》卷首，《四部丛刊》影印宋刊本。
③ 王士禛：《居易录》卷九，清康熙刻三十四卷本。

《易》则天台、鄱阳二董氏，双湖、云峰二胡氏。于诸书外，全未寓目。所谓《大全》，乃至不全之书也。"① 所抄元人著作，涉及倪士毅《四书辑释》、陈栎《四书发明》、胡炳文《四书通》、胡一桂《周易本义附录纂注》、董鼎《周易会通》、胡炳文《周易本义通释》、刘瑾《诗传通释》、董鼎《书蔡氏传辑录纂注》、陈栎《书集传纂疏》、陈澔《礼记集说》、吴澄《礼记纂言》等，在元代，这些都是私人著述。他们的著述，成就了明初政府组织的一大官方文化学术工程。

由于元代文学文化活动的民间自发性，使得这些活动具有不同于其他时代的一些特点。雅集聚会，文人色彩浓重，玩的色彩也很重，表现出一些溢出传统之外的东西。文献编纂，规模不大，政教与实用功能不强，多为保存文献或借诗文留名。元代的文献编纂，也因此不大受后人重视。

四　了解"文倡于下"的文坛特征，避免文学史研究的误判

"文倡于下"，学在民间，文也在民间。相对于其他时代，元代的文学活动文化活动，都没有其他时代那么彰显。后人不了解这些特点，按照其他时代的标准去评判元代，很容易出现误判。这些误判一直影响着人们对元代文学的认识。了解元代"文倡于下"的文坛特征，避免误判，对元代文学研究，有着至关重要的意义。这些误判需要厘正。这里举与我们研究关系密切的两例来谈。

误判之一，元人不读书。

元无名氏散曲［中吕·朝天子］《志感二首》其一言："不读书有权，不识字有钱，不晓事倒有人夸荐。"② 于是有研究者判断，元代读书无用，所以元人不读书，元代是一个没有文化的时代。王国维就说："盖元剧之作者，其人均非有名位学问也。"③ 清代李渔却不是这种看法，其《闲情偶寄·贵显浅》说："曲文之词采，与诗文之词采非但不同，且要判然相反。何也？诗文之词采贵典雅而贱粗俗，宜蕴藉而忌分明。词曲不然，话则本之街谈巷议，事则取其直说明言。凡读传奇而有令人费解，或初阅不

---

① 朱彝尊：《经义考》卷四十九，中华书局1998年版，第271页。

② 隋树森主编：《全元散曲》，中华书局1964年版，第1688页。

③ 王国维：《宋元戏曲史》第十二章《元剧之文章》，东方出版社2012年版，第97页。

见其佳，深思而后得其意之所在者，便非绝妙好词，不问而知为今曲，非元曲也。"曲的写作因而较之诗文有更高要求，作者不仅要有学问，而且必须融化学问，体现在作品中，是有学问而不见其学问，所以他认为：

> 元人非不读书，而所制之曲绝无一毫书本气，以其有书而不用，非当用而无书也。后人之曲则满纸皆书矣。元人非不深心，而所填之词皆觉过于浅近，以其深而出之以浅，非借浅以文其不深也，后人之词则心口皆深矣。①

对元代文坛曲家的情况了解越多，越赞成李渔之说。元代文献中确实有些材料为元人不读书之说提供了支撑，如郑介夫《太平策·核实》就有这样的话：

> 今翰林多不识字之鄙夫，集贤为群不肖之渊薮……职奉常者，谁明乎五礼六律？居成均者，谁通乎诗书六艺？②

但这不能作为元代无学术的证明。元代翰林院、集贤院确实会有一些充数的。但进入我们视野的翰林人物，多饱学之士，其最突出的代表，早期的王磐，成宗时的姚燧、袁桷，仁宗赵孟頫等，虞集、黄溍、柳贯等，都是当时一流的才学之士。

元代藏书读书之风甚盛。从文献记载看，元代民间藏书楼遍天下，张伯淳《养蒙文集》卷九有《题高唐王万卷堂》诗，且元代名万卷堂之藏书处很多。王义山《稼村类稿》卷二《挽熊墨庄》，颂其"身已九京名不朽，家藏万卷字犹香"。吴澄有《题杨氏志雅堂记后》，此"志雅堂"也是藏书处，吴澄说："家不聚货宝以愚子孙，惟储书及名画墨迹。今郎中士允，曩从其父唐州使君宦四方，又购书二万卷，并其先世所藏，作堂以贮，扁曰'志雅'，其亦有慕于古之大雅不群者欤？"③ 有研究表明，元代

---

① 李渔：《闲情偶寄》，中华书局2007年版，第34页。
② 郑介夫：《太平策·核实》，杨士奇等：《历代名臣奏议》卷六十七，台北学生书局影印明永乐刊本。
③ 吴澄：《吴文正集》卷五十七《题杨氏志雅堂记后》，《四部丛刊》本。

的藏书家，不管从人数上还是从藏书规模上，都超过两宋。万卷以上藏书家，北宋有 28 家，南宋有 30 家，元代则有 37 家。据文献可统计的藏书家，北宋有 62 家，南宋有 64 家，元代则有 72 家。都明显超过两宋。①

元人藏书如此之富，却不像宋与明清藏书家那样为后世所知，原因也简单，元人只把藏书、读书作为文人的雅趣生活，如杨公远诗所描述："结屋俯清溪，萧然迥出奇。书藏千万卷，梅浸两三枝。"② 他们多不编书目，不校书、不刻书③，因而不为后世所知。他们乐于读书，享受读书的乐趣，如方回《寄康庆之钱塘二首》所言："诗成不觉千篇易，书读曾逾万卷多。"④ 在元代，尽管读书不能致显贵，但书还是照样读。诗人黄庚有《书怀》诗云："万卷诗书千古事，一窗灯火十年心。功名梦断身无用，闲补《离骚》学楚吟。"⑤ 无事做，就去读书。读了书，不为世用，就去写诗。这其中也有乐趣，并非后人想象的全是愤激、全是失落。元人读书，与宋人不同，与明人不同。因为长期不开科举，元人无功利之急，更能潜心读书，读书也更有乐趣。如刘诜《建昌经历彭进士琦初墓志铭》所言："初，至元丁亥，余客印山，琦初在焉。于是时科废十年，印山知名之士尚不少，日夜相与谈说诗书，谐笑饮酒，而琦初与余尤欲自励制行，为文务欲绝出世俗而追古人。"⑥

元代有一位学者兼诗人翁森，此人名气不算大，但他写过《四时读书乐》，其诗颇为流传，清人厉鹗《宋诗纪事》收了这组诗，但作者的的确确是元人，明冯从吾《元儒考略》卷四有其传，说："翁森，字秀卿，仙居人。隐居教授，从游者前后八百馀人。著述有《一瓢稿》。尝建安洲书院。"⑦ 其《四时读书乐》第一首言春日读书之乐：

---

① 刘洪权：《论元代私人藏书》，《图书馆》2001 年第 4 期。

② 杨公远：《野趣有声画》卷上《借汪路教韵题赵东麓判丞临清堂》，文渊阁《四库全书》本。

③ 也有私藏书目之编著，如四明袁氏为著名藏书家，袁桷《清容居士集》卷二十二有《袁氏旧书目序》《袁氏新书目序》，不过，两书目今皆不存。

④ 方回：《桐江续集》卷九《寄康庆之钱塘二首》其一，文渊阁《四库全书》本。

⑤ 黄庚：《月屋漫稿》，清抄本。

⑥ 刘诜：《桂隐文集》卷二《建昌经历彭进士琦初墓志铭》，台北新文丰出版社 1985 年《元人文集珍本丛刊》影印本。

⑦ 冯从吾：《元儒考略》卷四，文渊阁《四库全书》本。

山光照槛水绕廊，舞雩归咏春风香。好鸟枝头亦朋友，落花水面皆文章。蹉跎莫遣韶光老，人生唯有读书好。读书之乐乐何如？绿满窗前草不除。①

其境界多么让人钦羡向往！如果为应举而读书，前有利禄之诱，后有程期之迫，哪有如此读书乐趣？诗人仇远《闲居十咏》其二也写读书："树隔残钟远欲无，野云漠漠汉雨疏疏。飞蚊尽逐南风去，父子灯前共读书。"② 由于元代"文倡于下"的时代特点，政府既不组织大型的文化项目，也没有鼓励民间著述的措施，文人个人也不追求所谓"名山事业"，他们已经适应了无功利目的的生活和行为方式，故多乐于读书而懒于著述。诗人仇远还有诗说："仰屋著书无笔力，闭门觅句费心机。不如花下冥冥坐，静看蜻蜓蛱蝶飞。"③ 不是"无笔力"，而是没有必要为此耗费精力。仇远如此，元代很多文人如此。

总之，说元人不读书，是后世研究者对元代情况的主观判断，这种判断不符合元代的实际。元代文人不仅读书，而且有思想。只是由于"文倡于下"带来的特殊社会情况，元人不怎么勤于著述，其学问不为人所知，加之一些文人会发发牢骚，说些读书无用的话，后人就真以为他们不读书。

误判之二：元诗居于文坛边缘。

在不少学者观念里，元代是曲的天下，诗已经被曲取代，或者诗的地盘已经被曲挤占，没有了地位。但这种看法不过是后人的臆想而已，真实的情况绝非如此。

就现有文献可知，元代诗人有 5000 多人，曲家则只有 200 多人。在元代当时，人们看重的依然是文章，是诗，曲是没有地位的。就诗歌发展史说，诗至南宋之末，其弊已极。宋亡入元，诗风复盛。清初钱谦益说："唐之诗人宋而衰。宋之亡也，其诗称盛。……古今之诗莫变于此时，亦

① 翁森：《四时读书乐·春》，厉鹗《宋诗纪事》卷八十一，文渊阁《四库全书》本。
② 仇远：《山村遗集》《闲居十咏》其二，《续修四库全书》本。
③ 仇远：《山村遗集》《闲居十咏》其三，《续修四库全书》本。

莫盛于此时。"① 这是后人的判断。元人自己的言说，更能说明问题。宋亡入元的舒岳祥，记录了临安破后一年多（1277，丁丑）诗坛的情况，说："自京国倾覆，笔墨道绝，举子无所用其巧，往往于极海之涯、穷山之巅，用其素所对偶声韵者变为诗歌，聊以写悲辛叙危苦耳。"② 不是宋亡而诗亡，而是宋亡而诗盛。入元以后情绪平复了的戴表元，所述的情况也是如此，他说，宋时科举之学盛行，"汴梁、江浙诸公，既不以名取人，诗事几废。人不攻诗，不害为通儒。""名卿大夫，十有八九，出于场屋科举，其得之道，非明经则词赋，固无有以诗进者。间有一二以诗进，谓之杂流，人不齿录。"入元，科举不开，反倒为诗歌兴盛提供了很大空间："科举场屋之弊俱革，诗始大出。"③ 同一话题，戴表元多次谈及。没事可做的文人，就去写诗。自己写，也教儿孙写。同样，由宋入元的缪鉴就有诗云："莫笑诗翁懒出门，诗翁乐事在山村。莺啼杨柳春歌舞，蝶宿梨花雪梦魂。罨画丹青分曙色，压醅醽醁涨溪痕。燕帘风里茶烟外，自选唐诗教子孙。"④ 诗歌的普及也反映了诗风之盛。元代出现了多位著名的草根诗人，说明诗之普及程度超过以往。

元代诗风之盛，超越前代。明清人有言"以诗为性命"者⑤，以此评价元人，可能更加合适。在元代，写诗品诗，成了一些文人的心灵寄托，他们自言万事皆废，所不废者，唯读书与作诗。元之前期已是如此，释善住诗云："辩才已老犹临帖，子美虽贫不废诗。最是世间清胜事，此中风

---

① 钱谦益：《胡致果诗序》，《钱牧斋全集》（第 5 册），上海古籍出版社 2003 年版，第800 页。

② 舒岳祥：《阆风集》卷十《跋王榘孙诗》，文渊阁《四库全书》本。

③ 戴表元：《陈晦父诗序》，李军等校点：《戴表元集》，吉林文史出版社 2008 年版，第116 页。

④ 缪鉴：《解嘲》，（嘉靖）张衮：《江阴县志》卷二十一《遗文》第十五，明嘉靖刻本。

⑤ 今人以为此语出于清人沈德潜《清诗别裁集》，其实明人已有此说，明代有王启睿，字玉琴，一字玉烟，人称其"癖情翰墨，以诗文自豪，呕心镂肝，抽练而出，以诗为性命"。见（道光）《济南府志》卷五十，清道光二十年刻本。沈德潜《清诗别裁集》卷三十塞尔赫小传言塞尔赫"固以诗为性命者也"。而法式善《八旗诗话》则言："塞尔赫，字栗庵，一字晓亭，号北阡季子，辅国将军泰荫布禄子，封奉国将军，官仓场总督，有《晓亭诗钞》。好奖借寒畯，尝途遇徒行老翁，下马执手，辨其为宋介三。介三者，穷居好古，不求闻达也，生平以诗为性命。"以情理言，法式善之说可信。

味少人知。"① 越是老贫，越不能废诗。刘将孙描写文人们以诗会友，朋友之间，"各以诗为日用"，尽管"四方行李"，也要"每为会期，远者二三岁一聚，近者必数月，相见无杂言，必交出近作，相与句字推敲，有未稳处，或尽日相对无一言，眉间郁郁，参差倚阑行散，馈食不知，问事不应"②。越到后期，此风越盛。元季丧乱，文人们也将其悲忧愉逸之情寄之于诗。舒頔《群英诗会序》说："吾乡诸友，遭群凶攘窃之馀，而复形诸咏歌，发其铿锵之音，宣其湮郁之气，和其性情之美。或登高临深，或良辰美景，或悲忧愉逸，一于诗是寄。"③ 元明之际的诗人谢应芳有诗云："秋菊春兰各有时，颓然老我一书痴。脚跟不识青云路，头发空成白雪丝。怕醉有时曾止酒，遣闲无日不吟诗。"④ 大致同时，另一位诗人也有诗说：

> 平生寡嗜欲，所好在吟诗。朝夕吟不已，鬓边已成丝。幼女颇解事，长跪陈戒辞。吟止适情性，勿使精神疲。深感吾女言，而我乐在兹。一日不吟咏，满怀动忧思。阿女顾予哂，予心还自怡。春风入庭院，花阴满前墀。清兴不可遏，把笔更须题。⑤

诗是他们生命的重要组成部分，没有诗，他们就不知道自己生命还有什么意义。

元代不仅诗风盛，论诗之风也盛。元代文献中有大量朋友论诗的记载，诗歌中也把朋友论诗作为乐事歌咏或回忆，如陈基《次韵答陆养正》："千树好花闲对酒，一帘春雨细论诗。"⑥ 论诗显然是人生乐事。文人雅集中，赋诗也论诗，秦约《夏日晚过草堂又题》写他们在玉山佳处的论诗活动："草堂六月浑无暑，清簟疏帘思不群。稽古未须嗟事往，论

---

① 释善住：《谷响集》卷三《春夜杂兴十八首》（其十八），文渊阁《四库全书》本。
② 刘将孙：《养吾斋集》卷十《跖肋集序》，文渊阁《四库全书》本。
③ 舒頔：《贞素斋集》卷二《群英诗会序》，文渊阁《四库全书》本。
④ 谢应芳：《龟巢稿》卷十六《生日口号二首》（其二），《四部丛刊三编》本。
⑤ 邓雅：《邓伯言玉笥集》卷一《偶题》，清抄本。
⑥ 陈基：《夷白斋稿》外集，《四部丛刊三编》影印明钞本。

诗那惜到宵分。"① 友人雅集，谈文论诗，兴味之浓，宵分不已。兄弟相聚也论诗，西域诗人丁鹤年有诗《雨窗宴坐与表兄论作诗写字之法》，云："南窗薄暮雨如丝，茗盌熏炉共论诗。天趣悠悠人意表，忘言相对坐多时。"② 吴澄曾记他早年听佛徒雷讲师论诗，说：

> 予壮岁遁身巴山之阴，屏人读书。一日有空山雷讲师自郡城至，求大木以营构聚处，谈老子甚相契。后屡会，每见师与人论诗，群雌孤雄，听者披靡。盖才高学广，气盛辞赡，横说竖说，无施不可，孰敢迎其锋？所谓长袖善舞者欤？③

文章没有追记雷讲师论诗的内容，也许多年以后淡忘了，但雷讲师论诗的神情、气度，以及现场的气氛，他却终生不忘。可见雷讲师对诗学之自信，听者兴趣之浓厚，这些比雷讲师论诗的内容更动人，更能说明那个时代诗学风气之浓。元代有自由思想的宽松环境，有如此浓厚的论诗风气，如果说元代诗学批评理论没有成就，似乎是难以想象的。

这一误判，也与元代"文倡于下"的文坛特点有关。元代大量的文学活动都是民间自发的，诗人的创作也不是为求人知，多是自乐其性情。所以，诗人之声名与文献保存，都受影响。甚至元代一流的诗文家，也有后世淹没无闻的。如李泂，在当时与袁桷、马祖常、虞集并称"四贤"，后世竟不知其为何许人。这是文学史的遗憾。

第二节　草原文化的包容性与华夷一体的文坛特征

华夷一体是元代文坛的重要特征。"华夷一体"之说久已有之，学者

---

① 顾瑛编：《玉山名胜集》卷一，中华书局 2008 年版，第 22 页。
② 丁鹤年：《鹤年先生诗集》卷二，《琳琅密室丛书》本。
③ 吴澄：《吴文正集》卷二十二《空山漫稿序》，文渊阁《四库全书》本。

们在论述元代政治、文化时早已使用①，但在元代文学研究中，情况有些不同，研究中曾努力寻找和发现元代少数民族作家及其作品的独特性、独立性。毫无疑问，元代少数民族作家作品研究，是元代文学研究的重要课题，揭示其特色，是必要的。这一研究也同样要以客观的态度，以追求历史的真实为宗旨。如果为了说明其独特性甚至独立性而强为之说，是不太合适的。

元代社会是多族共居，元代文坛也由多族文人组成。这是元代文坛一大特征。与这一问题相关的研究，很早就开始了。历史学家陈垣先生的《元西域人华化考》，着眼于元代色目人对中原文化的接受及对元代文化的贡献，说："盖自辽金宋偏安后，南北隔绝者三百年，至元而门户洞开，西北拓地数万里，色目人杂居汉地无禁，所有中国之声明文物，一旦尽发无遗，西域人羡慕之馀，不觉事事为之效仿，故儒学、文学均盛极一时。"② 西域人因居汉地而接受中原文化，其中不少人造诣高深并赫然成家，元代儒学与文学之盛，有他们的贡献。萧启庆仿陈垣《元西域人华化考》例，作《元代蒙古人的汉学》③，考察蒙古人之汉化及对中原文化之贡献。元代蒙古、色目文人的学术与文学成果，无疑是元代学术与文学的一部分，融入了元代学术与文学的整体。

中国的元代文学是一个整体，元代的文坛具有整体性，不管华夷，不论南北，都融入了这一整体。元代文坛不是不同民族、不同地域作者的组合，更不是不同板块的拼接，它本身具有一体性。这一整体性，源于不同地域、不同种族文人共同的国土认同、国家认同、文化认同。

多族士人群在元代是一个颇为引人注目的存在，清人王士禛说："元名臣，如移剌楚材（按即耶律楚材），东丹王突欲孙也；廉希宪、贯云石，畏兀人也；赵世延、马祖常，雍古部人也；孛术鲁翀，女真人也；酒

---

① 白寿彝总主编之《中国通史》元代部分："大都曾作为元朝的首都将近百年。历史上中原政权为北方少数民族困扰的局面在元朝不复存在。元朝建立的是一个真正的华夷一体、四海浑一的国家。"（见白寿彝总主编，王毓铨主编《中国通史》第九卷下册，上海人民出版社 2015 年版，第 992 页）在文学研究中，刘嘉伟曾写过《华夷一体与元代纪行诗的繁荣》（《求实学刊》2015 年第 6 期）等一系列论文。

② 陈垣：《元西域人华化考》，上海古籍出版社 2000 年版，第 132 页。

③ 萧启庆：《蒙元史新研》，台北允晨文化实业公司 1994 年版，第 217—264 页。

贤，葛逻禄人也；萨都剌，色目人也；郝天挺，朵鲁别族也；余阙，唐兀氏也；颜宗道（按即伯颜宗道），哈剌鲁氏也；瞻思，大食国人也；辛文房，西域人也。事功、节义、文章，彬彬极盛，虽齐鲁吴越衣冠士胄，何以过之？"① 作为士人，他们和"齐鲁吴越衣冠士胄"比肩而立，是士人队伍中的一部分。因为引人注目，在中国文化史、文学史上，都被认为是一个独特的存在。研究其诗文，人们就会关注其独具的特色，如清人顾嗣立《寒厅诗话》所言："贯酸斋、马石田（祖常）开绮丽清新之派，而萨经历（都剌）大畅其风，清而不佻，丽而不缛，于虞、杨、范、揭之外，别开生面。于是雅正卿（琥）、马易之（葛逻禄廼贤）、达兼善（泰不华）、余廷心（阙）诸公，并逞词华，新声艳体，竞传才子，异代所无也。"② 但必须明白，这些特色，只是相对于诗坛主流虞、杨、范、揭"四大家"风格而言，毕竟"绮丽清新"也好，"清而不佻，丽而不缛"也好，都是中国诗史固有风格，而非在中国诗史已有风格之外另创风格。这一风格，也非蒙古、色目诗人所独有，一些汉族诗人也有，如清代四库馆臣评揭傒斯诗"清丽婉转，别饶风韵"③。这些风格，是元代诗风的组成部分，而不是元代诗坛的另类。

讨论元代文坛的华夷一体，要从考察蒙古、色目士人群的形成入手。

一　蒙古、色目士人群之形成——植根中原文化，师从中原大儒

元代华夷一体文坛的形成，以蒙古、色目士人群的形成为前提。元代蒙古、色目士人阶层的出现，超越族群的文化与文学活动，学术界早有认识。有关论述，无须重复。需要特别强调的是，蒙古、色目士人群，从它产生的机制说，从它出现之初来看，就不是独立于汉族士人群之外的，不管是在学界还是文坛，蒙古、色目士人与汉族士人，都是融合一体、共生共存的。

---

① 王士禛：《池北偶谈》卷七《元人》，中华书局 1982 年版，第 165 页。
② 顾嗣立编：《寒厅诗话》，丁福保：《清诗话》，上海古籍出版社 1963 年版，第 84 页。
③ 纪昀等：《四库全书总目》卷一百六十七《文安集提要》，中华书局 1965 年版，第 1441 页。

（一） 蒙古色目子弟居汉地、行汉俗、事华学而士人化

一些蒙古、色目子弟之所以能够成为士人，是由于在"海宇混合，声教大同"的元代，其家族居汉地、行汉俗、事华学，与汉儒生活在同样的环境中，接受了同样的教育，造就了不同种族出身但却是相同的文化素养和文化心理。元人胡行简对此有论：

> 海宇混合，声教大同。光岳之气，冲融磅礴，而人材生焉。西北贵族，联英挺华，咸诵诗读书……蔚为邦家之光。至元大德间，硕儒巨卿，前后相望。自近世言之，书法之美，如康里氏子山、扎剌尔氏惟中，诗文雄浑清丽，如马公伯庸、泰公兼善、余公廷心，皆卓然自成一家。其馀卿大夫士以才谞擅名于时，不可屡数。①

这些原本居住于西北的蒙古和色目家族，移居汉地，涵容于汉民和中原文化之中，居汉地，用汉语，行汉俗，读汉人书，同于汉族士子。如方壶常君，居河右（今山西），"才总角，飘飘然有凌云气，下笔惊人，如不食烟火之语。暨长，遨游四方，充之以学问，广之以见闻，于是其所著述，大篇短章，咸中矩度。铿锵韶濩，翕辟宫商"。"公之精神，老而弥健。文章学问，与年俱高"（同上引）。其为人风度，文章气概，有河朔清刚之气。

蒙古色目人数世居于汉地，融入汉人，是自然的。如陈垣先生所言："本有文字、宗教，去中国尤远的西域人一旦入居华地，亦改从华俗，且于文章学术有声焉。"② 移居中原的蒙古、色目家族，变旧俗而事"华学"，是不可改变的趋势。清朝康熙皇帝撰《庭训格言》有《清朝以弓矢取天下，习射不可一刻废懈》条，告诫其子孙要以元代蒙古为鉴，不失女真"旧典"，说："我朝旧典，断不可失。……在昔金、元二代，后世君长因居汉地年久，渐入汉俗，竟如汉人者有之。朕深鉴此而屡训尔等者，诚为我朝之首务，命尔等人人紧记，著意谨遵故也。"③ 居汉地而

---

① 胡行简：《樗隐集》卷五《方壶诗序》，文渊阁《四库全书》本。

② 陈垣著、陈智超导读：《元西域人华化考》，上海古籍出版社 2000 年版，第 2 页。

③ 康熙撰：《庭训格言》，中州古籍出版社 2010 年版，第 142 页。

"竟如汉人",涵化于汉人之中,不是其主观愿望所能阻止的。元人许有壬《嶷思永字说》一文,让我们看到一个主动事"华学"而变旧俗的色目家庭:"西域嶷生,大父尝持宪数道,世赏在嶷,以年未及,学未充也,日种学绩文,非儒生不交。纨绮气习,濯刮殆尽。"① 嶷思永外祖父暗都刺是许有壬的朋友,西域阿鲁浑氏,汉姓荀(从祖母之姓),字和叔,曾为彰德监郡。许有壬曾为暗都刺祖父哈只哈心撰《西域使者哈只哈心碑》,言:"暗都刺兄弟鞠于外家,攻儒书。既长,益习礼训。"在这篇文章中,许有壬批评当时一些居中原的西域人"居中土也,服食中土也,而惟其国俗是泥也",嶷思永的外祖父和叔则不然,和叔则曰:"予非敢变予俗而取摈于同类也,其戾于道者变焉。居是土也,服食是土也,是土之人与居也,予非乐于异吾俗而求合于是也,居是而有见也,亦惟择其是者而从焉。自吾祖为使而入中国,委骨于是,若诗书礼乐,吾其可不从乎? 俗之不同,理之顿异,吾其可从乎?"于戏!若和叔者,孟子所谓善变者也。② 至嶷生,则"昆季为华学",俨然中州儒生。到元后期,较高社会阶层中的蒙古、色目人,接受"华学"、具有较高中原文化修养,是相当普遍的。许有壬一边批评一些西域人"惟其国俗是泥",一边又说明当时蒙古、色目人普遍具有较高汉语水平的事实:元前期在官府中设置的翻译官员,到后期已经无用:"通事之设,本为蒙古、色目官员语言不通,俾之传达,固亦切用之人。然而今日各道监司,大率多通汉人语言,其不通者虽时有之,而二十二道之中,盖可屈指而知也。则是所用之时常少,而无用之时多。"③

元代不少色目家族,主动事华学而变旧俗,马祖常的家族可谓典型。据黄溍《马氏世谱》,"马氏之先,出西域聂思脱里贵族",家族世奉也里可温(按指基督教)。后居静州天山(今内蒙古自治区四子王旗西北)。马祖常高祖习礼吉思已有很高文化修养。"习礼吉思,一名庆祥,字瑞宁。性纯愨。儿时侍亲侧如成人,饮食必后长者。既壮,姿貌魁杰,以志气自负。善骑射而知书,凡诸国语言文字,靡所不通。豪杰之士,多乐从

---

① 许有壬:《至正集》卷六十五《嶷思永字说》,文渊阁《四库全书》本。
② 许有壬:《至正集》卷五十三《西域使者哈只哈心碑》,文渊阁《四库全书》本。
③ 许有壬:《至正集》卷七十四《冗食妨政》,文渊阁《四库全书》本。

之游。"① 金末仕至凤翔兵马判官，战死，追封恒州刺史，子孙按照以官为姓的惯例改姓马，"子孙更业儒术，卒致光显焉"②。曾祖月合乃，随忽必烈攻宋，留居开封，累官礼部尚书。父马润，著有《樵隐集》，今不传。马祖常《故礼部尚书马公神道碑铭》自述其家族变俗以从华的历史，充满自豪："我曾祖尚书……世非出于中国，而学问文献，过于邹鲁之士。时方遇于草昧，而赞襄制度则几于承平，俾其子孙百年之间，革其旧俗。而衣冠之传，实肇于我曾祖也。"③ 月合乃对忽必烈用儒臣、行汉法是有贡献的。在这一过程中，马氏家族的汉文化水平大大提高。马祖常《饮酒六首》云：

> 昔我七世上，养马洮河西。六世徙天山，日月闻鼓鼙。金室狩河表，我祖先群黎。诗书百年泽，濡翼岂梁鹈。……春秋圣人法，诸侯乱冠笄。夷礼即夷之，毫发各有稽。吾生赖陶化，孔阶力攀跻。敷文佐时运，烂烂应璧奎。④

按照《春秋》之法，"诸侯用夷礼则夷之，夷而进于中国则中国之"⑤。马氏家族可以自豪地说，他们已经变夷入华了。马祖常自己更是"敷文佐时运，烂烂应璧奎"，成为一代大儒。

蒙古、色目士人群形成规模，得益于一批如马祖常这样士人化的家族。比较著名的有号称"廉孟子"廉希宪代表的高昌廉氏家族，及其姻亲高昌回鹘畏兀人贯云石之家族，和高昌偰氏家族。高昌偰氏一家出了多位进士，家有"三节六桂堂"，南士刘岳申为撰《三节六桂堂记》，云：

① 黄潽：《金华黄先生文集》卷四十三《马氏世谱》，《四部丛刊》影印元刊本。

② 袁桷：《清容居士集》卷二十六《漳州路同知朝列大夫赠汴梁路同知骑都尉开封郡伯马公神道碑铭》，《四部丛刊》景元刻本。

③ 马祖常：《石田文集》卷十三《故礼部尚书马公神道碑铭》，文渊阁《四库全书》本。

④ 马祖常：《石田文集》卷一《饮酒六首》之五。按梁鹈，即鹈梁，《诗经·曹风·候人》："维鹈在梁，不濡其翼。"郑玄笺："鹈在梁，当濡其翼，而不濡者，非其常也……"后以"鹈梁"谓任职在位或在位而不称职。璧（壁）奎，壁宿与奎宿的并称。旧谓壁奎是主文章之星。

⑤ 韩愈：《韩愈文集汇校笺注》卷一，刘真伦、岳珍校注，中华书局 2010 年版，第 3 页。

三节六桂堂者，前广西元帅偰文质豫章私第之名堂也。……曷名乎六桂？曰：延祐科兴以来，乙卯至庚午凡六科，偰氏五子一侄，接武联登，是又宜名。此天下同伦所罕闻，而一家积善所独见者也。……大德中，元帅理问江西，入奉太夫人甘脆，出领诸子就外傅，书声琅琅东湖之上，昼夜不绝。……当时岂知后有科兴？盖十年贡举始行，贡举行而偰氏一家兄弟如拾芥，此天也。……是宜六桂能自致青云，如古进士为国名臣，意者天将昌偰氏以扶世教，殆未有艾也。①

偰氏一家不仅有"六桂"，《元史·合剌普华传》这样叙述："子二人：偰文质，越伦质。偰文质官至忠安路达鲁花赤，赠宣惠安远功臣、礼部尚书，追封云中郡侯，谥忠襄。子五人：偰玉立、偰直坚、偰哲笃、偰朝吾、偰列篪，皆第进士。偰哲笃官至江西行省右丞，以文学政事称于时。越伦质子善著，偰哲笃子偰百僚逊，善著子正宗、阿儿思兰，皆相继登第。一门世科之盛，当时所希有。"②"六桂"的下一代又有三人登第，这个家庭共出了九位进士。这些家族和中原文化世家一样，形成了诗书传家的传统，培育了数量众多的才学子弟，这些子弟与汉族文人都有这样那样的密切关系。从蒙古、色目士人这一角度说，他们是一个数量众多的士人群。从整个元代文坛来看，他们完全融入了元代文坛。

仁宗时行科举，设左、右榜，左右榜所试内容，都是儒家经典，这是中原文化对元政权下对所有人的推广，对蒙古、色目士人群的形成及其与汉族文士的一体性融合，有重要意义。这可从两方面来认识。第一，引导大量蒙古、色目士人从事"华学"，促进蒙古、色目士人人数的大量增加。清人顾嗣立就说："自科举之兴，诸部子弟，类多感励奋发，以读书稽古为事。"③科举考试，对蒙古、色目士子，具有巨大的号召力。陈垣《元西域人华化考》说："元自延祐肇兴科举，每试，色目进士少者十余人，多者数十人，中间虽经废罢，然举行者犹十五六科，色目人之读书应

---

① 刘岳申：《申斋集》卷五《三节六桂堂记》，文渊阁《四库全书》本。
② 宋濂等：《元史》卷一百九十三《合剌普化传》，中华书局 1976 年版，第 4386 页。
③ 顾嗣立编：《元诗选初集》"泰不华小传"，中华书局 1987 年版，第 1729 页。

试者甚众。"① 右榜进士及第人数有限，但由此带动的读书应试者，则是及第人数的很多倍。所以，马祖常在《送李公敏之官序》中说："天子有意乎礼乐之事，则人皆慕义向化矣。延祐初，诏举进士三百人，会试春官五十人。或朔方、于阗、大食、康居诸土之士，咸囊书橐笔，联裳造庭而待问于有司，于时可谓盛矣。"第二，科举中形成了右榜进士与考试官（多为汉儒）的师生关系、与左榜进士的同年关系。在元代文献中，载有不少多族进士同年超越族群的活动，也有他们共同看望坐师而后举行雅集等活动。这种关系，这些活动，增进了多族士人的融合。这也使得蒙古、色目士人阶层在形成在机制上，决定了华夷文人之间的密切关系，从而也决定了元代文坛必然是华夷一体的。

（二）师生、同门等关系为多族士人阶层一体性的先天机缘

元代多族士人群的一体性，有其先天的原因。元代蒙古、色目士人群，自其产生之日起，就因与汉族士人师生、同门等密切关系，与汉族文人因缘相连、密不可分。此外，还有姻亲关系、朋友关系。而这些关系原本是超越族群之上的。

蒙古、色目文人大多有汉族老师（也有汉人以色目、蒙古文人为师的，戴良、郭奎、汪广洋皆从余阙学），比较早的，如名臣不忽木，康里部人。曾从学于许衡，其尊师信道，笃厚过人，"其敬以孝，犹子事父，唯恐斯须仁义之言不闻，道德光辉不接也"②。他对老师的崇敬与维护，是终生的。赵孟頫撰不忽木碑文记载了他与忽必烈的一则对话，当时不忽木官中书平章政事，受到忽必烈的特别信用，谈话中说到了他的老师许衡：

　　上每与公极论治道、古今成败之理，至忘寝食，或危坐达旦。谓公曰："曩与许仲平论治，仲平不及汝远甚。先许仲平有隐于朕耶？抑汝之贤过于师耶？"公皇恐谢曰："臣师见理甚明，臣之所闻知，何足以跂其万一？第臣师起于布衣，君臣分严，进见有时，言不克

---

① 陈垣：《元西域人华化考》卷八《总论元文化》，《中国现代学术经典·陈垣卷》，河北教育出版社 1996 年版，第 173 页。

② 苏天爵：《元朝名臣事略》卷四《平章鲁国文贞公》，中华书局 1996 年版，第 61 页。

究。臣赖先臣之力，陛下抚臣兄弟如家人儿子，朝夕左右，陛下又幸听其言，故得尽言至此。"①

如果论政治才能，不忽木强于许衡，应该是没有问题的。忽必烈的感觉没有错。但忽必烈假设的两种可能，不忽木都不能接受：于君有所隐，这是大问题，有欺君之罪；不忽木才能超过老师，或反过来说老师的才能不及不忽木，这也有损先师英名，不忽木也不接受。他要百分之百维护其师，于是就婉转地说忽必烈没有给许衡充分发挥的机会。其实，在皇帝面前这样解释是有危险的，好在是忽必烈，他这么说，忽必烈也就默认了。许衡的蒙古、色目弟子很多，《元史·许衡传》载：

> （至元）八年，以为集贤大学士兼国子祭酒，亲为择蒙古弟子俾教之。衡闻命，喜曰："此吾事也。国人子太朴未散，视听专一。若置之善类中，涵养数年，将必为国用。"乃请征其弟子王梓、刘季伟、韩思永、耶律有尚、吕端善、姚燧、高凝、白栋、苏郁、姚炖、孙安、刘安中十二人为伴读。诏驿召之，来京师，分处各斋以为斋长。时所选弟子皆幼稚，衡待之如成人，爱之如子。出入进退，其严若君臣。其为教，因觉以明善，因明以开蔽，相其动息以为张弛，课诵少暇即习礼，或习书算，少者则令习拜跪、揖让、进退、应对，或射或投壶，负者罚读书若干遍。久之，诸生人人自得，尊师敬业，下至童子，亦知三纲五常为生人之道。②

许衡这种"涵养"性的教育方法，就是将这些蒙古子弟放在汉人士子群中，让他们涵容其中，与之俱化。化的不仅是性情，还有感情。这些蒙古士子与他们的汉族同学，一开始就没有彼此之分，从个人感情到文化观念，都是如此。

建立在这样师生感情基础上的人际关系，是融合无间的。这种师生关

---

① 赵孟頫：《松雪斋集》卷七《故昭文馆大学士荣禄大夫平章军国事行御史中丞领侍仪司事赠纯诚佐理功臣太傅开府仪同三司上柱国追封鲁国公谥文贞喀喇公碑》，文渊阁《四库全书》本。

② 宋濂等：《元史》卷一百五十八《许衡传》，中华书局 1976 年版，第 3727、3728 页。

系在蒙古、色目士子与汉儒之间普遍存在，最著名的，如贯云石从学于文章大家姚燧，薛昂夫则师从著名文学批评家和词人刘辰翁，泰不华先后师事周仁荣和李孝光，余阙也有汉人老师张恒，燮理溥化师事诗文大家揭傒斯，杨维桢有色目弟子关宝、何伯翰、宝宝，哈剌不花师事名儒许谦，月鲁不花和笃列图都师事名儒韩性，迺贤受业于郑觉民和高岳，等等。

不忽木的儿子康里巎巎①，也曾从学于许衡。他既是著名书法家，又是色目儒士中的达官，官至江浙行省平章政事。与其兄回回，皆为时之名臣，世号为双璧。作为一代名臣，巎巎很有作为，并吸引大批儒士在其身边，在他的门下，形成了一个多族士人群体。《元史》载：

> 巎巎以重望居高位，而雅爱儒士，甚于饥渴，以故四方士大夫翕然宗之，萃于其门。达官有怙势者，言曰："儒有何好，君酷爱之。"巎巎曰："世祖以儒足以致治，命裕宗学于赞善王恂。今秘书所藏裕宗仿书，当时御笔于学生之下亲署御名'习书谨呈'，其敬慎若此。……今汝言不爱儒，宁不念圣祖神宗笃好之意乎？且儒者之道，从之则君仁、臣忠、父慈、子孝，人伦咸得，国家咸治；违之则人伦咸失，家国咸乱。汝欲乱而家，吾弗能御，汝慎勿以斯言乱我国也。"②

巎巎这类蒙古、色目儒官联络儒士、维护儒士，形成了各族儒士之间的又一种关系：达官与门客幕僚关系，是多种族士人之间的一种群体关系。

除师生、同门、姻亲等关系外，还有多种社会关系促进着多族士人交往与融合。比如同僚，如在翰林国史院、奎章阁学士院等处的同僚，多族士人在共处、共事中，培育了深厚情谊。翁独健先生谈到不同种族史官共同修史时，就强调他们的"通力合作"③。文宗时的奎章阁学士院，入阁

---

① 康里巎巎（kuí），以往文献多作康里巎巎（náo），胡蓉、杨富学《元代畏兀双语作家考屑》（《民族文学研究》2016年第5期）据甘肃武威城北15里的石碑沟发现的《亦都护高昌王世勋碑》之回鹘文部分其署名为KiKi（或作KhiKhi），说："显然，KiKi应为汉文部分所见'巎巎'之音译，绝非巎巎之音译。"另，《四库全书》改译作"库库"，也可作为佐证。

② 宋濂等：《元史》卷一四三《康里巎巎传》，中华书局1976年版，第3415—3416页。

③ 翁独健主编：《中国民族关系史纲要》，中国社会科学出版社2001年版，第578页。

文士可以看作是围绕在文宗周围的一个多族文人集团。奎章阁学士，号称极一时天下之选，虞集、欧阳玄、揭傒斯、黄溍、元明善、李术鲁翀等，蒙古、色目文士马祖常、赡思、贯云石、盛熙明、赵世延、康里巎巎、刘沙剌班、雅琥、斡玉伦徒、甘立等，文宗皇帝"非有朝会、祠享、时巡之事，几无一日而不御于斯"①。共同的事业与追求，共荣共辱的命运，促进他们作为一个整体融而为一。

以种种社会关系为依托，蒙古、色目士人全部涵化于元代士人阶层之中。他们长期共处，涵而化之，融为一体。文化是一体的，文化人构成的文坛，当然也是一体的。

（三）"儒"无华夷之别

元人的观念中，儒士就是儒士，没有汉儒与蒙古色目儒士的区分。比照《春秋》之法，"诸侯用夷礼则夷之，夷而进于中国则中国之"②。既"儒"也就不能"夷之"了（当然，就其种族说还是有华有夷）。《元史·儒学传》中有色目人伯颜和赡思："伯颜一名师圣，字宗道，哈剌鲁氏，隶军籍蒙古万户府，世居开州濮阳县。""赡思字得之，其先大食国人。国既内附，大父鲁坤乃东迁丰州。太宗时，以材授真定、济南等路监榷课税使，因家真定。父斡直始从儒先生问学，轻财重义，不干仕进。③"《元史》编者并没有把他们与汉儒区分，而是一例编入。马祖常是色目人，但元文宗赞他是"中原硕儒"，《元史》载：

　　祖常工于文章，宏赡而精核，务去陈言，专以先秦两汉为法，而自成一家之言。尤致力于诗，圆密精丽，大篇短章，无不可传者。有文集行于世。尝预修《英宗实录》，又译润《皇图大训》《承华事略》，又编集《列后金鉴》《千秋记略》以进，受赐优渥。文宗尝驻跸龙虎台，祖常应制赋诗，尤被叹赏，谓"中原硕儒唯祖常"云。④

---

①　陶宗仪：《南村辍耕录》卷二《宣文阁》，中华书局 1959 年版，第 28 页。

②　韩愈：《韩愈文集汇校笺注》卷一《原道》，刘真伦、岳珍校注，中华书局 2010 年版，第 3 页。

③　宋濂等：《元史》卷一百九十《儒学二》，中华书局 1976 年版，第 4349、4351 页。

④　宋濂等：《元史》卷一百四十三《马祖常传》，中华书局 1976 年版，第 3413 页。

类似情况还有西域答失蛮人伯笃鲁丁，汉姓鲁，字至道，文献中也称鲁至道，进士，曲家张可久［双调·折桂令］《湖上雪晴鲁至道席问赋》相赠，称之为"东鲁文星"①。进士有左右榜，但在元人心目中，左右榜都是进士，第一名都是状元，没有人刻意区分。在元末战乱中，进士们有突出表现，其中有三位状元殉难，也有表现不太好的，陶宗仪《南村辍耕录》卷十五有《吊四状元诗》条云：

　　平江一驿舟中，有题《吊四状元》诗者，不知谁所作诗，曰："四榜状元逢此日，他年公论定难逃。……元举何如兼善死，公平争似子威高。世间多少偷生者，黄甲由来出俊髦。"元举，王宗哲字也，至正戊子科三元进士，时为湖广宪佥；兼善，泰不华字也，时为台州路达鲁花赤；公平，李齐字也，时为高邮府知府；子威，李黼字也，时为江州路总管。此四公者，或大节臣节，或尽忠王事，或遇难而亡，故云。若论其优劣，则江州第一，台州次之，高邮又次之，宪佥不足道也。②

　　清人陈庆镛还作了考察和阐发，说："元举者，王宗哲也；兼善者，泰不华也；公平者，李齐也；子威者，李黼也。《元史·本纪》，李黼死于徐寿辉，泰不华死于方国珍，李齐死于张士诚。《忠义传》云：'三大魁，无愧科名。'则王宗哲之事可知也。"③ 其中余阙为右榜进士，其他三人左榜。但在人们心目中，是一样看待，并无区分的，更不可能有华夷之别。

　　更让今人想不到的是，元人心目中的华夷概念，与我们理解的不完全相同。关汉卿［南昌·一枝花］《杭州景》说："普天下锦绣乡，寰海内

---

　　① 张可久：《张可久集校注》，吕薇芬、杨镰校注，浙江古籍出版社 1995 年版，第410 页。

　　② 陶宗仪：《南村辍耕录》卷十五，中华书局 1959 年版，第 181—182 页。

　　③ 陈庆镛：《籀经堂类稿》卷十三《送陈莲史方伯之任江宁序》，清光绪九年刻本。所引《元史》语，见《元史》卷一百九十四《忠义二·李齐传》："论者谓大科三魁，若泰不华没海上，李黼陨九江，泊齐之死，皆不负所学云。"中华书局 1976 年版，第 4395 页。

风流地，大元朝新附国，亡宋家旧华夷。"① 南宋旧地，在我们看来是最典型的"华"，在关汉卿看来，相对于中原，那是南方边夷之地，如古所谓"南夷"。王实甫《丽春堂》第一折〔仙吕·点绛唇〕："破虏平戎，灭辽取宋，中原统。建四十里金镛，率万国来朝贡。"② 与关汉卿表达的意思相似。自古居有中原者自称为"华"，这种观念不是元代才有。关汉卿等人视中原地区为"华"，视南宋旧地为"夷"为"虏"，并不奇怪。

元代有一个蒙古、色目士人群，他们不是独立于汉族士人之外的。不管从他们产生的机缘、存在状况还是在当时人们的观念中，他们与汉族士人都是一体的。这就决定了，元代是文坛，只能是华夷一体的而不可能是彼此分割的。

二　多族士人的社交网络及交际中的深度融合

元代文坛的华夷一体，以多族士人广泛的社交网络为依托。多族士人是如何融为一体的，蒙古、色目士人如何变化气质同于汉族士人并融入整体的士人群的？考察其原因，不外环境熏染与读书儒化。环境，具体表现为人所处的各种社会关系。研究者早已指出，元代蒙古、色目士人与汉族文人之间由姻亲、师生、同门、同僚、朋友等社会关系，建立了多种士人圈。这些大大小小不同的圈子经由文学和文化活动相互连接，形成了越来越广泛的士人社交网络；这一网络为士人的活动提供机缘与依托，在频繁的活动中，网络又不断延展，使得这一网络几乎覆盖全国各种族、各地域、各阶层的士人。如陈田《明诗纪事》所形容："元季吴中好客者，称昆山顾仲瑛、无锡倪元镇、吴县徐良夫，鼎峙二百里间。海内贤士大夫闻

① 关汉卿〔南吕·一枝花〕《杭州景》，隋树森主编：《全元散曲》，第171页。王季思注："宋元时称国家的疆域为华夷，因为它包括了少数民族地区。"（王季思编《元散曲选注》，北京出版社1981年版，第48页）按范康《陈季卿悟道竹叶舟》杂剧有看《华夷图》的情节。《华夷图》是地图，不同于疆域图。现存古代华夷图，是唐代贾耽于德宗贞元十七年绘制《海内华夷图》，所绘不限于唐疆域，有人甚至认为是世界地图。宋代有多种《华夷图》，所绘都不限于其疆域，特别是南宋。参考顾廷龙《华夷图跋》，《顾廷龙全集》文集卷上，上海辞书出版社2015年版，第68页。说元代以华夷指疆域，从元代一些文献看，可以这么理解，但分而言之，还有"华"与"夷"之不同。

② 王季思主编：《全元戏曲》，人民文学出版社1990年版，第326页。

风景附，一时高人胜流，佚民遗老，迁客寓公，缁衣黄冠与于斯文者，靡不望三家以为归。"① 特别是顾瑛主持的玉山雅集，几乎会聚了当时全国几乎各种身份的所有名流，这其中并没有华夷之分。在元代开放的社会环境中，人与人之间没有设防，没有顾忌，大多是胸无藩篱，胸怀开张，互相之间真诚相待，很多士人一见倾心，新知如故交，使得文学与文化活动更加频繁。多族士人在这样的网络中，经由文学与文化活动，步步融合，深度契合，很多士人之间的关系，达到了心灵与精神的契合，甚至建立了不间生死的友谊。

（一）含纳全国多阶层多身份多种族的士人社交网络

这是一个笼盖全国的士人社交网络。从这一网络的任何一个结点入手向四外延展，它的联结，在文人社会中几乎无所不至，当时所有的著名文人，无论华与夷，南与北，馆阁与山林，无不在这网络的联结中。

这里举一例来看。闽地出身的进士黄清老有诗《丁丑三月七日会同年于城南子期工部、仲礼省郎、世文编修、文远照磨、学升县尹、子威主事、克成祕书、至能照磨、子通编修凡十人》二首，是泰定四年丁卯（1327）科进士部分同年的一次集会中所作。这次集会规模不算大，除了同年这一特定意义外，也没有什么特别之处。我们把它依托的泰定四年丁卯科进士同年看作元代士人社会关系网络上的一个结，顺着这一结延展开来，感受一下这张网的大致情况。

此科共取进士 86 人，目前可以考知的有右榜 20 人，左榜 45 人，计65 人。参加本次集会的 10 人，其中黄清老与赵期颐（字子期，宛丘，今河南淮阳人）、罗允登（字学升，光州人）、李黼（子威，颍州人，左榜状元）四人为左榜；偰善著（字世文，畏兀氏）、笃列图（字克成，蒙古人）、观音奴（字至能，又作志能，唐兀氏）三人右榜，仲礼省郎、文远照磨、子通编修三人不详。但从黄清老这两首诗的题目看，同年相聚，并无左右榜之分。这次集会，是他们进士及第十年聚会（丁丑为元顺帝后至元三年，1337），大家聚在一起，回忆当年的兴奋与风光。十年前，他们的坐师曹元用有诗云："席庐清昼列千袍，射策词场百战劳。明日京华

---

① 陈田：《明诗纪事》甲签：卷二十五，上海古籍出版社 1993 年版，第 504 页。

春榜揭，蓬莱天近五云高。"① 黄清老第一首诗说："曾记城南尺五天，重来携手宴同年。春风远塞蒲萄酒，明月佳人玳瑁筵。苔上药阑红染露，莺啼柳迳碧生烟。琼林十载多离别，欲拂金徽思渺然。"集会的气氛，同年的感情，都表达得很好。

此科进士有不少有影响的人物，就元代当时说，影响极大的是左榜状元李黼，是为元死节的节烈之士，《元史》入《忠义传》。他的影响，被后世史学家有意无意掩盖了。假如他是为宋或明死节，他应该可以和文天祥等人并名而光耀史册。陶宗仪《南村辍耕录》卷十四《忠烈》对其死节事有具体描述，周霆震《李浔阳死节歌并序》②，是歌颂其死节诗文的代表作。他在文人中有极广的社交面。从文学史的角度看，影响更大的，是元代诗史上两位最受后世瞩目的诗人杨维桢和萨都剌。如果从他两个人延伸下去考察，差不多当时所有的著名文人都可直接联系上。杨维桢是元后期数十年的文坛领袖，其影响，笼罩东南，遍及全国。萨都剌游走南北，遍交天下名士，自言"我亦东西南北客"③。我们且将这些具有全国影响力的人置而不论。此科进士在当时有独特影响的不少，如赵期颐，至顺三年（1332），以礼部郎中佐吏部尚书撒只瓦奉使安南，宣文宗即位诏，官至河南行省参知政事。今存诗 4 首，其中有在安南作《和太子世子韵》。这类活动，在当时是很博人眼球的。他还是元代著名书法家。再有观音奴，字至能，唐兀氏，文献中称观至能，号刚斋。在同年中，他与萨都剌、黄清老等往来密切，与当时名公虞集、许有壬、张翥、李孝光、傅若金以及诗僧释大訢交往，与诸人唱和。观音奴以刚得名，虞集为作《刚斋说》，许有壬为作《刚斋铭》，就此可以想见其声名之著。虞集《刚斋说》云："应奉翰林文字前进士观君志能，长桂林宪幕时，或病其刚，不宜于画诺，遂敛衽去之。及召拜翰林，台省更善其刚，遂以刚得名于时，因以刚名斋。"④ 当时声名显赫的诗僧释大訢有送观音奴诗："皎皎琼

---

① 曹元用：《丁卯校艺贡院作》，顾嗣立编：《元诗选三集》，中华书局 1987 年版，第 168 页。

② 顾嗣立编：《元诗选》初集，中华书局 1987 年版，第 2178 页。

③ 萨都剌：《雁门集》卷一《题鲁港驿和贯酸斋题壁》，文渊阁《四库全书》本。

④ 虞集：《道园类稿》卷三十《刚斋说》，《元人文集珍本丛刊》本。

林枝，一见足良愿。"① 可见其名声之大，是人人愿一识其面的名士。萨都剌有《余与观志能俱以公事赴北舟至梁山泊时荷花盛开风雨大至舟不相接遂泊芦苇中余折芦一叶题诗其上寄志能》诗："题诗芦叶雨斑斑，底事诗人不奈闲。满泺荷花开欲遍，客程五月过梁山。"如题所言，这是北上所作。萨都剌回时再过梁山泊，却是独自南还，于是有《再过梁山泊有怀观志能》诗："故人同出不同归，云水微茫入梦思。记得题诗向芦叶，满湖风雨似来时。"② 可见情谊之深。此科进士可称得人之多，但由于文献的缺失，我们已经不可能全面描述这一群人的成就和在当时的影响了。

和这一群关系最密切的，当然是其坐师。此科会试由吏部尚书曹元用知贡举，翰林直学士马祖常同知贡举，会试考试官有虞集、欧阳玄、宋本、张起岩，廷试读卷官为马祖常、贡奎，廷试监试官为王士熙，掌试卷官苏天爵。这九人是此科进士的坐师（其中苏天爵年轻，在师友之间）。在元代，坐师与所取进士之间，关系密切。从现有文献看，此科进士与这几位坐师之间确实关系密切，留有不少相关诗篇。如曹元用给李黼的诗《小诗奉寄子微良友希是正（曹元用顿首）》：

> 我在水之南，子在水之北。南北俱无百步远，经旬不得见颜色。一水相济犹如此，况复分离在他国。霜黄木叶秋，渐闻哀鸿日夜催归亟。锦帆一旦挂清风，后日相逢难再得。海内岂无真英奇，衰俗谁哀知音稀。鸿鹄壮志在千里，肯与燕雀同群飞。我今下榻待徐穉，君其倒着蔡邕屐。数相往来莫相厌，直到阳关分手地。③

诗中感觉不到坐师弟子之间地位高下之别，而是同气相求、两心相契的关系。虞集有《与萨都剌进士》诗："当年荐士多材俊，忽见新诗实失惊。今日玉堂须倚马，几时上苑共听莺。贾生谁谓年犹少，庾信空惭老更成。惟有台中马侍御，金盘承露最多情。"④ 作为当年的考试官，他很得意那

---

① 释大䜣：《蒲室集》卷一《送观志能台郎赴都得劝字》，元至元刻本。
② 萨都剌：《雁门集》卷三，文渊阁《四库全书》本。
③ 朱存理：《珊瑚木难》卷六，《适园丛书》本。
④ 虞集：《道园学古录》卷三《与萨都剌进士》，文渊阁《四库全书》本。

一科录取"多材俊"，特别是像萨都剌这样的一代英才。虞集对萨都剌这位弟子给予厚望，自言萨都剌与自己诗风有别，而与另一坐师马祖常诗风接近。其实，虞集的这首诗声色并茂，写给萨都剌的诗，诗风近于萨都剌。从萨都剌写给虞集的几首诗可知，他们之间感情是很密切的。

与他们个人关系最密切影响也最大的，是他们的家庭。他们中有一些出身于非凡家庭，如状元李黼是工部尚书李守中之子，黄清老是福建江西行省参知政事黄一清之子，而善著，元人称偰善著，或称偰世文，就出身于著名"六桂"偰家。这样的出身，无疑带给他们广泛的人脉资源。

当然，涉及当时文人最多的，还是他们的朋友圈。朋友圈人数最多的，是杨维桢、萨都剌。他们两人的朋友圈加起来，差不多可以涵括当时所有知名文人。我们依然放下不说，只看看黄清老的朋友圈。黄清老出身于宋元学术世家，所谓"黄五经家"，他的父亲是高官。他本人官至翰林侍读学士知制诰。显赫的家世、地位和声名，为其社会交往提供了优越的条件。苏天爵为其所撰墓志铭说，黄清老进士及第，"中朝搢绅多知公名，而礼部尚书曹公元用、翰林直学士马公祖常请留公居馆阁，遂除翰林国史院典籍官。未几，升检阅官，又迁应奉翰林文字，同知制诰兼国史院编修官"。可见他在进士及第之前，已闻名朝中，同时很受曹元用、马祖常赏识。任职翰林国史院，这是文人聚集之处，同时翰林诸人，都是同僚。此时黄清老的交往圈中，已经包括翰林国史院诸公及其他众多在朝文人。"又尝执笔扈行上京，凡朝廷有大议论，除拜祠享，诏令祝册，应用之文，公偕学士虞公集、欧阳公玄、谢公端，获与讨论。"则他当时在翰林国史院已经有一些地位，可以参与一些高层次活动。这对他的人际交往有重要的积极影响。墓志铭还说道："每宾兴之岁，藩省大臣屡请公校文，去取精详，士论推服。公善教诱后进，初在朝著，宰执王公懋德、史公惟良及一时名公卿，各遣子弟执经受业，四方之人士亦有不远千里而至者，作成人才居多。若今四川行省参政归旸、金燕南廉访司事王仪、监察御史笃坚不花、中书左司都事田复、太常奉礼郎程垚、应奉翰林文子李绣，则尤知名者也。"① 他曾任多个行省乡试考试官，在很多地方的后进

---

① 苏天爵：《滋溪文稿》卷十三《元故奉训大夫湖广等处儒学提举黄公墓碑铭并序》，中华书局 1997 年版，第 210—211 页。

士人中，他有极广的人脉。他热心提携后进，在年青一代中影响广泛。

如果说从生平材料看其朋友圈，只是概括性的了解，那么他本人诗文中的信息，有很多是具体的人际交往。只是黄清老的作品，绝大部分散佚了。据苏天爵撰神道碑，"存于稿者三千五百馀篇"，但今日可见的，只有几十分之一。他有《樵水集》，今不可见。《全元文》未收其文（其文尚存世多篇，《全元文》漏收），《全元诗》收其诗89首。仅他现存诗题目中出现的友人，就有王弁（字君冕，延祐二年进士）、杨钧（字信父，受知于卢挚，与吴澄友善）、贡奎（字仲章，当时为侍御）、胡助（字履信，一字古愚，自号纯白老人）、王士熙（字继学）、释来复（即僧见心，诗僧），坐师马祖常，同年索元岱（字士岩）、观音奴（志能）、李黼（字子威）、张以宁（志道），还有与黄清老并存"二黄"的黄镇成，以及多位无考者（如朱教授竹所等）。此外，与黄清老有诗文赠答及其他文字交往的，还有虞集、杨维桢、王沂、胡奎。由其诗文可知有交往的朋友还有一些。特别引人注意的是，其同年好友张以宁有《丙寅乡贡同宁德黄君泽、韩君瑕、林鹤山登幔亭峰，今十五年矣，赋此并怀黄子肃同年》诗①，说明同乡贡者（即所谓乡贡进士），也是一个交往圈子，尽管我们现在难知其具体情况。② 其同年杨维桢《两浙作者序》云："曩余在京师时，与同年黄子肃、俞原明（按当作俞元明，即俞焯，字元明）、张志道，论闽、浙新诗，子肃数闽诗人凡若干辈，而深诋余两浙无诗。"③ 就此可知，黄清老与当时闽地诗人有着广泛的联系。

通过考察可知，元代士人的社交网络，含纳了全国多层次、多身份、多种族的士人。这一巨大的社交网络，强化了多族士人之间的联系，是多族士人融为一体的依托，为他们频繁的文学文化活动提供了人脉条件。

（二）多族士人在文学活动中相融

元代士人的交往与文学活动频繁。读元人诗，酬赠之作触目皆是，为

---

① 张以宁：《翠屏集》卷二，钞明成化刻本。

② 乡贡进士应该也是文人交往的圈子，由程端礼《江浙进士乡会小录序》可以推知，其记载江浙乡贡进士会试于京师，试后，在京同乡宴请乡贡进士的活动，序云："至正十一年春，天下乡贡进士云会于京师，群试于礼部。……既试，江浙之仕于朝及客于京师者，相率持金钱，具牢醴，张国西门内咸宜里之荣春堂以燕劳之。喜国家之得贤，乐郡县之多士，敦契好昭斯文也。"载《畏斋集》卷三，民国《四明丛书》本。

③ 杨维桢《东维子集》卷七，《四部丛刊》影印旧钞本。

雅集等文学活动所作记序等文字也很多。元代士人有如此广泛的交游，才形成了如此巨大的文人社交关系网络。这一网络，又为更广泛的交往提供了更多的可能和机会。

元人酬赠之作，并不都是空泛的应酬之作。元代文人的坦诚，从这些作品中可以强烈地感受到。如萨都剌《送马伯庸子之京》：

> 欲晴不晴天气悭，欲别不别人语难。丈夫意气自磊落，握手一笑心与肝。南宫子弟吐金缕，何必尊前花解语。树摇晚翠下风凉，烛落春红剪秋雨。高歌痛饮如有神，醉吐不惜车中茵。明朝送子上船去，回首江南江北人。①

"握手一笑心与肝"，这就是元代文人。虞集曾评价萨都剌说："进士萨天锡者，最长于情，流丽清婉，作者皆爱之。"② 可爱的不仅仅是诗，也包括人。生活在元代，可能有很多不如意，但人与人之间无须设防，"避席畏闻文字狱"，在元代会被认为神经质。这是元代多族文人能够做到心灵契合的重要条件。

元代多族士人间的雅集，很多时候是偶然相遇。正是如此巨大的社交网络，才使这种偶然时时而有。如贡师泰《春日玄沙寺小集序》所记的一次聚会："至正二十一年春正月廿六日，宣政院使廉公公亮崇酒载肴，同治书李公景仪、翰林经历答禄君道夫、行军司马海君清溪游玄沙，且邀予于城西之香严寺。"廉公亮，即廉惠山海牙，字公亮，是出身北庭畏兀儿世家子弟，名臣廉希宪族子，贯云石从舅，色目人；李景仪，李国凤，字景仪，出身济南官宦世家，汉人，当时以治书侍御史经略江南；翰林院经历答禄与权，字道夫，乃蛮王孙，蒙古人；海清溪或作铁清溪，高昌人；序文作者贡师泰，安徽宣城人。另有玄沙寺住持藏石珍禅师。人数不多，族属各别。贡师泰对雅集情况有很好描述：

> 是日也，气和景舒，生物豈遂，花明草缛，禽鸟下上。予因缓辔

---

① 萨都剌：《雁门集》卷一《送马伯康子之京》，文渊阁《四库全书》本。
② 虞集：《傅与砺诗集序》，傅若金《傅与砺诗集》卷首，文渊阁《四库全书》本。

田间，转入林坞，徘徊吟咏，不忍遽行。及至，则四君子已坐久饮酣，移席于见山之堂矣。既见，则皆执酒欢迎，互相酬酢。廉公数起舞，放浪谐谑。李公援笔赋诗，佳句捷出，时亦有盘薄推敲之状。道夫设险语，操越音，问禅于藏石师，师拱默卒无所答。清溪虽庄重自持，闻道夫言辄大笑。予素不善饮，至此，亦不觉倾欹傲兀，为之抵掌顿足焉。①

气氛热烈、自由、放松，甚至可以说是放纵，所有人都亲密无间。只有藏石珍禅师拱默不语，但他是性格如此。② 贡师泰对聚会气氛的描述，给我们的感觉是如此美好，如果不是人名带有种族的特点，我们已经不大可能去想与会者是不同种族。接下来，文字突然一转："日莫将散，乃执盏敛容而相告曰：'方今宽诏屡下，四方凶顽犹未率服，且七闽之境，警报时至，而吾辈数人，果何暇于杯勺间哉？盖或召或迁，或以使毕将归，治法征谋，无所事事，故得从容以相追逐，以遣其羁旅怫郁之怀……'"③ 这次聚会在至正二十一年（1361），再过七年，元朝就灭亡了。在这样的时间，在远离京城的福州西郊的玄沙寺，这几个人偶然相遇，就有了这样一次聚会。"示闲暇于抢攘之际，寓逸豫于艰难之时"，越是艰难的时期，越需要这样的聚会来放松和自我慰藉。如果没有元代文人广泛交际的背景，这种聚会是不可能的，在我们看来是极小概率的事，在元代并不鲜见。最后他们以杜甫诗句"心清闻妙香"分韵赋诗，这是杜甫《大云寺赞公房四首》之三的诗句，杜甫此诗与当前情景相合有两个方面：第一，大云寺赞公房与玄沙寺见山堂类似；第二，安史乱中与当前天下形势相似。杜诗最后两句是："明朝在沃野，苦见尘沙黄。"写出前程的艰苦和不确定。可以想象，接下来的分韵赋诗，诗的情调必然是沉重的。在聚散无常中，偶然相聚就可敞开胸怀纵情诗酒，大约只有元代文人能做得到。

---

① 贡师泰：《玩斋集》卷六《春日玄沙寺小集序》，文渊阁《四库全书》本。
② 贡师泰关于藏石珍禅师，贡师泰《福州玄沙寺兴造记》有记载。贡师泰与藏石珍禅师就是这次集会认识的：他们几人"同饮寺之见山堂，始识藏石师于坐间。自是数来相见，见辄坐予之东轩，煮茶焚香，终日乃去。或有问焉，默无以应，屡叩之，惟瞑目颔首而已"。载《玩斋集》卷七，文渊阁四库全书本。
③ 贡师泰：《玩斋集》卷六《春日玄沙寺小集序》，文渊阁《四库全书》本。

偶然相遇而能诗酒高会，相遇为难；同一机构同僚集体出游，诗酒雅会，畅怀尽欢，畅怀为难。这些难，元代文人似乎都没有感受。同僚之间，也一样胸怀开张。许有壬有一首诗《九日陪阃台诸公登石头城》并序，诗写于至治壬戌九日（英宗至治二年，1322），其时许有壬任江南行台监察御史，是与南台全体同僚登石头城所作。这是一次多族士人的同游聚会。照一般理解，在勾心斗角的官场，最要提防的，就是身边的同事。但元代文人似乎并非如此。南台全体同僚登上石头城，面对长江，洗尘襟，发清兴，"时宿雨初霁，万象澄澈，长江钩带，风樯出没。淮西江南诸山，历历可数，与夫川原之逶迤，楼阁之雄丽，虽一草一木，不能逃也。金陵之美，斯为尽得。起坐周览，清兴横生"。欣赏过山川美景，然后是开怀痛饮，"酒一再行，二公督诗不已，乃各诵所记九日诗，率古作之杰出者，相与大笑倾倒，不知深杯之屡空也"。序后系之以诗，有"便驻高轩拼醉倒，绝胜无酒绕东篱"之句①，可见，这次聚会的气氛也是犷放且痛快淋漓的②。

（三）多族士人交游中心灵的契合

"夫交道贵心知，岂复计形迹之异哉?"③这是元人邓文原论晋陶渊明入释慧远白莲社的话。元代不同种族士人之相交，也是如此。元人认为："维天生才，无间中外。封殖乐育，治世攸赖。皇有中国，万方会同。"④上天生育人才，本没有中外之分，种族之别。在大元的疆域中，万方之人，都会同为一。元代多族士人间的交往，很多达到了心灵的高度契合，甚至建立了不间生死之谊。这里略举几例，如欧阳玄与贯云石，其情感之深挚，心灵之相通，非常人可比。贯云石死，欧阳玄为其撰神道碑，追忆他们最后的往来：

---

① 许有壬:《至正集》卷十五，文渊阁《四库全书》本。

② 元代的江南行御史台长期设在金陵，重九日南台同僚登石头城，可能是他们的一项活动。文宗时任江南行御史台掾史的萨都剌有《九日登石头城》诗，有句云："乌台宾主黄华宴，未必龙山是胜游。"说明是南台任上所作。

③ 邓文原:《巴西集》卷上《送黄可玉炼师还龙虎山燕集序》，文渊阁《四库全书》本。

④ 苏天爵:《滋溪文稿》卷九《元故资德大夫御史中丞赠摅忠宣宪协正功臣魏郡马文贞公墓志铭》，中华书局 1997 年版，第 138 页。

至治三年，岁癸亥秋，玄校艺浙省。既竣事，出而徜徉湖山之间，故人内翰贯公与玄周旋者半月馀。及将去杭，薄暮，携酒来别，谓玄曰："少年于朋友知契，每别，辄缱绻数日。近年读释氏书，乃知释子暮有是心，谓之记生根焉。吾因以是为戒。今于君之别，独不能禁，且奈何哉！"言已，凄然而别。明年甲子夏，公捐馆于杭。数月讣至，哭之尽哀。自是凡至杭，遇公旧游，追忆临别之后，未尝不为之怆然出涕，呼酒相酹也。①

话不多，但发自肺腑，这种不间生死的情谊，实在感人。色目诗人迺贤送南士危素诗有云："幸托君子交，情亲不予弃。裹衾屡就宿，下榻辱延致。谆谆味道言，情匪骨肉异。"② 既为君子之交，而又情同骨肉。色目士人伯颜子中在元末战乱中，鞠躬尽力。当全闽、两广陷落后，世事已不可为，遁迹江湖，可为心灵慰藉的，是南士熊钊："伯颜由是潜形遁迹，隐约江湖间；时宦、寓公知名愿交者，皆不得一见。以先世有墓庐在彭蠡之涯，乃卜进贤之北山，诛茅剪荆，躬自为创竹屋三间，左图右史，闭户澹如，时寓其忠愤于词翰之间而已。前进士熊钊，操行孤厉，于人少许可，惟与伯颜相厚善，每语及往事，相对悲鸣烦促，涕泗潸然下。"③ 元末两位著名诗人丁鹤年与戴良，一位色目人，一位南人，两人深挚的友谊，是熟悉元史或元代文学史的人都了解的。戴良为丁鹤年作《高士传》，又为作《鹤年吟稿序》。在《高士传》中，戴良引他人之言说："吾友多矣，可托妻子者，惟鹤年一人。"其《鹤年吟稿序》评丁鹤年诗："凡幽忧愤闷、悲哀愉悦之情，一于诗焉发之。……但一篇之作，一语之出，皆所以寓夫忧国爱君之心，闵乱思治之意，读之使人感愤激烈，不知涕泗之横流也。"④ 两人同气相求，同心相感。诗人刘仁本《赠僧铉二首》写释来复与蒙古文人亦速歹之间的情谊，诗原注："癸酉进士伊苏达实

① 欧阳玄：《圭斋文集》卷九《元故翰林学士中奉大夫知制诰同修国史贯公神道碑》，《四部丛刊》本。

② 迺贤：《金台集》卷一《送危助教分监上京（太朴）》，文渊阁《四库全书》本。

③ 郎瑛：《七修类稿》卷十六《伯颜子中传》，中华书局 1959 年版，第 243 页。

④ 戴良：《戴良集》卷十九、卷二十一，李军等校点，吉林文史出版社 2009 年版，第 219、238 页。

（按为亦速歹，此为《四库全书》改译），蒙古人也，仕至松州长，廉介自守。侨四明，竟坐贫以死，而无所归。方外交复上人，买地葬于寺西偏，度其次子铉为僧……"诗有"朋友无归于我殡，死生有托此僧迦"。并勉亦速歹子铉："好向诗书修白业，父恩师业两难磨。"① 再如许有壬与其同年唐兀氏张翔（字雄飞）、于阗人丁文苑（哈八石）等人之间，就有一种情同骨肉的感情。丁文苑（哈八石）去世，许有壬极其悲痛，写了《丁文苑哀辞》②，追述他们仕途经历中的种种。共同的政治态度和遭际，使他们心心相印，情同手足。元代不同族群士人间如此超越族群、心灵契合，甚至不间生死的情谊并非个别偶见之例。

　　政治上的相互支持，是他们心理、感情深度融合的重要催化因素。多族士人，不管是蒙古士人还是西域各部色目士人，在政治上，多是汉族文士坚定的同盟军。而这种同盟关系的形成和稳固，也多通过交游、雅集等。有"廉孟子"之称的西域畏兀儿廉希宪，与汉儒姚枢、许衡、商挺即是如此。他们的交往，始于廉希宪在陕西任职时。后廉希宪又以中书平章行秦蜀省事，在陕右建泉园，与诸多汉儒雅会其中。《陕西通志》载：

　　　　元至元中，平章廉希宪行省陕右，爱秦中山水，遂于樊川杜曲林泉佳处，葺治厅馆亭榭，导泉灌园，移植汉沔、东洛奇花异卉，畦分棋布，松桧梅竹，罗列成行。暇日同姚雪斋、许鲁斋、杨紫阳、商左山，前进士邵大用、来明之、郭周卿、张君美，樽酒论文，弹琴煮茗，雅歌投壶，燕乐于此。③

在世祖朝，姚枢（雪斋）、许衡（鲁斋）、商挺（左山）等，与廉希宪等一直都是坚定的政治同盟，为元代汉法的推行，社会秩序的恢复，做出了重要贡献。后来廉希宪在大都建廉园，在很长的时期里，都是京城多族士人雅集之处，在元代文学史上，留下了大量廉园宴集的诗词曲。直到元末，张以宁与廉希宪侄子廉惠山海牙（字公亮）交往，有《次韵廉公亮

---

　　① 刘仁本：《羽庭集》卷三，文渊阁《四库全书》本。
　　② 许有壬：《至正集》卷十九《同年张雄飞金事见访醉后作诗赠之》、卷四十八《丁文苑哀辞》，文苑，即吃八实。文渊阁《四库全书》本。
　　③ 沈青峰：（雍正）《陕西通志》卷七十三《廉相泉园》，文渊阁《四库全书》本。

承旨夏日即事》诗六首，其五就追忆廉园雅会："文章阁老旧名门，玉署清闲醒梦魂。应忆廉园花似海，朝回会客酒千尊。"①

多族士人间心灵的契合，也有多种表现，如惺惺相惜，相互钦敬等。多族文人之间的亲密关系，也起自他们的惺惺相惜。萨都刺有写给揭傒斯的《京城访揭曼硕秘书》诗："城中车马多如云，载酒问字无一人。"②揭傒斯任职秘书的时间文献无征，很难确知这首诗的写作时间。③大约在揭傒斯受冷落时，萨都刺来拜访，表达了他的敬重与相惜。多族士人之间的其他关系，也往往是从惜才怜才开始的。我们看雍古部赵世延、马祖常，与汉人许有壬、南士陈旅，以及虞集之间的关系。赵世延业儒，从外祖姓赵氏，官至中书平章政事，封鲁国公。延祐二年科试，为会试读卷官，马祖常、许有壬此科同年进士。陈旅为马祖常引进，赵荐授官职，也算赵的门生。许有壬还是赵的女婿。许有壬夫人、赵世延女儿去世，许有壬请陈旅为作墓志铭，陈旅述其写作缘起："参政（按指许有壬，曾任中书参知政事）以旅（陈旅）为鲁公（赵世延封鲁国公）门生，使为铭，将以纳诸幽。旅义不得辞。"④赵世延是元代著名色目儒臣，"负经济之资，而将之以忠义，守之以清介，饰之以文学"⑤。他有女儿非常优秀，因而慎于择婿，"鲁公文学政事重海内，为国元老，而女又贤明。选婿之难称其人。初，参政以进士廷对，鲁公参预中书为读卷官，其对在第三等，谓同列曰：'此人言磊落可行。'力争之，置第二等。世以公为知人"⑥。后来就把女儿嫁给了许有壬。这种师弟子加翁婿关系，其亲密程度，远超族群之上。即使陈旅与赵世延、马祖常的关系，也远非一般社会关系所可比拟，《元史·陈旅传》载，陈旅当年"……用荐者为闽海儒学官，适御史中丞马雍古祖常使泉南，一见奇之，谓旅曰：'子，馆阁器也，胡为留滞于此？'因相勉游京师。既至。翰林侍讲学士虞集见其所为

---

① 张以宁：《翠屏集》卷二，钞明成化刻本。

② 萨都剌：《雁门集》卷一，文渊阁《四库全书》本。

③ 杨光辉认为写于文宗朝修《经世大典》时，见其《萨都剌"〈三顾草庐图〉题识"真伪考辨——兼答杨镰先生》，《薪火学刊》第一卷，复旦大学出版社2014年版，第266页。

④ 陈旅：《安雅堂集》卷十一《故鲁郡夫人赵氏墓志铭》，文渊阁《四库全书》本。

⑤ 宋濂等：《元史》卷一百八十《赵世延传》，中华书局1976年版，第4166—4167页。

⑥ 陈旅：《安雅堂集》卷十一《故鲁郡夫人赵氏墓志铭》，文渊阁《四库全书》本。

文。慨然叹曰：'此所谓我老将休，付子斯文者矣。'即延至馆中，朝夕以道义学问相讲习，自谓得旅之助为多。与祖常交口游誉于诸公间，咸以为旅博学多闻，宜居师范之选。中书平章政事赵世延又力荐之，除国子助教"[1]。不同种族才士之间以才相惜，又能极力援引，由此建立密切的关系。

文人之间由敬慕而走到一起，也是多族士人交往的原因。姚燧在元初为一代文章大家，他影响一时，培养和提携了一批文章家，形成了围绕在他周围的姚门文章家群，这也是一个多族士人的亲密群体。姚燧的主要弟子中，有济南人张养浩、李泂，女真人孛术鲁翀，山西人寓居南方的刘致和色目人贯云石。姚门弟子，是因对姚燧人格、文章的倾慕而结集于姚燧门下。他们人格峻洁，抗世独立，不屈于权，不挠于势，又轻富贵，重修为。不少蒙古、色目文臣，其学问人品受到汉族士人的敬重，他们也着力提携士人，在他们周围形成了人数众多的多族士人群，其构成主要有门生故吏、幕僚门客、同僚友人。廉希宪、马祖常、赵世延、不忽木等都是其中突出者。

不过，一切的社会关系只是形成文坛华夷一体的基础，多族士人之间的心灵契合生死之谊，都只是个体的亲密关系。真正使得元代文坛华夷文人融而为一的，是文人阶层共同的国家观念和文化观念。萧启庆对此已有论述："士人群体意识的凝聚，即是各族具有共同的意识、信仰、价值观与行为准则。蒙古、色目士人往往以仲尼之徒自居，而以儒生伦理为行为规范。……显然各族士人之群体意识已凌驾于族群意识之上。"[2] 应该说，共同的国家观念和文化观念普遍存在于不同种族的士人之中，在很多文献中，我们很难确定作者以及所写所述对象属于哪个种族。比如元代著名盲诗人侯克中写诗悼念号称"廉孟子"的色目官员廉希宪，其诗云："烈似秋霜暖似春，明于皎日正于神。千年海岳英灵气，一代乾坤柱石臣。宾客填门惟慕德，诗书满架不知贫。致君尧舜平生事，天命胡为只五旬。"[3] 如果不加说明，谁能知道他悼念的"廉孟子"是色目人呢？不同种族文人共同的文化认同，在下一节中，将展开论述。

---

① 宋濂等：《元史》卷一百九十《陈旅传》，中华书局 1976 年版，第 4347 页。

② 萧启庆：《内北国而外中国：蒙元史研究》（下），中华书局 2007 年版，第 507 页。

③ 侯克中：《艮斋诗集》卷六《挽廉平章》，文渊阁《四库全书》本。

三 多族士人之国土、国家与文化认同

文坛的多族一体性，是建立在多族士人共有的国家与文化认同基础之上的。在皇元帝国，四海一家，元代文人对这一国家，不仅是认同的，而且因国势强盛、疆域广大，而有着强烈的时代自豪感，萨都剌有诗云："皇元正朔承千载，天下车书共一家。"① 类似表述，在元代诗文中多见。如陈高《送陈与公入京》："碧海五更看北斗，锦帆六月挂南风。九天宫阙祥云合，万国车书此日同。"② 希望友人在京城能大有作为，"万国车书同"为士人提供了大有作为的背景与条件。

元代多族文人有着共同的国家观念和文化观念，这就是他们的国土认同、国家认同、文化认同。有人认为，元代士人具有很强的民族意识，而少有国家意识。其实这只是后人的想象。元代文人都有着很强的国家意识。③ 今人赵园对这一问题做了很好的考察和辨析，其所著《想象与叙述》一书《知识人的元代记忆与想象》一节，引《剑桥中国辽西夏金元史》之说，说明元末战乱中，儒士都是站在元政府一边的，即使在1355年以后，元朝中央政府已不能有效地进行统治，在朝廷不能直接控制的地区，"元朝还是被看做是正统的，还是人们效忠的中心"④。赵园进一步说："更有待于解释的是，即使在大明定鼎之后，甚至某些'从龙'之士，对于曾经效忠过的元王朝，依旧怀了一份复杂的感情。"⑤ 刘基就是一个显著的例子。不仅文士，普通百姓也对元王朝都具有很深感情，赵园说："元代当覆亡之际，有自己的悲剧英雄。据钱谦益的《国初群雄事略》，扩廓的养父察罕帖木儿死，'朝廷公卿及四方之人，不问男女老幼，

---

① 杨维桢：《次韵杨左丞五府壁诗》，张昱：《可闲老人集》卷四，文渊阁《四库全书》本。

② 陈高：《陈高集》卷七《送陈与公入京》，郑立于校点，浙江古籍出版社2014年版，第106页。

③ 君臣之义与华夷之辨，是中国学术史的争论已久的老问题。在元代，文人们没有怀疑元政权的合理性，最起码，在他们心目中，君臣之义是大于华夷之辨的。

④ ［德］傅海波、［英］崔瑞德：《剑桥中国辽西夏金元史》，史卫民等译，中国社会科学出版社1998年版，第757、655页。

⑤ 赵园：《想象与叙述》，人民文学出版社2009年版，第209页。

无不恸哭者'；'中原妇人皆为嗟叹流涕。'见诸记述的忠元之士，察罕父
子外大有其人。"① 这些都是明清及以后很多学者不愿意承认也不承认的。
不过，学者的考察往往与他们的观念相左，令清人赵翼奇怪的是，"（元
朝）末年仗节死义者，乃多在进士出身之人"，他统计死难的进士就有余
阙、泰不华、李齐、李黼、郭嘉、王士元、赵琏、孙㧑、周镗、聂炳、刘
耕孙、丑闾、彭庭坚、普颜不花、月鲁不花、迈里古思。② 而这恰可为上
文赵园的论述作注脚。其中余阙、李黼，都有感天动地的事迹。

　　蒙元帝国，其君主成吉思汗、忽必烈，是外夷入主还是承天受命的
帝王，对这一基本问题的认识，是国家认同的基础。明人黄光昇《昭代
典则》载，明洪武二十二年，朱元璋诏居和林西的北元兀纳失里大
王说：

> 　　昔中国大宋皇帝主天下三百一十余年，后其子孙不能敬天爱民，
> 故天生元朝太祖皇帝，起于漠北，凡达达、回回、诸番君长，尽平定
> 之。太祖之孙以仁德著称，为世祖皇帝，混一天下。九夷八蛮、海外
> 番国，归于一统。百年之间，其恩德孰不思慕？号令孰不畏惧？是时
> 四方无虞，民康物阜……③

朱元璋承认元朝政权的合理性，认为它是继大宋之后中国的正统王朝。他
在立国之后即命开局修《元史》，也证明了他的这一观念。一个推翻了元
朝的汉人皇帝，都认同了元政权，生活在元代的汉族文人，当然都会认同
元政权。在元人文章中，称成吉思汗则曰"我太祖"，称忽必烈，则称
"我世祖"，南北文人莫不如是。在元朝治下，不管是汉族文人，还是蒙
古、色目文人，他们的国家观念、国土观念，都是共同的。大元朝是承
汉、唐而下的正统王朝，元代文人，不管是汉族文人还是蒙古、色目士
人，其文化观念必然是礼乐与王化。大元朝与汉、唐一样，礼乐而治，色

---

　　① 赵园：《想象与叙述》，人民文学出版社 2009 年版，第 207 页。
　　② 赵翼：《廿二史札记》卷三十《元末殉难者多进士》，中华书局 1984 年版，第 705—
706 页。
　　③ 黄光升：《昭代典则》卷十，明万历二十八年周日校万卷楼刻本。

目诗人马祖常有诗云："三千礼乐尊儒术，百二山河壮帝家。"① 礼乐儒术，和大元帝国，在马祖常心目中是一体无间的。

国土认同、国家认同与文化认同，在元代文人心目中是密不可分的。如姚燧《新修滕王阁记》所言："今世祖天戈所加，正朔所颁，南极于阇婆，东至于倭奴，西被于日入之西瀣，而北尽于人迹所不可践者……"② 他不需要具体描述国土边界，只是极夸国土之空前广大，而这广阔的国土，是大元武功所得，文治所及，除包含国土、国家观念外，还包括文化观念，"正朔所颁"所代表的，是王化，是自古中原王朝观念的体现。文人们为忽必烈所拟《中统建元诏》《建国号诏》，也都是国家观念、文化观念的共同体现，王鹗所拟《中统建元诏》称："建元表岁，示人君万世之传；纪时书王，见天下一家之义。法《春秋》之正始，体大《易》之乾元。"③ 徒单公履所拟《建国号诏》则云：

> 诞膺景命，奄四海以宅尊；必有美名，绍百王而纪统。肇从隆古，匪独我家。……我太祖圣武皇帝，握乾符而起朔土，以神武而膺帝图。四振天声，大恢土宇。舆图之广，历古所无。顷者耆宿诣庭，奏章伸请，谓既成于大业，宜早定于鸿名。在古制以当然，于朕心乎何有？可建国号曰大元，盖取《易经》乾元之义……④

其中所表现的国家观念、文化观念、皇统意识，与以往任何时代没有不同。"四振天声，大恢土宇。舆图之广，历古所无"所表达的，不是北方民族对中原的占领，而是中原向四外的拓展，国家的核心，依然是中原。在忽必烈，他是以中原历代王朝的继承者自居的；在中原文人，他们是认

---

① 马祖常：《石田文集》卷三《送王参政上京奏选二首》（其一），文渊阁《四库全书》本。

② 姚燧：《姚燧集》，查洪德编校，人民文学出版社 2011 年版，第 112 页。

③ 王鹗：《中统建元诏》，苏天爵编：《元文类》卷九，《四部丛刊》影印元至正西湖书院本。

④ 徒单公履：《建国号诏》，苏天爵编：《元文类》卷九，《四部丛刊》影印元至正西湖书院本。

可这个来自北方的大汗就是中原皇帝的。在忽必烈，是对中原文化的认同；在中原文人，是对蒙古政权的认同。政权和文化的认同，是政权存在的基础，也是文化延续、发展的基础，更是元代文坛华夷一体的基础。有了这一基础，才能有"六合同风，九州共贯"①，文化上的华夷一体。忽必烈是一位文化上的明白人，《元史》说："世祖度量弘广，知人善任使，信用儒术，用能以夏变夷，立经陈纪，所以为一代之制者，规模宏远矣。"② 有这样的文化自觉，他才可能成功建立大元朝。

在元代文学作品中，表现国土认同、国家认同、文化认同的作品很多，散曲中如无名氏《越调·斗鹌鹑》："圣主宽仁，尧民尽喜。一统华夷，诸邦进礼。"③ "一统华夷"是元代文人的自豪，"圣主宽仁，尧民尽喜"，颂扬蒙古皇帝治下，如再见三代之治。蒙古皇帝是圣主，如大尧。马致远《中吕·粉蝶儿》："至治华夷，正堂堂大元朝世，应乾元九五龙飞。""喜，喜，喜，五谷丰登，万民乐业，四方宁治。""大元洪福与天齐。"④ 颂扬的是华夷共享的大元盛世。

元代人用"六合同风，九州共贯"表达其文化的一体性。他们认为，礼乐教化，在元代由中原而达于四极，风化所至，达到了前所未有的广大空间："我元四极之远，载籍之所未闻，振古之所未属者，莫不涣其群而混于一。"⑤ 华夏之风，遍及四远。首先，中原语言推行到了四夷极远之地。当时著名文人，不管是汉人还是色目人，都要求统一使用"中原汉音"，署名范德机（梈）著的《木天禁语》记马御史（按即马祖常，官监察御史）言："东夷、西戎、南蛮、北狄，四方偏气之语，不相通晓，互相憎恶。惟中原汉音，四方可以通行，四方之人皆喜于习说。盖中原天地之中，得气之正，声音散布，各能相入，是以诗中宜用中原之韵，则便官样不凡。"⑥ 语言是文化的符合，语言的统一是文化一体最主要最显著

---

① 许有壬：《至正集》卷三十五《大一统志序》，文渊阁《四库全书》本。

② 宋濂等：《元史》卷十七《世祖本纪十四》，中华书局 1976 年版，第 377 页。

③ 无名氏：《越调·斗鹌鹑》，隋树森编：《全元散曲》，中华书局 1964 年版，第 1834 页。

④ 马致远：[中吕·粉蝶儿]，隋树森编：《全元散曲》，中华书局 1964 年版，第 273—274 页。

⑤ 许有壬：《至正集》卷三十五《大一统志序》，文渊阁《四库全书》本。

⑥ 署名范德机（梈）：《木天禁语》，何文焕辑：《历代诗话》（下），中华书局 1981 年版，第 752 页。

的表征。其次，科举的施行，强化了蒙古、色目士子对儒家文化的接受和认同，四夷之人都读圣人书，为圣人之徒。

地域上打破了此疆彼界，为文化的融合、心理的融通奠定了基础，王礼对此有很好的说明：

> 西域之于中夏，言语嗜欲殊焉。虽汉、唐以来，婚媾有之，然各怀旧族，不能杂处他土，顾安有生西域而葬江南者？惟我皇元，肇基龙朔，创业垂统之际，西域与有劳焉。洎于世祖皇帝，四海为家，声教渐被，无此疆彼界。朔南名利之相往来，适千里者如在户庭，之万里者如出邻家，于是西域之仕于中朝，学于南夏，乐江湖而忘乡国者众矣。岁久家成，日暮途远，尚何屑屑首邱之义乎？呜呼，一视同仁，未有盛于今日也。①

地域上消除了"此疆彼界"，地无阻隔，心才能无阻隔，心理、情感上"一视同仁"，如虞集所言："天地之覆焘，无限量也；日月之照临，亦无限量也；人心之妙，其广大光明，盖亦如之。局于耳目之所接，限于识虑之所及，果能尽其心之体用者乎？"② 心无藩篱，有利于文化上融合。西域之人来中夏，不同于以往，中原文人对四方人的接纳，也不同于以往。元人一改"非我族类，其心必异"的观念，认为不管人生于何地，属何种族，同属人类，就都具有人性之善。宋儒陆九渊有言："东海有圣人出焉，此心同也，此理同也；西海有圣人出焉，此心同也，此理同也；南海、北海有圣人出焉，此心同也，此理同也。"③ 在广有四海的元代，人们对此有了时代的理解。徐明善、陆文圭等人有阐释："四海之远，此心同，此理同，千古圣贤，未尝异者。"④ "五方之人，言语不通，嗜欲不同，性善则一。修道之教，所以明此善也。"⑤ 许衡有诗云："光景百年都

---

① 王礼：《麟原文集》前集卷七《义冢记》，文渊阁《四库全书》本。
② 虞集：《道园学古录》卷八《可庭记》，文渊阁《四库全书》本。按此"东海""西海"之说，乃述宋陆九渊意。
③ 杨简：《象山先生行状》，陆九渊：《陆九渊集》，中华书局1980年版，第387页。
④ 徐明善：《芳谷集》卷上《信州路买住总管刊陈古灵谕俗文序》，《豫章丛书》本。
⑤ 陆文圭：《墙东类稿》卷六《送家铉翁序》，文渊阁《四库全书》本。

是我，华夷千载亦皆人。"① 这些都表现了元代文人容纳一切的广大心胸。有此共同的基础，四夷之人共处于大元版图之内，同读圣人之书，都可成为圣人之徒。如蒙古人万嘉闾，"读书好文……而复天姿颖悟，喜交儒士，灼然有见于道义。故确然无间于吾徒也"②。所谓"吾徒"，乃儒者自称，即圣人之徒。"确然无间"，实实在在没有了任何区别。陆文圭《送家铉翁序》就这样说：

> 先皇帝武定内难，文致太平，举中原百年之旷典，大比兴贤。天下之士，雷动响应，山岩薮泽之间，搜罗殆尽。而殊方异俗，释捆掉甲，理冠带，习俎豆，来游来歌，蹈德咏仁，莫不洗涤。③

家本西域的家铉翁（按非南宋祈请使家铉翁，此为色目人），就是如此："如家君铉翁，辉和尔氏。其先居于北庭右族，脱脱（《四库全书》改译为托可托）太师宁国公之裔孙。幼颖悟，自命不凡，脱去纨袴，习修孔氏之业。读文公之书，应江浙进士举及格，贡诣京师，旋报罢。自是杜门养志。"④ 其思维方式与价值观，与汉族士子没有什么不同。像家铉翁这样的色目士子进入仕途，为官各地，包括江南和中原，也积极推行教化。徐明善《信州路买住总管刊陈古灵谕俗文序》以文，乃为信州路总管色目人买住推行教化而作。买住之族出自西域高昌，和很多移居中原的西域人一样，他也弃旧俗而事华学，还取号简斋。他任职的地方信州（今上饶），是一个高文化地区，著名的鹅湖之会就发生在这里，辛弃疾曾居住在这里。但买住的时代，这里教化不行、风俗不美，为行教化、美风俗，买住取宋人陈襄（号古灵）所写的《谕俗文》刊印："广信总管简斋公，慨然念彝伦之斁，不可不叙；旧俗之污，不可不新。取古灵陈公《谕俗

---

　　① 许衡：《鲁斋遗书》卷十一《病中杂言》，《北京图书馆古籍珍本丛刊》影印明万历二十四年刻本。

　　② 许有壬：《至正集》卷五十七《故通议大夫江西等处榷茶都转运使万公神道碑铭》，文渊阁《四库全书》本。

　　③ 陆文圭：《墙东类稿》卷六《送家铉翁序》，文渊阁《四库全书》本。

　　④ 陆文圭：《墙东类稿》卷六《送家铉翁序》，文渊阁《四库全书》本。

文》，畅阐而警教之，以人治人，其言反复谆悉，可谓得新民美俗之机要矣。"① 这类例子在元代文献中有很多。

　　所谓文化的认同，在元代是双向的。元代的汉族文人，包括大儒，对异质文化，也以开放的态度积极接受和肯定。比较典型的是对蒙古新字八思巴文的接受与赞扬。忽必烈即位，即命国师八思巴创制蒙古新字。至元六年，颁行于天下。元朝是一个含有多种族的大帝国，汉地有行用千年的汉字，西域各国有其固有文字。成吉思汗西征，破乃蛮国后，用乃蛮字书写蒙古语，即所谓"畏吾字"。当时行于不同种族中的，有西夏文、藏文、契丹字、女真字。疆域广大、多族共居的大元帝国，需要有一种通用文字，于是创制了八思巴文。这是一种拼音文字，汉族文人从心理上接受它，需要有开放的心态。当时的汉族文士，还确实有这样的心态，比如大儒吴澄就高度肯定这一异质文化的新事物，给予极高评价，说："皇元兴自汉北，光宅中土，欲达一方之音于日月所照之地"，于是创制了八思巴蒙古字，"假形体，别音声，俾四方万里之人，因目学以济耳学之所不及"。这是一种不同于表意汉字的表音文字："其制字之法，则与古异。古之字主于形，今之字主于声；主于形，故字虽繁而声不备；主于声，故声悉备而字不繁。"吴澄准确地认识到了表音文字的优势。然后他将表意文字与表音文字做具体对比，从造字法来认识这一问题，表意文字是："有形者象其形，无形者指其事，以一合一而会其意，三者犹未足，然后以一从一而谐其声，声谐则字之生也，曼衍无穷而不可胜用矣，然亦不足以尽天下之声也。有其声而无其字甚伙，此古者主于形者然也。"表意文字确有自身的局限，相对于表意文字，表音文字就简单多了：

　　　　以今之字比之古，其多寡不逮十之一，七音分而为之经，四声合而为之纬，经母纬子，经先纬从，字不盈千，而唇齿舌牙喉所出之音无不该，于是乎无无字之音，无不可书之言，此今之主于声者然也。②

---

① 徐明善：《芳谷集》卷上《信州路买住总管刊陈古灵谕俗文序》，《豫章丛书》本。
② 吴澄：《吴文正集》卷二十五《送杜教授北归序》，文渊阁《四库全书》本。

由于这种文字比较简单，自中州以及"极东极西极南之境，人人可得而通焉"。① 他敏感而准确地发现并概括了表音文字的优势，积极接纳，并充分认识到在元代这样一个多种族的大帝国，有一种统一使用的表音文字的重要意义。吴澄的弟子、一代文宗虞集也同样有如此开放的眼光和心胸，看到八思巴文的优势和意义，说八思巴文："合音以成言，累文以成字，以同四海之文，以达四方之情，以成一代之制。言语文史莫不用。"② 他看重的，是大元帝国书同文的政治意义。

涵化于中原士群中的蒙古、色目士人，其精神气象、思想观念、行为方式，几乎全中原化了。这涵化之功，就是学问变化气质。赵孟𫖯曾惊叹这种改变，其《薛昂夫诗集叙》说：

> 嗟夫，吾观昂夫之诗，信乎学问之可以变化气质也。昂夫西戎贵种。服旃裘，食湩酪，居逐水草，驰骋猎射，饱肉勇决，其风俗固然也；而昂夫乃事笔砚，读书属文，学为儒生，发而为诗、乐府，皆激越慷慨，流丽闲婉，或累世为儒者有所不及，斯亦奇矣。③

这种改变，在蒙古、色目士子群中具有共性。就精神气质说，他们中的很多人表现出儒雅气象。蒙古开国元勋赤老温，其后代居江南，至其玄孙脱帖穆耳，竟俨然宿儒。黄溍对脱帖穆耳有传神写照：

> 公为人廉介质直，不喜纷华。讲阒之暇，日与贤士大夫游。清言雅论，亹亹不倦。悬车之后，养高城南，辟斋阁，悬弓剑著壁间，聚古今图书，布列左右，延名师教其子。每遇风日清美，辄缓辔郊外，徜徉竟日。或幅巾藜杖，命家童抱琴自随，散步闾巷间。④

这类对蒙古、色目士人的描述，在元代文献中也多见。他们不仅在观

---

① 吴澄：《吴文正集》卷二十五《送杜教授北归序》，文渊阁《四库全书》本。

② 虞集：《道园类稿》卷四十三《顺德路总管张公神道碑》，《元人文集珍本丛刊》本。

③ 赵孟𫖯：《松雪斋集》卷六《薛昂夫诗集叙》，文渊阁《四库全书》本。

④ 黄溍：《金华黄先生文集》卷三十五《明威将军管军上千户所达鲁花赤逊都台公墓志铭》，《四部丛刊》影印元刊本。

念上同于华人，且以华人自居。元人姚桐寿笔记《乐郊私语》有《张士信杉青之败》条，记载元末张士信攻嘉兴，朝廷以苗军与张士信战，大破张军。张士信遁，"然谔勒哲（按为苗军帅）凶肆，掠人货钱，至贵家命妇室女，见之则必围宅勒取，婬污信宿，始得纵还，少与相拒，则指以通贼，纵兵屠害。由是部曲骄横，凡屯壁之所，家户无得免焉"。作者最后说：

> 善乎余廷心之言曰："苗獠素不被王化，其人与禽兽等，不宜使入中国。他日为祸将不细。"今若此，何其言之若持左券也。①

余廷心即唐兀氏余阙，字廷心。毫无疑问，在他的观念中，其家族居中原数世，本人已经是中原士人了。这些蒙古、色目士人，从精神气象、思想观念，到行为方式，生活旨趣，都与中原汉族士人无异。表现于诗文，也就与汉族文人大致相同。这将在下一节详论。

四　车书四海同：书同文，文同趣

经历过长期南北分裂后的元代文人，对四海为一有强烈感受，如上文所引，元诗中有很多"车书四海同，风气一岭界"之类诗句②（萨都剌《过岭至崇安方命棹之建溪》），如吴澄就诗有云："往年南北一江限，今日车书四海同。"③ 大凡天下统一之时，文人们都会颂扬四海混一，天下同文共轨，张扬其盛大气象。在这样的时代，才有书同文，进一步文同趣。在元代，这一议题又多了一重意义：多种族的书同文，以及华夷文士的文同趣。

关于书同文，这里略作说明。这"同"的"文"，尽管在八思巴文创制后，官方文书统一使用八思巴文。但民间交流和文人创作，则使用汉语，即所谓"中原汉音"，即马祖常所言："惟中原汉音，四方可以通行，

---

① 姚桐寿：《乐郊私语》，上海古籍出版社 2012 年版，第 128 页。按：所引余阙语，见宋濂撰《余左丞传》，为其守安庆时上疏所言。

② 萨都剌：《雁门集》卷一，《过岭舆至崇安命棹建溪》，文渊阁《四库全书》本。

③ 吴澄：《吴文正集》卷九十四《送龚舜咨南归有序》，文渊阁《四库全书》本。

四方之人皆喜于习说"（见上文所引）。杨志玖先生分析说："回回人东来的人数虽然不少，但比起当时广大的汉人来说，他们仍是少数。生活在汉人的海洋中，天天和汉人接触，不学习汉人的语言会增加很多的不便和困难，回回人也是种类不一，语言各异，学会了汉语才能使他们有共同的语言，便于交流思想和感情……"① 所以，元代的"书同文"当然是汉文。诗文创作，也使用汉文②，一如我们今天所见之元代文献。

　　这里主要是讨论文同趣的问题。文同趣的基础，是人们生活情趣之同。在"车书四海同"的元代，居于中原和江南不少蒙古、色目人，事"华学"而变旧俗，于是其人的生活方式、精神气象，都已同于汉人。生活中追求雅趣，也与汉族文人一样。迺贤有《益清堂》诗并序，所谓"益清"，乃取周敦颐《爱莲说》"香远益清"之意。益清堂主是一位合鲁（即葛逻禄）人，诗序记载其人及其家庭的雅趣生活：

　　　　闽海宪使合鲁桓穆公归休嵩山之下，凿池引流，列植卉木，扁其燕处之堂曰"爱莲"。公没，堂池遂废。其孙国子生张阊伯高，谦恭好学，思继先志，乃复增茸而新之，国子先生陈伯敷易其名曰"益清"。伯高谓予曰："与君世寓南阳，且支裔联属，不可无作。"

诗中描述了益清堂清雅的环境、主人之文雅及对雅趣的追求："嵩岳云峰近，高居水竹幽。筑堂依别墅，甃石带芳沟。翠荇含风弱，红蕖着雨柔。……吾宗多秀发，公子独清修。……拾萤供夜读，走马散春愁。朋友频相过，琴觞每倡酬。"③ 元代这样的色目家庭相当多，以至于写入小说的色目家庭也是如此。《初刻拍案惊奇》有一篇《宣徽院仕女秋千会　清安寺夫妇笑啼缘》，写元朝大德年间宣徽院使孛罗，色目人，故相之子。穷极富贵，却又读书能文，敬礼贤士。与金判奄都剌、经历东平王荣甫三家相联，通家往来，春天，三家女眷在宣徽家花园作秋千会，枢密院同金帖木儿不花的公子拜住，也是色目人，偶然经过窥见，见宣徽女绝色，即

---

①　杨志玖：《元代回旋史稿》，南开大学出版社 2003 年版，第 16 页。

②　所谓元代的"双语"创作，其实只是个别现象。参见胡蓉、杨富学《元代畏兀双语作家考屑》，《民族文学研究》2016 年第 5 期。

③　迺贤：《金台集》卷一《益清堂并序》，文渊阁《四库全书》本。

让母亲托媒求婚。宣徽正要择婿，便让拜住来见。"宣徽相见已毕，看他丰神俊美，心里已有几分喜欢，但未知内蕴才学如何，思量试他，遂对拜住道：'足下喜看秋千，何不以此为题，赋《菩萨蛮》一调，老夫要请教则个。'拜住请笔砚出来，一挥而就。"① 几代生活在中原、江南的蒙古、色目士子，其生活方式与生活情趣，已经大同于汉族士人了。

元代蒙古、色目士人多追求雅趣。苏天爵记泰不华（号白野）："白野尚书向居会稽，登东山，泛曲水，日与高人羽客游，间遇佳纸妙墨，辄书所作歌诗以自适。清标雅韵，蔚有晋唐风度。"② 《两浙名贤录》记萨都刺："寓居武林，博雅工诗文，风流俊逸，而性好游。每风日晴美，辄肩一杖，挂瓢笠，脚踏双不借，遍走两山间。凡深岩邃壑，人迹所不到者，无不穷其幽胜。"③ 这些记载，即描述了他们的生活方式，也让我们感受他们个人的气象风神。

文同趣，表现为元代文坛在基本精神、整体风貌上展示出一体性。在元末诗论家戴良看来，色目诗人之作与汉族诗人诗作，同为"风雅正声"：

> ……然能得夫风雅之正声，以一扫宋人之积弊，其惟我朝乎？我朝舆地之广，旷古所未有。学士大夫乘其雄浑之气以为诗者，固未易一二数。然自姚、卢、刘、赵诸先达以来，若范公德机、虞公伯生、揭公曼硕、杨公仲弘，以及马公伯庸、萨公天锡、余公廷心，皆其卓卓然者也。④

体现"风雅正声"诗人，在元前期是姚燧、卢挚、刘因、赵孟頫，以地域论，有南有北（姚、卢、刘北方诗人，赵南方诗人）；中后期则有范梈、虞集、揭傒斯、杨载所谓"元诗四大家"和著名色目诗人马祖常、萨都剌、余阙。以种族论，有华有夷。南北、华夷虽异，体现"风雅正

① 凌濛初：《拍案惊奇》，上海古籍出版社 2012 年版，第 115—117 页。
② 苏天爵：《滋溪文稿》卷三十《题兼善尚书自书所作诗后》，陈高华、孟繁清点校，中华书局 1997 年版，第 511 页。
③ 徐象梅：《两浙名贤录》卷五十四《寓贤·萨都刺天锡》，《续修四库全书》本。
④ 戴良：《皇元风雅序》，李军等校点，《戴良集》，吉林文史出版社 2009 年版，第 325 页。

声"则同。对马祖常、萨都剌、余阙等色目诗人，戴良还有专论：

　　我元受命，亦由西北而兴。西北诸国若回回、吐蕃、康里、畏吾儿、也里可温、唐兀之属，往往率先臣顺，奉职称藩，其沐浴休光，沾被宠泽，与京国内臣无少异。积之既久，文轨日同，而子若孙，遂皆舍弓马而事诗书。至其以诗名世，则贯公云石、马公伯庸、萨公天锡、余公廷心其人也。论者以马公之诗似商隐，贯公、萨公之诗似长吉，而余公之诗则与阴铿、何逊齐驱而并驾，他如高公彦敬、巙公子山、达公兼善、雅公正卿、聂公古柏、斡公克庄、鲁公至道、三公廷圭辈，亦皆清新俊拔，成一家言。此数公者，皆居西北之远国，其去齫秦盖不知其几千万里，而其为诗乃有中国古作者之遗风，亦足以见我朝王化之大行，民俗之丕变，虽成周之盛，莫及也。①

西北各种族，首先在政治上"沐浴休光，沾被宠泽，与京国内臣无少异"，政治的混一必然带来文化的融合，是"积之既久"而后"文轨日同"。这文之同，即是语言文字之同，也有诗文意趣之同。从宏观上说，华夷之作，同为"风雅正声"。从微观上说，就诗人个体论，则有风格之同：最著名者马祖常、萨都剌、贯云石、余阙，其诗风都与前代某著名诗人相似，"有中国古作者之遗风"，体现的是中国诗史的传统和主体风格。戴良是把他们纳入以汉族诗人为主体的中国诗史来考察的。元代色目诗人没有改变中国诗史，是色目诗人融入了中国诗史的大传统。对蒙古、色目诗人的如上看法，非戴良所独有，是那个时代文人的共同看法。贡师泰《葛逻禄易之诗序》关于葛逻禄诗人迺贤（字易之）的议论，也体现了这样的观念："易之，葛逻禄氏也。少居江南，长游齐鲁燕赵之间，以客于京师。博学善歌诗，其词清润纤华，每出一篇，则士大夫辄传诵之。大抵五言类谢朓、柳恽、江淹，七言类张籍、王建、刘禹锡，而乐府尤流丽可喜，有谢康乐、鲍明远之遗风。"迺贤祖上居于西域，但他本人生活和活动的环境，则是江南、齐鲁燕赵和京师。认识一个诗人作家，不外乎时与

---

① 戴良：《皇元风雅序》，戴良：《戴良集》，李军等校点，吉林文史出版社 2009 年版，第 316 页。

地。考察廼贤及其诗的人、地关系，真正影响其诗作的，是他生活的江南和中原。他的诗，只能是中国诗史的延续。五言、七言、乐府，无不如此。序文接着转述廼贤之自述："仆于世甚拙，知焉不能出奇于时，钩连强近以有禄爵；力焉不能操弓挟矢，驰骤风雨以自效于时。又不能占占逐利如鹰鹯鸷鸟之发也。此心泊然无他好……"所好唯在诗。官场、骑射、经商，都非其所长，也非其所好。但我们一定不要忘记，骑射和经商，原是其种族所长，也是其种族谋生手段，贡师泰关注的正是这一点："予闻葛逻禄氏在西北金山之西，与回纥壤相接，俗相类，其人便捷善射，又能相时居货，媒取富贵。易之世出其族，而心之所好独异焉，宜乎见于诗者，亦卓乎有以异于人也。"① 几代生活在汉地，到廼贤一辈，已经融入汉地，为中原文化所化，按前辈学者的说法，他已经完全汉化了。按欧阳玄的说法，这是由"九州共贯之久"② 气质变化而如此。李好文《金台集叙》把廼贤诗与带有地域和种族特色的《敕勒歌》、辽贵族耶律倍画对比，认为廼贤之作表现出的是中原文化涵养之气度：

> 易之西北方人，而天地精英之气所赋若是，然宇宙之广，土域之大，山川人物风俗之异，气之所受，固不能齐也。尝爱贺六浑阴山敕勒之歌，语意浑然，不假雕刓，顾其雄伟质直善模写，政如东丹托云画本土人物，笔迹超绝，论者以为不免有辽东风气之偏。惟吾易之之作，粹然独有中和之气……温柔敦厚，清新俊迈，使人读者，隽永而不厌，兹非圣人之化，仁义渐被，诗书礼乐之教而致然耶？③

廼贤家族，初入中原居于南阳，后移四明（今浙江宁波），他便自称南阳廼贤。其《发大都》（上京纪行）诗云："南阳有布衣，杖策游帝乡。……执手谢亲友，驱马出塞疆。云低长城下，木落古道傍。凭高眺飞鸿，离离尽南翔。顾我远游子，沈思郁中肠。"④ 其观念，其风味，以及自称"南阳布衣"，全然是一位中原诗人。又其《月湖竹枝四首题四明俞

---

① 贡师泰：《葛逻禄易之诗序》，廼贤：《金台集》卷首，文渊阁《四库全书》本。
② 欧阳玄：《金台集叙》，廼贤：《金台集》卷首，文渊阁《四库全书》本。
③ 李好文：《金台集叙》，廼贤：《金台集》卷首，文渊阁《四库全书》本。
④ 廼贤：《金台集》卷二，文渊阁《四库全书》本。

及之竹屿卷》诗，是一组优美的水乡竹枝歌：

　　丝丝杨柳染鹅黄，桃花乱开临水傍。隔岸谁家好楼阁，燕子一双飞过墙。
　　五月荷花红满湖，团团荷叶绿云扶。女郎把钓水边立，折得柳条穿白鱼。
　　水仙庙前秋水清，芙蓉洲上新雨晴。画船撑着莫近岸，一夜唱歌看月明。
　　梅花一树大桥边，白发老翁来系船。明朝捕鱼愁雪落，半夜推篷起看天。①

　　四明，在感情上，这是他的家乡。这里的山水，哺育这样的诗人，其诗就是水乡情调。清人金侃跋《金台集》，对廼贤的评价很好："易之为葛逻禄人，其国去中华数千万里，西夷之最远者。而其诗工丽秀逸，极得唐人之风致，而又确然自成其为元人，亦豪杰之士矣。"② 指出其风格特点，以及在诗史中的定位，说明他是具有唐人风致的元代诗人。廼贤如此，元代著名色目诗人如萨都剌、马祖常、泰不华、余阙等，莫不如此。
　　在同时代人眼里，廼贤是南阳人。同样出身西域之族的孟昉，家居河东，人们也视之为河东人。傅若金《孟天昉文稿序》：

　　河东孟天伟，好学有才识……暇日即读书为文不废，凡志、记、叙、述、铭、赞、赋、颂之作，各极其体，汲汲焉古作者之度惟恐其不合，盖能先其所志，而充之以气者也。夫南北之气异，文亦如之。南方作者婉密而不枯，其失也靡；北方简重而不浮，其失也俚。君兼采其长，而力惩其失，其能合古之度，不亦宜哉？③

他已经远离了祖先的西域，成了一位河东诗人，并且还能自觉吸收南方诗文之长以补北方诗文之短。傅若金不是从华夷的角度，而是从南北的角度

---

①　顾嗣立编：《元诗选初集》，中华书局 1987 年版，第 1443 页。
②　廼贤：《金台集》卷末，康熙二十四年（1685）抄本。
③　傅若金：《傅与砺文集》卷四《孟天暐文稿序》，文渊阁《四库全书》本。

认识其特色。苏天爵也说："太原孟天暐，学博而识敏，气清而文奇。观所拟先秦西汉诸篇，步趋之卓，言语之上，盖欲杰出一世，其志不亦伟乎？"① 他是"太原孟天暐"，他身上体现的也是太原人的特点（河朔清刚）。伯牙吾台氏诗人泰不华也是如此，其族世居白野山（其地难确指，或以为在今内蒙境内），随父定居临海（今属浙江），至治元年（1321）右榜状元。他有《衡门有余乐》一首云："衡门有余乐，初日照屋梁。晨起冠我帻，亦复理我裳。虽无车马喧，草木日夜长。朝食园中葵，莫撷涧底芳。所愿不在饱，颔颐亦何伤。"② 颇有陶诗韵味。其《送刘提举还江南》："帝城三月花乱开，落红流水如天台。人间风日不可住，刘郎去后应重来。"③ 纯然江南才子诗笔，如果在这样的诗作中去寻找色目诗人的民族特色，显然是不可能的。泰不华有《卫将军玉印歌》，诗由一枚汉代卫将军玉印引发思考，诗云：

武皇雄略吞八荒，将军分道出朔方。甘泉论功谁第一，将军金印照白日。尚方宝玉将作匠，别刻姓名示殊赏。蟠螭交纽古篆文，太常钟鼎旌奇勋。君不见祁连山下战骨深，中原父老泪满襟。卫后废俎太子死，茂陵落日秋风起。天荒地老故物存，摩挲断文吊英魂。④

完全是中原人的思维，中原人的立场。最著名的色目诗人萨都剌，清人称之为"有元一代词人之冠"，当然是中国诗史唐宋元系列中的"一代词人之冠"，此评见于清人林人中《萨天锡先生诗跋》：

中向读《元人十种集》，自元遗山裕之外，未尝不推萨天锡先生为有元一代词人之冠。……维先生之诗，才藻艳发，词气高浑，信笔所如，自成雅调。……不但集铁崖、松雪之成，且以开犁眉、四杰之

① 苏天爵：《滋溪文稿》卷三十《题孟天暐拟古文后》，中华书局1997年版，第503页。
② 泰不华：《衡门有余乐》，偶桓编：《乾坤清气集》卷一，文渊阁《四库全书》本。
③ 泰不华：《送刘提举还江南》，顾嗣立编：《元诗选初集》，中华书局1987年版，第1734页。
④ 泰不华：《卫将军玉印歌》，偶桓编：《乾坤清气集》卷八，文渊阁《四库全书》本。

首。元音正始,俱在斯文,又岂揭、范、张、杨所能颉颃也哉?①

所谓"雅调",所谓"元音正始",把他看作正宗中土诗人的代表。元代诗人杨维桢,与萨都剌同年,诗文中多次提到萨都剌,他眼中的萨都剌,是一位杰出诗人:"天锡诗风流俊爽,修本朝家范,《宫词》及《芙蓉曲》,虽王建、张籍无以过矣。"② 也是在中国诗史中看待萨都剌,没有关注其种族身份。清人评余阙,以为"其诗以汉魏为宗,优柔沉涵,于元人中别为一格"③。这"别为一格",乃元诗中之一格,而非在元诗之外另为一格。

蒙古、色目诗人用汉语写作,其诗之措辞用语、立意命题、意趣风味与汉族诗人无异,也即"文同趣",是普遍的。蒙古、色目士人之文学主张,也与汉族文士无异。我们以马祖常论文为代表,其《卧雪斋文集序》云:

> 夫人之有文,犹世之有乐焉。乐之有高下节奏、清浊音声及和平舒缓、焦杀促短之不同,因以卜其世之休咎,象其德之小大。人之于文亦然,然不能强为也。赋天地中和之气而又充之以圣贤之学,大顺至仁,浃洽而化,然后英华之著见于外者,无乖戾邪僻忿怼淫哇之辞,此皆理之自然者也。非惟人之于文也,虽物亦然。华之大艳者必不实,器之过实者必不良,必也称乎?求乎称也,则舍诗书六艺之文,吾不敢它求焉。④

被元文宗称作"中原硕儒"的马祖常,其文化、文学观念,都完全同于中原文士。这很自然,同时这也体现了元代文坛文学观念的华夷一体性。

---

① 林人中:《雁门萨氏家谱》卷五《萨天锡先生诗跋》,《北京图书馆藏家谱丛刊》(闽粤侨乡卷)(第49册),北京图书馆出版社2000年版,第702页。

② 杨维桢:《竹枝集序》,顾嗣立编:《元诗选初集》,中华书局1987年版,第1190页。

③ 永瑢等:《四库全书总目》卷一六七《青阳集提要》,中华书局1965年版,第1447—1448页。

④ 马祖常:《石田文集》卷九《卧雪斋文集序》,文渊阁《四库全书》本。

第三节　元代文人的赏曲之风

周德清《中原音韵序》言："乐府之盛，之备，之难，莫如今时。其盛，则自缙绅及闾阎歌咏者众。"① 据其说，元代差不多是全民赏曲，大约在城市里，应该如此。在此全民赏曲的时代，"缙绅" 即当时的士大夫文人，是其重要人群。考察文献可知，元代文人赏曲之风确实很盛。

这里的所谓文人，特指当时以诗文名世者，不包括曲家。以往的元代文学研究称他们是"正统文人"，有意无意把他们置于新兴艺术元曲的对立面，属于所谓的 "性理之学，高尚之士"，认为他们蔑视甚或仇视元曲。事实上，他们中的大多数是元曲艺术的欣赏者，也可以说是元曲发展的促进者。

半个世纪前，刘世德先生发表《从元淮的五首诗谈元杂剧的几个问题》，以非凡的学术功力，敏锐地发现了元代诗人元淮《吊昭君》《昭君出塞》《杨妃入蜀》《西风》《试墨》这五首诗，与马致远杂剧《汉宫秋》《岳阳楼》，白朴杂剧《梧桐雨》之间的密切联系。直到今天，我们依然感觉这种发现之可贵。但刘先生因此类诗作少而感到遗憾，进而感叹："也许在当时那些高雅的骚人墨客的心目中，杂剧无非是一种卑不足道的小玩意儿，所以在他们的笔下很少给我们留下有关的记载。"② 现在看来，这样的感慨倒没有必要，也不完全客观。在元代各种文献中，我们发现了文人们对元曲相当关注，如可以称作元代第一文人的虞集就高度关注杂剧，孔齐《至正直记》记载了他关于杂剧的论说，称杂剧与散曲为"一代之绝艺"，认为杂剧"中间多以古史编成，包含讽谏，无中生有，有深意焉，是亦不失为美刺之一端也"③。晚年还为周德清《中原音韵》作序。不仅如此，据邓绍基先生考证，虞集还撰有《十花仙》杂剧。④ 虞集之前

---

① 俞为民、孙蓉蓉辑：《历代曲话汇编》（唐宋元编），黄山书社 2006 年版，第 229 页。

② 刘世德：《从元淮的五首诗谈元杂剧的几个问题》，《文汇报》1962 年 1 月 24 日。其实清人早有近似看法，清人李调元《曲话》引明胡应麟《庄岳委谈》说："俳优杂剧不过一笑，非雅士所留意也，宋世亦然。"

③ 孔齐：《至正直记》，上海古籍出版社 1987 年版，第 96 页。

④ 邓绍基：《虞集与〈十花仙〉杂剧》，《文学遗产》2012 年第 3 期。

的文坛领袖赵孟頫也高度关注杂剧，明初朱权《太和正音谱》记载了他这样的话："杂剧出于鸿儒硕士，骚人墨客所作，皆良人也。若非吾辈所作，娼优岂能扮乎？"① 这其中透漏的信息，对我们认识有关的问题，非常重要。后期文坛领袖杨维桢则有"大金优谏关卿在，伊尹扶汤进剧编"的诗句②。其他著名文人如胡祗遹是元代著名的曲论家，他对中国曲论有多个方面的开创之功。当时以诗文名世的文人，与元曲有着密切的关系。这里考察元代文人的赏曲之风，这可以从一个侧面了解元代文人的生活态度，生存状态，认识元代雅俗文学之间的真实关系，并进一步认识元代的士风。

一　文人赏曲之风何以盛行

元代文献中有大量有关文人赏曲的记载。从这些记载中可以看出，文人赏曲大约有三个方面的原因和目的。首先，赏曲是文人们雅趣生活的重要内容。其次，是对歌唱（或表演）艺术的欣赏，文人多才多艺，也能欣赏艺术，同时也容易为高水准的艺术所征服。最后，似乎最神圣的，因重视曲作之教化功能而欣赏。

对元曲政教风化功能的重视，时见于元代文人之议论。其中可称经典之论的，是胡祗遹的《赠宋氏序》，他所重视的，是杂剧可"宣其抑郁"，故而"乐工伶人之亦可爱也"，他说：

> 乐音与政通，而伎剧亦随时所尚而变。近代教坊院本之外，再变而为杂剧。既谓之杂，上则朝廷君臣政治之得失，下则闾里市井父子兄弟夫妇朋友之厚薄，以至医药卜筮，释道商贾之人情物理，殊方异域风俗语言之不同，无一物不得其情，不穷其态。以一女子而兼万人之所为，尤可以悦耳目而舒心思，岂前古女乐之所拟伦也？③

---

① 朱权：《太和正音谱》，《中国古典戏曲论著集成》（三），中国戏剧出版社1959年版，第24页。

② 杨维桢：《复古诗集》卷四《宫词》，《四部丛刊》本。

③ 胡祗遹：《赠宋氏序》，魏崇武、周思成等校点：《胡祗遹集》，吉林文史出版社2008年版，第246页。

政治得失，父子、兄弟、夫妇、朋友之厚薄，这些教化功能，必须借"可以悦耳目而舒心思"高度艺术化的表演才能达成。使文人乐赏不置的，是女乐"无一物不得其情，不穷其态"的表演，是以艺术征服人心推广教化。而王恽《乐籍曹氏诗引》所载女妓曹氏的话，则反过来说明杂剧内容对艺人的感化，因感化而追慕高尚，她说："无猥以薄技陈述古今兴亡、闺门劝戒，必探穷所载记传咏诗，掇采端倪，曲尽意趋。久之，颇有感悟，欲为效颦，愿乞一言为发越，俾妾姓名，得见于当代名公才士题品之末，庶几接大雅之高风，一时增价。饮灵芝之瑞露，七窍生香，不同落花飞絮，委迹于尘泥间耳。"① 曲之内容感人，首先感动了艺人，这也提高了她们通过演艺感化人心的自觉。这是文人赏曲的一个重要原因，也是元曲得以广泛流行的重要原因。而我们以往的元曲研究，对此有意回避不说。

正如上文所引胡祗遹所言，文人是容易为高超的艺术所征服的，因而对高超的演唱（或表演）艺术的欣赏，是文人赏曲直接的原因。这方面，我们首先介绍元明之际诗人高启、杨基记听歌的叙事诗。高启有《听教坊旧妓郭芳卿弟子陈氏歌》诗，郭芳卿是京师名妓顺时秀（《青楼集》有传），是一时顶尖级的歌唱家，陈氏是她的弟子。诗歌先写当年顺时秀在宫中的歌唱，极写其震撼人心和征服听众，因而被追捧的热度：

> 文皇在御升平日，上苑宸游驾频出。仗中乐部五千人，能唱新声谁第一？燕国佳人号顺时，姿容歌舞总能奇。中官奉旨时宣唤，立马门前催画眉。建章宫里长生殿，芍药初开敕张宴。龙笙罢奏凤弦停，共听娇喉一莺啭。遏云妙响发朱唇，不让开元许永新。绣陛花惊飘艳雪，文梁风动委芳尘。翰林才子山东李，每进新词蒙上喜。当筵按罢谢天恩，捧赐缠头蜀都绮。晚出银台酒未消，侯家主第强相邀。宝钗珠袖尊前赏，占断春风夜复朝。②

诗人把元宫中的歌乐演唱比作唐宫中的艺术活动，"翰林才子山东李，每

---

① 王恽：《秋涧先生大全文集》卷四十三《乐籍曹氏诗引》，《四部丛刊》影印明弘治翻元本。

② 高启：《高青丘集》卷八，上海古籍出版社1985年版，第330页。

进新词蒙上喜"。与唐代宫廷演艺一样，这里也有妓艺与文人的配合。（所谓"山东李"指李白，唐人多有称山东李白者，《旧唐书》称李白山东人。此处代指高才诗人。上海古籍本注谓指元人李洞，不确。）诗接下来写顺时秀去世，弟子陈氏传得其艺，名声不下其师："回头乐事浮云改，瘗玉埋香今几载。世间遗谱竟谁传，弟子犹怜一人在。曾记霓裳学得成，朝元队里艺初呈。九天声落千人听，丹凤楼前月正明。狭斜贵客回车马，不信芳名在师下。"但时移世换，大元盛世不再，宫廷献艺的辉煌，都成往昔的记忆。原本是侍奉宫廷的歌者而今流落民间，无人赏音："风尘一旦禁城荒，谁是花前听歌者。从此飘零出教坊，远辞京国客殊方。闭门春尽无人问，白发青裙不理妆。相逢为把双蛾蹙，水调梁州歌续续。江南年少未曾闻，元是当时供奉曲。"① 这首诗作于元顺帝至正十九年（己亥），时天下已乱，无复昔时之盛，故诗人听曲，引起无限伤感。这位顺时秀的高弟陈氏，也是名妓，艺名宜时秀。与高启同时的诗人杨基有《听老京妓宜时秀歌慢曲》，诗中抒发了与高启诗同样的盛衰之慨，诗最后说：

> 风尘回首江南老，衰鬓如丝颜色娇。深叹无人听此词，纵能来听知音少。说罢重歌尔莫辞，我非徒听更能知。樽前多少新翻调，一度相思一皱眉。②

盛世享盛名的歌妓，乱世流落，自有极度的流落之悲和世无知音的寥落之感，诗人则以知音自许并表达对歌者的爱赏与慰藉。应该说，高启、杨基都和写作《琵琶行》的白居易一样，乱世流离，与歌者有着强烈的心灵共鸣。杨基、张昱写有欣赏顺时秀师徒唱曲的诗，张昱《辇下曲》百余首中有记顺时秀之作："教坊女乐顺时秀，岂独歌传天下名。意态由来看不足，揭帘半面已倾城。"③ 顺时秀是色艺双绝，但其动人的"色"并非相貌，而是"意态"，诗人所"赏"的，是相貌之外的精神。这与悦其形貌，有雅俗之别。

---

① 高启：《高青丘集》卷八，上海古籍出版社 1985 年版，第 330 页。
② 杨基：《眉庵集》卷二《听老京妓宜时秀歌慢曲》，《四部丛刊三编》影印明成化刻本。
③ 张昱：《可闲老人集》卷三《辇下曲》，文渊阁《四库全书》本。

　　谈文人赏曲，我们不能不佩服胡祗遹。胡祗遹的曲论，戏曲研究者已经谈论得很充分，没有必要再多说。我们把他作为一个赏曲者，略说一二。胡祗遹对唱曲和杂剧表演的欣赏，都表现出极高的眼光。赏歌，他有前无古人的"九美说"——"九美既具，当独步同流"。其实这"九美"中，关于行腔歌唱的，只有第五条："歌喉清和圆转，累累然如贯珠。"显然是对《乐记》"累累乎端如贯珠"的发挥。他所重的，倒是歌者的修养，是演唱的整体效果。第一、二条"资质浓粹，光彩动人"，"举止闲雅，无尘俗态"，强调的是歌者的修养与气质。第三条"心思聪慧，洞达事务之情状"，要对歌唱内容有灵心妙解，需要心灵聪慧，更要有对社会的深刻认识，这需要丰富的人生经验。四至七是关于歌唱表演的要求，第五条为唱的要求，其他几条涉及歌唱中的吐字（"语言辨利，字句真明"）、神态（"分付顾盼，使人人解悟"，演唱者的表情、体态都是一种语言，这需要极高超的表演功夫和对歌唱内容独具慧心的感悟）、节奏（"一唱一说，轻重疾徐，中节合度，虽记咏娴熟，非如老僧之诵经"），这四个方面合起来，才能创造出演唱的整体效果。第八条"发明古人喜怒哀乐、忧悲愉佚、言行功业，使观听者如在目前，谛听忘倦，惟恐不得闻"，歌唱本身是艺术的创造，它需要全部情感的贯注，如此才能展示艺术的魅力。第九"温故知新，关键词藻时出新奇，使人不能测度、为之限量"，歌唱永远需要创新，每一次演出都是一次创新，哪怕是演唱了无数次的作品①。胡祗遹的"九美"说可以代表文人对歌唱的审美要求，也应该是对优秀艺妓演唱经验的概括与总结。胡祗遹是一位真正的赏曲者，是优秀歌唱艺妓难得的知音。至于《朱氏诗卷序》赞赏杂剧女优珠帘秀的表演，已为元曲研究者屡屡称道，言其"以一女子众艺兼并"，"九流百伎，众美群英。外则曲尽其态，内则详悉其情。心得三昧，天然老成"。② 是一篇杂剧表演鉴赏的经典之作。

　　艺术是美的创造，美的欣赏。唯其美，才是艺术。一流文人与顶尖级艺人共同创造和欣赏的曲作，代表元曲最高的艺术水准。所以，杨维桢如

---

　　① 胡祗遹：《黄氏诗卷序》，魏崇武、周思成校点：《胡祗遹集》，吉林文史出版社 2008 年版，第 224 页。

　　② 胡祗遹：《朱氏诗卷序》，魏崇武、周思成校点：《胡祗遹集》，吉林文史出版社 2008 年版，第 222 页。

此认识曲之价值：

> 夫词曲本古诗之流，既以乐府名编，则宜有风雅余韵在焉。苟专
> 逐时变、竞俗趋，不自知其流于街谈市廛之陋，而不见夫锦脏绣腑之
> 为懿也，则亦何取于今之乐府可被于弦竹者哉?①

尽管这种观念与 20 世纪元曲研究者的观念相左，但我们应该承认，这是
符合艺术精神的价值评判。文学史研究界将元曲定性为俗的艺术，但必须
有俗趣而不失雅致，通俗而不庸俗，才是艺术。元人激赏的散曲如马致
［远双调·夜行船］《秋思》，《中原音韵》说是"万中无一"的至品②，
其雅趣高致，应当是符合文人的欣赏口味。相反如元曲家高安道在［嗓
淡行院］中所描述的"诧跋的单脚实村纣，呼喝的担俅每叫吼。瞅粘的
绿老更昏花，把棚的莽壮真牛。吹笛的把瑟歪着尖嘴，擂鼓的撅丁瘤着左
手，撩打的腔腔嗽"③。那不是艺术。文人赏曲，在赏曲中与艺妓交往，
提升艺妓的文化与艺术修养，使文人参与的唱曲活动离俗而向雅，成为一
种既通俗又有情趣的艺术活动，极大地提升曲与唱曲的艺术层次和水准，
使演艺活动真正成为美的创造和美的享受。进而文人参与创作，才使元曲
成为"一代之绝艺"。朱权《太和正音谱》所载赵孟頫的话，说明杂剧需
要"鸿儒硕士、骚人墨客"的参与，需要文人的欣赏和创作。文人需要
赏曲，曲也需要文人。

二 赏曲是元代文人生活的重要内容

赏曲是文人们雅趣生活的重要内容，诗酒雅会，不能没有伎乐，一曲
清词酒一杯，又可呈才较艺。这是文人生活所不可少、无可取代的。

和历代文人一样，元代文人也追求雅趣生活。或竹间林下，或池馆胜

---

① 杨维桢：《东维子集》卷十一《周月湖今乐府序》，《四部丛刊》景鸣野山房本。

② 夏庭艺：《青楼集》，俞为民、孙蓉蓉编：《历代曲话汇编》（唐宋元编），黄山书社 2006
年版，第 310 页。

③ 高安道：［般涉调·哨遍］《嗓淡行院》，隋树森编：《全元散曲》，中华书局 1964 年版，
第 1110 页。

处。古器瑶琴，左图右史。碧梧翠竹与清扬争秀，落花芳草与才情俱飞。但无妓乐，便落寞无趣。有时他们干脆就在著名歌妓家里聚会，如《青楼集·张怡云》条所载文人在艺妓张怡云家的聚会，尽管文字比较长，但材料很典型，还是引录于下：

> 张怡云，能诗词，善谈笑，艺绝流辈，名重京师。赵松雪、商正叔、高房山，皆为写《怡云图》以赠，诸名公题诗殆遍。姚牧庵、阎静轩，每于其家小酌。一日过锺楼街，遇史中丞。中丞下道，笑而问曰："二先生所往，可容侍行否？"姚云："中丞上马。"史于是屏驺从，速其归携酒馔，因与造海子上之居。姚与阎呼曰："怡云，今日有佳客，此乃中丞史公子也，我辈当为尔作主人。"张便取酒，先寿史，且歌："云间贵公子，玉骨秀横秋。"《水调歌》一阕。史甚喜。……又尝佐贵人樽俎，姚、阎二公在焉。姚偶言"暮秋时"三字，阎曰："怡云续而歌之。"张应声作《小妇孩儿》，且歌且续，曰："暮秋时，菊残犹有傲霜枝，西风了却黄花事。"贵人曰："且止。"遂不成章。张之才亦敏矣。①

这里举行的是顶级层次的艺术雅会，这些文人"每于其家小酌"，是他们常来处。在"艺绝流辈"歌妓住处，参与的文人如赵孟頫、商衟、姚燧、阎复、高克恭，都是多才多艺，风流儒雅，当时文坛一流人物。在这样的活动中，他们赏曲，也创作。

这种超凡出俗、风流雅趣，是文人追求的精神享受，这样的场所，无疑是他们的精神乐园。这样的活动，也在高官的别墅或家中举行。陶宗仪《南村辍耕录》卷九《万柳堂》条记卢挚、赵孟頫等人在高昌廉氏京郊别业万柳堂的一次宴饮活动：

> 京师城外万柳堂，亦一宴游处也。野云廉公，一日于中置酒招疏斋卢公、松雪赵公同饮。时歌儿刘氏名解语花者，左手折荷花，右手

---

① 孙崇涛、徐宏图笺注：《青楼集笺注》，中国戏剧出版社1990年版，第64—65页。按所唱后二句分别为宋苏轼《赠刘景文》和金张嵲（见《归潜志》）成句。

执杯，歌［小圣乐］云："绿叶阴浓，遍池亭水阁，偏趁凉多。……"既而行酒，赵公喜，即席赋诗曰："万柳堂前数亩池，平铺云锦盖涟漪。主人自有沧洲趣，游女仍歌白雪词。手把荷花来劝酒，步随芳草去寻诗。谁知只尺京城外，便有无穷万里思。"此诗集中无。

此事《青楼集》亦载。万柳堂在京城近郊，主人"野云廉公"休官家居或公务之暇便在此宴客，客人多文人雅士，"主人自有沧洲趣"，主人虽身居要职，但向慕自然，愿在山水中享受野趣之乐。而歌女所唱乃"白雪词"，高雅又野逸，其他则"荷花""芳草"，使人感觉身在京城而有江湖"无穷万里思"。这些都是文人所追求的生活，也是文人所需要的生活。同书卷四《广寒秋》则记载了元代最著名的诗人和文章家虞集（邵庵）等人在散散学士家的一次活动：

> 虞邵庵先生集在翰苑时，宴散散学士家。歌儿郭氏顺时秀者，唱今乐府，其［折桂令］起句云："博山铜细袅香风。"一句而两韵，名曰短柱，极不易作。先生爱其新奇，席上偶谈蜀汉事，因命纸笔，亦赋一曲，曰："銮舆三顾茅庐，汉祚难扶，日莫桑榆。深渡南泸，长驱西蜀，力拒东吴。美乎周瑜妙术，悲夫关羽云殂。天数盈虚，造物乘除。问汝何如，早赋归欤。"盖两字一韵，比之一句两韵者为尤难。先生之学问该博，虽一时娱戏亦过人远矣。①

在雅会饮酒、赏曲，在赏曲中激发创作灵感和激情，展现才艺与巧思，享受了心灵的愉悦，展现了文人的价值，会给文人带来意想不到的名声。虞集一生着力在诗文，但他所有诗文的影响，都远远不及一曲"杏花春雨江南"流传之广且久远②。这也颇使人感喟。

---

① 陶宗仪：《南村辍耕录》卷四，中华书局1959年版，第52页。

② 按"杏花春雨江南"出自虞集［风入松］词，但记载此作的《南村辍耕录》说，虞集当时赋［风入松］长短句寄柯九思，"词翰兼美，一时争相传刻，而此曲遂遍满海内矣"。则当时此作曾给作为曲广泛传唱。曲和词，在当时确实并没有严格的界限。见陶宗仪《南村辍耕路》卷十四，中华书局1959年版，第172页。

在文人别集中，也可看到有关文人赏曲活动的记载，如贡师泰《跋王宪使朱县尹倡和诗卷》，就记有南北统一之初，著名文人如姚燧（牧庵）、卢挚（疏斋）南来，公务之馀，宴游赏曲之风流韵事：

> 我国家统一天下，首立台宪，以纲纪百辟，大抵先教化而后刑政，敦儒雅而鄙吏术，尚宽厚而去文深。故当时御史部使者，多老成文学之士。予家江东，方七八岁时，见牧庵姚公、疏斋卢公，按治之暇，辄率郡士大夫，携酒肴歌妓，出游敬亭、华阳诸山，或乘小舟，直抵湖上，逾旬不返。①

姚燧与卢挚，在当时都是一流诗文大家，先后入翰林，为大佬。同时也都是廉访使官员，所谓风纪之官。而在当时，官员携妓出游，是不允许的，遭人弹劾，是有可能丢官的。但这些并不能阻碍他们对伎乐的爱赏。还是这位廉访卢大人，《青楼集》记载他过金陵去访艺妓杜妙隆而不遇事②，成为文坛佳话。以德业著称，又是著名诗人和曲家的张养浩，中年毅然辞官归隐。他有散曲［越调·寨儿令］写其林泉生活："爱绰然，靠林泉。正当门满池千叶莲，一带山川，万顷风烟，都在几席边。压枝低金杏如拳，客来时尊酒留连。按新声歌乐府，分险韵赋诗篇。见胎仙，飞下九重天。"③ 在山水林泉中，享受大自然的美与林下的宁静，慰人心怀的是高朋，也决不能少了诗酒伎乐，这才是比较完整的文人生活。

元末昆山顾瑛（顾阿瑛）主持的玉山雅集，在当时影响极大，吸引了一个时代的著名文人，在后代也一直引人向慕。诗酒妓乐，是雅集的主要活动内容。清人吴景旭《历代诗话》如此追述他们的活动：

> 苏谈云：阿瑛好事而能文，当时杨廉夫、郑明德、张伯雨、倪元镇皆其往还客也。尤密者为秦约、于立、释良琦。有二妓，曰小琼花、南枝秀，每会必在焉。余因按玉山诗序有侍姬小琼英调筝，即其

---

① 贡师泰：《跋王宪使朱县尹倡和诗卷》，邱居里等校点：《贡氏三家集》，吉林文史出版社 2010 年版，第 358 页。

② 孙崇涛、徐宏图笺注：《青楼集笺注》，中国戏剧出版社 1990 年版，第 114 页。

③ 张养浩：《云庄休闲自适小乐府笺》，王佩增笺，齐鲁书社 1988 年版，第 107 页。

人也。诗云："金杯素手玉婵娟，照见青天月子圆。银筝弹尽鸳鸯曲，都在秋风十四弦。"读之风流欲溯。①

有妓乐，才雅而多趣，而不至于雅而寡味。顾瑛编《玉山名胜集》记载有一次"渔庄欸歌"活动，参与者之一陆仁写的序说："至正辛卯秋九月十四日，玉山宴客于渔庄之上。芙蓉如城，水禽交飞。临流展席，俯见游鲤。日既夕，天宇微肃。月色与水光荡摇桱槛间，遐情逸思，使人浩然有凌云之想。玉山俾侍姬小琼英调鸣筝，飞觞传令，酣饮尽欢。玉山口占二绝，命坐客属赋之。赋成，令渔童樵青乘小榜倚歌于苍茫烟浦中。韵度清畅，音节婉丽。则知三湘五湖，萧条寂寞，那得有此乐也？赋得二十章，名曰《渔庄欸歌》云。"② 从参与者的诗中，可以感受到妓乐对雅集的重要，当时有十人诗成，其中袁嵩诗云："玉人花下按凉州，白雁低飞个个秋。弹彻骊珠三万斛，当筵博得锦缠头。"于立诗："对酒清歌窈窕娘，持杯劝客手生香。袖中藏得双头橘，一半青青一半黄。"顾瑛诗"金杯素手玉婵娟"已见上文。女妓奏乐助酒兴，酒酣赋诗，又命歌童唱其所作于湖波烟云之中。如此雅会，千古之后，仍让人钦羡。

三　赠妓诗（词）形成风气

宋代文人写了不少赠妓词，元代曲家写了大量赠妓曲③，这些都已为研究者所关注。在元代，不以曲名家的诗人们也写了不少赠妓诗（词），却没有多少人关注。仅由《青楼集》的记载，就可感受当时赠妓诗写作风气之盛，如歌妓小娥秀，"中朝名士赠以诗文盈轴焉"，周喜歌，"诸名公皆赠以词"，于四姐，"名公士夫皆以诗赠之"④。文献记载有赠妓之作

---

① 吴景旭：《历代诗话》卷七十，文渊阁《四库全书》本。诗为顾瑛作，载《玉山璞稿》。

② 顾瑛编：《玉山名胜集》卷下，中华书局 2008 年版，第 246 页。

③ 罗斯宁：《元代艺妓与元散曲》："据粗略的统计，《全元散曲》标明赠妓的小令就有 120 多首，套数 36 套，还不包括那些标题虽不明言，但实际内容却是写艺妓的散曲。"《中山大学学报》1998 年第 1 期。

④ 孙崇涛、徐宏图笺注：《青楼集笺注》，中国戏剧出版社 1990 年版，第 112、145、153 页。

的著名文人很多，如赵孟頫、滕玉霄、王士熙、王恽、胡祇遹、卢挚、张炎、冯海粟，以及元明之际的杨基等。只是这些在当时文人心里都不过是"一时娱戏"之作，多不保存，更不会编入文集，大多没有流传下来，也是一大遗憾。

元代文人赠妓诗词，与宋人赠妓词、元曲家的赠妓曲有很大不同。宋人赠妓词、元人赠妓曲，都有一些对歌妓轻慢、狎玩的内容，还有一些色情的东西，有的很庸俗，如无名氏的［仙吕］赏花时："双乳似白牙。插入胸前紧紧拿。"① 元人的赠妓诗词没有这样的东西。赠妓曲有些关注的是妓女的卖笑生涯，甚至肉体，赠妓诗词则关注歌妓的表演，关注的是艺术。

元人写作的赠妓诗数量很多，现在所见极少。如陶宗仪《南村辍耕录》《万柳堂》条所载赵孟頫"万柳堂前数亩池……"诗，就不见于其别集，若非笔记记载，现在也很难见到了。现在可见的，如洪希文《张参军克明席上出歌妓蹋筵主人索诗赠之口占一绝》："歌喉圆转联珠贯，舞袖郎当散彩霞。记得乐天诗句好，醉娇无力牡丹花。"② 索诗者是主人而非歌妓，属应酬之作，赞扬一下歌妓歌舞之美，也是对主人的奉承。已经入明的杨基有《赠京妓宜时秀》："欲唱清歌却掩襟，晚风亭子落花深。坐中年少休轻听，此曲先皇有赐金。"③ 是因顶级歌女流落所发的感慨，感情是复杂的，世事盛衰，人事变迁，以及高雅不为世俗所重，都蕴含在这二十八字中。

杨维桢在中国文学史上是一位争议性的人物，文献保存了一些与他有关的赠妓诗。他有乐府体的《花游曲》，其序云："至正戊子三月十日，偕茅山贞居老仙、玉山才子烟雨中游石湖诸山，老仙为妓者琼英赋［点绛唇］词。已而午霁，登湖上山，歇宝积寺行禅师西轩。老仙题名轩之壁，琼英折碧桃花下山，予为琼英赋《花游曲》而玉山和之。"

三月十日春蒙蒙，满江花雨湿东风。美人盈盈烟雨里，唱彻湖烟与湖水。水天虹女忽当门，午光穿漏海霞裙。美人凌空蹑飞步，步上

---

① 隋树森编：《全元散曲》，中华书局1964年版，第1796页。
② 洪希文：《续轩渠集》卷八，文渊阁《四库全书》本。
③ 杨基：《眉庵集》卷十一，《四部丛刊三编》影印明成化刻本。

山头小真墓。华阳老仙海上来，五湖吐纳掌中杯。宝山枯禅开茗碗，木鲸吼罢催花板。老仙醉笔石栏西，一片飞花落粉题。蓬莱宫中花报使，花信明朝二十四。老仙更试蜀麻笺，写尽春愁子夜篇。①

琼英是顾瑛玉山佳处歌妓。顾瑛（玉山才子）的和诗也很美，保存在他的《玉山璞稿》中。杨维桢是元末诗坛领袖，茅山贞居老仙张雨也是当时最著名的诗人，书法、绘画都负有盛名，顾瑛则是玉山雅集的主人。诗不失为美，但不过记游而已。这样的内容，赠给妓女琼英可，赠给同游之人亦可。只不过赠给琼英似乎更富趣味。张雨多才不在杨维桢下。其所赋［点绛唇］词今不可见，对于我们了解这次三人携妓雨中游，有些缺憾。这样的活动在当时竟传为美谈，引来不少文人和诗，流传至今的，尚有郭翼《花游曲和铁崖韵》（《御选元诗卷九，其别集《林外野言》卷上只题《花游曲》），马麐《和花游曲》（《御选元诗》卷十一），陆仁《花游曲和铁厓先生》（《元诗选》三集《乾乾居士集》），于立《花游曲和铁厓先生》（《元诗选》三集《会稽外史集》），袁华《花游曲次韵铁崖先生招张贞居游石湖》（《耕学斋诗集》卷二），这很可见出当时风气。后代还有追和者，今见有明文徵明《追和杨铁崖石湖花游曲》（《甫田集》卷六）。且有效仿其活动并追和其诗的，如清厉鹗《小寒食日同穆门鹿田江声鹏亭诸君泛舟湖上用杨铁崖花游曲韵》（《樊榭山房续集》卷六）。可见在古代中国，这是一则佳话。元代流传下来的赠妓诗还有一些，如顾瑛《玉山名胜集·外集》载有郏九成《闻夜来过春梦楼赠小芙蓉乐府恨不得从游戏呈二十八字》②，不再详述。

　　仅据现存赠妓诗，我们不能推知元代赠妓诗的整体面貌，但完全可以说，元人赠妓诗的内容大多是严肃的，其中有很大一部分是席上应酬之作，不过赞扬歌舞之美。有些则借以寄寓感慨，有比较深沉甚至复杂的内容。

　　赠妓诗之多，本身就是元代文人生活方式和生活态度的一种说明。在元代，谢安携妓成为使用很普遍的典故，并且大多都是欣赏的口吻。也有

---

① 杨维桢：《铁崖古乐府》卷三《花游曲》，《四部丛刊》影印明成化本。
② 顾瑛编：《玉山名胜集》，中华书局 2008 年版，第 410 页。

从另一角度切入的，如刘鹗《题东山高卧图》："东山携妓嬉游日，敢意胸存万甲兵。今日总戎真竖子，徒耽歌舞误苍生。"① 这给我们很重要的启发：元代文人欣赏的是风流而不是荒淫，在他们心目中，荒淫与风流是有严格区分的。"徒耽歌舞误苍生"的荒淫，他们是抨击的。

　　与赠妓诗罕有流传不同，元代赠妓词则有大量流传。元代的赠妓词与宋代的赠妓词不同，元人的赠妓词与赠妓诗一样，是比较严肃的。清人叶申芗辑录《本事词》②，其中载有数量可观的元人赠妓词，由此可窥见元人赠妓词之一斑。

　　元代写作赠妓词较多的，当然是文雅风流的才子。如滕玉霄，《元诗选》小传说他"风流笃厚，见者心醉，往往狂嬉狎酒，韵致可人。其谈笑笔墨，为人传诵，宝爱不替。其谢徐承旨启有云：'贾谊方肆其文才，诸老或忌其少；阮生稍宽于礼法，众人已谓之狂。'至大间，任翰林学士，出为江西儒学提举。后弃家入天台为道士"③。徐承旨就是著名曲家徐琰，至元末为翰林学士承旨。滕玉霄给徐琰的谢启，是为自己鸣不平，同时也是为风流潇洒的人生态度辩护。《青楼集》载有他赠宋六嫂的［念奴娇］词：

　　　　柳颦花困，把人间恩爱，尊前倾尽。何处飞来双比翼，直是同声相应。寒玉嘶风，香云卷雪，一串骊珠引。元郎去后，有谁着意题品。　　谁料浊羽清商，繁弦急管，犹自余风韵。莫是紫鸾天上曲，两两玉童相并。白发梨园，青衫老傅，试与留连听。可人何处，满庭霜月清冷。

宋六嫂是乐工（霤栗工）的女儿，《青楼集》说："宋与其夫合乐，妙入神品。盖宋善讴，其夫能传其父之艺。"④ 读此词，最让人感叹的是，一位官至翰林学士的文人，对歌妓与乐工夫妇感情的颂扬，充分表现了作者对乐工与女伶的敬重。曾官集贤待制的冯子振（海粟），名声与豪俊都超

　　① 刘鹗：《惟实集》卷七，文渊阁《四库全书》本。

　　② 叶申芗：《本事词》，古典文学出版社 1957 年排印本。

　　③ 顾嗣立编：《元诗选三集》，中华书局 1987 年版，第 118 页。

　　④ 孙崇涛、徐宏图笺注：《青楼集笺注》，中国戏剧出版社 1990 年版，第 119 页。

过滕玉霄，他也有赠妓词，其赠珠帘秀［鹧鸪天］，流传极广。

一代大师赵孟頫也有赠妓词。他赠歌妓贵贵的词写人生易老，寄寓世事之慨。徐釚《词苑丛谈》（据《尧山堂外纪》）载其"在李叔固丞相席间赠歌者贵贵［浣溪沙］词"，且言："公以承平王孙而遭世变，故其词不无麦秀狡童之感"①：

> 满捧金卮低唱词，尊前再拜索新诗，老夫惭愧鬓成丝。　　罗袖染将修竹翠，粉香须上小梅枝，相逢不是少年时。

这位李叔固丞相，即李邦宁，本是南宋宫中一个小太监，宋亡，随恭帝入见元世祖，留在宫中，因警敏，称世祖意，步步升迁，武宗时至大司徒尚服院使，遥授丞相，行大司农，领太医院事。赵孟頫与李邦宁，尽管出身不同，经历各异。但相同的是都经历由宋入元，都出身特殊而居于高位，让人有些别样的感觉。他们心中都不免有一些无法说明的东西。这首赠妓词所要表达的东西，实在是很难说得清楚的。

北方文人兼学者王恽和胡祗遹两人，总是被人并提。他们一生关系极好，而且经历近似，都是元初北方诗文词曲兼擅的著名作家，都仕宦南北，颇著政声，都对当时各类民间艺术有兴趣。他们不仅写作散曲，也赏曲，与歌妓关系密切，都写有赠妓的序和词，胡祗遹还因此受到清代四库馆臣的指责②。胡祗遹赠妓词是比较多的，其［点绛唇］《赠妓》赞扬歌妓的风度修养，而同情其命运与心灵痛苦：

> 风度高闲，水仙花露幽香吐。等闲尊俎。细听黄金缕。　　命薄秋娘，梦断霓裳舞。黄梅雨。燕俦莺侣。那解芳心苦。③

---

① 徐釚：《词苑丛谈》卷八《纪事三》，中华书局2008年版，第215页。

② 纪昀等《四库全书总目》卷一百六十六《紫山大全集提要》言："以阐明道学之人，作媟狎倡优之语，其为白璧之瑕，有不止萧统之讥陶潜者。陶宗仪《辍耕录》载其钟爱歌儿珠帘秀，赠以［沉醉东风］小曲，殆非诬词矣。以原本所有，姑仍其旧录之，而附纠其谬于此，亦足为操觚之烱戒也。"中华书局1965年版，第1427页。

③ 胡祗遹：《胡祗遹集》卷七，魏崇武、周思成校点，吉林文史出版社2008年版，第210页。

这些高层次的歌妓，他们是当时女性中文化和艺术修养最高的一群，表现出闲雅的风度，优雅的言谈，因而让文人们倾倒。她们有的是表面的风光，常常是权贵们竞相追逐的对象。但感情细腻而敏感的文人，与她们有较多的接触，也有着较为密切的关系，能够真正了解并理解她们的"芳心苦"。而［木兰花慢］《赠歌妓》则是一首纯粹的赏曲之作，涉及所演故事、歌唱的效果、演出的逼真动人，最后写观赏的感受：

> 话兴亡千古，试听取，是和非。爱海雨江风，娇莺雏凤，相和相催。泠泠一声徐起，坠梁尘、不放采云飞。按止玉纤牙板，细倾万斛珠玑。　又如辨士遇秦仪，六国等儿嬉。看掉阖纵横，东强西弱，一转危机。千人洗心倾耳，向花梢、不觉月阴移。日日新声妙语，人间何事颦眉。①

看来他写的是一次杂剧演出。"话兴亡千古，试听取，是和非。"观赏前的心理预期，是要从戏曲所演故事中思考历史，观者的严肃态度，说明演出的故事和主体都是严肃的。演出开始后，观赏者感受到的首先是音乐的动人：既有"海雨江风"的鸿声壮气，又有"娇莺雏凤"柔美细腻，两种风格"相和相催"，推动演出进展。歌声徐起，声情夺人："坠梁尘、不放采云飞"，真是不可描摹的美，同时还有赏心的伴奏。接下来才是故事，戏曲冲突与情节的设计，步步引人，让人在心灵的感动中思考，效果极佳，所以才能吸引广大的观众："千人洗心倾耳，向花梢、不觉月阴移。"在美好的享受与心灵的洗礼中时光过去。最后则谈到戏曲宣导人情的作用：如果能天天欣赏如此美妙的演出，那就不会不开心了。他叙述了一个完整的观赏杂剧演出的过程：从观赏前的心理预期，到观赏后的思考。这首词可以与他的《赠宋氏序》参照阅读。胡祗遹词中还有一些没有标明赠妓但确实与歌妓有关的作品，如［水调歌头］《晏乐》等。

元代最著名的杂剧演员珠帘秀与多位文人关系密切，人们熟知的是她与关汉卿、卢挚的交往。据说与她关系最密切的是胡祗遹（紫山），胡祗

---

① 胡祗遹：《胡祗遹集》卷七，魏崇武、周思成校点，吉林文史出版社 2008 年版，第213 页。

通不仅曾赠她散曲［沉醉东风］，还为她作《朱氏诗卷序》，胡祗遹的好友王恽有诗题此序："七窍生香咏洛姝，风流不似紫山胡。半床梦冷珠帘月，一序情锺乐籍图。"① 王恽本人也有［浣溪纱］词赠珠帘秀。

以画著称又以有洁癖闻名的倪瓒，不乏文人的风流，其《清閟阁全集》卷九载有［柳梢青］《赠妓小琼英》：

> 楼上玉笙吹彻。白露冷、飞琼佩玦。黛浅含颦，香残栖梦，子规啼月。　扬州往事荒凉，有多少、愁萦思结。燕语空梁，鸥盟寒渚，画阑飘雪。②

这样的词，也是呈才之作。"琼英"具有多方面的含义，给歌妓取名琼英，当然是说她很美。就"琼英"原本义说，首先指似玉的美石，其次用来比喻美丽的花，很多时候用来写梅花，进而又用来比喻如碎玉一样的雪。在人们心目中，琼英应该是白色的，晶莹的，沉静的，孤寂的。词的上阕将这样的意境充分营造。下阕所谓"扬州往事"，本于唐韦应物《赠李司空妓》诗（《云溪友议》误记为刘禹锡赴任姑苏，道过扬州事)③，借以表达对琼英的思慕，思慕而不能得到的愁苦。类似作品还有顾瑛的［蝶恋花］等作，有"在眼韶华能有几，玉手佳人，笑把琵琶理。狂杀云台标外史，断肠只合江州死"④ 等语。

留存有赠妓词的还有元军破宋都元帅张弘范，他有［南乡子］《赠歌妓》：

> 浅淡汉宫妆。扇底春风玉有香。特地向人歌一曲，非常。纵使无情也断肠。　宝髻绣霓裳。云雨巫山窈窕娘。好著千金携得去，何

---

① 王恽：《秋涧先生大全文集》卷二十一《题珠帘秀序后》，《四部丛刊》影印明弘治翻元本。

② 倪瓒：《清閟阁遗稿》卷八，明万历刻本。按：清徐釚《词苑丛谈》卷八认为，小琼英为杨维桢妓，误，此即顾瑛妓小琼英。

③ 李昉等：《太平广记》卷二百七十三，中华书局1961年版，第2152—2153页。

④ 袁华：《玉山纪游》，文渊阁《四库全书》本。

妨。丝竹东山醉玉筯。①

赠妓词出自将军之手，也写得如此豪放。张弘范是元代著名的蒙古汉军将领，官至镇国上将军，蒙古汉军都元帅，执文天祥，破张世杰、陆秀夫，最终灭宋于崖山。由于张弘范以汉人而为蒙古攻灭汉政权，后世文人对他多有恶感，故这样的作品，没有本事之记载。张弘范是将军，但同时也是文人，他是著名学者、诗人、文章家郝经的弟子，所以，不失文采风流本色。

写作赠妓词最多的还是著名词人。由宋入元的张炎，元代著名词人张翥，都留下了不少赠妓词。

张炎，文学史断限都把他归入宋人，但他的文学活动是在元代。他是宋代名将张俊之后，大官僚兼风流文人张磁是他的曾祖父。入元后，他四处漂泊，寄食于人。朝代变迁，今昔盛衰之慨，充溢胸中。他的赠妓词也深寓家国盛衰之慨，[国香]、[意难忘] 两词都是如此。[国香] 赠杭妓沈梅娇，有序云："沈梅娇，杭妓也。忽于京都见之，把酒相劳苦，犹能歌周清真 [意难忘] [台城路] 二曲。因嘱余记其事。词成以罗帕书之。"词云：

> 莺柳烟堤。记未吟青子，曾比红儿。娴娇弄春微透，鬓翠双垂。不道留仙不住，便无梦、吹到南枝。相看两流落，掩面凝羞，怕说当时。
>
> 凄凉歌楚调，袅余音不放，一朵云飞。丁香枝上，几度款语深期。拜了花梢淡月，最难忘、弄影牵衣。无端动人处，过了黄昏，犹道休归。②

在故宋都城临安（杭州）旧交的歌妓沈梅娇，在新朝都城不期而遇，又都是流落到此，两人相见，情何以堪？金初词人蔡松年、吴激遇宋宗室女流落为歌女，感慨不已，各作词以写慨，吴激写成千古流传的名作 [人月圆]，不知感动了多少读者。张炎的这首词，写作情景与之近似。感慨之深，与吴词也约略相近。只是这首词，思绪跳跃，时空转换，语言也有些隐微，又多用典，表达出极端复杂又似乎难以言说的感情。从文字看，

---

① 张弘范:《淮阳集·淮阳诗余》，文渊阁《四库全书》本。
② 张炎山:《中白云词》卷一，中华书局1983年版，第6页。

似乎只说他们两人的交往与离合，其实其中所寄寓的感慨，则深沉复杂。能读懂这样一首词，又可见这位歌妓学识积累之深厚。［意难忘］词为歌妓车秀卿作："底须拍碎红牙。听曲终奏雅，可是堪嗟。无人知此意，明月又谁家。尘滚滚，老年华。付情在琵琶。更叹我，黄芦苦竹，万里天涯。"① 寄寓了同是天涯沦落人的感慨。

著名词人张翥是一位真正的赏曲者，他自言："平生惯是听歌耳"（［鹧鸪天］《为朱氏小妓绣帘赋三首》），故赠妓词也多，如［风流子］《赏筝妓崔爱》、［水龙吟］《听房氏自然歌求诗为赋》、［意难忘］《妓杨韵卿以善歌求赋》、［鹧鸪天］《赠泉琵琶妓》等，还有一些不题赠妓而实为赠妓之作者，如［定风波］《昆山路漕席上》等。清人叶申芗《本事词》说他："盖其襟怀潇洒，每留意于舞裙歌扇间也。"② 因而赠妓词多。此说未必确当。张翥喜好音乐，《元史》本传说他"少时负其才隽，豪放不羁，好蹴鞠，喜音乐，不以家业屑其意"③。性格的豪放，和对音乐的喜好，听曲也就多，他名气又大，向他索诗索词的歌妓多，赠妓词自然也就多。

张翥的赠妓词多是很美的赏曲之作，如［鹧鸪天］《为朱氏小妓绣帘赋三首》，其一云：

> 半臂京绡稳称身。玉为颜面水为神。一痕头道分云绾，两点眉山入翠鬟。　丹杏小，碧桃新。雏莺恰啭上林春。平生惯是听歌耳，除却莲儿只一人。④

朱氏小绣帘，无疑有比拟朱帘秀之意。歌者看来确实特别优秀，张翥很动情地欣赏，从形貌、神态、歌唱、演奏，都让词人叹赏不已。张翥赠妓词会调动多种手段来凸显歌唱或演奏的效果，从四面八方创设美的意境。如［水龙吟］《听房氏自然歌求诗为赋》："春风琼树香中，数声恰似流莺啭。歌尘飞下，落花起舞，骊珠脱串。"歌者求诗，词人也因歌者完美的艺术

---

① 张炎：《山中白云词》卷四，中华书局 1983 年版，第 72 页。
② 叶申芗：《本事词》，古典文学出版社 1957 年排印本。
③ 宋濂等：《元史》卷一八三《张翥传》，中华书局 1976 年版，第 4284 页。
④ 张翥：《蜕岩词》卷下，文渊阁《四库全书》本。

表现而倾倒，"不辞墨醉，为题纨扇"①，优美的歌唱催生了优美的词作。不是赏音的人，写不出如此美的赏曲词。张翥赠妓词也有如梦如幻、流转舒畅风格的，同样写得极美。如［定风波］《昆山路漕席上》：

> 舞袖歌鬟簇画堂。就中偏是展家娘。待道无情还有思，恰似，昆山日暖凤求凰。　　海上潮生人尽醉。催起，兰舟分散不成双。回首玄都春梦里，从此，桃花应自怨刘郎。②

人在如此美的气氛中陶醉，陶醉于艺术。这是一首未题赠妓的作品。张翥赠妓词还有不少，如［鹧鸪天］《赠泉琵琶妓》、［声声慢］《扬州筝工沈生弹虞学士浣溪纱求赋》、［江神子］《吴门席上罗生求赋》等，类似的还有［沁园春］《次韵李元之听董氏双》。张翥的赠妓词基本上是赏曲，寄寓人生感慨的不多，唯［江神子］《吴门席上罗生求赋》表现有青春不再，惜别珍重之意："阊阖城外绿杨枝。一丝丝。比吟髭。比似吟髭。不似少年时。……明日片帆江水远，人去也，又相思。"③ 不写音乐只写情，写得很动人。

在这里必须郑重说明的是，元代文人赏曲，绝不是沉湎声色，绝不是荒唐颓废，也不是逃避和自我麻醉。姚燧、王恽、胡祇遹等确实追求文人的雅趣生活，但同时在政治上都多有建树，受到当时和后人的称赏。胡祇遹有言：

> 人之知见、志趣，赋分既定，苦不可移，小不可使之大，近不可使之远。士夫闲居不喜观书，好为博奕牧猪奴之戏。是盖以读书为苦，而博奕为乐也。衣冠则士夫，见趣则牧猪奴耳。居官者不以政治勋业致君泽民为乐，而日与优伶女妓酒色声乐为娱，其位则卿相，其志趣则伶伦也。④

---

① 张翥：《蜕岩词》卷上，文渊阁《四库全书》本。
② 张翥：《蜕岩词》卷下，文渊阁《四库全书》本。
③ 张翥：《蜕岩词》卷下，文渊阁《四库全书》本。
④ 胡祇遹：《胡祇遹集》卷二十六《语录》，吉林文史出版社 2008 年版，第 557 页。

他们赏曲，作曲，但同时都既是学者，也是著名诗人、文章家，为官各地，颇著政声。既风流儒雅，有文章政事，为人敬仰。

四 元代文人与歌妓关系再认识：因品格才艺而结缘

以往的研究认为，元代文人与歌妓的关系，不外两种：身兼官僚的上层文人，他们与歌妓的关系，是玩弄与被玩弄。下层文人与歌妓的关系，则因社会地位接近（所谓"八娼九儒十丐"）而同病相怜。这些认识，缺乏文献的支撑。曲家王恽，在朝官翰林待制，出任外官，为提刑按察使，无疑属上层文人。他为乐籍曹氏写的诗序，可以推翻上述观点：

> 乐籍曹锦秀，缓度清歌。一日来为予寿。因询之曰："汝以故家人物，才色靓丽，风韵闲雅，知名京华，为豪贵招致，逞妙艺而佐清欢，日弗暇及，不知何取于予而得此哉？"曰："妾虽不慧，请解之。无猥以薄技陈述古今兴亡、闺门劝戒，必探穷所载记传咏诗，掇采端倪，曲尽意趣，久之，颇有感悟，欲为效颦，愿乞一言为发越，俾妾姓名，得见于当代名公才士题品之末，庶几接大雅之高风，一时增价。饮灵芝之瑞露，七窍生香，不同落花飞絮，委迹于尘泥间耳。先生宁无意乎？"……①

这位名隶乐籍的曹氏，究竟什么出身，不好臆断，但即称其为"故家人物"，应该有我们不知道的背景。也可能有人会说：隶乐籍，必然出身微贱。但在我看来，这可不一定。在宋金、宋元天翻地覆的大变动中，一些身隶乐籍、流落为妓的，可能原本有显赫的家世。见于刘祁《归潜志》歌妓有"宗室家姬，陈王幼女"②，见于陶宗仪《南村辍耕录》记载的有南宋学者兼高官真德秀之后也是元代官员的女儿。③ 或因国之覆亡或因家之败落而沦为歌妓。王恽文章中对曹锦秀说话的口气，绝不像一个身居高

---

① 王恽：《秋涧先生大全集》卷四十三《乐籍曹氏诗引》，《四部丛刊》影印明弘治翻元本。

② 刘祁：《归潜志》卷八，中华书局1983年版，第83—84页。

③ 陶宗仪：《南村辍耕录》卷二十二《玉堂嫁妓》，中华书局1959年版，第271页。

位者对下贱艺人的说话。同时，我们也不应该忽视，歌妓也有地位高下之别。像曹锦秀，以及今人熟知其名的珠帘秀、顺时秀，无疑都具有较高的社会地位。

我们这里讨论的是优秀艺人与优秀文人之间的关系。那些缺乏艺术与人品修养，以卖笑为生、只是出卖肉体的娼妇，在任何时代都不值得称道，当然也不应该进入我们的研究视野。优秀文人与优秀歌妓之间的关系，首先是相互欣赏。《青楼集·周人爱》条记载："周人爱，京师旦色，姿艺并佳。其儿妇玉叶儿，元（亢）文苑尝赠以［南吕·一枝花］曲。"① 这位亢文苑，生平不详。隋树森《全元散曲》据《阳春白雪》录他的［南吕·一枝花］《为玉叶儿作》：

> 名高唐国盎，色压陈亭榭。霞光侵赵璧，瑞霭赛隋珠。无半点儿尘俗，不比寻常物，世间总不如。莫夸谈天上飞琼，休卖弄人间美玉。
>
> ［梁州］……忒玲珑性格儿通今古。论清洁是有，瑕疵全无……堪人，爱护。那些儿断尽人肠处，更那堪吴香馥。只恐旁人认做斑珠，索别辨个虚实。②

作品以"玉叶儿"的特性比拟歌妓玉叶儿品行，他倾慕玉叶儿，是因为她有玉的品质："无半点儿尘俗"，清洁得没有瑕疵，并且"忒玲珑性格儿通今古"。所重的不在色与艺，而是高雅、纯洁与学识。《青楼集·天然秀》说歌妓天然秀"……丰神靓雅，殊有林下风致，才艺尤度越流辈……然尚高洁凝重，尤为白仁甫、李溉之所爱赏云"③。著名词曲家白朴（仁甫）和著名诗人李泂（溉之）对她都是"爱赏"而不是狎昵。

在中国古代，女子有文化修养的毕竟是少数。妓女则是这少数中既有文化艺术修养又较为自由的一群。如果一个文人，他的配偶愚昧蠢俗，那是他一生的痛苦。在与歌妓的交往中，他们感到了精神的愉悦和心灵的契合。逢场作戏的文人有，但也有很多文人珍惜这份感情，王元鼎与对顺时

---

① 孙崇涛、徐宏图笺注：《青楼集笺注》，中国戏剧出版社 1990 年版，第 124 页。
② 隋树森编：《全元散曲》，中华书局 1964 年版，第 1119 页。
③ 孙崇涛、徐宏图笺注：《青楼集笺注》，中国戏剧出版社 1990 年版，第 128 页。

秀的钟情、贾固对金莺儿的感情，都成为美谈。

　　顺时秀是元文宗时期最著名的歌妓，其地位之高，可以想见。用现在的话说，是一个时期最具代表性的歌唱家。对王元鼎，我们反倒了解得不多，据《南村辍耕录》的记载，我们知道他是翰林学士。《太平乐府》《乐府群珠》等都收有他的散曲，《太和正音谱》列其名于词林英杰之中，说明他是著名曲家。《全元散曲》收他的散曲小令 7 首，套数 2。孙楷第先生《元曲家考略》则以为是西域人玉元鼎，是一说。这位王元鼎确实是一位才子，《全元散曲》录其［正宫·醉太平］《寒食》写得很美①。他与顺时秀的事，《青楼集》《南村辍耕录》都有记载。《南村辍耕录》卷十九《妓聪敏》条载：

　　　　歌妓顺时秀，姓郭氏。性资聪敏，色艺超绝，教坊之白眉也。翰林学士王公元鼎甚眷之，偶有疾，思得马版肠充馔，公杀所骑千金五花马，取肠以供，至今都下传为佳话。时中书参政阿鲁温尤属意焉，因戏谓曰："我比元鼎如何？"对曰："参政，宰相也；学士，才人也。燮理阴阳，致君泽民，则学士不及参政；嘲风咏月，惜玉怜香，则参政不如学士。"参政付之一笑而罢。郭氏亦善于应对者矣。②

　　《青楼集》的记载与此大体相同。王元鼎与顺时秀之间两心相契，是值得赞赏的。贾固对金莺儿也是一片真情。贾固，字伯坚，历任山东佥宪、西台御史、扬州路总管、左司郎中、中书省左参政事。在元代属于高官。他任山东佥宪时与金莺儿相识，《青楼集》载：

　　　　金莺儿，山东名姝也，美姿色，善谈笑，搊筝合唱，鲜有其比。贾伯坚任山东佥宪，一见属意焉，与之甚昵。后除西台御史，不能忘情，作［醉高歌］［红绣鞋］曲以寄之，曰："……黄河水流不尽心事，中条山隔不断相思。……来时节三两句话，去时节一篇诗，记在人心窝儿里直到死。"由是台端知之，被劾而去。至今山东以为

　　①　隋树森编：《全元散曲》，中华书局 1964 年版，第 688 页。
　　②　陶宗仪：《南村辍耕录》卷十九，中华书局 1959 年版，第 235 页。

美谈。①

贾固在当时，文章政事，都受称赏。《录鬼簿续编》说"其文章政绩，载诸列传可考"②。尽管我们没法落实"载诸列传"的话，但就此可以了解，贾固文章、政事，都有不俗的表现。《录鬼簿续编》还言其风流倜傥，极富才华。在他由淮东转运使移宣城时，大学者和著名文章家柳贯曾有诗相赠，称赞他："江东使节清霜府，天上词华明月珰。"③ 称赏其政绩与才华。这样一位文人官员，为了与歌妓的感情而不怕丢官，也是很让人感动的。

　　文人与著名歌妓的感情，大多并不是男女情爱。他们相处和谐，有时霍略礼法，无间尊卑，关系融洽。《青楼集》和杨瑀《山居新语》都记载鲜于枢（伯机）与歌妓曹娥秀的故事，所记大致相同，《山居新语》载：

　　　　鲜于伯机枢，一日宴客，呼名妓曹娥秀侑尊。伯机因入内典馔未出，适娥秀行酒，酒毕，伯机乃出。客曰："伯机未饮酒。"娥秀亦应声曰："伯机未饮。"座客从而和之曰："汝何故亦以伯机见称？可见亲爱如是。"遂佯怒曰："小鬼头，焉敢如此无礼？"娥秀答之曰："我称伯机固不可，只许你叫王羲之乎？"一座为之称赏。④

鲜于枢是著名书法家，诗人，也是曲家，其豪侠而富文人气质，在元代也是突出的。陆友仁《研北杂志》说他"意气鲜豪，每晨出，则载笔楼。与其长廷争是非，一语不合，辄欲弃去。及日晏归，焚香弄翰，取鼎彝陈诸几席，搜抉断文废款，若明日急有所须而为之者。客至，则相对指说吟讽。或命觞径醉，醉极，作放歌、颠草，人争持去以为荣"。⑤ 官不大，

---

① 孙崇涛、徐宏图笺注：《青楼集笺注》，中国戏剧出版社 1990 年版，第 207 页。

② 《录鬼簿续编》，《中国古典戏曲论著集成》（二），中国戏剧出版社 1959 年版，第291 页。

③ 柳贯：《柳待制文集》卷六《因杜掾迁江东奉简贾伯坚廉使时方自淮东转运移节宣城》，《四部丛刊》本。

④ 杨瑀：《山居新语》，上海古籍出版社 2012 年版，第 17 页。

⑤ 陆友仁：《研北杂志》卷下，《丛书集成初编》本。

而英迈过人。他以书法名，其书法也带有豪气，陶宗仪《书史会要》说他"带河朔伟气。每酒酣，鹜放吟诗。作字，奇态横生"①。那个时期一流的文人和一流的歌妓，多生活在艺术中，在艺术中，他们找到了心灵的契合处。身份的差异，在他们心目中被淡化了。

一些著名文人表现了对优秀歌妓的向慕。这种向慕，是对艺术、对美的向慕。翰林学士卢挚（疏斋）在元代名气很大，诗与刘因齐名，文与姚燧并称，又是著名的散曲家。他写给著名艺妓朱帘秀的［双调·蟾宫曲］《醉赠乐府珠帘秀》，充分表现了他对艺术与美的欣赏和追求："系行舟谁遣卿卿。爱林下风姿。云外歌声。宝髻堆云。冰弦散雨。总是才情。恰绿树南熏晚晴。险些儿羞杀啼莺。客散邮亭。楚调将成。醉梦初醒。"② 倾慕的是"林下风姿"，爱赏的是"云外歌声"，折服他的"总是才情"。《青楼集》记载了他访金陵歌妓杜妙隆而不果的佳话：

> 杜妙隆，金陵佳丽人也。卢疏斋欲见之，行李匆匆，不果所愿，因题［踏莎行］于壁云："雪暗山明，溪深花早，行人马上诗成了。归来闻说妙隆歌，金陵郄比蓬莱渺。宝镜慵窥，玉容空好，梁尘不动歌声悄。无人知我此时情，春风一枕松窗晓。"③

他把这次访人不遇当作深深的遗憾。为什么？他要见杜妙隆，不是要寻找一位歌妓，而是去寻找一种美。妙隆歌，无疑代表了不同于顺时秀、梁园秀等歌的一种独特的风格，他要欣赏、感受这独特的美的歌唱。如元人所言："凡人声音不等，各有所长。有川嗓，有堂声，皆合破箫管。"并罗列各种演唱风格：有唱得雄壮的，唱得蕴拽的，唱得轻巧的，唱得本分的，唱得用意的，唱得打揸的。④ 不同风格，各有所长，各极其美。卢挚寻访杜妙隆的意义在此，访而不果的遗憾也在此。

文人的这种遗憾是常有的，有些是永久。《青楼集》所载樊香歌事，也让我们充分认识这一点：

① 陶宗仪：《书史会要》卷七，文渊阁《四库全书》本。

② 隋树森编：《全元散曲》，中华书局 1964 年版，第 127 页。

③ 孙崇涛、徐宏图笺注：《青楼集笺注》，中国戏剧出版社 1990 年版，第 114 页。

④ 陶宗仪：《南村辍耕录》卷二十七，中华书局 1959 年版，第 339 页。

　　樊香歌，金陵名姝也，妙歌舞，善谈谑，亦颇涉猎书史。台端虽
鹰角峨峨，悉皆爱赏。士夫造其庐，尽日笑谈。惜寿不永，二十三岁
而卒。葬南关外。好事者春游，必携酒奠其墓，至今率以为常。①

　　这位也是金陵名妓。樊香歌生前，士夫们不避风宪官的纠察弹劾
（台端虽鹰角峨峨），冒受处罚之险也要去欣赏她的歌舞与言谈。她死后，
一种艺术和美消失了，文人们怀念她所创作的艺术与美，长久地纪念她。
后人绝不能把文人们这种高雅的对艺术美的爱赏作庸俗的猜想。著名诗人
杨载有悼念妓女的诗，让我们去除对这种感情的庸俗理解："金沙滩上观
音面，劫火光中幻化身。抱取摩尼却归去，天衣元不污风尘。"② 曲家张
可久对歌妓杨驹儿的悼念，让我们更具体地了解人们对逝者怀念的具体
内容：

　　莓苔生满苍云径，人去小红亭。题情犹是酸斋赠，我把诗句赓，
书画评，阑干凭。茶灶尘凝，墨水冰生。掩幽扃，悬瘦影，伴孤灯。
琴已亡伯牙，酒不到刘伶。策短藤，乘暮景，放吟情。写新声，寄春
莺。明年来此赏清明，窗掩梨花庭院静，小楼风雨共谁听！（张可久
[南吕·骂玉郎带过感皇恩采茶歌]《杨驹儿墓园》)③

　　她不仅是一位歌唱艺术家，且是一位诗书画兼擅的全才。这是艺术的
悼亡。
　　优秀的歌妓也非常看重与文人的交往与情谊。《青楼集》与《尧山堂
外记》都有关于歌妓张玉莲的记载，《青楼集》载：

　　张玉莲，人多呼为张四妈，旧曲其音不传者，皆能寻腔依词唱
之。丝竹咸精，蒲博尽解，笑谈亹亹，文雅彬彬，南北今词，即席成
赋。审音知律，时无比焉。往来其门，率富贵公子。积家丰厚。喜延

---

①　孙崇涛、徐宏图笺注：《青楼集笺注》，中国戏剧出版社1990年版，第169页。
②　杨载：《杨仲弘集》卷八《悼邻妓三首》其二，《四部丛刊》影印明嘉靖十五年刻本。
③　隋树森编：《全元散曲》，中华书局1964年版，第830页。

款士夫，复挥金如土，无少靳惜。①

其才艺如此，其豪侠又如此，其敬重士大夫又如此，当然会赢得文人们的敬重。她之结交士大夫，绝不是为了钱财，反倒乐意为这些文人雅士耗尽钱财。

更有意思的是，高官金元素（金哈剌，曾官江浙行省参政）之子金文石还是顺时秀的弟子，《录鬼簿续编》载："金文石，元素之子也。至正间与弟武石俱父荫补国子生。……幼年从名姬顺时秀歌唱，其音律调清巧，无毫厘之差，节奏抑扬或过之。及作乐府，名公大夫伶伦等辈举皆叹服。"②

元代文人也有对妓女嘲讽甚至辱骂的，比如京师角妓连枝秀，就曾受到陆居仁（宅之）的嘲弄戏辱。《青楼集》记载说："连枝秀，姓孙氏，京师角妓也。逸人风高老点化之，遂为女道士，浪游湖海间。尝至松江，引一鬟髻，曰闽童，亦能歌舞。有招饮者，酒酣，则自起舞唱［青天歌］，女童亦舞而和之，真仙音也。欲于东门外化缘造庵，陆宅之为造疏，语多寓讥谑，其中有'不比寻常钩子，曾经老大钳槌。百炼不回，万夫难敌'之句，孙于是飘然入吴……后不知所终。"③ 仅看这段文字，我们会认为连枝秀清雅出尘，谋生不易，不能原谅陆居仁。但陶宗仪《南村辍耕录》的记载，一语道破了其中关键，其卷十二《连枝秀》载：

> 京师教坊官妓连枝秀，姓孙氏，盖以色事人者。年四十余，因投礼逸士风高老为师，而主教者褒以空湛静慧散人之号，挟二女童，放浪江海间……④

原来她是以色事人者，即出卖色相与肉体，40 多岁，色无可售，变身为女道士。为妓为道，都是谋生之道，求文人造疏募缘，同是敛财之道。这样看来，"不必寻常钩子"等语，不是对她的侮辱，而是无情揭

① 孙崇涛、徐宏图笺注：《青楼集笺注》，中国戏剧出版社 1990 年版，第 173 页。
② 俞为民、孙蓉蓉编：《历代曲话汇编》（明代编一），黄山书社 2009 年版，第 15 页。
③ 孙崇涛、徐宏图笺注：《青楼集笺注》，中国戏剧出版社 1990 年版，第 157 页。
④ 陶宗仪：《南村辍耕录》卷十二《连枝秀》，中华书局 1959 年版，第 147 页。

穿。对卖笑行当为害社会、狠毒残忍，文人也予以无情揭露，刘庭信
［越调·寨儿令］《戒嫖荡》告诫年轻人，在老鸨眼里，嫖客就像一个拉
磨的牲口，那里只有金钱交易，毫无情义可言："搭扶定推磨杆，寻思了
两三番，把郎君几曾是人也似看？只争不背上驮鞍，口内衔环，脖项上把
套头拴。咫尺的月缺花残，滴溜着枕冷衾寒。早回头寻个破绽，没忽的得
些空闲，荒撇下风月担儿赸。"[①] 艺术与淫亵，在元代文人那里分得清清
楚楚。

　　总之，元代著名文人与优秀歌妓之间的关系，是建立在对艺术与美的
共同爱好与追求基础之上的心灵契合。这是因人品与才艺而相互倾慕。那
些低俗的、出卖肉体的、灵魂扭曲了的妓女，不会赢得文人们的敬重与赏
爱，她们对于艺术没有贡献，当然也不应该进入我们研究的视野。以往研
究中说那些人是被侮辱与被损害的，未见得是为善良的弱者鸣不平。

---

① 隋树森编：《全元散曲》，人民文学出版社 1964 年版，第 1427 页。

第三章　两都巡幸制与元代文学
地域格局的北扩

元代实行两都制，上都是元朝的夏都，地处金莲川草原，这个自古荒远之地在元代聚集了一批层次高、构成多元的文人，他们进行各种文学活动，上都由此成为元代北方的文学活动中心之一。每年文人聚集草原帝都，对文人的心态、气质、创作等都产生了重要影响。可以说，这个中心出现在草原，不仅是中国历史上从未有过的现象，而且还对元代文坛产生了重要影响，成为元代文学研究不可忽视的重要课题。

上都文学活动中心形成的背景条件，主要有三方面：一是上都特殊的地理位置和政治地位，皇帝每年夏天①巡幸上都，来此避暑并处理政务近半年之久，大批大臣扈从，这是上都文学活动得以发生和繁荣的政治基础。二是随着上都各种文化机构的建设和文臣扈从制度的形成，大批文臣得以聚集上都，这是上都文学活动得以发生和繁荣的必要条件。三是元代游历之风的盛行，大量文人因求仕而游历两都，不仅壮大了上都文人队伍，而且成为上都与地方文学活动联系的重要纽带，这是上都文学活动得以发展、繁荣的社会基础，也是元代文学出现新变的一个绝不可忽略的重要因素。

第一节　上都的地理位置与政治地位

上都具有十分重要的地理位置和政治地位，它是连接漠北蒙古兴起之地和中原、江南汉地的交通枢纽，"控引西北，东际辽海，南面而临制天

---

① 元朝皇帝巡幸时间不很固定。忽必烈时期大多二月出发，偶尔三月，九月、十月返回大都。习惯于草地生活的如武宗、英宗、泰定帝，巡幸时间基本都在三月至九月。习惯于汉地生活的如仁宗、文宗、顺帝，巡幸时间基本是从四月、五月出发，七月、八月返回大都。

下，形势尤重于大都"①。作为上都前身的开平，是"圣上龙飞之地"②，
忽必烈潜邸所在，"天下视为根本之地"③。在文化上保留了蒙古传统风
俗，又可看作是蒙古民族的精神家园。上都既是元朝的政治中心之一，也
是忽必烈聚集和联系蒙古本部的中心④，在战略意义和政治地位上绝不逊
于大都。伴随着每年的帝王巡幸，上都因其特殊的政治地位，又成为元代
的文化中心，文学活动从而得以产生和发展。这是上都形成文学活动中心
的政治基础。

一　上都所在地：金莲川草原

（一）由北方游牧民族的"瓯脱地"到辽金帝王"四时纳
钵"之所

　　上都，又称上京、滦京，地处广袤的金莲川草原。金莲川位于滦河上
源，气候凉爽，水草丰美，动植物品类众多，是避暑游猎的理想区域。
《辽史·地理志》称其地为炭山，又名隆头，辽圣宗常游幸之"凉隆"⑤。
辽景宗和萧后在这里建筑了"凉殿"，经常来此纳凉、秋猎，《口北三厅
志·古迹门》所载滦河上源上都河店附近有"萧后梳妆台"，辽代的炭
山、凉隆，与金代的金莲川凉隆地区应该大体一致。金莲川原名为曷里浒
东川，金世宗大定八年（1168）五月，以"莲者连也，取其金枝玉叶相
连之义"而命名为金莲川⑥。《元史·地理志》载："上都路，唐为奚、
契丹地。金平契丹，置桓州。元初为扎剌儿部、兀鲁郡王营幕地。宪宗五
年，命世祖居其地，为巨镇。明年，世祖命刘秉忠相宅于桓州东、滦水北
之龙冈。中统元年，为开平府。五年，以阙庭所在，加号上都，岁一幸

---

　　① 虞集：《上都留守贺公墓志铭》，苏天爵：《元文类》卷五十三，商务印书馆 1936 年版，
第 761 页。

　　② 宋濂等：《元史》卷一百二十六《廉希宪传》，中华书局 1976 年版，第 3095 页。

　　③ 宋濂等：《元史》卷一百二十六《廉希宪传》，中华书局 1976 年版，第 3095 页。

　　④ 陈高华、史卫民：《中国政治制度通史》（第八卷），人民出版社 1996 年版，第 141 页。

　　⑤ ［日］箭内亘：《辽代的汉城与炭山》，《东洋》1921（1 卷 3 号）。按："凉隆"名见
《辽史·圣宗本纪》。

　　⑥ 脱脱等：《金史》卷二十四《地理志五上》，中华书局 1975 年版，第 566 页。

焉。"① 金莲川草原，自古以来，都是北方少数民族的生息之所，从文献记载最早的东胡和匈奴两个古老的北方游牧民族的"瓯脱地"②，到成为辽金帝王的"春水秋山，冬夏捺钵"之所③，在一千余年的历史变迁和民族迁徙中，滦河上游最终迎来了元朝的统治，上都城的创建，演绎和见证了风起云涌的历史，成为元代名副其实的政治中心之一。

对金莲川重要的地理位置，金时就十分重视。金朝在北疆域沿边三十八州设兵屯守，桓州是其中之一，桓州西南还有昌州（治狗泺，今内蒙古锡林郭勒太仆寺旗白城子）、抚州（治柔远，今河北张北县）④。金朝又在桓州、抚州、昌州置燕子城（燕赐城）、北羊城、狗泺三处榷场，使其地成为金朝控制"北部"的重要前哨阵地。⑤ 皇帝利用北出捺钵的机会，巡边耀武，震慑、安抚北边各部族，巩固边塞，这在《金史·梁襄传》有所记载："远幸金莲，至于松漠，名为坐夏打围，实欲服劳讲武。"⑥ 可以看出金莲川草原地理位置的重要性，它已然成了金朝沟通中原与"北方"各部最重要的交通孔道和军事战略营地。正是这样的地理位置，决定了金莲川草原在元朝统治的重要战略意义。

（二）忽必烈开府金莲川与开平城的兴建

蒙古灭金，金莲川又归属大蒙古汗国。金章宗泰和六年（1206），成

---

① 宋濂等：《元史》卷五十八《地理一》，中华书局 1976 年版，第 1349—1350 页。

② 据陈高华、史卫民的元上都研究所述，东胡的活动以今天辽河上游的西拉木伦河和老哈河流域为中心，匈奴则以今天黄河河套和阴山山脉地区为中心。两族之间有一千余里的弃地无人居住，"各居其边为瓯脱"。瓯脱，意为界上屯守处。元上都都城所在地区，应是当时东胡瓯脱的一个组成部分。参见陈高华、史卫民《元大都上都研究》，中国人民大学出版社 2010 年版，第142 页。

③ 金莲川及其附近地区，辽时分属中京道和西京道管辖，金时隶属西京路管辖。有关辽代的金莲川"四时捺钵"，参见傅乐焕《辽代四时捺钵考五篇》，《辽史丛考》，中华书局 1984 年版。有关金代的金莲川"四时捺钵"，参见刘浦江《春水秋山——金代捺钵研究》（上），《文史》第 49 辑，1999 年 4 月。刘浦江《春水秋山——金代捺钵研究》（下），《文史》第 50 辑，2000 年 7 月。两文认为，从大定十二年（1172）始，金世宗每年或隔年赴金莲川，往返时间 4—5 个月之久。

④ 脱脱等：《金史》卷四十四《兵志》，中华书局 1975 年版，第 554 页。

⑤ 贾敬颜《从金朝的北征、界豪、榷场和宴赐看蒙古的兴起》，《元史及北方民族史研究集刊》1985 年第 9 期。

⑥ 脱脱等：《金史》卷九十六《梁襄传》，中华书局 1975 年版，第 2605 页。

吉思汗统一草原各部，建立了大蒙古国。元太祖六年（1211）蒙古军举兵南下，破居庸关，金莲川成为大蒙古汗国的草原营地，成吉思汗曾多次驻夏于此。① 之后，成吉思汗将金莲川草原的桓州、抚州、昌州分封为"札剌儿部、兀鲁郡王营幕地"②。此后经忽必烈开府金莲川，迎来了开平城的兴建。开平城，即上都的前身。

忽必烈是元朝的创始人，也是上都城的创建者。他生于太祖十年（1215），由于早在太宗八年（1236）窝阔台将中原民户分封给蒙古宗王和功臣作为封地时，托雷家族得到真定八万民户，因此托雷家族在这时就与中原汉地建立了密切的联系，这直接影响了忽必烈对汉族文化的态度。而且，忽必烈早"思大有为天下"，在和林时就曾召见汉族文士问道③，在他们的影响下，忽必烈对汉文化有了较深的认识。1251 年六月，蒙哥即汗位，命忽必烈总领"漠南汉地军国庶务"④，蒙哥汗二年（1252），忽必烈由漠北南下，驻帐于桓州、抚州之间的金莲川⑤，"以太弟镇金莲川，得开府，专封拜"⑥，"征天下名士而用之"，建立了蒙元史上有名的金莲川幕府。藩府人才济济，所谓"鱼龙万里入都会，渶洞合沓何扰扰"⑦，有史可考者就有六十余位，他们都是满腹经纶的学者，或精通治道的谋士，或有一技之长，或有卓著战功的勇将，金莲川藩府形成了一个"文

---

① 按，元太祖七、八两年（1212—1213）均在抚州驻夏。参见贾敬颜校注《圣武亲征录》，中国书店 1980 年版，第 166 页。按，九年（1214）六月，避暑于鱼儿泺（今内蒙古赤峰克什克腾达里诺尔）。十年（1215）夏季，避暑桓州凉陉。参见宋濂等《元史》卷一《太祖纪》。

② 宋濂等：《元史》卷五十八《地理一》，中华书局 1976 年版，第 1349 页。

③ 如刘秉忠、燕真、贾居贞、董文炳、董文用等。参见萧启庆《忽必烈潜邸旧侣考》，《内北国而外中国：蒙元史研究》，中华书局 2007 年版，第 113—143 页。

④ 《元史·世祖本纪一》："岁辛亥，六月，宪宗即位，同母弟惟帝最长且贤，故宪宗尽属以漠南汉地军国庶事，遂南驻爪忽都之地。"（蒙古人把金朝人札忽惕 Jaqut，转义为汉人的泛称，"爪忽都之地"就是有"札忽惕人之地"，即漠南汉地）似乎宪宗即位当月忽必烈就移营漠南，但实际上是在数月之后。

⑤ 《元史·世祖本纪一》载："岁壬子（1252），帝驻桓、抚间。"苟宗道《国信使郝公行状》载"岁壬子（1252），今上（忽必烈）以皇太弟开府于金莲川"。参见郝经《郝经集校勘笺注》附录，田同旭校注，三晋出版社 2018 年版，第 3355 页。

⑥ 宋濂等：《元史》卷一百四十六《杨惟中传》，中华书局 1976 年版，第 2307 页。

⑦ 郝经：《郝经集校勘笺注》卷九《入燕行》，田同旭校注，三晋出版社 2018 年版，第 725 页。

武兼备的政治集团"①。金莲川成为忽必烈藩府统治的政治和军事中心。

1255年，蒙哥汗将金莲川草原赐给忽必烈，次年，忽必烈命刘秉忠规划新城，《元史》载："初，帝命秉忠相地于桓州东、滦水北，建城郭于龙冈，三年而毕，名曰'开平'。继升为上都，而以燕为中都。四年，又命秉忠筑中都城，始建宗庙宫室。八年，奏建国号曰'大元'，而以中都为大都。"② 历经三年，开平城建成。由于在水源丰富的草原建造开平城工程非常艰巨，民间传有借地于龙的传说，为开平城的兴建，增添了许多神性色彩。"相传刘太保迁都时，因地有龙池，不能干涸，乃奏世祖当借地于龙，帝从之。是夜三更，雷震，龙已飞上矣。明日，以土筑成基，至今有焉。"③ 随着两都制实行，上都在元朝的政治、军事、经济、文化等方面的重要性得到更加明显的体现。

二 两都巡幸制与上都的政治地位

1. 两都制的建立与上都的战略意义

1259年七月蒙哥死，时忽必烈正在鄂州前线指挥作战，其弟阿里不哥留守漠北，兄弟二人开始了谋取汗位的活动。1260年，忽必烈在开平被推举为蒙古大汗，建元"中统"，即以继承中原王朝的正统自命，开平遂成为临时都城。

忽必烈开平汗廷的建立，在蒙元史上是有重大政治意义的事件。蒙古国前四汗的统治中心都在漠北和林地区，从忽必烈开始，统治中心转移到了漠南汉地。在忽必烈即位前将近十年的时间里，开平是治理汉地的政治中心，昭示了开平在元朝百年统治中的特殊地位。

在这个时期，忽必烈大部分时间驻在开平，"每年来往于燕京与开平之间，在燕京过冬，在开平度夏，而以位于草原上的开平为主要都城，以燕

---

① 萧启庆：《忽必烈潜邸旧侣考》，《内北国而外中国：蒙元史研究》，中华书局2007年版，第144页。

② 宋濂等：《元史》卷一百五十七《刘秉忠传》，中华书局1976年版，第3693—3694页。

③ 孔齐：《至正直记》卷一《上都避暑》，庄葳、郭群校点：《宋元笔记小说大观》，上海古籍出版社2001年版，第6560页。

京为陪都。中央行政机构中书省就设在开平，而在燕京分立行中书省"①。
中统四年（1263），升开平府为上都，五年（1264），燕京改名为中都。
两都制度初具雏形。1267年，忽必烈命刘秉忠在金中都的东北新建都城。
至元八年（1271），忽必烈听取刘秉忠建议，取《易经》"大哉乾元，万
物资始，乃统天"之意，建国号为"大元"。标志上都宫廷建筑的万安阁
也于此年建成。至元九年（1272），改中都为大都。至元二十年（1283），
大都城基本修建完成。至元二十二年（1285），官衙与居民大举迁入大都
新城。至此，以大都为冬都、以上都为夏都的两都制度正式形成。

对于当时的大蒙古国原都城哈喇和林、金莲川藩府开平、金旧都燕京，
哪个最适合作全国统治的中心，已是摆在忽必烈面前的重大问题，学界对
此多有研究。元史学者陈高华认为，"无论从地理位置、经济状况，还是从
政治形式来说，和林都已不适合作为全国统治的中心。忽必烈早已下了迁
都的决心"②。而对于开平和燕京，一个是忽必烈潜邸"圣上龙飞之地"③，
一个是治理汉地的中心，对忽必烈来说具有同等重要的地位。在燕京定
都，符合汉人建立正统王朝的愿望。就连当时的蒙古贵族也意识到了这一
点，木华黎孙霸突鲁在忽必烈打算驻跸回鹘之地时给出建议："幽燕之
地，龙盘虎踞，形势雄伟，南控江淮，北连朔漠。且天子必居中以受四方
朝觐。大王果欲经营天下，驻跸之所，非燕不可。"④ 而提高开平的地位，
作为联系蒙古本部的中心，对于大蒙古汗国统治者来说也是至关重要的。
"开平和燕京两都并立的思想，可能在忽必烈即位后不久已经趋于成熟，
它不仅可以使和林建都的三重困难迎刃而解，也照顾到了蒙古民族本身的
利益和生活习惯。"⑤ 但是，由于当时还没有完全彻底解决漠北的阿里不
哥，以及山东李璮的叛乱，因此，两都制的正式形成又延续了几年。可

---

① 陈高华、史卫民：《元大都上都研究》，中国人民大学出版社2010年版，第158页。
② 陈高华、史卫民：《元大都上都研究》，中国人民大学出版社2010年版，第157页。
③ 宋濂等：《元史》卷一二六《廉希宪传》，中华书局1976年版，第3095页。
④ 宋濂等：《元史》卷一一九《木华黎传》，中华书局1976年版，第2942页。
⑤ 陈高华、史卫民：《元大都上都研究》，中国人民大学出版社2010年版，第158页。后
来的学者也多在此基础上进行阐发，所论都未出陈氏的框架。如周良霄、顾菊英：《元史》，上
海人民出版社2003年版，第280页。陈得芝：《中国通史》：元时期（上），上海人民出版社
1997年版。叶新民：《两都巡幸制与上都的宫廷生活》，《元上都研究》，内蒙古大学出版社1998
年版。丁超：《元代大都地区的农牧矛盾与两都巡幸制度》，《清华大学学报》2011年第2期。

见，升开平为上都，以及两都制的建立，主要是元朝统治者出于对上都所起的特殊战略意义和政治统治考虑的。对于上都在元朝统治中的战略地位，学界也多有论述，① 这样，在地域上，两都制的实行，最终形成了元朝以大都、上都为腹里的统治核心区②。

除上述原因，忽必烈将开平升为上都也有其他因素的考虑。如元史学者陈高华先生所说，忽必烈把开平升为上都，"也照顾到了蒙古民族本身的利益和生活习惯"。蒙古民族过着逐水草而居的生活，"大率遇夏则就高寒之地，至冬则趋阳暖薪木易得之处以避之。过（此）以往，则今日行，而明日留，逐水草，便畜牧而已。此风土之所宜，习俗大略也"③。元代两都的确立，是对蒙古民族固有习俗的继承，叶新民认为"它渊源于草原游牧经济，是与草原游牧民的生活方式相适应的"。从历史沿革来看，元代两都制的确立，也受到辽金习俗和制度的影响，"契丹族的四时纳钵制和女真族的巡幸制度，都对元朝两都巡幸制的形成有影响"④。这是我国古代北方游牧民族固有的生活习俗。因此，上都作为忽必烈的潜

---

① 如中国台湾学者茧庐认为："中国史学家与马可·波罗、多桑氏的记述，均曰上都为行都。以我的看法，蒙古人视上都，盖与和林等同，上都兴则和林废。燕京的营建，不过是理治汉地。和辽代以临潢为都城，以燕山为行京的意义相同。蒙古与契丹同族。鉴于金人轻离根本上京（会宁）而招致覆灭，所以把根本地放在上都。蒙古初都和林，着眼是经营西方，其位置在世界帝国的观点，是当时的中心地。到了忽必烈汗，放弃了北进西进，而采取南进汉地统一中华的策略。同时又要保持蒙古人的强弓弩马的习惯，与便于东北（乃颜封地）西北（海都、笃哇封地）两边的控制，自然以在此——跨踞塞上，拥有草原的环境与汉地中心的上都，作为都城，较好相宜，所以终元之世，发号施令之地，迄在上都，大汗到燕京去，那不过是享受汉地的繁华，才真是行都的性质。"参见茧庐《元代上都略考》，叶新民、齐木德道尔吉《元上都研究文集》，中央民族大学出版社 2003 年版，第 35 页。再如，元史学家李治安："严格地说，元代的上都和大都，至少在政治上是同等重要的，并没有正陪主次之分。因皇帝岁时巡幸，上都和大都应该是迭为政治中心或留都的。……上都并不是简单意义上的陪都或别都。根据上都春夏两季充任全国政治中心的实际情况，称其为元朝的夏都，似乎更为贴切。"参见李治安《元代政治制度研究》，人民出版社 2003 年版，第 43 页。

② "忽必烈不只是创造出了作为'点'的两个首都，也创造出了作为'面'的首都圈。"参见［日］杉山正明《忽必烈的挑战：蒙古帝国与世界历史的大转向》，周俊宇译，社会科学文献出版社 2013 年版，第 142 页。

③ 张德辉著，姚从吾校注：《张德辉岭北纪行足本校注》，《姚从吾先生大全集》（第七册），台北中正书局 1982 年版，第 295 页。

④ 叶新民：《两都巡幸制与上都的宫廷生活》，叶新民：《元上都研究》，内蒙古大学出版社 1998 年版，第 37—54 页。

邸，既是忽必烈"龙飞之地"，"天下视为根本"之地，又是忽必烈联系蒙古本部的中心①。

2. 两都巡幸制与上都的政治地位

中统四年（1263）五月，开平城正式升为上都。翌年，燕京改称中都（后又改大都），两都制确立。随后，皇帝每年巡幸也固定下来。以中统四年（1263）忽必烈二月十五日赴上都和八月二十五日返回大都为开端，多数皇帝"每年四月，迤北草青，则驾幸上都以避暑，颁赐于其宗戚，马亦就水草。八月，草将枯，则驾回大都"②。而且还形成了"天子时巡上京，则宰执大臣，下至百司庶府，各以其职分官扈从"③的"国朝旧典"。

两都巡幸制度被元朝历代皇帝所承袭，"列圣相承，遵为典常，文武百司，扈从惟谨"④。每年帝王巡幸上都，时间虽然也不是很固定，但是基本都是三四月从大都出发，八九月返回。⑤驻跸上都的时间达半年之久。皇帝巡幸，"后宫诸闱、宗藩戚畹、宰执从僚、百司庶府，皆扈从以行"⑥，在巡幸的路上，浩浩荡荡，所谓"车盖连诸郡，衣冠接两都"⑦，场面壮阔，连绵不断。在上都期间，除了通常的处理政务以外，还要举行祭天、祭祖、忽里台大会、狩猎等各种"国俗"活动。⑧其中，通过举行大型宫廷宴会诈马宴，颁赐诸王等形式的会集诸王是最重要的。

在上都大肆宴飨、赏赐蒙古诸王，其根本目的就是联结诸王藩戚，即"昭等威，均福合，庆君臣之欢，通上下之情者也"⑨。借北巡上都之时，拉拢和震慑东部、西部蒙古诸王，以保持稳定。这在元朝文人苏天爵

---

①　陈高华、史卫民：《中国政治制度通史·元代》（第八卷），人民出版社 1996 年版，第 141 页。

②　叶子奇：《草木子》卷三下，文渊阁《四库全书》本。

③　黄溍：《上都翰林国史院题名记》，《金华黄先生文集》卷八，《四部丛刊》景元刊本。

④　虞集：《道园学古录》卷十三《上都留守贺惠愍公庙碑》，文渊阁《四库全书》本。

⑤　据《元史》载，忽必烈时期大多二月出发，偶尔三月，九月、十月返回大都。习惯于草地生活的如武宗、英宗、泰定帝，巡幸时间基本都在三月至九月。习惯于汉地生活的如仁宗、文宗、顺帝，巡幸时间基本是从四月、五月出发，七月、八月返回大都。

⑥　王祎：《王忠文集》卷六《上京大宴诗序》，文渊阁《四库全书》本。

⑦　傅若金：《送苏伯修侍郎分部扈跸》，苏天爵：《滋溪文稿》，中华书局 1997 年版，第 571 页。

⑧　白寿彝主编：《中国通史》（第八卷），上海人民出版社 1989 年版，第 255、256 页。

⑨　王祎：《王忠文集》卷六《上京大宴诗序》，文渊阁《四库全书》本。

《中书参议府左右司题名记》也有记载："先王之巡狩也，盖省观民风，设施政教，非以纵游田而事晏乐也。昔我世祖皇帝肇作两京，岁时巡幸，振民布政，发号出令。远则边徼咸畏其威，近则臣庶不知其劳，是亦先王巡省之遗意欤。"① 可见，元代帝王巡幸上都绝不是历代中原王朝的帝王巡幸娱乐性质，也绝不仅仅是游牧民族单纯的避暑行为，而是上都在元朝统治中的极具战略意义的最好体现。正如台湾蒙元史学者萧启庆所说："忽必烈立国中原后，对各汗国宗主权的象征意义大于实质意义，但为保持其在蒙古世界中之统治合法性，忽必烈及其子孙不能仅以中国的'皇帝'自居，立法施政必须自蒙古'大汗'的观点着眼。"② 上都考古学家魏坚更加明了地说："元代帝王兼具蒙古大汗与中原君王的双重性格，留驻大都是确定自己的权力及于中原领土，而归返上京，则是保持其对蒙古帝国的统治。"③ 也正是从这个角度来说，虞集认为上都"形势尤重于大都"④。而当元朝灭亡时，顺帝也是把上都作为北遁退守的首要之选。由此可知，上都实际上是元王朝的精神家园与文化基地。有元一代，忽必烈立朝后的六任皇帝都在上都举行忽里台大会即位。⑤ 由于其非同寻常的政治、军事地位，元代中期以来著名的宫廷斗争，如"南坡之变""两都之战""上都兵变"等均发生在上都。⑥

---

① 苏天爵：《滋溪文稿》卷二，陈高华、孟繁清点校，中华书局1997年版，第14页。

② 萧启庆：《元朝的统一与统合：以汉地、江南为中心》，《元朝史新论》，台北允晨文化实业公司1999年版，第17—18页。

③ 魏坚：《元上都——永保着巨大文明的废墟》，《吉林大学社会科学学报》2005年第11期。

④ 虞集：《道园学古录》卷十八《贺忠贞公墓志铭》，文渊阁《四库全书》本。

⑤ 泰定帝没有在上都即位，而泰定帝又是元朝唯一没有庙号的皇帝。

⑥ 周伯琦记载："大抵两都相望，不满千里，往来者有四道焉，曰驿路，曰东路二，曰西路。东路二者，一由黑谷，一由古北口。"周伯琦《扈从集》前序，四库全书本。由上都走帖里干站道、木邻道可至蒙古地区。由上都东行，可达辽阳行省，其路线经上道、七个营、尖山寨、涌泉、新店、松州（内蒙古赤峰市西南），到辽阳行省的大宁（内蒙古昭乌达盟宁城）。上都通向辽阳行省的驿站：由大宁经广宁（辽宁北镇）等地可达辽阳（辽阳市老城）。参见党宝海《蒙元驿站交通研究》，昆仑出版社2006年版，第286页。叶新民《元上都的驿站》，《蒙古史研究》（第三辑），内蒙古大学出版社1989年版，第80—87页。从上都通向岭北行省的驿路主要有两条：一条是帖里干（蒙古语，意为车）站道，一条是木怜（蒙古语，意为马）站道。参见陈得芝《元岭北行省诸驿道考》，《元史论集》，人民出版社1984年版，第681—694页。叶新民说"帖里干站道和木岭站道与上都都有密切关系。可见上都在沟通岭北行省和内地联系上占重要地位"。参见叶新民《元上都的驿站》，《蒙古史研究》（第三辑），内蒙古大学出版社1989年版，第83页。

作为元朝的夏都，上都所具有的政治地位与战略意义是十分突出的。正如元史家李治安所说："严格地说，元代的上都和大都，至少在政治上是同等重要的，并没有正陪主次之分。因皇帝岁时巡幸，上都和大都应该是迭为政治中心或留都的。"① 作为元朝的夏都，绝不是以往历朝历代的陪都所能比拟的。正是由于上都特殊的地理位置和政治地位，使得扈从圣驾、游览上都成为元人眼中极为尊贵、风雅的行为，争相前赴上都成为元代的时代风气。然而，对文武大臣而言，每年伴随皇驾巡幸的扈从人员须"自非器钜而虑周，望孚而干固，明习国家典要，深为上所信，向者殆不足以胜其任也②"。因此，元代前期，只有极少数文臣得以扈从，来到上都。大批文臣得以扈从上都，有待于元廷采取进一步的举措。

第二节　促成文人聚于上都的举措

每年帝王巡幸上都，"后宫诸闱、宗藩戚畹、宰执从寮、百司庶府，皆扈从以行"③，但是最初的扈从"皆国族、大臣，及环卫有执事者"，所谓"天子岁省方留都，丞相侍省中，率百官咸以事从，或分曹厘务，辨位考工；或陪扈出入起居，供张设具；或执囊鞬备宿卫；或视符玺、金帛、尚衣诸御物惟谨"④。都是执事人员，对于大多数的汉族文臣而言，"外人"和馆阁文士的身份却令他们"仕至白首，或终身不能至其地也"。元代大批文人能够聚集，与两都制的建立和实行有关，却不是伴随两都制出现的，而是元廷推行一些重大举措的结果。这些重大举措主要包括上都各种文化机构的设立、科举制的推行、文臣扈从制度的形成等。

一　忽必烈时期的两次延揽人才

蒙古人凭武力得天下，用人重"根脚"，如何对待儒家文化、汉族文人，一直是元朝统治的大事。随着治理江南、汉地现实问题的出现，以及

---

① 李治安：《元代上都分省考述》，《文史》（第60辑），中华书局2002年版，第43页。
② 虞集：《道园学古录》卷十八《贺丞相墓志铭》，文渊阁《四库全书》本。
③ 王祎：《王忠文集》卷六《上京大宴诗序》，文渊阁《四库全书》本。
④ 马祖常：《石田文集》卷八《上都翰林分院记》，文渊阁《四库全书》本。

统治者对汉文化认识的不断深化，蒙古统治者以各种方式吸收了相当数量的汉地和江南文士进入政权，推行"儒治"。在元朝中期文化建设兴盛以前，忽必烈的两次大规模延揽人才使一些北方文士和江南有名望的文士聚于大都，并通过征召、官员议事的方式赴上都。

忽必烈为藩王时期，特别是开府金莲川时期大规模的征召人才，促成了最早一批北方文人聚集藩府。忽必烈"思大有为于天下，延藩府旧臣及四方文学之士，问以治道"。大批旧金文士受征召进入藩府，他们大多为精通辞章的经济之士和义理之士，多"以馀力为诗文"，也有部分辞章之士，有史可考者就有六十余位。① 他们大多是金末山东、山西、陕西、河北等地儒学、文学等领域的精英。世祖中统建元后，由藩府文人的引荐，北方文士陆续供职元廷，直到元代中期大批南方文士就职各类文化部门，集贤、翰林两院都以北方文人为主体②的局面，就是忽必烈第一次大量延揽人才的结果。在任职上，金莲川藩府文人有的任中书省、御史台官员，大多都任职集贤、翰林两院，为文官。在南北统一之前，这些文人只有极少数是作为扈从人员而至上都的，正如危素在《上都分学书目序》中所说："开平距大兴且千里，大驾岁一行幸，恒以仲夏之月至，及秋则南还，故百司之扈从者骎往倏来，无复久居之态。"这一时期，翰苑文臣能前往上都的很少，扈从之人也多无心久驻。

南北统一后，忽必烈第二次延揽人才，为南方文人聚集上都提供了历史契机。在南宋灭亡之初，元廷就先搜罗医、僧、道、阴阳占卜者等。这些人中，有一些也精通诗文辞赋，如率先走进京师起于江西的玄教道士，其中，张留孙、徐懋昭、马臻、朱思本、吴全节等都是诗文书画精通的道士，他们扈从帝王巡幸上都，因此，这批江南道士就成为最早在上都进行文学活动的南方人。不过，这些士人化的道士人数是不多的。

由于地域统治的现实问题，忽必烈改变了对江南冷遇的统治策略，至

---

① 萧启庆：《忽必烈潜邸旧侣考》，《内北国而外中国：蒙元史研究》，中华书局 2007 年版，第 144 页。

② 如元世祖中统建元后，山东王磐、徐世隆等进入忽必烈朝廷，经他们推荐，徐琰、李谦、阎复、王构、李盘、王恽等先后入朝，且多任职翰林。

元二十三年（1286）派程钜夫"求贤于江南"①，这是继藩府延揽人才之后的第二次大规模纳贤，而且只针对"南方耆德清望之人"②，这是元初促使江南文人北上京师的重大举措，也是江南文人前往上都的历史契机。在他们的感召和带动下，至成宗大德、仁宗皇庆间，南方文人纷纷北上，袁桷、邓文原、虞集、贡奎等人在列，他们先后入翰林国史院、国子监为学士、史官等。尽管在文臣扈从制度形成之前，他们已经历经成宗、武宗等朝，但是，直到汉化程度较高的仁宗、英宗朝，这批江南文人才有机会扈从上都，成为元代中期扈从上都文人群的核心。

二　行科举与文人监试、分教上都

元代仁宗、英宗、文宗朝是文化建设的主要时期，上孔子尊号、行科举、立奎章阁、开经筵等即是主要表现。这些文化建设的重大举措，对文人的聚集京师、前往上都起到了积极的推动作用。推行科举，成为文人聚集上都的重要条件。

皇庆二年（1313）仁宗下诏复科，延祐元年八月乡试，延祐二年会试。"诏以皇庆三年八月，天下郡县兴其贤能者，充贡有司。次年二月会试京师，中选者亲试于廷，赐及第出身有差。帝谓侍臣曰：'朕所愿者，安百姓以图至治。然匪用儒士，何以致此？设科取士，庶几得真儒之用，

---

① 宋濂等：《元史》卷一七二《程钜夫传》，中华书局 1976 年版，第 4016 页。据宋濂等《元史》卷一七三《叶李传》载，在元军破临安的次年（至元十四年，1277），"世祖命御史大夫姜卫行台江南，且求遗逸"。而大规模的江南求贤，则是至元二十四年的程钜夫江南访贤。《元史》卷一七二《程钜夫传》载："帝素闻赵孟𫖯、叶李名，钜夫当临行，帝密谕必致此二人。钜夫又荐赵孟頫、余恁、万一鹗、张伯淳、胡梦魁、曾晞颜、孔洙、曾冲子、凌时中、包铸等二十余人，帝皆擢置台宪及文学之职。"但这个名单中，除忽必烈点名要的二人外，真正在当时名著一时的只有赵孟頫，其次则为赵孟頫的内兄张伯淳，其他人都既无显赫之名，也未"擢置台宪及文学之职"。未入这一名单而可考知为程钜夫所荐举的，有吴澄、谢枋得、范晞文、吴可孙、曾子良、谢国光、何逢原、陆正。据考当时程钜夫所荐共 22 人，以上合计 20 人。从文献中还可找到由程钜夫推荐出仕为官的，但不能确定是否本次所荐。这其中吴澄、谢枋得、范晞文等，在当时都名声显赫。

② 危素：《大元勅赐故翰林学士承旨赠光禄大夫大司徒柱国追封楚国公谥文宪程公神道碑铭》，李修生主编：《全元文》（第48册）卷一四七八，凤凰出版社 2004 年版，第 433 页。

而治道可兴也。"① 科举为读书人开辟了进身之路，在社会上引起士人心态的变化，掀起了元代中期前赴京师以求仕为目的的问学、游学的热情。上都作为元朝的夏都，不仅能够为文人提供与大都一样的出仕机会，还以其迥异于中原、江南的自然地理风光和蒙古风情文化成为元代极为神秘又神圣的帝都，吸引着不远万里来到大都的文人。检索文献可知，文人游历上都的路线几乎都从家乡到大都，在大都期间寻找合适的机会，跟随扈从队伍游历上都。如元代前期的湖南人冯子振、江浙人陈孚、杭州范玉壶兄妹及子，中后期的江浙文人迺贤、王祎、江西韩与玉、涂颖、江浙，可以说，文人游历上都，元廷科举的实行起着十分重要的推助作用。

上都也曾多次组织乡试，因上都乡试也使得大量考生和监试官聚集上都。上都乡试与其他行省一样，分蒙古、色目人与汉人、南人两榜，多由翰林儒臣主持。因监试上都乡试，一些文臣须前往上都。如周伯琦"是年复科举取士，制承中书檄，以八月十九日至上京，即国子监为试院，考试乡贡进士"②。还有柳贯、陈旅、宋褧等都担任过上都监试官，多次前往上都。科举中第入翰林者，很多成为后来扈从上都的文臣。如欧阳玄、黄溍、马祖常、许有壬、陈旅、苏天爵等一批诗文名家登第，纷纷进入馆阁，他们成为扈从上都的主要文臣，这也是受科举间接又长远影响下的局面。

三　文化机构的建立和文臣扈从制度的形成

作为元朝的夏都，上都设有庞大的机构。"盖国家盛大，庶事浩繁。其职掌之事，视古者几至倍蓰。故其官府之升，至于重大。而其属亦已繁多。日益月增，其势然也。"③ 中书省、枢密院、御史台等机构，宣政院、宣徽院、太医院、将正院、通政院、徽政院、司天监、太府监、大司农司等职能部门，以及文人聚集的翰林国史院、国子学等文化部门在上都先后

---

① 宋濂等：《元史》卷二十四《仁宗本纪一》，中华书局 1976 年版，第 558 页。

② 周伯琦：《近光集》卷一《是年复科举取士制承中书檄以八月十九日至上京即国子监为试院考试乡贡进士纪事》，文渊阁《四库全书》本。

③ 苏天爵编：《元文类》卷四十《经世大典序录·制官》，《四部丛刊》本。

建立①。其中，中书省、御史台中有少数的文人任职，他们或通过扈从，或者征召、议事而前往上都。而随着上都各类文化机构的建立和文臣扈从制度的形成，任职翰林国史院、集贤院等机构的文臣，才得以有更多的机会扈从上都。

1. 上都中书省、御史台等中枢机构的建立与文臣前往上都

中统四年（1263）开平升为上都以前，元代的政治中心是开平，蒙廷行政中枢中书省即置于此，皇帝及中书省主要官员也常居开平，部分宰执被派往燕京组成燕京行中书省，即所谓"行省事于燕"。这种状况一直延续到至元间迁入大都。这个时期，作为雅好诗文的中书省官员，有的直接坐镇开平，事于燕的中书省、御史台等官员，有时也需奉诏北上奏闻，或与开平中书省官员议事。如世祖时期的刘秉忠、刘敏中、王恽等聚于上都就是如此。至元七年（1270）五月许衡以中书省左丞"随省赴上都，因具奏阿合马专权无上，蠹国害民等事"。随着两都制的确立，皇帝春夏北巡上都，秋冬南居大都。扈从皇帝于上都的部分中书省官员，组成了所谓"上都分省"，留在大都的另一部分中书省官员，又组成所谓"留省"，上都的御史台、枢密院等早期建立的机构也是如此。如中书省，元统三年（1335）右司都事苏天爵有《中书参议府左右司题名记》，至正五年（1345）翰林直学士宋褧有《上都分省左司掾题名记》两文，苏、宋都曾将扈从上都的分省参议府、左右司官吏，录"官僚姓名于壁"，包括参议府、左司、右司等上都分省扈从僚，从文中记录可知：僚属之下，还有掾史若干扈从上都，直属于上都分省。如中书省左司额定的 39 名省掾中，每年有十名随分省北赴上都。"东曹（左司）职掌，视右司重。为设掾之数，亦倍之。天子岁幸上都，则曹十人从宰相治分省"，而且在"乘舆往返"途中还要在掾史中"内择二人，听命于行在次舍，谓之随驾"。至元五年（1268），御史台即在上都设分院，"大驾行幸，则毕从于豹尾之中，而非若他官可以更休"②。但是不论如何，任职中书省、御史台等机构官员文臣，保证了两都政务畅通，需要扈从上都，"大驾岁幸上京，则分台从，大夫二，必大贵近，不去左右，中丞下分员行"，而他们在扈从期

① 叶新民：《元上都的官署》，《内蒙古大学学报》（社会科学版）1983 年第 1 期。
② 黄溍：《金华黄先生文集》卷八《上都御史台殿中司题名记》，《四部丛刊》景元刊本。

间，"大臣日侍帷幄，时陪论奏，退则入省治常事。军国机务，一决于中"①。马祖常、许有壬、周伯琦、贡师泰都曾任职御史台等扈从上都。除此之外，因政务奉诏北上，或官员议事、军事巡查而前赴上都，如贡师泰。但是，这些文人与任职文化机构的文臣相比，数量是非常少的。

2. 上都国子监的建立与文臣分教上都

忽必烈在中统元年（1260）的即位诏书中说："朕惟祖宗肇造区宇，奄有四方，武功迭兴，文治多缺，五十余年于此矣。"② 为改变这种"武功迭兴，文治多缺"局面，忽必烈即位后采取一系列的有效措施。中统二年（1261）六月，世祖皇帝向全国颁发了一道诏书，"宣圣庙及管内书院，有司岁时致祭，月朔释奠，禁诸官员使臣军马，毋得侵扰亵渎，违者加罪"③。全国各地的宣圣庙及学校，依法受到了保护。中统二年（1261）八月，元朝政府就命令开平守臣释奠于宣圣庙④，建立了上都儒学教学机构——孔庙。至元八年（1271），忽必烈下诏立蒙古国子学，二十四年又命"设国子监，立国学监官"⑤。

后代君主承接忽必烈的政策，成宗大德六年（1302）设上都国子分学，就在上都孔庙西建有庐舍以待国子生⑥，"诸生入宿卫者，岁从幸上都"⑦，在上都，儒学和国子分学是合二为一的。⑧ 元上都的儒学，后来就成为接待国子生的上都国子分学。上都孔庙西建有庐舍以待国子生，实际上就是在上都儒学院内新建了几栋庐舍，接待从幸前来上都的国子生。大德六年（1302）元上都国子分学始建。在这一年，"诸生入宿卫者，岁从幸上都，丞相哈剌哈孙始命（尚）野分学于上都，以教诸生，仍铸印给之，上都分学自（尚）野始"⑨。大德八年（1304）起，实施

---

① 许有壬：《至正集》卷三十五《文过集》序，文渊阁《四库全书》本。

② 宋濂等：《元史》卷四《世祖一》，中华书局 1976 年版，第 64—65 页。

③ 宋濂等：《元史》卷四《世祖一》，中华书局 1976 年版，第 71 页。

④ 宋濂等：《元史》卷七十六《祭祀志五》，中华书局 1976 年版，第 73 页。

⑤ 宋濂等：《元史》卷十四《世祖本纪十》，中华书局 1976 年版。

⑥ 贾洲杰：《元上都调查报告》，《文物》1997 年第 5 期。

⑦ 宋濂等：《元史》卷一六四《尚野传》，中华书局 1976 年版，第 3861 页。

⑧ 参见王风雷《元上都教育考》，《内蒙古师范大学学报》（哲学社会科学版）2000 年第 8 期；袁冀《元代之国子学》，《元史研究论集》，台北商务印书馆 2006 年版，第 203—236 页。

⑨ 宋濂等：《元史》卷一六四《尚野传》，中华书局 1976 年版，第 3861 页。

了国子贡试法，国子生考试及格者即可任六品官。"国子学，秩七品……大德八年，为分职上都，增置助教二员，学正二员，学录二员，督习课业。……"①危素曾记载上都分学扈从人员情况："国子助教岁从分学上都，佩国子学印，给驿骑公车。学正或学录一人，伴读四人，其一人兼学仪，一人兼典籍，一人兼典书，一人兼管勾。弟子员或宿卫或从父兄，无定数。"②

从此，每年皇帝巡幸上都，生徒和师儒们都从幸前来上都。以国子助教分教上都的就有虞集、柳贯、陈旅、危素、吴师道、周伯琦、苏天爵、欧阳玄、程端学、辛传鼎、罗叔亨③、薛汉④、熊太古⑤等，还有担任国子祭酒的尚野和张翥等，⑥ 这样，从成宗大德六年（1302）元上都国子分学建立始，就有很多因国子分教而至上都的文人。上都国子分学的生徒大部分都是"入宿卫者"和大臣子弟，虽然现存文献没有可证明国子生在上都的文学活动，但是可以推测，他们也有着较高的文学素养。

3. 文臣扈从制的形成与大批文臣聚集上都

翰林国史院是元代文臣聚集最为集中的文化机构，扈从上都的文臣也主要来源于此。翰林国史院的建立、发展和壮大，以及文臣扈从制度的形成，是文臣大量聚集上都的重要条件。

忽必烈于中统二年（1261）五月立翰林院，七月立国史院⑦，至元元年（1264）又将前代属于翰林院系统内的国史院正式与翰林院合并，设

---

① 宋濂等：《元史》卷八十七《百官志七》，中华书局 1976 年版，第 2192—2193 页。

② 危素：《危太朴文集》卷二《国子监分学题名记》，《四部丛刊》本。

③ 罗叔亨，徽州歙县人，生平事迹不详。周伯琦《诈马行有序》："（后）至元六年岁庚辰忝职翰林，扈从至上京，六月廿一日与国子助教罗君叔亨得纵观焉，因赋《诈马行》以记所见。"参见周伯琦《近光集》卷一，文渊阁《四库全书》本。

④ 薛汉（？—1324），字宗海，永嘉人，师从柳贯。"泰定元年（1324）春，选国子助教，四月，泰定帝北幸，循例赴教上都。八月还，九月三日卒于居贤坊寓舍。"参见（清）曾唯辑《东瓯诗存》（上册），上海社会科学院出版社 2006 年版，第 538 页。

⑤ 熊太古，字邻初，丰城人，熊朋来之孙。历翰林编修、国子助教。其记有上都事迹的笔记《冀越集记》即是他以国子助教身份扈从上都时所作。

⑥ 王风雷：《元上都教育考》，《内蒙古师范大学学报》（哲学社会科学版）2000 年第 4 期。

⑦ 王恽：《秋涧先生大全文集》卷一百，《四部丛刊》本。

立翰林兼国史院①。最初，几乎所有的国家文化事业都由翰林国史院主管："蒙古新字及亦思替非并教习于本院，翰林国史、集贤两院合为一，仍兼起居注、领会同馆、知秘书监，而国子学以待制兼司业，兴文署以待制兼令，编修官兼丞，俱来隶焉。"② 后来蒙古翰林院、集贤院等一批机构独立，翰林国史院的主要职掌成为"纂修国史、典制诰、备顾问"③，终元之世不改④。因此，翰院文臣工作甚为清闲。而文人入职翰院的标准是"宜选通经史、能文辞者"⑤，元代文坛的诗文大家几乎都供职过翰院。如赵孟頫、程钜夫、虞集、欧阳玄、马祖常、黄溍、揭傒斯、吴澄、袁桷、邓文原、范梈、柳贯、陈旅、贡师泰、张起岩、李好文、王沂、虞集、宋褧、余阙、张翥、危素等。随着英宗至治元年（1321）上都翰林分院的设立，文臣扈从制度形成，大量的翰院文臣得以扈从，成为上都文坛文人群体的核心。

泰定帝、文宗朝，是元代文化建设的繁荣时期，经筵制度以及建立奎章阁学士院，也是促成文臣扈从上都的重要举措。泰定元年（1324），泰定帝在江浙行省左丞赵简的建议下"皇帝始御经筵"⑥，开设经筵讲习制度，选择优秀翰林儒臣为帝王及王孙讲解儒家经典，皇帝巡幸上都时，讲臣执经以从，并形成制度，"天子出御，经筵则劝讲进读，启沃圣心；退则紬绎前闻，以待访问"⑦。虞集、周伯琦、黄溍、柳贯、许有壬、欧阳玄、王结、马祖常、胡助等都因经筵扈从上都，其情形正如时人诗中所

---

① 元朝翰林国史院设承旨、学士、侍读学士、侍讲学士、直学士等官员，还设制、修撰、应奉、翰林文字、编修、检阅、典籍、经历、都事等中级官员，设椽史、译史、通事、知印、蒙古书写、书写、接手书写、典吏、典书等办事员。院官中，地位最高者为翰林学士承旨，以下依次为翰林学士、翰林侍读学士、翰林侍讲学士和翰林直学士。属官包括翰林待制、翰林修撰、应奉翰林文字、翰林国史院编修官等。参见宋濂等《元史·百官三》卷八十七，中华书局1976年版，第2189—2190页。

② 黄溍：《金华黄先生文集》卷八，《上都翰林国史院题名记》，《四部丛刊》本。

③ 宋濂等：《元史》卷八世祖本纪五，中华书局1976年版。

④ 参见张帆《元代翰林国史院与汉族儒士》，《北京大学学报》（哲学社会科学版）1988年第5期；王一鹏《翰林院演变初探》，《内蒙古社会科学》1993年第6期；萨兆沩《元翰林国史院述要》，《北京行政学院学报》1999年第1期。

⑤ 宋濂等：《元史·选举三》卷八十三，中华书局1976年版，第2065页。

⑥ 虞集：《道园学古录》卷十一，《书赵学士简经筵奏议后》，文渊阁《四库全书》本。

⑦ 黄溍：《金华黄先生文集》卷八，《上都翰林国史院题名记》，《四部丛刊》本。

述："水精宫殿柳深迷，朝罢千官散马蹄。只有词臣留近侍，经筵长到日轮西。"①

　　文宗建奎章阁学士院，延揽名儒，讲授儒学，撰《经世大典》，开创了文化建设的繁盛局面。奎章阁是宫廷藏书和古玩之处，皇帝经常御临奎章阁。天历二年（1329）"立奎章阁学士院，秩正三品"②，"天子既建奎章阁，置大学士二人，侍书学士二人，承制学士二人，供奉学士二人，参书二人，非尝任省台、翰林及名进士，不得居是官"③。聚集了不同民族、不同地域的多种才艺之士，虞集、揭傒斯、宋本、李泂、康里巎巎、赵世延、忽都鲁都尔迷失、阿嶙帖木儿、铁睦尔塔识、欧阳玄、苏天爵、许有壬、柯九思、杨瑀、王守诚、泰不华，一时才俊，会集于此。而文宗皇帝"非有朝会、祠享、时巡之事，几无一日而不御"④。奎章阁学士院的建立，极大地壮大了台阁文臣的队伍，随着文臣扈从制度的形成，客观上为文人聚集上都提供了历史契机。而很多翰院文臣一生扈从多次，虞集、袁桷、马祖常、王继学、许有壬、胡助等，有的还因身兼数职，多重身份扈从十数次，如虞集，曾任职国子助教、翰林编修、翰林直学士、经筵进讲官、奎章侍讲学士。正是元代中期翰院文臣队伍的壮大、文臣扈从制度的形成，大批文臣才每年来至上都，在上都形成了以翰院文臣为核心的文学活动。正如揭傒斯所云："自天历、至顺以来，当天下文明之运，春秋扈从之臣，涵陶德化，苟能文词者，莫不抽情抒思，形之歌咏。"⑤

　　4. 崇信宗教，文士化的释道聚于上都

　　蒙古民族不仅信奉宗教，而且采取多元并存、为我所用的开放的宗教政策。进入中原之后，原本信奉萨满教的蒙古统治者开始接受佛教和道教，西征后又接收伊斯兰教、基督教，在多种教派中，尤其崇信佛、道两教。上都佛教寺院就有大龙光华严寺、大乾元寺、开元寺、帝师寺、庆安

---

① 叶衡：《上京杂咏十首》（其二），钱熙彦编次：《元诗选补遗》，中华书局 2002 年版，第 38 页。

② 宋濂等：《元史·文宗本纪二》卷三十三，中华书局 1976 年版，第 730—731 页。

③ 揭傒斯：《揭文安公文集》卷四《送张都事序》，《预章丛书》本。

④ 虞集：《道园学古录》卷二十二《奎章阁记》，文渊阁《四库全书》本。

⑤ 揭傒斯：《跋上京纪行诗》，胡助《纯白斋类稿》附录，文渊阁《四库全书》本。

寺、弘正寺、黄梅寺等，道教庙观有崇真万寿宫、长春宫、寿宁宫、太一宫等①，可见，佛道两教在上都的地位和良好的发展态势。

金元之际，各种宗教团体及其首领都采用各种手段邀取蒙古上层的恩宠，同时不断扩大自己的影响。

道教全真派领袖邱处机曾应成吉思汗之召，远赴中亚觐见讲道，备受恩宠，虽然后来全真教在与佛教的论辩中失败，② 但是由于统治者对宗教的重视和权衡的策略，中统三年（1262）朝廷依然给予全真道领袖张志敬“光先体道诚明真人”的封号，表彰他“增光前辈，垂法后人”，上都最重要的宫观长春宫仍不时地接受皇帝的敕令，开设金箓天大醮。而玄教在元朝的兴盛，也是在统治者有意拉拢利用和玄教人士的不断努力下实现的。元初灭南宋，蒙古统治者便开始搜寻僧道医卜之士，龙虎山道士张宗演最先进入元廷，“宋平之初，嗣天师首蒙特召，而正一教实兴”。③ 自此，玄教以长期留居京师的玄教大宗师和不时赴阙的张天师为核心，以崇真宫为据点，在两都展开一系列活动，不断壮大势力和提高地位。“醮事是其基本职能，是获取帝室优宠的前提，颇类市朝鬻道；护佑和管理道教是醮事的提升，参与政治是宗教活动的扩展和升华，周旋于人物之间则是其在两都维持长期影响的基础。”④ 因此，玄教正一教道士以其深稳的参

---

① 魏坚：《元上都的考古学研究》，博士学位论文，吉林大学，2004 年，第 43 页。

② 在中原地区，全真道利用有利形势，抢占了许多佛寺和田产，佛教和道教之间发生了激烈的冲突。到蒙哥汗五年（1255），离山少林寺长老福裕向藩王阿里不哥告发全真道“谤仙佛门”，从而引发了其后近 30 年的佛道之争。这年八月，蒙哥汗在和林大内万安阁下召集佛道两家对证，最后蒙哥汗判定“道士理短”，下令退还所占佛寺，修复佛像，焚毁伪经。八年（1258）夏，忽必烈受蒙哥汗委托，在新建的开平“大集九流名士，再加考论，俾僧道两路，斜正分明”，举行了第二次佛道大辩论。辩论是在“上都宫中大阁之下”进行的，到会僧人 300 余人，道士 200 余人，儒士、官员 200 余人。僧人中还有来自吐蕃的喇嘛教萨思迪派领袖八思巴。辩论到夕阳时分，阁中昏暗，忽必烈宣布道士失败，令将所占寺宇田产 400 余处交还释家。并要参与抗辩的 17 名道士按照事先的约定，到刚刚建成的大龙光华严寺“脱袍去冠”，削发为僧。参见祥迈《至元辩伪录》卷二、卷三，《大正新修大藏经》本。

③ 宋濂等：《元史》卷二百零二《释老·张宗演》，中华书局 1976 年版，第 4526 页。

④ 吴小红：《元代龙虎山道士在两都的活动及其影响》，《元史论丛》（第十二辑），内蒙古教育出版社 2010 年版。

政能力积极活跃于两都①，每年都要扈从上都。而道教人士，特别是正一教道士，多精通诗文书画等，文学艺术修养极高，张与材精于诗画，尤善大字草书。吴全节"博览群书，遍察群艺，而于道德性命之要粹如也"②，被誉为"玉堂学士"③，诸如此类还有张宗演、马臻、陈义高、朱思本、张嗣德、薛玄曦、夏文泳、萧辅道、李居寿等，诗文书画都极富盛名。同时他们又深谙处世之道，如张留孙"排解荐助，人不知所自，亦不肯自以为功，绝口不言。朝政贵客至争短长，酒尽三爵即假寐。客去，礼复初"④。因此，正一教道士在两都周旋于显宦名流、文人雅士间，如鱼得水。

喇嘛教也是如此。蒙哥汗三年（1253），喇嘛教萨思迦派的领袖八思巴在六盘山谒见出征云南归来的忽必烈，备受礼遇，八思巴追随忽必烈东还。中统元年（1260），忽必烈即汗位，封八思巴为国师。至元六年（1269），升号帝师、大宝法王，更赐王印，统领诸国释教。⑤ 自此，帝师成为元代特设的最高神职，享有极高的地位。上都每年六月举行游皇城仪式，常由帝师主其事。上都建成后，在"乾、艮二隅立二佛寺，曰乾元，曰龙光华严"⑥。华严寺和乾元寺是上都最重要的两座佛寺。大龙光华严寺的第一代住持僧至温。因至温和第二代住持福裕均出自禅宗曹洞宗领袖万松门下，所以大龙光华严寺是一座禅宗寺院。这些佛教信徒中也有很多喜好诗文、精通书画的文学艺术修养极高的人士，积极地与文人进行文学交游。

总之，元朝对宗教的崇信，不仅使文士化的佛道人士成为上都政教、文坛的活跃分子，而且上都建筑的众多寺庙宫殿，也为僧道与文人的文学活动提供了良好的场所。

另外，元代对待外来文化采取兼容并蓄开放态度，元代中外文化交流

---

① 张宗演天师如此，正一教派往两都的道士都是如此。如虞集赞吴全节"尤识为政大体"。见虞集《道园学古录》卷二十五《河图仙坛之碑》，文渊阁《四库全书》本。

② 虞集：《道园学古录》卷二十五《河图仙坛之碑》，文渊阁《四库全书》本。

③ 危素：《危太朴文集》卷十《先天观诗序》，《四部丛刊》本。

④ 袁桷：《清容居士集》卷三十四《玄教大宗师张公家传》，《四部丛刊》本。

⑤ 宋濂等：《元史》卷六十一《帝师发思八行状》，中华书局1976年版，第260页。

⑥ 袁桷：《清容居士集》卷二十五《华严寺碑》，《四部丛刊》本。

频繁，包括与属国之间的政治、文化交往①，因此，上都开放的都城，成为国际文化交流中心之一，这为深谙文学艺术的一些外国人士和属国文士来到上都提供了条件。如至元十二年（1275）来到上都的意大利人马可·波罗，多年后口述自己在上都的生活和见闻，成《马可·波罗游记》。高丽文人李齐贤（1287—1367）从1315年到1341年都在京师，李毂（1298—1351）元统元年（1333）癸酉科进士，任翰林国史院检阅官，其子李穑（1328—1396）至正九年（1349）来至大都，就学于国子监，至正十四年中第入翰林，父子二人都曾在顺帝朝扈从上都②。还有安南国王陈益稷、安南武威公段福，以及使者陈秀嵫等，因觐见元帝而前往上都。虽然他们的身份和前往上都的目的不同，但都是上都文学活动文人群的成员。

第三节　游历之风与上都文学活动中心的形成

元代游历之风盛行，大量文人因求仕而游历两都，不仅壮大了上都文人队伍，而且成为上都与地方文学活动联系的重要纽带，这是上都文学活动得以发展、繁荣的社会基础。

元前中国古代就有文人游历，如南宋中后期江湖诗人的干谒之游，"宋承唐旧，岩居逸士见于聘征，游者益耻，至于季年，下第不偶者辄为篇章以谒藩府，京淮闽广，旁午道路，数十年不归，子弟不识其面目，囊金辇粟，求莞库之职以自活，视前之游戛然难相并矣"③。如果说这时的江湖诗人之游只是被人批评的个别社会现象，到了元代"世祖皇帝大一海内，招徕四方，俾尽计画以自效，虽诞谬无所罪，游复广于昔"④，求仕之游，蔚为壮观。元代士林盛行游历之风，这在查洪德先生《元代诗

---

① 元王朝中外交往频繁，除了四大汗国，还与高丽、安南、占城、缅甸、暹罗、罗斛、真腊，以及远至非洲、阿拉伯半岛、爪哇及南海诸国和欧洲等许多国家都有往来。许多外国使者、传教士、商人还在上都受到皇帝的接见，建立了中外发展的友好关系。参见叶新民《元上都的外国使者》，《内蒙古社会科学》1991年第2期。

② 刘刚：《李毂入元考辩》，《长春工业大学学报》（社会科学版）2014年第1期。

③ 袁桷：《清容居士集》卷二十三《赠陈太初序》，《四部丛刊》本。

④ 袁桷：《清容居士集》卷二十三《赠陈太初序》，《四部丛刊》本。

学通论》之《元代诗坛风气论：隐逸与游历》一章中有详细的论述。元代的文人游历，不仅游踪之广前所未有，一生游历之频繁也超越以往。① 元人之游主要表现为北人南游和南人北游，南士北游是主流。元代很多北方文人因仕宦之迁而游览山水，都有南下游历的经历，如刘秉忠、郝经、王恽、胡祇遹、张之翰等北方文坛大家，以至于元朝在至元二十三年（1286），"在黄河、江、滩渡口设查验者，汉民除持有公文及经商者外，不准南渡。南方为官，不还，遣使迁之北还"②。而南人的北游，他们或"浮秦淮，历齐鲁墟，过泰山，拜孔林，而迤北至于京师"③，或"浮彭蠡而过秦淮，或由黄河之南，经泰山之下，望孔林而走京师"④，或"涉洪都，道武昌，历金陵，抚关洛，以造京师"。⑤ 总之，"四方之游京师者，且相属道路矣"⑥。南人游京师之风可见一斑。

一　文人游历的目的和时代条件

天下一统的时代环境激发了文人游的热情，"士不可不游"，成为天下读书人的共识。⑦ 蒙元"灭夏金，平南宋，结束晚唐以来四百年的纷扰与对峙的局面，建立第一个兼统漠北、汉地和江南的帝国，'索虏''岛夷'遂定于一尊……使元代中国成为一个前所未有、多姿多彩的社会"⑧。大元一统，南北隔绝打通，为文人之游提供了可能，游者于是群赴道路。戴表元说："东南慷慨士大夫异时局于地狭，不得远游以为恨。自中原道开，游者响奔影赴，惟恐居后。"⑨ 南北隔绝之时，不能游。而当元代

---

① 查洪德：《元代诗学通论》，北京大学出版社 2014 年版，第 78—101 页。

② 陈高华、史卫民：《元上都研究》附录《元上都大事年表》，吉林教育出版社 1988 年版，第 216 页。

③ 李存：《俟庵集》卷十九《送杨显民远游序》，文渊阁《四库全书》本。

④ 李存：《俟庵集》卷十九《赠徐伯辅序》，文渊阁《四库全书》本。

⑤ 刘诜：《桂隐文集》卷二《送欧阳可玉》，文渊阁《四库全书》本。

⑥ 傅若金：《傅与砺文集》卷五，文渊阁《四库全书》本。

⑦ 查洪德：《元代诗学通论》，北京大学出版社 2014 年版，第 83 页。

⑧ 萧启庆：《元代史新探》序言，台北新文丰出版公司 1983 年版，第 1 页。

⑨ 戴表元：《送郑圣与游阙里序》，李军等校点：《戴表元集》，吉林文史出版社 2008 年版，第 177 页。

"人生文轨混同之时，不及夫年未艾，以览江山人才之胜，勿之，则有歉然之悔"①。甚至认为，时代有条件让文人游历，如果文人此时还不游，是不可思议的，"士生文轨混同之时，不能遐观远览以见于文辞，而怀居养安以没者，独何人哉？"当马祖常在泉州遇到陈旅时，勉励他游京师。王冕《送人上燕》："燕山三月风和柔，海子酒船如画楼。丈夫固有四方志，壮年须作京华游。"② 吴澄《送何太虚北游序》："士可以不游乎，男子生而射六矢，示有志乎上下四方也，而何可以不游也？"③ 认为游是士人传统中的一种学习方式和仕进方式，并拿孔子之游来激励文人，"夫子上智也，适周而问礼，在齐而闻韶，自卫复归于鲁，而后雅颂各得其所也，夫子而不周、不齐、不卫也，则犹有未问之礼，未闻之韶、未得所之雅颂也。上智且然，而况其下者乎？士何可以不游也"④。

游历可扩大视野，增长学识，养浩气，壮文思。一方面，在宋金对峙的一百多年里，经济的重心转移到南方，而以孔子故里代表的文化根脉则始终在北方中原。蒙元一统南北后，北方圣人故里具有的强大文化感召力吸引南方士人前往拜谒，增长学识，寻求文化归属。元人文集中多有关于拜访阙里的描写，如戴表元《送郑圣与游阙里序》、吴澄《送黄通判游孔林序》等。虞集年老时还因"数经济、泗之间，每以王事有程不获伸阙里之敬"⑤ 而懊悔不已。大都、上都是各类人才流入、知识精英会集之地。同时，大都是辽金与两宋对峙时期的文化重镇，一但南北畅通、天下一家，燕京自然成为文人寻求文化的场所。出现了"中州文轨道通，而东南岩氓岛客，无不有弹冠濯缨之想。彼诚郁积久而欲肆其扬扬者也……"⑥ 游历风尚。更为重要的是，大元南北一统，广袤的地域，不同地域的自然地理和文化习俗之迥异，带给文人无尽的感观享受，极大地开阔了文人的视野。在游历的过程中，江南文士往往得江山之助，所谓"宏才博学，必

① 姚燧：《别丁编修序》，《姚燧集》，查洪德编校，人民文学出版社 2011 年版，第 65 页。
② 王冕：《王冕集》，寿勤泽点校，浙江古籍出版社 2012 年版，第 190 页。
③ 吴澄：《吴文正集》卷三十四《送何太虚北游序》，《四部丛刊》本。
④ 吴澄：《吴文正集》卷三十四《送何太虚北游序》，《四部丛刊》本。
⑤ 虞集：《道园学古录》卷三十二《送李仲永游孔林序》，文渊阁《四库全书》本。
⑥ 戴表元：《戴表元集》，李军、辛梦霞校点，吉林文史出版社 2008 年版，第 158 页。

待山川之胜有以激于中而后肆于外"① 即是如此。当时文士游历范围甚广，"至京师、北极和宁之地，以观乎兴王之胜地，以交于国人大族之豪杰"。② 普通文人自不必说，就是道流之中，漫游也是一种风气。仇远为道士马臻的《霞外诗集》作序，以为马臻诗之成就，即与游有关："汗漫万里，远览嵩岱之雄拔，江河济淮之奔放，近挹两峰三潭六桥之佳丽秀整，交广视阔，胸次宏豁，宜其笔力不凡如此。"③ 马臻是江南钱塘人，他在宋亡后弃家学道于褚伯秀之门，并隐居于西湖之滨。后来马臻曾于大德五年（1301）与正一派天师张与材至大都，这使他的视野较为开阔，形成了"所作皆神骨秀骞，风力遒上，琅琅金石之音"的风格。④

　　元代文人游历的观念，比以往历朝历代都浓厚，还受到草原文化的影响。中国人自古以来就有着浓郁的安土重迁的乡情观念，《汉书·元帝纪》载："安土重迁，黎民之性；骨肉相附，人情所愿也。""且夫士重迁，恋慕坟墓，贤不肖之所同也。民之于徙，甚于伏法。……夺土远移，不习风俗，不便水土，类多灭门，少能还者。代马望北，狐死首丘，边民谨顿，尤恶内留。"⑤ 由于各种历史地理条件的限制，离家而出游对游者而言，不仅生命遭受危险，还与侍亲而行孝道相背离，因此，即便出游，多是不得已，或为一定目的而游，很少有单纯为游而游的。而元代的文人之游，除了为寻求进身之游外，还有"文化寻根与广学之游，壮文气助才思之游"⑥，而后三者出游的目的和性质，也很普遍，这多为学者所论⑦。元代的蒙古民族是草原文化的代表，作为马背上的民族，游，就是他们的生活方式。而当蒙古族作为政权统治者时，它所代表的文化会对汉族文化产生重要影响，游的观念对元代文士的影响就是其中之一。这在有

---

① 刘敏中：《中庵集》卷十六《江湖长短句引》，《北京古籍珍本丛刊》本。

② 虞集：《道园学古录》卷八十四《可庭记》，文渊阁《四库全书》本。

③ 仇远：《马霞外诗集序》，马臻：《霞外诗集》卷首，文渊阁《四库全书》本。

④ 纪昀等：《四库全书总目提要》卷一百六十七《霞外集提要》，河北人民出版社 2000 年版，第 4285 页。

⑤ 王符：《潜夫论读本·实边篇》，王柏栋编译，甘肃人民出版社 2004 年版，第 256 页。

⑥ 查洪德：《元代诗学通论》，北京大学出版社 2014 年版，第 79 页。

⑦ 如丁昆健有对元代游士风气的形成、游士的生活等对游士现象。史伟考察江南游士群体干谒现象。邱江宁、黄二宁也有过论述。查洪德先生在《元代诗学通论》第二章元代诗坛风气论中对文人的"游历之风"有详细的阐述，北京大学出版社 2014 年版，第 78—101 页。

关元代蒙汉文化关系的研究中，多有提及。① 草原文化四海为家的游动生活方式和文化观念，在新的历史时代条件下，影响了元代儒家文化圈的文人士子对传统静态社会模式中文人趋于固守本土的静态生活模式和生活观念，开始以游动的方式打破静止自封的生活状态，使流动成为一种常态。

元代发达的驿站和海运交通，为文士之游提供了便利的条件，可谓"川有舟行，陆有车马"。蒙元朝廷在至元二十六年（1289）和至元二十八年（1291）先后开凿了会通河与通惠河，贯通了南起杭州、北至大都、纵贯南北的大运河，大大提高了内陆水路交通的效率。元代"又先后开辟了三条南北海运航线，……第三条航线是至元三十年（1293）开辟的，……顺风十日即可驶完全程"②。从元人的诗文中我们也了解到，"元有天下，薄海内外，人迹所及，皆置驿传，使驿往来，如行国中"③。南北间发达的水陆交通线路为南人北游提供了高效便捷的出行条件。

但是，元代文人游历，寻求仕进出路是游历的最主要动因。元代儒士的地位和处境虽不如人们想象得那么差，但与宋、明清相比，由于"儒家思想从'道'的地位转变为许多'教'的一种，而儒士也失去唯我独尊的传统地位，不过是几个受到优崇的'身份团体'之一而已"④，而与佛教、道教、达失蛮（回教教士）、也里可温（基督教士）地位同等，这种地位和处境也是彼长此消的，以至于"武夫豪卒诋诃于其前，庸胥俗吏姗侮于其后"⑤。文人入仕也是儒家个人价值实现的有效途径，元代仕出多途的用人制度，不仅使元代文人仕进出路更为艰难，而且也使社会陷入无序状态。赵文在《送罗山禹序》一文中深痛元初社会的无序，"往时士拔一第难，改官又难，今立贤无方，用人不次，版筑渔钓割烹，或坐致公相，即拥巨万，连阡陌，直何足道？"⑥ 官吏重财轻文，用人不当，工匠厨人都可当官致富，整个社会处于失序状态。对文人而言，只有走向仕途，才能有建设社会秩序的可能。因此，从文人游历的类型上看，元人之

---

① 如萧启庆《内北国而外中国：蒙元史研究》，中华书局 2007 年版。
② 史卫民：《都市中的游牧民——元代城市生活长卷》，湖南出版社 1996 年版，第 126 页。
③ 宋濂等：《元史》卷六十三《河源志》，中华书局 1976 年版，第 1706 页。
④ 萧启庆：《内北国而外中国：蒙元史研究》，中华书局 2007 年版，第 414 页。
⑤ 陆文圭：《墙东类稿》卷六《送萧仲坚序》，文渊阁《四库全书》本。
⑥ 赵文：《青山集》卷一，《送罗山禹序》，文渊阁《四库全书》本。

游虽然有仕宦之游、商旅之游、从征之游、奉使之游等多种类型①，以寻求仕进之路为目的的游历最为主流。尤其是社会地位更为低下的南方文士，因此，南士北游群体是游历文人队伍中最壮大的。②

二　南方文人北游两都：大都、上都

元代统治者重"根脚"的用人传统、"仕进有多歧，铨衡无定制"③的选人制度，使得南方文士仕进无门，游历京师以寻找入仕机会，是南士北游的根本原因。在科举废止的时期，只能由宿卫、由儒、由吏三途径而入仕④，无论哪一途径都需要有贵人举荐，然则文人必须投身于权贵，得到权贵的赏识才有可能被举荐入仕。"自宋科废而游士多，自延佑科复而游士少，数年科暂废而游士复起矣。盖士负其才气，必欲见于用世，不用于科则欲用于游，此人情之所同。"⑤道出了科举的废止使文人入仕无门而北游的事实。实际上，即便在科举推行的时期，南士北游也是很兴盛的，一方面是行科举给文士以入仕的希望，激发了积极入仕的热情，因此大量文人北上，以广结名流，以希望得到指点，提高声望，给予推荐。"士生乎今之世，不汲汲于进取，惟惧乎德之不修，学之不讲者，是可尚已。至治三年，有司遵旧制举进士，凡明经义、工文辞者，莫不奋迅鼓舞。……不十年，服金紫者前后相望，去贱贫而即贵富，无先于此途者。宜乎为士者遇斯时，而奋迅鼓舞也。"⑥另一方面，延佑开科尽管使士人有了明确而稳固的仕进目标，但由于科举录取比例极为有限，又时断时续，对数量庞大的南方文士来说，入仕依然艰难，需要寻找发展机遇。因此，出现了"今国家之大，际乎天而极乎地，开经筵而崇圣学，设科举以兴俊髦，向之驰马而试剑者，皆彬彬然文学之士矣"⑦的局面。

---

① 查洪德：《元代诗学通论》，北京大学出版社 2014 年版，第 79 页。
② 查洪德：《元代诗学通论》，北京大学出版社 2014 年版，第 78—101 页。
③ 宋濂等：《元史》卷八十一《选举志一》，中华书局 1976 年版。
④ 姚燧：《送李茂卿序》，《姚燧集》，查洪德编校，人民文学出版社 2011 年版，第 660 页。
⑤ 刘诜：《桂隐文集》卷二《送欧阳可玉》，文渊阁《四库全书》本。
⑥ 朱思本：《贞一斋杂著》卷一《送李士元秀才游学序》，文渊阁《四库全书》本。
⑦ 李存：《俟庵集》卷十八，《和吴宗师滦京寄诗序》，文渊阁《四库全书》本。

南方文人有迫切的求仕愿望，而两都是实现这一愿望的最佳之地。元代文人认识到："京师，风雨之所交也，文献之所宗也，四方之所辖也，遇则能使吾贵如瑚琏，通则能使吾明如秉烛，尊则能使吾重如九鼎，进则能使吾荣如春华，然则舍京师无适已"①。上都乃"圣上龙飞之地，天下视为根本"②，每年帝王巡幸近半年之久，百官扈从，是全国的政治、经济和天下英俊聚集之地，当然是文人求仕成功几率最大的地方。因此，很多人希望通过游大都，乃至随着巡幸队伍游历更远的上都，交结权贵，得到荐举做官的机会。这种游历京师的时代风气在至元二十三年（1286）程钜夫江南访贤之后达到高潮。这在很多元人赠序中都有明确的叙述，如吴师道《送赵用章》云："若京师，声利之区，自非有求者不至。……夫奋起褐夫自南而北者，扬袂抵掌，莫不有芥拾青紫之心，奔走造进，日夜不少休，以侥幸于一得，而不得者亦多矣。乖义而违命，贻羞而取讥，往往皆是也。"③甚至到了"奔趋乎爵禄之府，伺候乎权势之门，摇尾而乞怜，胁肩而取媚，以侥幸于寸进"④的程度，虽然多有文人的批评责问，却可看出文人的游历之盛。

元代士林对文人进取之游的社会舆论和支持，增加了文人通过游历入仕的勇气和信心。刘诜说："古之游者，志学问而进取之兼得。"⑤对于古人游而得遇者如主父偃、司马相如、李白等人的事迹，多为后人传为美谈："上书阙下，朝奏夕召可也；奏赋《子虚》，上方给札可也；浩歌新丰，徒步御史可也；赋诗沉香亭，白衣供奉可也。"⑥在元人那里，凭借自我的文学才能获得仕途上的突破，是受到钦羡与赞许的。因此，对于元代两都，不仅有各类技艺之人趋之若鹜，而且有大批文人，尤其是南方文士也竞相游历其中，如被誉为"元诗四大家"之一的范梈，"年三十余，辞家北游，卖卜燕市，见者皆敬异之。已而为董中丞所知，召置馆下，命

---

①　鲁贞：《桐山老农集》卷二《送程子长北游序》，文渊阁《四库全书》本。

②　苏天爵：《元名臣事略》卷七《平章廉文正王》，中华书局1996年版，第137页。

③　吴师道：《礼部集》卷十五，文渊阁《四库全书》本。

④　吴澄：《吴文正集》卷三十四《送何太虚北游序》，文渊阁《四库全书》本。

⑤　刘诜：《桂隐文集》卷二《送张子静游武昌序》，《元人文集珍本丛刊》本。

⑥　许有壬：《送朱安甫游大都序》，李修生主编：《全元文》（第38册），凤凰出版社2004年版，第84页。

诸子弟皆受学焉。由是名动京师，遂荐为左卫教授，迁翰林国史院编修官"①。再如游历上都，通过觐见皇帝、皇太子而成功入翰林的冯子振、夏友兰②、张康③、曾德裕④都是如此。这些个别文人游历的成功，会对大多数游历文人产生巨大的鼓舞作用。

　　同时，两都在地理位置上处于北方，"京师据山川形胜，四方舟车之所会，风物繁富"⑤，自然地理、山川风物的迥异吸引着被隔绝几百年的南方文人。而上都更是一座在居庸关以北近八百里的草原帝都，对文人来说，居庸关以北自古都是难以逾越的神秘之地。正是在南北一统、游历之风盛行的时代背景下，当文人北上两都，虽然行在旅途有各种艰辛，但依然被空前广袤的山川地理等自然风光和丰富殊异的风俗文化所震撼，时时增强他们的时代自豪感，而这种情绪反过来又促进了文人的游历之风。在他们看来，历史上的善游者如司马迁等，其所游区域已然不能与本朝相比，陈栎在《送赵子用游京师序》云："按太史公所游不过江南而止耳。苏子由……所谓京师，乃指汴梁之京，京以北未尝游也，曷尝得见？今日之天下，乃从开辟以来未尝有之混一，极天地之所覆载，日月所照临之疆域，萃海内之大贤名公，星罗林立于众大之都"，因此，"伏枥老骥，犹志在千里，不能不跃跃歆羡之。"⑥ 最典型的如江浙籍文人迺贤，至正六年（1346）与会稽韩与玉、豫章涂颖三人一同游历大都，而后又游历上都，积极与上都名流唱和赠答，创作了大量的诗歌，并辑为《上京纪行诗》总集。临济僧人楚石梵琦（1296—1370）也曾游历上都，至治三年（1323）四月由赵孟頫、邓文原等推荐被召京师抄写经书，于泰定元年

---

①　揭傒斯：《揭文安公集》卷三《范先生诗序》，《豫章丛书》本。

②　夏友兰"趋上都，觐日表于潜邸，得旨，从集贤大学士李公游，出入禁闼必从"。吴澄：《元将仕佐郎赣州路同知会昌州事夏侯墓志铭》，《吴文正集》卷三十七，《四部丛刊》本。

③　张康"早孤力学，旁通术数"，至正十五年（1355）四月"至上都见帝，亲试所学，大验，授著作佐郎"。宋濂等：《元史·方技传》，中华书局1976年版，第4540页。

④　曾德裕，字益初，永丰人。他初游大都，"与诸公贵人、名王贵戚、近臣尤亲"。后游历上都，"遇近臣就君同止宿，因极论当世，语倾幽。近臣闻君名久，得君大喜，益奇君，凡所建明，多出君，即荐君才可大用"。刘岳申：《申斋集》卷十二，《翰林直学士曾益初哀词》，文渊阁《四库全书》本。

⑤　许有壬：《至正集》卷三十二，文渊阁《四库全书》本。

⑥　陈栎：《定宇集》卷二《送赵子用游京师序》，文渊阁《四库全书》本。

（1324）四月由大都游历上都，其一生所游地域广博，"历览乎泰山之高，黄河之深，长江大海之总会，而气秀毓蕴，纳乎胸中。及抵于京师，则其耳目之接，固有极其高大者，可知已夫！""凡所与交接谈论，又皆王公缙绅，文章道德之士，日益乎所闻"，故其辞章气象，奋然杰出。① 这些以求仕为根本目的、兼扩见闻等游览心态的游历文人的到来，不仅其创作也因与扈从文臣等身份不同而独具特色，更丰富了上都文人群体的结构，壮大了上都文人的队伍。

---

① 卞胜：《楚石北游诗序》，释楚石：《楚石北游诗》，吴定中、鲍翔麟校注，浙江古籍出版社 2010 年版，第 8 页。

第四章　元代非汉族士人群及其形成

第一节　元代非汉族士人群概况

元代非汉族文人包括蒙古族、契丹、女真等北方草原民族文人，也包括西域等其他非汉族文人。这些非汉族士人今统计有：蒙古 118 人（包括女子 2 人）、色目 160 人（包括女子 5 人），天竺（今印度）1 人、尼波罗国（今尼泊尔）1 人，共计 280 人。其他非汉族士人今统计有：女真 12 人、契丹 9 人、北魏拓跋后裔 2 人，高丽 9 人、日本 1 人，共计 39 人。两类总计 313 人，具体统计详见刘嘉伟《元代多族士人圈的文学活动与元诗风貌》附录《元代非汉族士人一览表》（人民出版社 2016 年版）。非汉族文人的今存文学作品不多，如元代色目诗人传世之别集，不过如下几种：雍古马祖常《石田先生文集》（存诗 764 首）、回回萨都剌《雁门集》（存诗 782 首）[①]、葛逻禄氏廼贤《金台集》（存诗 254 首）、唐兀氏余阙《青阳先生文集》（存诗 93 首）、唐兀氏王翰（那木翰）《友石山人遗稿》（存诗 88 首）、回回丁鹤年《丁鹤年诗集》（存诗 357 首）。莆林诗人金哈剌《南游寓兴诗集》存诗 327 题 363 首。

清人王士禛言道："元名臣，如移剌楚材（按即耶律楚材），东丹王突欲孙也；廉希宪、贯云石，畏兀人也；赵世延、马祖常，雍古部人也；宇术鲁翀，女真人也；廼贤，葛逻禄人也；萨都剌，色目人也；郝天挺，

---

① 关于萨都剌的族属，有回回人、蒙古人、回纥人、汉族人等多种说法。俞希鲁编，杨积庆、贾秀英、蒋文野等校点《至顺镇江志》卷十六："萨都剌，字天锡，回回人。"（江苏古籍出版社 1990 年版，第 637 页）这是元人对于萨都剌族属问题的记载，可信度较高，学界多以"回回人"论之。

朵鲁别族也；余阙，唐兀氏也；颜宗道（按即伯颜宗道），哈剌鲁氏也；
瞻思，大食国人也；辛文房，西域人也。事功、节义、文章，彬彬极盛，
虽齐鲁吴越衣冠士胄，何以过之？"① 元代非汉族士人群体的出现，是中
国历史上新异的景观。

第二节　元代非汉族士人群体崛起的原因

公元13世纪初，蒙古民族以雄劲的姿态"起朔漠、并西域、平西
夏、灭女真、臣高丽、定南诏，遂下江南，而天下为一"②。马背上的
蒙古族一统南北，入主中原，建立了庞大的帝国。正如其国号"大
元"，元朝的疆域"北逾阴山，西极流沙，东尽辽左，南越海表"③，在
这幅员辽阔的土地上，民族众多、文化多元，各个民族、多元文化共存
互融。

在多元文化之中，汉文化博大精深、底蕴丰厚，影响力最强，辐射面
最广。蒙古、色目子弟逐渐"舍弓马而事诗书"④，浸濡于汉文化之中，
有的甚至跻身名家硕儒之列。探究非汉族士人群体形成的历史文化背景，
可归纳为以下几点。

一　疆域辽阔，多民族共居

陈垣先生指出："本有文字、宗教，去中国尤远的西域人一旦入居华
地，亦改从华俗，且于文章学术有声焉。是真前此所未闻，而为元所独
也。"⑤ 先生的力作《元西域人华化考》要言不烦，没有专门论述少数民
族受中原文化影响的原因。我们踵武其后，思考这一问题，应当从元代特
殊的民族关系，地理历史状况入手。

疆域的广阔带给元代文人一种超越前代的自豪。畏兀儿文学家贯云石

---

① 王士禛：《池北偶谈》卷七"元人"，勒斯仁点校，中华书局1982年版，第138页。
② 宋濂等：《元史》卷五十八《地理一》，中华书局1976年版，第1345页。
③ 宋濂等：《元史》卷五十八《地理一》，中华书局1976年版，第1345页。
④ 戴良：《九灵山房集》卷二十一《鹤年吟稿序》，《四部丛刊》影明正统十年刊本。
⑤ 陈垣：《元西域人华化考》，陈智超导读，上海古籍出版社2000年版，第2页。

傲视往古地说："赛唐虞，大元至大古今无。"① 海宇混一的大元帝国正是多族文化融合交流的平台。蒙元统一全国后，积极开辟交通，为民族文化的相互交流和繁荣发展，多民族共居融合创造有利条件。《元史·地理志》称："自封建变为郡县，有天下者，汉、隋、唐、宋为盛，然幅员之广，咸不逮元。汉梗于北狄，隋不能服东夷，唐患在西戎，宋患常在西北。"② 而大一统的元帝国，东西交通，"无阃域藩篱之间也"③。这为蒙古、色目人内迁提供了便利的客观条件。

再者，驿站系统的建立与完善，使得边陲与中土的联系日益紧密。元朝驿站遍布辖境，东起高丽，西到伊利汗国和钦察汗国，南至越南、缅甸，皆有驿路相通，形成以大都为中心四通八达的交通网。"据《元史·地理志》和《经世大典·站赤》记载，全国共设驿站 1519 处，加上西域、西藏等边远地区的驿站，则超过 1600 处。驿站规模之大，分布地区之广超过历史上任何一个朝代。"④ 边疆地区驿站的广泛设置，便利了交通，使"四海为家……适千里者，如在庭户，之万里者，如出邻家"⑤。各民族间的往来更加便捷、频繁，加强了彼此之间的经济、文化交流。

蒙元是中国历史上少见的民族大迁移与大混居的时代，这自然致使民族之间相互融合。元立国后，西域人大量东迁，难以计数。日本学者佐口透讲，当时"以士兵、工人、技师、官吏、武将等各种身份……移居到中国的回回人约在 100 万以上"⑥。大量色目人入籍成为"回回户"。同时，作为统治民族的蒙古军队、官吏也被派往全国各地，"驻戍之兵，皆错居民间"⑦。蒙古、色目人置身于地大物博、幅员空前的疆域内，有了

---

① 贯云石［双调·新水令］《皇都元日》之《殿前欢》，见胥惠民，张玉声等《贯云石作品辑注》，新疆人民出版社 1986 年版，第 72 页。

② 宋濂等：《元史》卷五十八《地理一》，中华书局 1976 年版，第 1345 页。

③ 虞集：《道园学古录》卷八《可庭记》，文渊阁《四库全书》本。

④ 李云泉：《略论元代驿站的职能》，《山东师范大学学报》（人文社会科学版）1996 年第 2 期。

⑤ 王礼：《麟原文集》前集卷七《义冢记》，文渊阁《四库全书》本。

⑥ ［日］佐口透：《日本学者研究中国史论著选译》第九卷《鞑靼的和平》，中华书局 1993 年版，第 467 页。

⑦ 姚燧：《姚燧集》卷六《千户所厅壁记》，查洪德点校，人民文学出版社 2011 年版，第 94 页。

共享丰厚文化遗产的时空条件，进而成为文质彬彬的士大夫。为了巩固统治、分散瓦解人口众多的汉民族，元廷实行强制迁徙的政策，大批汉人、南人以及其他民族成员来到蒙古和西北、东北等边塞地区，这虽然不符合广大汉人、南人的利益，但客观上加强了蒙汉等多民族之间的联系，促进了民族间的涵化与融合。经过如此大规模而多方面的迁徙活动，元朝境内形成了"诸民相杂"的局面。① 多族人士通过姻亲、师生、同窗、同僚等社会关系，有了深层次的交往，逐渐打破了各族群成员之间原有的文化与信仰、政治与社会的隔阂，达成了真正意义上的文化沟通。

二 元廷的倡导

有元一代，作为统治阶层的蒙古人在推行汉法问题上，始终存在争论。但蒙古统治者亦知"以马上取天下，不可以马上治"②，欲将以草原为重心的大蒙古国改建为以汉地为重心的元王朝，就必须重视汉法，以牢握权柄。

元世祖忽必烈自蒙哥汗统治时期就主管漠南汉地。他即位后，既保持了一些蒙古成法，又大力推行"汉法"，以适应中原地区的经济文化发展水平。在文化建设上，世祖中统二年（1261）设翰林国史院，几乎所有的国家文化事业都由翰林国史院主管："兼起居注、知会同馆、领秘书监，而国子学以待制兼司业，兴文署以待制兼令、编修官兼丞，俱来隶焉。"③ 虽然终元一代，翰林院的影响有限，但其设立仍然对于蒙古、色目士子学习汉文化具有号召力和示范所用。翰苑文臣成分多元，四大族群都有，不同民族的同僚间涵化影响，也使得蒙古、色目文人日趋风雅。

忽必烈一向重视汉文化教育，他在潜邸时就诏令诸王子及近臣子弟从汉儒学习儒家经典，其子真金先后就学于汉儒姚枢、许衡、李德辉等人。至元八年（1271），忽必烈下诏立蒙古国子学；二十四年，又命"设国子监，立国学监官"④。据《元史·选举制·学校》所载："（国子生）凡读

---

① 许衡：《鲁斋遗书》卷七《时务五事》，文渊阁《四库全书》本。
② 宋濂等：《元史》卷一百五十七《刘秉忠传》，中华书局 1976 年版，第 3688 页。
③ 黄溍：《金华黄先生文集》卷八《翰林国史院题名记》，《四部丛刊》本。
④ 宋濂等：《元史》卷十四《世祖本纪》，中华书局 1976 年版，第 297 页。

书必先《孝经》、《小学》、《论语》、《孟子》、《大学》、《中庸》，次及《诗》、《书》、《礼记》、《周礼》、《春秋》、《易》。"① 学习的都是传统儒家经典。此外，从《元史》卷八十六《百官志》的记载可知，中央以外，各斡耳朵，诸王爱马及以蒙古、色目军队为主的卫军亦有儒学教授，使得中下层蒙古、色目子弟也可以入学接受汉文化。而后，成宗大德八年（1304）起，实施了国子贡试法，国子生考试及格者即可任六品官，更激励了少数民族士人研习汉学。

元中期，文化建设多有作为：上孔子尊号，行科举，立奎章阁，开经筵，粲然可观。其中以复行科举对于蒙古、色目族群文化取向的改变影响最大。由于种种原因，蒙元时期科举制度时行时废。忽必烈多次下诏定制开科取士，但迟迟未能实施。以致满腹经纶、穷困潦倒的士大夫抱怨"冻杀我也，《论语》篇、《孟子》解、《毛诗》注；饿杀我也，《尚书》云、《周易》传、《春秋》疏……端的可便害杀这个汉相如"②。"读书无用论"颇为盛行。蒙元社会中，蒙古、色目，甚至汉人、南人贵族可以凭借"大根脚"的身份享受封荫特权。但"谈文章不到紫薇郎，小根脚难登白玉堂"③，对于广大的中下层蒙古、色目子弟来说，科举依旧是步入仕途的"敲门砖"。即使是名门望族，也因子孙繁衍，须在荫袭之外，另辟他径，以求入仕。所以延祐元年（1314）恢复科举，给汉族士人带来曙光的同时，也带动了蒙古、色目子弟攻读汉学。

元仁宗称："设科取士，庶几得真儒之用，而治道可兴也。"④ 他规定科举考试程式：明经、经疑二问，《大学》《论语》《孟子》《中庸》内出题，并用朱氏《章句集注》。仁宗爱育黎拔力八达看到了儒家思想对于巩固政权的重大意义，而推行科举，客观上起到了兴复儒学的作用，能够激励各族子弟发奋读书。据统计，元代科举先后共十六科，录取进士总数为

① 宋濂等：《元史》卷八十一《选举志》，中华书局 1976 年版，第 2029 页。

② 马致远：《半夜雷轰荐福碑·第一折》［油葫芦］，傅丽英、马恒君：《马致远全集校注》，语文出版社 2002 年版，第 64 页。

③ 张可久：《水仙子·归兴》，杨朝英编：《朝野新声太平乐府》，中华书局 1958 年版，第 64 页。

④ 宋濂等：《元史》卷二十四《仁宗本纪》，中华书局 1976 年版，第 558 页。

1139 人。① 其中，蒙古、色目人各占 1/4，共 600 人上下。② 而参加乡试的蒙古、色目士子应当数十倍于此。

要之，元廷倡导汉学，使得许多蒙古、色目子弟受到汉文化的教育；科举的实行激励蒙古、色目士子充实学养以开拓自身的政治前途；翰林国史院、奎章阁等文教机构中，蒙汉、色目同僚相互熏陶浸染。这些都使得少数民族子弟偃武修文，扩大了元代非汉族士人群体的队伍。

三　多种文化的交流认同

陈垣先生说："色目人之读书，大抵在入中国一二世以后。其初皆军人，宇内既平，武力无所用，而炫于中国之文物，视为乐土，不肯思归，则惟有读书入仕之一途而已。"③ 西域人本有较高的文明，缘何认同汉文化？陈先生"炫于中国之文物"的说法，过于简单。后文"特患其不通中国之文，不读中国之书，苟习其文，读其书，鲜有不爱慕华风者"④。更是站在汉文化本位上去思考问题。当然了，《元西域人华化考》一书著于"中国被人最看不起之时，又值有人主张全盘西化之日，故其言如此"⑤，无可厚非。今天，我们可以从文化融合，交流认同的角度来解读非汉族士人群体的出现。

中国上古时代，农耕与游牧两种生活方式共存。据古史传说，神农部族是一个农业部族，黄帝部族则是一个游牧部族。所以从民族构成上来看，所谓炎黄子孙的汉民族有着游牧文化的血脉。汉代以后，随着丝绸之路的开辟，西域东西方文化汇合，游牧文化与农耕文化并存。北朝之时的

---

① 数字统计参见姚大力《元朝科举制度的行废及其社会背景》，《元史及北方民族史研究集刊》第六辑，1982 年。

② 《元史》卷八十一《选举一》载："天下选合格者三百人赴会试，于内取中选者一百人，内蒙古、色目、汉人、南人分卷考试，各二十五人，蒙古人取合格者七十五人……色目人取合格者七十五人……汉人取合格者七十五人……南人取合格者七十五人"云云。宋濂等：《元史》，中华书局 1976 年版，第 2021 页。于此可知，元代科举取士，四大族群各占四分之一。

③ 陈垣：《元西域人华化考》，陈智超导读，上海古籍出版社 2000 年版，第 17 页。

④ 陈垣：《元西域人华化考》，陈智超导读，上海古籍出版社 2000 年版，第 17、28 页。

⑤ 陈智超主编：《陈垣来往书信集》，上海古籍出版社 1990 年版，第 818 页。

铁勒部族"近西边者，颇为艺植，多牛而少马"①。隋唐之时的黠戛斯人"庐帐而居，随水草畜牧，颇知田作，遇雪则跨木马逐猎"②。元廷于至元十四年（1277）"置榷场于碉门、黎州，与吐蕃贸易"③，鼓励汉、吐蕃等多族人民在"茶马互市"上贸易往来。如著名学者费孝通先生所讲："中原和北方两大区域的并峙，实际上并非对立，尽管历史里记载着连续不断的所谓劫掠和战争。这些固然是事实，但不见于记载的经常性相互依存的交流和交易却是更重要的一面。"④可见，农业文化与草原文化并非完全对峙、泾渭分明，彼此有着经济结构上的亲和互补；在文化上，也就有了交流融合的可能性。

子曰："远人不服，则修文德以来之。"（《论语·季氏》）汉文化本身具有着"协和万邦"的亲和力。"和合"可称为中华文化思想之元。《周易·系辞下》就说："乾，阳物也。坤，阴物也。阴阳合德而刚柔有体，以体天地之撰，以通神明之德。"可见，"阴阳和德"的价值观可以溯源到号称群经之首的《易经》。儒家思想倡导"礼之用，和为贵"，道家思想讲求"阴阳和谐"，佛教讲"因缘和合"。举凡《国语》《管子》《墨子》等重要典籍都提道"和合"这个概念。在汉文化中，"和合"思想被普遍接受和认同，横摄于各个时代、各家各派的思想文化之中。

在"和合"思想影响下，汉文化不推崇武力，而是用道德的力量春风化雨。这种和而不同、和平融会的哲学使得异族士人能够心悦诚服地接受。雍古人马祖常曾言："东夷、西戎、南蛮、北狄，四方偏气之语，不相通晓，互相憎恶。惟中原汉音，四方可以通行，四方之人皆喜于习说。"⑤马祖常家族世奉也里可温，远祖为基督教聂思脱里派高级神职人员。他如此推崇汉语，欣赏汉文化，并身体力行地以汉语创作诗文，作为读卷官，选拔人才。由此，元代蒙古、色目人士乐于接受汉文化的情况可见一斑。

---

① 李延寿：《北史》卷九十九《铁勒传》，中华书局1974年版，第3303页。
② 宋濂等：《元史》卷六十三《地理六》，中华书局1976年版，第1574页。
③ 宋濂等：《元史》卷九《世祖本纪》，中华书局1976年版，第190页。
④ 费孝通：《中华民族多元一体格局》，中央民族学院出版社1989年版，第11页。
⑤ 范梈：《木天禁语·六关·音节》，何文焕辑：《历代诗话》卷六十七，中华书局2004年版，第752页。

在"华夷"问题上，元儒也有所变通，大多不谈"夷夏之防"。元初大儒郝经有言"能行中国之道，则中国主也"①。大理学家吴澄赞扬八思巴蒙古字"为国音之舟车"，"欲达一方之音于日月所照之地"②，接受了异族文化。殆及元末，虽然族群的鸿沟并未消失，但大多数儒士却已尊奉元朝为正统，称"皇元正朔承千载，天下车书共一家"③。汉族士大夫对于异族政权、异族文化的接受与认同，也为文化之间的交流学习，创造了宽松的环境。

属草原游牧文化系统的蒙古、西域文明也并非封闭自守。蒙古民族的形成包容了乞颜、弘吉剌、克烈、塔塔尔、蔑尔乞、乃蛮等诸多部落。这些部落在文化方面本就有一定的差距，共同形成了具有多元性与同一性、开放性与凝聚性以及包容性等特点的蒙古文化。④ 蒙古族统治者倡导汉学，这和多元性、开放性的民族文化特点不无关系。广泛吸收汉学之长，在儒学、文学、艺术等领域有所成就的蒙古人为数不少，下文我们还要具体论列。

色目人中的哈剌鲁、阿儿浑等突厥部族在元代已经伊斯兰化，伊斯兰教众占人口的绝大多数。蒙元时期，阿拉伯、波斯等广义西域地区的穆斯林大量迁居中土，被称为"回回"。《明史·西域传》说："迄元世，其人遍于四方，皆守教不替。"⑤ "伊斯兰"本义便是和平、宁静，强调顺从、忠诚，与汉文化也多有融通之处：《古兰经》强调果报，《圣训》要求穆斯林扶弱济贫、公正克己、诚实信用、保持团结。这和汉文化的人格理想、价值观念有很多不谋而合之处。元宪宗时任燕京路总管赛典赤·赡思丁是伊斯兰教先知穆罕默德的后裔，他称自己的世家"同中国孔子宗系"⑥，更见元代伊、儒思想文化的融合。"元时回回遍天下"⑦，具有伊

---

① 郝经：《郝经集校勘笺注》卷三十七，田同旭笺注，三晋出版社 2018 年版，第 3050 页。

② 吴澄：《吴文正公集》卷二十五《送杜教授北归序》，文渊阁《四库全书》本。

③ 张昱：《可闲老人集》卷四《杨维桢次韵杨左丞五府壁诗》，文渊阁《四库全书》本。

④ 云峰：《元代蒙汉文学关系研究》，民族出版社 2005 年版，第 19 页。

⑤ 张廷玉等：《明史》卷三百三十二《西域传·默德那》，中华书局 1986 年版，第 8625 页。

⑥ 王恽：《秋涧先生文集》卷八十二《中堂纪事》下，《四部丛刊》影明弘治本。

⑦ 张廷玉等：《明史》卷三百三十二《西域传·撒马尔汗》，中华书局 1986 年版，第 8598 页。

斯兰文化背景的回回人践行着穆罕默德"学问虽远在中国，亦当往求之"
的告谕，在保持民族特性的同时，广泛地学习接受汉文化。

西域是丝绸之路的要冲，自古是世界古老文明的交会之地，是中西文
化交流的枢纽，中原汉文化、印度佛教文化、古希腊文化及伊斯兰文化在
此交流融合。在文化辐辏之地生活的西域人有着较强的包容性和适应性，
善顺人意，易于择善而从。所以有着其他宗教信仰的西域色目人也以开放
的文化心态汲取着汉文化的营养。

从 1206 年，成吉思汗在斡难河源统一蒙古诸部，到 1279 年，蒙元战
败南宋，一统南北；再到 1368 年，为明王朝所取代。在这一百多年间，
蒙古、色目人从基本不识汉字到能够吟诗作赋，甚至有不少非汉族士人卓
然成家，所取得的成就足可比肩历代汉族名流。非汉族士人群体的出现，
经历了怎样的历史进程，是我们在这一节中，想要探讨的话题。

元王朝的族群生态、族群政策及族际关系与其他时代有很大差异。前
文已述，元廷实行族群等级制，契丹、女真等少数民族被归属在"汉人"
族群之中。契丹人较早地接受了中原文化。辽朝开国皇帝耶律阿保机精通
汉语，在建政体、定法律、设州县、重农耕、崇儒学、兴学校等多个层面
吸收、借鉴了较为先进的汉文化。契丹王宫贵胄"以文学著称者，博学
能诗，工诗赋，善绘画者，比比皆是"[1]。女真人所建立的金王朝"正礼
乐，修刑法，定官制，典章文物粲然成一代治规"[2]。元好问《内相文献
杨公神道碑铭》也记录了女真人学习汉文化的情形："维金朝大定以还，
文治既洽，教育亦至，名士之旧，与乡里之彦，率由科举之选。父兄之渊
源，师友之讲习，义理益明，利禄益轻，一变五代辽季衰陋之俗。"[3] 可
见金朝在文化、教育等诸多方面也尊崇儒道，以汉文化为主流。

在蒙元王朝混一天下的大一统环境下，契丹、女真等民族更是风雅相
续。辽宗室之后、契丹人耶律楚材（1190—1244）"博极群书，旁通天
文、地理、律历、术数及释老、医卜之说，下笔为文，若宿构者"[4]。耶

---

① 赵翼：《廿二史札记校证》卷二十七《辽族多好文学》，王树民校正，中华书局 2013 年
版，第 372 页。

② 脱脱等：《金史》卷十二《章宗本纪》，中华书局 1975 年版，第 285 页。

③ 李修生主编：《全元文》（第 1 册），江苏古籍出版社 1998 年版，第 470 页。

④ 宋濂等：《元史》卷一百四十六《耶律楚材传》，中华书局 1976 年版，第 3455 页。

律楚材倡言汉法之功，后文还会提到，其子耶律铸亦工诗能文。女真人李术鲁翀（1279—1338），曾任集贤直学士兼国子祭酒、礼部尚书。苏天爵言其为学务博而约，自六经诸史传注，下至天文、地理、声乐、历律、水利、算数，皆考其说。学识卓异，不随流俗。听其言论，滚滚不穷，故声闻大振。"年二十，号称巨儒。"① 北魏拓拔氏后裔元明善（1269—1322）"自少负才气，盖其得于天者异于人，而又浸淫乎群经，搜猎乎百家，以资益其学，增广其识，类不与世人同"②。更被其后学雍古人马祖常誉为"有元古文之宗"③。当时比较著名的契丹士人还有耶律季天、耶律柳溪、移剌迪、移剌霖、述律杰、石抹宜孙等；女真士人还有徒单公履、夹谷之奇、乌古孙良桢、兀颜思中、兀颜思敬、完颜东皋、浦察景道、浦察善长、李直夫、奥敦周卿等。

　　在元王朝庞大的版图上，异国人士也沉醉于中华文化之中，"沉浸醲郁，揽结粹精，敷为文章，以贲饰一代之理，可谓盛矣"④。被誉为韩国古代"三大诗人"之一的高丽人李齐贤广泛学习汉文化，陶湘《景明弘治高丽晋州本遗山乐府叙录》中言道："唯益斋（李齐贤号）入侍忠宣王，与阎、赵诸学士游，备知诗余众体者，吾东方一人而已。"⑤

---

　　① 苏天爵：《滋溪文稿》卷八《元故中奉大夫江浙中书省参知政事追封南阳郡公谥文靖字术鲁公神道碑铭》，陈高华、孟繁清点校，中华书局1997年版，第121页。

　　② 吴澄：《吴文正公集》卷十九《元复初文集序》，文渊阁《四库全书》本。

　　③ 马祖常：《石田文集》卷十一《翰林学士元文敏公神道碑》，文渊阁《四库全书》本。

　　④ 李穑：《益斋先生乱稿序》，李修生主编：《全元文》（第56册），凤凰出版社2004年版，第440页。

　　⑤ 金启华、张惠民、王恒展等编：《唐宋词集序跋汇编》，江苏教育出版社1990年版，第332页。

第五章　草原文化对元代诗学的影响

元代实行两都巡幸制，上都位于金莲川草原，是13—14世纪中叶极具世界影响的草原帝都。元代文人因上都之旅而创作了大量的上京纪行诗，随之出现了对其进行评说的诸多序跋题咏，在内容上主要有"山川发雄文"与"率尔赓和"的诗歌创作观、"观风备览"与"存一代之典"的诗歌功能观、"传盛世之音"与自觉追求盛世气象的文学精神等，引领了元代诗坛风气。在中国诗学史上，这些诗歌观念是文人们首次集中对草原文化题材诗歌的诗学表达，也是文人对一统盛世和观览草原帝都体验下诗歌创作的自觉发扬，具有重要的价值和意义。

第一节　元代上京纪行诗序跋题咏概说

文人在上都的文学创作，以记自己草原帝都之行的诗歌为最，我们统称这些诗歌为上京纪行诗。大量上京纪行诗的创作，是有史以来儒家文化圈文人第一次持久草原生活体验的产物。当文人长途跋涉来到草原，又在草原帝都生活几月甚至几年之久，这样独特的文学创作背景，使文人具有不同以往的创作心态，其诗歌创作也呈现出不同于传统诗歌的异质美学风貌。如题材上集中抒发对丰富奇异的草原自然风情、风格多元的草原帝都、奢华铺扬的宫廷宴饮的赞美，以及对与草原有关的历史人物事件的宽容评价等，在艺术上重写实、白描，甚至不顾语言的粗粝等特征。

如何评价这些诗歌，成为元代文坛的大事。从现有文献来看，文人开始对上京纪行诗进行诗学上的品评、鉴赏，始于仁宗、英宗时期，盛于文宗、顺帝时期，其评论方式以序跋题咏为主，评论者多翰苑文臣。虽然上京纪行诗及其序跋题咏十之八九多有散佚，但从今存的诗歌数量（90余位文人，1000多首诗）和30余篇序跋题咏来看，依然可以窥探对元代上京纪行诗进行品评的风靡程度。如胡助《上京纪行诗》诗集，今存虞集、吕思诚、王士熙、陈旅、柳贯、吴师道、苏天爵、宋濂等题跋 15 篇，前后自序两篇。许有壬《文过集》今存揭傒斯、王沂、欧阳玄、谢端、许有孚等题跋五篇，自序一篇。即便是由江浙文人编选的收录地方普通文人廼贤、韩与玉、涂颖三人游历上都之作的《上京纪行诗》总集，也今存地方名流张仲深、刘仁本的题咏。再如游历文人廼贤曾请众多文坛名流为翰院文臣黄溍的《上京纪行诗十二首》题咏，这一事实在贡师泰的《题黄太史上京诗稿后》中有所记载："黄太史文名天下，而上京道中诸诗尤为杰作。葛逻禄易之得其以传，且谒诸君为之题，其知太史亦深矣。易之尚善葆之。"① "谒诸君为之题"，说明当时在京师为该组诗的题咏数量，不久，廼贤南归，携带此组诗到江浙，又得到当地文坛的不断题咏。

元代上京纪行诗创作者及序跋题咏的作者，也基本囊括了元代中后期文坛的主流人物，其传播范围也往往从以两都为核心的北方文坛，传播到以江浙、江西为核心的南方文坛，南北文坛也在唱和赠答、序跋题咏中得到交流。就内容而言，这些序跋题咏主要集中在创作观念、审美功能、文学精神等诗学观念等表达上。上京纪行诗所表达的诗学观念是元代诗学的重要组成部分，因上都文学中心的独特地位，使其引领了元代文坛风气，促进了元代中后期南北诗风的融合，推动了上都形象以及草原文化在元代南北的传播。

第二节　草原文化激发了元人对传统诗学的构建

就诗学内容而言，上京纪行诗序跋题咏主要集中在创作观念、审美功能、审美标准、文学精神等方面，在诗学思想和表达方式上显示了不同于传统诗学的特征，极具诗学史意义。

一　"山川发雄文""率尔赓和"的创作观

居庸关以北的广袤土地自古为北方少数民族的生息之所，上都位于滦

---

① 贡奎、贡师泰、贡性之：《贡氏三家集·贡师泰集》，邱居里、赵文友点校，吉林文史出版社 2010 年版，第 354 页。

河上游的金莲川草原，这里曾是东胡、匈奴的"瓯脱地"①，也是辽金帝王的四时捺钵之所②，历经千余年，当元代建立了南北统一、华夷一体的一统政权，不仅疆域超迈以往，观念上也超越了历代的华夷之分、胡汉对立。对汉地文人而言，居庸关以北曾经都是经验的、想象的、神秘的，随着每年帝王的巡幸，以上都为代表的草原又披上了一层神圣的面纱，游历上都是元代文人十分向往的。他们一旦有机会来到草原，"际此圣明代，历览山水奇。不学古行役，空伤木兰诗"③ 的自信昂扬、激动兴奋便会油然而生，这种由外部自然地理环境对诗人创作心态产生的重要影响，进而影响诗歌创作审美风貌的文学现象，引起元代文坛的普遍关注。在对上京纪行诗的品评、鉴赏和自我创作归纳中，极力阐扬了"山川发雄文"的创作动力说和"率尔赓和"的创作态度说。

（一）"山川发雄文"的创作动力说

刘勰《文心雕龙·物色》："若乃山林皋壤，实文思之奥府，略语则阙，详说则繁。然屈平所以能洞鉴风骚之情者，抑亦江山之助乎！"④ 首揭"江山之助"一词，说明山水之阅历有助于文人及其文学创作，有助于文思的激发。这在后世多有所论，苏舜钦的"幸有江山聊助思"⑤、黄庭坚的"江山为助笔纵横"⑥ 等都是这种观点的强调和创作体验的总结。

---

① 据陈高华、史卫民的元上都研究所述，东胡的活动以今天辽河上游的西拉木伦河和老哈河流域为中心，匈奴则以今天黄河河套和阴山山脉地区为中心。两族之间有一千余里的弃地无人居住，"各居其边为瓯脱"。瓯脱，意为界上屯守处。元上都都城所在地区，应是当时东胡瓯脱的一个组成部分。参见陈高华、史卫民《元大都上都研究》，中国人民大学出版社2010年版，第142页。

② 金莲川及其附近地区，辽时分属中京道和西京道管辖，金时隶属西京路管辖。有关辽代的金莲川"四时捺钵"，参见傅乐焕《辽代四时捺钵考五篇》，《辽史丛考》，中华书局1984年版。有关金代的捺钵刘浦江考述：从大定十二年（1172）始，金世宗每年或隔年赴金莲川，往返时间4—5个月之久。参见刘浦江《春水秋山——金代捺钵研究》（上），《文史》（第49辑），1999年；刘浦江《春水秋山——金代捺钵研究》（下），《文史》（第50辑），2000年。作者考述：从大定十二年（1172）始，金世宗每年或隔年赴金莲川，往返时间4—5个月之久。

③ 马臻：《霞外诗》卷三《黑山》，文渊阁《四库全书》本。

④ 刘勰：《文心雕龙》，庄适注、司马朝军校，崇文书局2014年版，第111页。

⑤ 苏舜钦：《送子履》，杨重华注，《苏舜钦诗诠注》，重庆出版社1988年版，第306页。

⑥ 黄庭坚：《黄庭坚全集》（第1册）之《忆邢惇夫》，刘琳、李勇先、王蓉贵校点，四川大学出版社2001年版，第255页。

可见，古代文人肯定了游四方、广见闻、增博览的生活体验，是激发文人志气、增加文人修养、有助于诗文创作的重要途径。相较于以往，元代文人对此的认识更加深入，将游历提升到了不得不为的人生高度。如元代大儒吴澄在《送何太虚北游序》云："士可以不游乎？男子生而射六矢，示有志乎上下四方也，而何可以不游也？夫子上智也，适周而问礼，在齐而闻《韶》，自卫复归于鲁，而后雅、颂各得其所也。夫子而不周、不齐、不卫也，则犹有未问之礼，未闻之《韶》，未得所之雅、颂也。上智且然，而况其下者乎？士何可以不游也！"① 同时，从游历地域范围来看，以往的游四方基本限定在中原，包括实行宋金征聘制度期间，每年也只是有极为少量的使臣能够来到北方的草原。而元代华夷一体，水陆等交通发达，这也为文人游历广阔的地域提供了便捷的物质条件。

"山川发雄文"的创作动力说在上京纪行诗序跋题咏中有鲜明而集中的表达。"山川发雄文"本来源于古代文论江山助奇或江山之助说，并不新鲜，但是由于此江山、山川乃居庸关以北的草原物候风情，以及帝王巡行的草原帝都，这就为"江山之助"等扩展了表现范围，更重要的是，元人"山川发雄文"是对"江山助奇"的笃信和进一步阐发与印证，认为它不仅助文人之气，影响文人之志意，还深深地影响诗文创作的审美风貌。

"山川发雄文"一句，出自元人胡助在扈从上都途中所作《同吕仲实宿城外早行》诗，诗云："两京隔千里，气候殊寒暄。声利泪清思，山川发雄文。平生所未到，扈跸敢辞烦。"② 诗歌描叙当自己见到与中原、江南迥异的草原自然地理，增助了文人之气，由外部环境的新异变化激发了诗人的创作热情，影响了文人的心态、气质、意志。如果说这仅仅是诗人创作时的一时即兴感发，那么序跋题咏大量类似的描写叙述和品评式的表达，则是诗学意义上的理性提炼。至顺元年（1330），胡助以翰院编修身份扈从上都，并于此期间创作了《上京纪行诗》诗集，经自己删减精选，收诗50首。自序云："沿途马上览观山水之盛也，日以吟诗为事。比至上都，官署寓于视草堂之西偏，文翰闲暇，吟哦亦不废。"③ 今存虞集、

① 吴澄：《吴文正集》卷三十四《送何太虚北游序》，文渊阁《四库全书》本。

② 胡助：《纯白斋类稿》卷二《同吕仲实宿城外早行》，文渊阁《四库全书》本。

③ 胡助：《纯白斋类稿》卷二十《上京纪行诗序》，文渊阁《四库全书》本。

吕思诚、王士熙、陈旅、柳贯、吴师道、苏天爵、王理、黄溍、李术鲁翀、曹鉴、宋濂等序跋 15 篇，评论者皆为元中后期文坛名流，足见诗作及诗评影响之大。柳贯也在自己的《上京纪行诗》自序有类似表达："延祐七年（1320），贯以国子助教分教北都生，始出居庸，逾长城，临滦水之阳而次止焉。自夏涉秋，更二时乃复，计其关途览历之雄，宫御物仪之盛，凡接之于前者，皆足以使人心动神悚，而吾情之所触，或亦肆口成咏，第而录之，总三十二首……龙光炳焕，照耀后先，山川闳奇，振发左右，则夫纪载而铺张之，有不得以其言语之芜拙而并废也。"[1] 他们都在叙述自己前往上都因所见迥异中原之山川地理、物候风土激荡文人的诗赋创作，感兴肆口成咏，而不惜"有不得以其言语之芜拙而并废也"，这既是诗人"山川发雄文"创作体验的描述，也是诗人对自己诗歌创作的总结。从接受者角度看"山川发雄文"外部环境对诗人上京纪行诗创作影响的品评鉴赏也不少，如苏天爵对黄溍所作的《上京纪行诗十二首》组诗作《题黄应奉上京纪行诗后》云："至顺二年（1331）夏，予与晋卿偕为太史属，扈行上京。览山河之形势，宫阙之壮丽，云烟草木之变化，溍卿辄低徊顾恋若有深沉之思者，予固知其能赋矣。既而果得纪行诗若干首。"[2] 认为黄溍因上都之行，目睹经历了"山河之形势，宫阙之壮丽，云烟草木之变化"，正是这种外部环境的刺激，作者才乘兴创作出轰动文坛的《上京纪行诗十二首》，成就黄溍最负盛名的诗作。当然，也有一些诗评作者没有去过上都，没有草原生活体验，对他们来说，品评上京纪行诗多出于诗作阅读、文人传诵，如江浙文人刘仁本、张仲深的诗评更加强调文人能够游历上都、见诸山河大美、帝王巡幸大典等外部生活体验对诗歌创作的巨大影响。刘仁本《题马易之韩与玉涂叔良上京纪行诗卷》云："景运将兴礼乐期，邦家培植太平基。銮和法驾时巡幸，扈从词臣发秘思。文物两都班固赋，山川万里杜陵诗。于今十载风尘里，展卷空怀草木悲。"[3] 张仲深《上京纪行诗一卷》："世祖龙飞奠两圻，岁时巡跸重依

---

① 柳贯：《柳贯诗文集》卷十六《上京纪行诗》序，《四部丛刊》本。

② 苏天爵：《滋溪文稿》卷二十八《题黃应奉上京纪行诗后》，陈高华、孟繁清点校，中华书局 1997 年版，第 474 页。

③ 刘仁本：《羽庭集》卷三《题马易之韩与玉涂叔良上京纪行诗卷》，文渊阁《四库全书》本。

违。千官扈从趋黄屋，三子联镳总白衣。眼底关山生藻思，马头楮颖发光辉。诗成京国争传诵，太史遥瞻动少微。"① 由此可见，"山川发雄文"创作动力说，不论是对诗人自我创作体验的总结，还是他者对上京纪行诗的品评鉴赏，都是普遍而明确的。所谓"宏才博学，必待山川之胜有以激于中而后肆于外"②。而刘敏中一生多次扈从上都，并创作了数量斐然的诗作，虽然此语说于南方，却是自己一生游历与创作关系体验的注脚。

"山川发雄文"诗学观念还以对具体诗作品评的方式强调了外部环境对文人创作风格的深刻影响。欧阳玄跋许有壬上京纪行诗集《文过集》而作的《中书参知政事许公文过集序》云："本朝儒者参预大政，而以诗鸣者吾得三人焉。其一金进士，其仕当南北混一之交，其风犹有金源之风；其一齐鲁世家子，所与居游，又多京国华腴，其诗自有富贵之气，及南渡江汉诗乃清厉；其一家本梁赵流寓荆楚筮仕，并营其诗，盖负豪爽之资，每北渡居庸诗益奇俊，盖安阳公也。三参预皆有治才，诗其余事而以鸣者，人多其有余力也。至元三年之夏，安阳公扈从上京，赋诗百二十余首，名曰《文过集》。向余所谓奇俊者，殆山川之助欤！公才刃纵横，无少凝滞，气机出入，杂以讥评，用之于政、于文皆然。"③《文过集》诗120首，是许有壬后至元三年（1337）以中书参议扈从上都期间而作，欧阳玄把许有壬上都诗作与诗人在其他地方所作的诗作对比，认为上都诗歌更加奇俊，给予肯定和赞美，并进一步认为这种奇俊风格，可以从内而得，也可以从外而得，即一是山川之助，二是北人豪爽性格和酣畅的才气。这个评价与许有壬自己评价的语之不工，又时托箴讽，指向性一致，都强调江山之助对诗歌创作的巨大影响，只是所关注的角度不同而已。玄教宗师吴全节全面肯定许有壬《文过集》诗歌风格的多样性，也是以地域等外部环境的变化作为重要因素的，"公天资高爽，豁达有气义，著为文章有光焰，溜溜乎高屋建瓴水，于世教且深有关焉……一日谒公，公出示巨帙一百余篇观之，信乎传者之不诬。体物记事，寄赠题品，各极其

---

① 张仲深：《子渊诗集》卷四《上京纪行诗一卷》，文渊阁《四库全书》本。

② 刘敏中：《中庵先生刘文简公文集》卷十六《江湖长短句引》，《北京古籍珍本丛刊》本。

③ 欧阳玄：《中书参知政事许公文过集序》，许有壬：《至正集》卷三十五，文渊阁《四库全书》本。

妙，层澜峻峰，大音雅操，沛然自得，皆六艺中流出"①。

（二）"率尔赓和"的创作态度说

上京纪行诗序跋题咏还直接表达了"率尔庚和"的创作态度，并赞扬与此有密切关系的自然率真的诗风。元诗语言率真自然、内容平实通达的风格，一方面是元代宽松意识形态的结果，另一方面也与文人不刻意追求苦吟、雕琢、精深，而着意于率意而为、尽兴而发的诗歌创作态度有关。

许有壬在自己上都所创作的诗集《文过集》自序云："（后至元三年（1337）丁丑分省，予以五月二日发京师，八日达上京……参议左右曹，非有疑禀，不至都堂。日长始退，恒兀兀独坐，闲得朋友歌诗，率尔赓和，心有感触，亦形咏歌。乘兴有至一二十首，而无心营度一字。"② 胡助也对能有诗友相伴、相互唱和而赋的创作动力有明确表述，其《上京纪行诗》自序云："六月下澣始与检阅官吕仲实偕行。仲实权从游于升学者也，今又同在史馆，故乐与之偕。沿途马上览观山水之盛也，日以吟诗为事。比至上都，官署寓于视草堂之西偏，文翰闲暇，吟哦亦不废……南还之日又与翰林经历张秦山、应奉孟道源及仲实同行，亦日有所赋。"③ 二人都是在上都创作多产的文人。这些诗歌的创作，得于闲暇，得于有诗友相伴唱和，得于自己的率意乘兴而作，文人们往往途中即兴赋诗唱和，不加思索，不加修饰，率意而为，尽情表达，毫不在乎诗歌是否语言精致、内蕴深厚。许有壬的"乘兴""而无心营度一字"，是对这种率意创作方式和乘兴创作态度最为直接的表达。这种创作态度带来诗歌率性、真挚、自然、轻快的特征。上京纪行诗这样的审美风格不论是抒发自己内心的欢快惊奇、苦闷牢骚，还是被盛世感召的激越豪情、忠贞之意，描摹的奇险物景、盛宴铺陈、风情的勾勒，都是自然而然的，是文人特定心绪下的真实流露，也是上京纪行诗创作实践的真实写照。马祖常在上都所作《和王左司韵》三首其一诗中说"走笔题诗三百首，敲门先送大中

---

① 吴全节：《中书参知政事许公文过集序》，许有壬：《至正集》卷三十五，文渊阁《四库全书》本。

② 许有壬：《至正集》卷三十五《文过集序》，文渊阁《四库全书》本。

③ 胡助：《纯白斋类稿》卷二十《上京纪行诗自序》，文渊阁《四库全书》本。

郎"① 谈论的也是这种完全为外物所感而不吐不快、率真快意、不假思索的即兴作诗状态。这种率意而为、即兴而发的创作态度不是个别人一时之慨，而是元代文人较为代表性的表达，这也导致上京纪行诗整体上在语言和诗境倾向于浅近直白，甚至如明清人所指责的语言粗粝，不得不说，这是率尔赓和创作态度的重要影响。

二　"观风备览""存一代之典"的文学功用观

上都不仅有独具特色的自然地理和风土人情，还因其是连接中原、沟通蒙古诸部的中心、世界文化的聚散地，而成为"奇怪物变、风俗嗜好、语言衣食有绝异者"② 的多元文化混杂之地，许多外国使者、传教士、商人还在上都受到皇帝的接见，如阿拉伯、波斯、突厥等色目商贾就是上都的常客，正如虞集《上都留守贺惠愍公庙碑》所说："昔世祖皇帝在潜藩，建牙纛、庐帐于滦河之上，始作城郭宫室，以谨朝聘，出政令，来远迩，保生聚，以控朔南之交。及乎建国定都于燕，遂以是为上都，而治开平焉。大驾岁一巡幸，未暑而至，先寒而南，宫府侍从宿卫咸在，凡修缮供亿一责于留守之臣。然地高寒，鲜土著种艺之利，在野者，畜牧散居以便水草。在市者，则四方之商贾与百工之事为，多怀柔抚绥，使薄来而厚往，然后奇货用物，本末纤巨，莫不毕至充溢盛大，以称名都焉。"③ 尽管上都地寒，不宜种植，但是由于各种优待政策，"四方之商贾与百工之事"充斥着上都的商贸市场。袁桷《开平十咏》（之七）专门描写了上都商业区的繁荣景象："煌煌千贾区，奇货耀出日。方言互欺诐，粉泽变初质。开张通茗酪，谈笑合胶漆。忆昔关市宽，崇墉积如銍。梯航际穷发，均输乃疏术。"④ 因此，如此自然和人文奇异景观，对文人的诗歌创作和诗学观念有了新的时代要求，"观风备览""存一代之典"便是这种时代背景和上都地域背景的产物。"观风备览""存一代之典"又彰显了文人强烈的文学精神。文学精神的张扬主要体现在对上都文学创作审美功能的

① 马祖常：《石田文集》卷四，文渊阁《四库全书》本。
② 虞集：《道园学古录》卷十四《题和林志》，文渊阁《四库全书》本。
③ 虞集：《道园学古录》卷十三《上都留守贺惠愍公庙碑》，文渊阁《四库全书》本。
④ 袁桷：《清容居士集》卷十六《开平十咏》（其七），《四部丛刊》本。

追求上，具体表现在创作的可观览性和传盛世之音两方面。这两种创作观念也有着内在的联系，即强调对文学精神的张扬。可观览性，即序跋题咏中频繁使用的"观风备览"与"存一代之典"。"观风备览"是传统诗学观念中兴观群怨诗学功能的延续，强调诗歌本身呈现的观风功能，包括一切自然地理、民俗风情等。"存一代之典"从创作主体出发，强调所观览事物体现国家典制等宏大事件。传盛世之音是从诗歌功能角度赋予文学作品所承担的历史和时代使命。

西周时就以采诗观风，元代疆域辽阔，天下一统，交通发达，采诗观风成为风气。元代非常重视观风的诗歌功能，赵孟頫就有关于诗歌"可以观民风，可以观世道，可以知人，可以多识草木鸟兽之名"[1] 功能的论述。上都不以采诗观风，而是直接创作以观风，即要"观风备览""存一代之典"，这也成为前往上都文人创作的目的和历史责任，这在序跋题咏中有大量的直接表述。

胡助前往上都便以此为创作旨归，在《宸从集》自序中明确叙述了两都间禁路的生态文化环境，并认为自己有责任用诗文之笔记录所见自然地理、风情物候供人观览，以展盛世之风，这在上文有所提及。这样的创作目的，在柳贯、张昱、杨允孚等自序中屡有表述。张昱《辇下曲序》："鄙近虽不足以上继风雅，然一代之典礼存焉。"[2] 不仅创作如此，在序跋评诗时是否具有可观览性成为评价诗歌的重要标准。贾祥麟对周伯琦《宸从集》就是从这个角度给予高度评价的："一以赞规摹之大，一以彰声教之隆，居安虑危见于言外，既而澄清蕃宣东南，是赖短章大篇奚翅千百，未遑诠次，预以是集。锓梓传播，以备史氏纂一代之雅颂，职方为全书者，有所稽焉。"[3] 不论是胡助对自己诗歌创作强调的"继风雅"存一代之典，还是诸多文坛名流赞叹胡助上京纪行诗的"规摹之大""彰声教之隆"，都十分鲜明地突出表达和强调了诗歌所承载的兴观功能，体现了文人的现实关怀。

在诗歌功用的可观览性上，元人认为上京纪行诗创作可示人以应对咨问，也可娱己以安晚年。袁桷在《开平第一集》自序就明确表示这些诗

---

① 赵孟頫：《松雪斋集》卷六《薛昂夫诗集序》，文渊阁《四库全书》本。

② 张昱：《张光弼诗集》卷三《辇下曲》序，《四部丛刊续编》本。

③ 周伯琦：《宸从集》卷末贾祥麟跋，文渊阁《四库全书》本。

歌要"录示尔曹"①，冯子振《居庸赋》也是由于应对不暇而为人观览才创作的。当然，娱己以安迟暮的创作动机的表述还是很多的。袁桷一生四次上都，并创作"开平四集"，在第四集的末尾，袁桷有"开平四集诗百首，不是故歌行路难。竹簟暑风茅屋下，它年拟作画图看"②。柳贯在自序中表达"今朝夕俟汰，庶几退藏田里，以安迟暮"③。虞集一生十数次扈从上都，在为胡助《上京纪行诗》作跋时也表示："集老且病，将乞身归田，竹簟风轻，茅檐日暖，得此卷诵之，能无天上之思耶？卷中《龙门》后诗尤佳，欧阳玄功亦云。"④

"观风备览""存一代之典"的创作目的，直接影响了上行纪行诗纪实性的审美倾向，这在序跋题咏中多有总结，也给予赞誉。吴师道《题黄晋卿应奉上京纪行诗后》云："居庸北上一千里，供奉南归十二诗。纪实全依太史法，怀亲仍写使臣悲。牛羊野阔低风草，龙虎台高树羽旗。奇绝兹游陪禁从，不才能勿愧栖迟。"⑤吴师道把上京纪行诗的这种"纪实性"和《史记》相提并论，足见其对诗歌纪实性的重视和倡导。王守城《题上京纪行诗后》云："大驾北巡，与扈从之臣同发者，自黑峪道达开平为东道；朝官分曹之后行者，由桑干岭、龙门山以往为西道，皆出居庸关口北始分，至牛群头驿乃合。各经五六百里，其山川奇险不相上下，而东道水草茂美，牧畜尤便。"⑥对扈从官员往来两都间东道、西道的规制，以及两道路线走向、物产畜牧等在序跋中加以纪事性交代。最为典型的是周伯琦《扈从集》自序，前序近八百字，后序一千余字，都在记述自己往返上都的行程情况。《扈从集》34首诗，包括前往上都纪行程的24首和返还大都的10首诗。第一首开始从大都出发，周伯琦就表明了自己的创作旨归："乘舆绳祖武，岁岁幸滦京。夏至今年早，山行久雨晴。日瞻黄道肃，夜拱北辰明。随步窥形胜，周诹记里程。"周伯琦纪行两都沿途

---

① 袁桷：《袁桷集》卷十五《开平第一集》序，李军、施贤明、张欣校点，吉林文史出版社 2010 年版，第 250 页。

② 袁桷：《袁桷集》卷十六《戏题开平四集》，李军、施贤明、张欣校点，吉林文史出版社 2010 年版，第 285 页。

③ 柳贯：《柳待制文集》卷十六《上京纪行诗并序》，《四部丛刊》本。

④ 顾瑛辑：《草堂雅集》卷十三《虞翰林题纪行》，文渊阁《四库全书》本。

⑤ 吴师道：《礼部集》卷七，文渊阁《四库全书》本。

⑥ 胡助：《纯白斋类稿》附录卷二，文渊阁《四库全书》本。

的生态文化和地理空间最为详细，既有对具体行程、所经驿站等的一一记述，也对文臣扈从官吏所走路线制度的交代，以便读者明了。不仅对一路所经驿站、所过山川地理等予以舆地志的细致描述说明，还突出前后驿站的地理方位、距离里程、周边生态、居民生活状况等自然和文化生态，使之成为元代两都间最为翔实可靠的舆地文献史料，后世考证多赖于此。同时，作者还注意前后两序在关注对象和表达上的前后照应，以期读者有如临其地之感，如对往返所经同一驿站察罕诺尔的记述。前序云："至察罕诺尔，犹汉言白海也。其地有水泺，汪洋而深不可测，下有灵物，气皆白雾。其地有行在宫曰亨嘉殿，阙庭如上京而杀焉。置云需总管府以掌之。沙井水甚甘洁，酿酒以供上用。又作土屋养鹰房，驻跸于是，秋必校猎焉。"① 察罕诺尔，武帝时在此建行宫，此地汉族人称为白海，作者对白海水之深，水雾之大，殿庭建筑、管理情况、水源品质、养鹰房等都着意记述，并指出此地是帝王秋猎之所。而在后序中对察罕诺尔的记述，为避免重复只简单提起察罕诺尔地名，就进入对辉图诺尔的描述："越三日，至察罕诺尔。由此转西至辉图诺尔，犹汉言后海也，有大海在纳钵后，故云。曰平陀儿，曰石顶河儿，土人名为鸳鸯泺，其地南北皆水，泺，势如湖海。水禽集育其中，以其两水，故名曰鸳鸯。或云水禽惟鸳鸯最多，国语名其地曰哲呼哈剌巴纳，犹汉言'远望则黑'也。两水之间，壤土隆阜，广袤百余里，区脱相比，诸部与汉人杂处，因商而致富者甚多。……自察罕诺尔至此百余里，皆云需府境也。界是而西，则属兴和路矣。"② 可以看出，通过阅读周伯琦自序，读者就能够建立起察罕诺尔与辉图诺尔、白海与黑水之间的地理空间关系、自然生态文化，以及两地间居民蒙汉等多族杂居的生活状态。周伯琦对往返同一路段的描述各有取舍、详略有序，其用意包含了读者视角和创作者视角，以期自己的诗歌和序文能够对读者起到理解、明白内容的作用，最大限度地发挥"观风备览""存一代之典"的诗歌功用。

① 周伯琦：《扈从集》前序，文渊阁《四库全书》本。
② 周伯琦：《扈从集》前序，文渊阁《四库全书》本。

三　"传盛世之音"与自觉追求盛世气象的文学精神

分裂与统一是中国历史的两大现象,西周时即有明确的"天下"观念,天下一统是历代统治者的追求。当元代结束了唐末以来几百年的分裂,元代文人在精神上开始张扬"大一统"的大元气象,查洪德先生对此有过阐述,认为元人突破了传统一统观的内涵,建立了自己的新的理解。元人之所谓"大一统",有两个方面的含义:一是夸耀"混一海宇之盛",二是中原文化远被四夷,是文化之"大一统"。① 这种张扬"大一统"的文化倡导,在上都文学活动成果中有鲜明的体现,在序跋中也有更为集中具体的阐述。序跋多有对元代疆域超迈往古的描绘、赞叹,并由此而激增文章应传盛世之音的责任感。如王逢《览周左丞伯温壬辰岁拜御史〈扈从集〉感旧伤今敬题五十韵》,全诗从天下一统,两都巡幸之制开始写起,极尽对巡幸盛大、两京途中风物、到达上都仪礼的描摹,最后表达元朝是超迈往古的,自己生逢于斯,应观风以展太平之盛。"华夷今代壹,畿甸上京遥。游豫循常度,恬熙属累朝。六飞龙夹日,独角豸昂霄。御史箴何忝,贤臣颂早超。咨诹新境俗,观采众风谣。"② 这不仅是文人的兴之所动、抒己之怀,更成了亲历者文人的文化使命。周伯琦对盛世的传播当作自己的责任,其《扈从集》前序云:"予往年职馆阁,虽屡分署上京,但由驿路而已,黑谷辇路未之前行也。因忝法曹,肃清毂下,遂得乘驿行所未行,见所未见。每岁扈从皆国族大臣及环卫有执事者,若文臣仕至白首,或终身不能至其地也,实为旷遇所至,赋诗以纪风物,得二十四首。惜笔力拙弱,不能尽述也。虽然,观此亦大略可知矣。"③ 对于一般文臣很少涉足的禁路,对于周伯琦而言,自己有责任将沿途地理、风物以史笔记录,供人观览,这也是一种盛世情怀。而对于元朝疆域之广、文治之盛,周伯琦说:"辙迹之罕及者,非我元统一之大,治平之久,则吾党逢掖章甫之流,安得传轺建节,拥侍乘舆,优游上下于其间哉!"自己也有责任"以著其橐,不惟使观者得以扩闻见,抑以志吾生之

---

① 查洪德:《"海宇混一"鼓舞下的元代盛世文风》,《南开学报》2008 年第 4 期。
② 王逢:《梧溪集》卷四,《知不足斋丛书》本。
③ 周伯琦:《扈从集》前序,文渊阁《四库全书》本。

多幸也欤"①。正如贾祥麟跋《扈从集》所云:"一以赞规摹之大,一以彰声教之隆,居安虑危见于言外,既而澄清藩宣东南,是赖短章大篇奚翅千百,未遑诠次,预以是集。锓梓传播,以备史氏纂一代之雅颂,职方为全书者,有所稽焉。"② 这正是对周伯琦彰显的文学精神的最好概括。

柳贯在泰定元年(1324)也为自己上京纪行创作发表这样的见解,在其《题北还诸诗卷后》云:"间谂之翰林修撰杨君廷镇,以为苏李后上下数千年,诗人赋客未必能以此时深涉此土。今吾徒驱驰使事,单操寸管,以分刌铢黍于经术、词艺之间,非皇灵广被,文轨混同,亦安能自与于斯哉?故鞭镫疲曳之余,窃为诗一二,以赋物写景。"③并引"声成文谓之音"来说明自己能有幸亲历上都,感受一统之和平,文轨之混同,认为自己有责任应将亲历所见和内心的自豪感受赋诸诗文,借文来传递时代的盛世精神。上都所承载的元代大一统的大元气象和文化精神,就这样在前往上都的文人那里得以传递。这既是文学精神的张扬,也是元代文人自身价值的体现。

对"盛世气象"的审美追求,必然要求文人有传盛世之音的使命感,王祎《上京大宴诗序》就是对文人的这种文学精神的最好总结:"故观是诗,足以验今日太平极治之象,而人才之众,悉能鸣国家之盛,以协治世之音,祖宗作人之效,亦于斯见矣。……今赓唱诸诗,其所铺张扬厉,亦不过模写瞻视之所及,而圣天子盛德之至,垂拱无为,所以致今日太平,极治者隐然自见,岂非小雅诗人之意欤?"④在对诈马宴盛大的排场和衣食用度等进行汉赋般的夸饰后,直接表达了元代上都摹写诈马宴的诗作都是写"瞻视之所及"的文人真实所见,是对繁华奢侈的上都宫廷宴会和太平盛世的真实写照,是从传盛世之音的诗歌表达,体现了元代文人集体的文学精神。

盛世气象的审美追求和肩负文化使命的文人精神,还与国运士气、文人自信的气质息息相关。苏天爵《跋胡编修上京纪行诗后》是直接发表盛大的国运对文人士气影响极具代表性的一篇跋文:

---

① 周伯琦:《扈从集》后序,文渊阁《四库全书》本。
② 周伯琦:《扈从集》卷末贾祥麟跋文,文渊阁《四库全书》本。
③ 柳贯:《柳待制文集》卷十八,《四部丛刊》本。
④ 王祎:《王忠文集》卷六,文渊阁《四库全书》本。

　　尝闻故老云：宋在江南时，公卿大夫多吴、越之士，起居服食，率骄逸华靡。北视淮甸，已为极边。及当使远方，则有憔悴可怜之色。呜呼，士气不振如此，欲其国之兴也难矣哉。今国家混一海宇，定都于燕，而上京在北又数百里，銮舆岁往清暑，百司皆分曹从行。朝士以得侍清燕，乐于扈从，殊无依依离别之情也。予友胡君古愚生长东南，蔚有文采，身形瘦削，若不胜衣。及官词林，适有上京之役，雍容间暇作为歌诗。所以美混一之治功，宣承平之盛德，余于是知国家作兴士气之为大也。后之览其诗者，与太史公疑留侯为魁梧奇伟者何以异。①

　　苏天爵认为，宋元两代士大夫在北方边地的不同表现，反映了两代士气之不同，而士气之不同源于国运之不同。正因宋元两朝国运不同、士气不同，在边地的创作气象才不同，元代则展现出"殊无依依离别之情也"的审美风貌，士人在创作中则着意于"美混一之治功，宣承平之盛德"，这是与宋代边地文学创作差异的根源所在，苏天爵在跋文中所说的其实就是盛世气象。而上京纪行诗所展现的盛世气象，即使抒发愁苦之作，也没有激愤之情、讽刺之味，正如虞集《题黄晋卿上京道中纪行诗后》云："少陵入蜀路岖崎，故有凄凉五字诗。供奉翰林随翠辇，应知同调不同辞。"② 认为虽然黄溍的上京之旅中饱受路途颠簸，也有各种不适的凄凉情绪，可谓"同调"，但是黄诗与杜甫入蜀诗的沉郁之气相比，结合黄溍的实际创作，更多地体现了秉笔直书、自然而然的情之真醇。这些论述与上京纪行诗"自信篇章贵，能歌击壤年"③（马祖常《次韵继学三首》其二）的文章自信内外表里，与文人相互赞誉对方才华也互为一致。

　　中国古代诗歌对草原的书写，远起于《诗经》，到南北朝、唐朝出现了诸如《敕勒川》以及边塞诗的有关草原的书写。此后，辽金、两宋因朝聘制度的实行，也有文人较以往更多的草原书写，但与元代相比还属寥寥，更重要的是其内容多是对草原文化的贬斥，诗歌格调是衰萎的，在一

---

　　① 苏天爵：《滋溪文稿》卷二十八，陈高华、孟繁清点校，中华书局1997年版，第470页。

　　② 虞集：《道园遗稿》卷五，《北图古籍珍本丛刊》本。

　　③ 马祖常：《石田文集》卷二，文渊阁《四库全书》本。

统观上是华夷对立的，也鲜有涉及传统诗学的表述。而元人上京纪行诗的感情基调是昂扬自信的，其序跋题咏是文人们首次集中对草原文化题材诗歌的诗学表达，也是文人通过对一统盛世的观览和草原帝都体验下的自觉发扬，是元代诗学不容忽视的重要内容。而这些诗学观念在语言上的草原风味和以叙述为主的表达方式，也使其极富特色，很容易使人身临其境于草原之大美。

更令我们值得注意的是，这些诗学观念，通过领袖人物的积极倡导，还对元代诗坛起引领作用。如被誉为"玉堂学士"的吴全节，是第二代玄教大宗师，在京三十余年，诗文书画、经史义理无所不通。元统二年（1334）扈从上都时，寄诗给在江西安仁的好友李存，今存李存《和吴宗师滦京寄诗序》载："元统二年夏，玄教大宗师吴公从驾上都，叹帝业之弘大，睹朝仪之光华，赋诗二章，他日手书以寄其乡人李某，且曰：'苟士友之过从者宜出之，与共歌咏太平也。'于是闻而来观者相继，传录于四方者尤众，咸以为是作也。"① 可见，当京师有影响的文人把代表盛世气象的上都诗歌传递给地方文人后，地方文坛所作出的及时呼应和仿效创作的情况，而地方文人在仿效创作的同时，也会深感京师文坛所倡导的盛世气象的诗学观念和创作实践典范。就这样，在两都和地方文坛的不断沟通流转中，上京纪行诗及其序跋题咏所表达的诗学观念，就在作品的唱和传阅、序跋题咏以及作品编选等方式中，实现了不断的创作示范与模仿、诗学观念的传递与接受。元代上京纪行诗创作及其序跋题咏所蕴含的诗学思想，前后延续近百年，它牵动着元代文坛几乎所有的主流精英，不仅将草原文化的书写推向了历史顶峰，还引领元代诗坛的风气，对推动南北诗风的融合和盛世诗风的形成有重要影响。

---

① 李存：《俟庵集》卷十八，文渊阁《四库全书》本。

第六章　草原文化对元代诗歌创作的影响

在中国历史上，元代独特的历史文化背景，即是北方草原民族入主中原、一统天下，形成了元代独特的文化精神和文化环境，即草原文化、农耕文化、西域商业文明的多元一体文化特征。针对固有的中原传统文化，政治上处于统治地位的蒙古族所代表的草原文化，在元代政治生活、社会风气、审美趣味、文学艺术等方面必然产生影响。学界已就草原文化对元代元杂剧、散曲等新文体的产生和发展繁荣的影响做过论述[①]，对诗歌影响的论述还处于宏观立论和重要论点的提出阶段，对重要而又具体的问题还没有深入、系统的分析。本章论述草原文化对元代诗歌创作题材、诗歌风格、诗歌审美及评价等方面的影响，提出元代诗歌较以往历代出现的这些新变，很大程度上是文人深受草原文化影响自觉的行为，由此使元代诗歌呈现了独特的美学风貌，这奠定了元诗在中国诗歌史上的独特价值和重要意义。

第一节　元诗的草原文化书写

随着元廷对儒家文化的理解日深、汉文化政策的推进，以蒙古族为代表的草原文化在社会政治、经济、军事、文化等各领域的影响日益突出，文人对草原文化关注的热情日益高涨。可以说，对草原文化的极度重视成

[①] 王骥德在《曲律》卷四中说："元时北虏达达所用乐器，如筝、纂、琵琶、胡琴、浑不似之类，其所弹之曲，亦与汉人不同，见《辍耕录》。"王骥德：《曲律》，湖南人民出版社1983年版，第208页。日本汉学家青木正儿《元人杂剧序说》载："蒙古人的爱好歌舞和强制推行俗语文，这两件事对于助成杂剧的盛行上，大概具有重大的关系。"青木正儿：《元曲研究》（乙编），台北里仁书局2001年版，第7页。任红敏：《北方草原文化及西域商业文化对元杂剧创作的影响》，《内蒙古社会科学》2016年第1期。

为元代社会的文化现象，在这一时代背景下，草原文化成为文人诗歌创作的重要题材、热门题材，也因此，文坛一经出现上京纪行诗便引起轰动，成为元代文坛的文学现象，元代文人对草原文化的书写再也不是以往历代的零星、个别文人的创作行为了。特别是随着文臣扈从制度的形成、文人游历之风的盛行，英宗、文宗、顺帝朝的几十年，文人对草原文化的书写进入了高潮阶段。更重要的是，在全民关注草原文化、文人书写草原文化的过程中，文人产生了浓郁的上都情结。文人因前往上都而创作的大量上京纪行诗，因文人的亲历草原、在场体验，其题材内容、创作手法、审美风格与唐代边塞诗、辽金奉使诗不同。可以说，元代文人对草原文化题材的集中、持续的书写，以上京纪行诗最为代表。上京纪行诗因为创作者的文坛名流身份，影响之大、流传范围之广在元代都是一种文化现象。

一　草原风情的集中书写

（一）　以上都为中心的草原自然地理的书写

1. 书写往返两都所见的广袤草原

文人前往上都，以大都—上都驿路路线为主。两都之间有四条道路可行，按照元代规制，文人走驿路。① 这条路线，从大都出发，过长城，向北绵延八百余里，即为上都。中间以沙岭为界，之前为山路，之后为平地、草原，可以说，地形殊异，风物独特，山川奇险雄伟，气候之无常，多文人"行所未行，见所未见"，这种外部的自然地理引起的文人极大的心理变化，并激发文人极大的创作热情，"凡山川道路之险夷，风云气候之变化，銮舆早晚之次舍，车服仪卫之严整，甲兵旗旄之雄

---

① 驿道因途经云州（旧望云县，治今赤城县北云州），又称"望云道"。驿道所经行的路线是：从大都建德门开始，经昌平、新店（昌平县辛店）、居庸关、榆林驿（河北怀来县榆林堡）、怀来（怀来旧城）、统幕店（怀来土木堡镇）、洪赞（怀来杏林堡南）、枪杆岭（土木堡正北长安岭）、李老谷（长安岭北山谷）、龙门站（赤城县龙关）、雕窝站（赤城县雕鹗堡）、赤城站（赤城县）、云州（赤城县北云州镇）、独石口站（赤城县独石口），翻越偏岭（沽源县长梁），过牛群头驿（沽源县南）、察罕脑儿（沽源县北小红城）、明安（沽源县东北）、李陵台驿（内蒙古正蓝旗西南黑城子）、桓州（正蓝旗西南）、望都铺（正蓝旗西）到达上都（正蓝旗敦达浩特镇东北）。参见党宝海《蒙元驿站交通研究》，昆仑出版社 2006 年版，第 283 页。

壮，军旅号令之宣布，禂师振武之仪容，破敌纳降之威烈，随其所见，辄记而录之"①。

对奇崛雄伟的山川、荒岭令文人惊叹不已，付诸诗情。文人们途经居庸关、李老峪、雕窝、龙门、独石口、野狐岭、桑干岭、李陵台等地，既有险峻关隘，也有摩天峻岭，既有沧桑历史遗迹，也有广袤无际草原，它们或雄奇瑰异，或浑莽辽阔，或险象丛生，或细草平沙，文人惊叹之余，它们都成为不断重复歌咏的对象。写鸡鸣山的奇秀和雄壮："一峰奇秀高插空，万马踏碎青芙蓉。桑干黑浪落绝壁，霜静天澄更觉雄。"② 写群山环抱的榆林驿，"榆林东北缙山围，百嶂千峰画卷挥"③。写夏季暴雨中的龙门峡，峡深壁陡，溪水湍急，以至于出现"过峡中，见二羊斗山椒，顷刻大雨，水溢，姬妾辎重皆为溧溺"④ 等令人惊骇的场面。属于草原自然地理风貌的山川雄壮奇险之美，深深震撼着每一个文人。

2. 以上都为中心的草原自然景观

过了险峻的山川就是滦河平原，以偏岭为界，是山区与草原的分界，偏岭以北，沿牛群头驿站、察罕儿脑行宫、明安驿、李陵台驿、桓州驿都处在辽阔的草原上，直到上都，连绵三百多里。滦河平野，辽金以来称金莲川，上都就坐落在这片草原上。人们的视野瞬间由高山峻岭、榛莽丛生的山陵地带进入了幅员辽阔、茫茫无边的草原。"出关度峻阪，下视原野阔。涧溪多萦回，冈岭互盈缺。旧游如梦寐，古道无改辙。"⑤ 许有壬"遂得寻诗地，都忘出塞劳"⑥。担子洼在偏岭之下，在此就能感受到草原的辽阔，文人对此不断歌咏，黄溍云："自从始出关，数日走崖谷。迢迢度偏岭，险尽得平陆。坡陀皆土山，高下纷起伏。连

---

①　金幼孜：《金文靖集》卷七《滦京百咏集序》，文渊阁《四库全书》本。

②　郝经：《陵川集》卷十《鸡鸣山行》，吴广隆编审，马甫平点校，山西古籍出版社 2006 年版，第 199 页。

③　冯子振：《缙山道中诗》，顾嗣立编：《元诗选三集》，中华书局 1987 年版，第 126 页。

④　迺贤《龙门》诗的副题："元统间，知枢密院事都哩特穆尔过峡中，见二羊斗山椒，顷刻大雨，水溢，姬妾辎重皆为溧溺。"《金台集》卷二，文渊阁《四库全书》本。

⑤　黄溍：《金华黄先生文集》卷四《丁亥春二月起自休致入直翰林夏四月抵京师六月赴上京述怀六首》（其二），《四库丛刊》本。

⑥　许有壬：《至正集》卷十二，《牛群驿同云庄治书登市楼》，文渊阁《四库全书》本。

山暗丰草，不复见林木。行人烟际来，牛羊雨中牧。"① 廼贤云："朝发牛群头，夕憩檐子洼。"② 金莲川草原幅员辽阔，广袤无垠，畜牧遍野，元代文人有大量直接歌咏金莲川草原的诗歌。如陈孚《金莲川诗》"茫茫金莲川，日映山色赭。天如碧油幢，万里罩平野。野中何所有？深草卧羊马"。③ "水绕云回万里川，鸟飞不下草连天。歌残敕勒风生帐，猎罢焉支雪没鞯。"④ 都是对金莲川草原"远山平野浩茫茫"⑤ 壮美景色的描绘。上都，就地处茫茫金莲川草原上，远远望去上都，龙冈蟠其阴，滦江经其阳，四山拱卫，佳气葱郁。"蜿蜒西龙冈，绿草摇晴波。"⑥ 站在上都城，瞭望浩瀚苍茫金莲川草原，一切美景尽收眼底。萨都剌"大野连山沙做堆，白沙平处见楼台。行人禁地避芳草，尽向曲栏斜路来"⑦。"大野连山沙作堆"，"牛羊散没落日下，野草生香乳酪甘。""帏庐水泊成部署，沙马野驼连数群。"⑧ 草原水草丰美，牛羊成群，其间点缀着沙丘、湖泊、河流、泉眼、榆树林及连绵不绝的高低远山，极具独特的自然风光和夏天宜人的气候，广袤与苍茫中，一草一木、一动一静，都充满生机。

以上都为中心俯看四周，对上都及周边美景的歌咏数不胜数，由于文人往来上都历经百年，慢慢形成了比较固定的具有上都特色的八大景观。元代第四十一代玄教教主张嗣德有《滦京八景》组诗⑨，描绘了陵台晚眺、凤阁朝阳、龙冈晴雪、敕勒西风、乌桓夕照、滦江晓月、松林夜雨、天山秋狝滦京八处景观。揭傒斯又有对敕勒秋风、乌桓夕照、滦河晓月、松林夜雨、天山秋猎、陵台晚眺等景观的描绘，⑩ 对照二者的标目，台湾

---

① 黄溍：《金华黄先生文集》卷一《上京道中杂诗十二首·檐子洼》（其十），《四部丛刊》本。

② 廼贤：《金台集》卷二，文渊阁《四库全书》本。

③ 陈孚：《陈刚中诗集》卷三，文渊阁《四库全书》本。

④ 张翥：《张蜕庵诗集》卷三《上京秋日三首》（其二），《四部丛刊续编》本。

⑤ 张翥：《张蜕庵诗集》卷三《上京秋日三首》（其一），《四部丛刊续编》本。

⑥ 袁桷：《清容居士集》卷十五《登埭台》，《四部丛刊》本。

⑦ 柳贯：《柳贯诗文集》卷五《后滦水秋风词》，《四部丛刊》本。

⑧ 柳贯：《柳贯诗文集》卷五《滦水秋风词》，《四部丛刊》本。

⑨ 张嗣德：《滦京八景》，《皇元风雅后集》卷三，文渊阁《四库全书》本。

⑩ 揭傒斯：《揭文安公诗集》卷七《滦京》（其六），《四部丛刊》本。

学者李嘉瑜认为"确认滦京八景在元代应是已经框定的风景命题"①，可与对大都八景②歌咏相颉颃，从对今存上都作品的统计来看，对上都八景的固定歌咏在元代似乎并没有形成时代创作风气，因为诸如上述的八景组诗存量仅此两例，但是单独对滦水、龙冈、李陵台、金莲川、松林、打猎等景观或人物活动的描写是很频繁的，作品数量很大，几乎前往上都的文人都有相关的歌咏。对上都景观的描绘还是以张嗣德《滦京八景》最为著名，对这些景观的描写视角，都是以上都为中心，对所属上都具有代表性的地景进行的描绘。有对两京途中广袤松林（《松林夜雨》）和李陵台地景的描绘（《陵台晚眺》）；有对儒臣早朝大安阁（《凤阁朝阳》）和帝王阴山游猎（《天山秋狝》）、人事活动的描写；有对金莲川草原的描写（《敕勒西风》《乌桓夕照》）；有对上都前后滦水、龙冈的专门歌咏，构成极富特色的八景。如对龙冈雪晴美景、乌桓城夕照晚景的歌咏，都是对上都所独有的绝妙风景的描绘。

　　　　阴山积雪亘春秋，霁景玲珑灿十洲。玉展画屏当黼扆，翠凝香雾绕龙楼。吟怀暖动鼠须笔，酒力寒轻狐白裘。清暑年年动游幸，冰壶六月坐垂旒。（《龙冈晴雪》）

　　　　乌桓列部挺提封，落照千山返映红。远树参差连塞北，断霞明灭际辽东。牛羊下夕群屯雾，鹰隼横秋势掠风。亦有隐沦怀济世，何时归猎载非熊。（《乌桓夕照》）

《龙冈晴雪》突出上都地处高寒常年积雪，在雪晴之日如"玉展画屏"般的美境。《乌桓夕照》突出乌桓故地③夕阳下，松柏连绵，彩霞缥缈，牛羊悠闲，雄鹰翱翔的金莲川草原的自然壮美之景。

---

　　①　李嘉瑜：《上京纪行诗的"边塞"书写——以长城、居庸关为论述主轴》，《台北教育大学语文集刊》2008年第7期。

　　②　陈孚《陈刚中诗集》卷一《观光稿》有《咏神京八景》，对大都八景进行歌咏：太液秋风、琼华春阴、居庸迭翠、卢沟晓月、西山晴雪、蓟门飞雨、玉泉垂虹、金台夕照等。

　　③　乌桓即乌桓故地，汉乌桓城。金置桓州，治清塞县（今正蓝旗四郎城）。元初废入开平，至元二年（1265）复置，位于上都西六十里，是上都通往大都的必经之地。廼贤《塞上曲》："乌桓城下雨初晴，紫菊金莲漫地生。"

　　文人游览上都，观赏上都城各处美景也是他们上都生活的重要内容，创作了很多游览上都佳景的作品。如周伯琦《七月七日同宋显夫学士暨经筵僚属游上京西山纪事二首》就是对上京西山景色的歌咏。

　　　　联冈叠阜卫神都，万幕平沙八阵图。朝柱星垣周社稷，宗藩盘石汉规模。官隄亘野丰青草，禁御深林暗碧榆。地辟天开到今日，九重垂拱制寰区。
　　　　盘盘绝顶抚峥嵘，目尽天涯一掌平。海气腾空摇铁刹，山风卷雾净金城。韛鹰秋健诸茜帐，苑马宵肥七校营。相顾依然情未已，携壶明日约同倾。①

站在上京的西山上，以高俯低的视野将上都所处地理风光尽览眼里，"盘盘绝顶抚峥嵘，目尽天涯一掌平"，不禁油然而生无比的自豪感，对眼中之景也赋予了神圣守卫的光环，"联冈叠阜卫神都，万幕平沙八阵图"。

　　总体来看，游览居庸关以北的自然风光，令文人们目不暇接，又备感新奇。写山川荒岭景色突出奇险，风格奇崛、高古；写草原自然风光突出壮丽，风格清新、活泼。

　　（二）草原帝都的蒙古宫廷风情

　　文人往往在描写神圣与盛大的帝王巡幸、奢华的宫廷宴饮、壮阔的天子游猎、规模宏大的游皇城、四方使者朝觐的场面等中得以体现，在一派繁盛奢华、恢宏壮大的场面中，体现以帝王为中心极具蒙古族风情的宫廷生活。

　　1. 描写巡幸上都的国家典礼场面

　　文人用诸多笔墨极力描绘帝王巡幸的场面、礼仪、护卫队伍、旅程用度等，突出巡行行为本身的盛大、荣耀、尊贵。当大驾巡幸上都，帝王乘坐大象驮着帐篷的帝辇、皇后、嫔妃和太子、诸王、大臣大多乘坐宫车、火室房子，有时干脆骑马。拉车的牲畜有马、牛、牦牛和骆驼，浩浩荡荡的巡幸场面文人给予过多的关注和描绘。杨允孚"北顾宫庭暑气清，神尧圣禹继升平。今朝建德门前马，千里滦京第一程"从大都出发写起，

───────────

① 周伯琦：《近光集》卷二，文渊阁《四库全书》本。

诗人用大量篇幅描写了赴上都巡幸的浩大隆重的出巡场面：

纳宝盘营象辇来，画帘毡暖九重开。大臣奏罢行程记，万岁声传龙虎台。

先帝妃嫔火室房，前期承旨达滦阳。车如流水毛牛捷，鞍缕黄金白马良。

翎出王侯部落多，香风簇簇锦盘陀。燕姬翠袖颜如玉，自按辕条驾骆驼。

夜宿毡房月满衣，晨餐乳粥梳生肥。凭君莫笑穹庐矮，男是公侯女是妃。

宫车次第起昌平，烛炬千笼列火城。方才居庸三四里，珠帘高揭听啼莺。

到了上都，"又是宫车人御天，丽姝歌舞太平年。侍臣称贺天颜喜，寿酒诸王次第传"①。于是巡幸给富丽堂皇的上都风情拉开了序幕。极具蒙古族生活习俗的诈马宴、游皇城、游猎、祭祀等一切都极为富贵、奢华的上都宫廷生活一一铺展开来。

2. 铺述上都大型宫廷宴饮——诈马宴

文人集中描写了上都宫廷的大型宴饮，以展现上都作为草原帝都的繁盛、奢华与高贵。"诈马宴"，又称"质孙（只孙、济逊）宴"，"济逊，华言一色衣也，俗呼曰诈马筵"，是蒙元时期最为重要的宫廷宴享大会。诈马宴源于窝阔台时期的选汗大会，有固定的仪式和内容。其内容有宴饮、歌舞、各种杂技、竞技与游戏、盛陈奇兽、诵读札撒、颂扬帝德等，是一个大型的狂欢盛会。② 为前往上都文人所反复歌咏，如柳贯、胡助、张昱、王袆、王沂、马祖常、贡师泰、廼贤、宋褧、王结、杨允孚、张昱、周伯琦，以及僧人楚石梵琦等，都有关于诈马宴的描写。周伯琦《诈马行有序》描写最为生动具体，又铺张扬厉。贡师泰《上都诈马大宴五首》组诗、廼贤《失剌斡耳朵观诈马宴奉次贡泰甫授经先生韵五首》

―――――――――

① 杨允孚：《滦京杂咏》，文渊阁《四库全书》本。

② 参见李军《"诈马"考》，《历史研究》2005年第5期。有关诈马宴的考察和解读，历史学界如韩儒林、纳古单夫等均有相关考证。

组诗，以及王结《上京大宴诗》、宋褧《诈马宴上京作》等对诈马宴的不同片段的描绘也十分具体生动，除了这些早已为人熟悉的歌咏外，其他文人的诈马题材创作也各具特色，他们都从不同的视角描写诈马宴的某一个侧面，或对宴会程序进行宏大的描述，或对具体宴会细节进行描绘。如杨允孚对隆盛绚丽的诈马宴的举办场地、程序、活动环节、空间格局等进行了电影镜头般的动态展现，简括而富有流动感，如以下四首：

> 大安阁下晚风收，海月团团照上头。谁道人间三伏节，水晶宫里十分秋。

> 北极修门不暂开，两行宫柳护苍台。有时金锁因何掣，圣驾棕毛殿里回。

> 千官万骑到山椒，个个金鞍雉尾高。下马一齐催入宴，玉阑干外换官袍。

> 锦衣行处狻猊习，诈马筵前虎豹良。特敕云和罢弦管，君王有意听尧纲。

除了进行较为整体全景式的铺张描绘外，还有从一个侧面、具体事物或中间环节等进行片段的特写的，这类诗篇也多气势磅礴、绚丽奢华。如袁桷《装马曲》所咏盛装的马："綵丝络头百宝装，腥血入缨火齐光。锡铃交驱八风转，东西夹翼双龙冈。伏日翠裘不知重，珠帽齐肩颤金凤。绛阙葱茏旭日初，逐电回飙斗光动。宝刀羽箭鸣玲珑，雁翅却立朝重瞳。沉沉椶殿云五色，法曲初奏歌薰风。酮官庭前列千斛，万瓮蒲萄凝紫玉。驼峰熊掌翠釜珍，碧实冰盘行陆续。须臾玉卮黄帕覆，宝训传宣争类首。黑河夜渡辛苦多，画戟雕阑总勋旧。龙媒嘶风日将暮，宛转琵琶前起舞。鸣鞭静跸宫门闭，长跪齐声呼万岁。"① 前半部分是对名马盛装的描绘，极为富丽华贵。"双龙冈""棕殿"写的是上京诈马宴的会场环境，"法曲初献"

---

① 袁桷：《清容居士集》卷十五《装马曲》，《四部丛刊》本。

"万瓮葡萄""驼峰熊掌"及"宝训传宣"，分咏奏乐宴饮和宣示祖训。

　　3. 描写上都其他大型宫廷文化活动

　　帝王巡幸上都的大型娱乐活动，除举行"诈马宴"之外，还有很多其他蒙古族习俗的宫廷文化活动，如狩猎、游皇城、祭祀等，这也是文人集中描写的对象。文人通过描绘极为恢宏壮丽、形象生动的活动场面，为我们展现了蒙古族真实的传统习俗。当然，狩猎也是帝王个人的爱好，所谓"天朝习俗乐从禽，为按名鹰出柳阴。立马万夫齐指望，半空鹅影雪沉沉"①。写帝王围猎盛大场面，如"万骑櫜鞬列旆旌，周庐严肃驾将兴"②"一声画鼓肃霜威，千骑平岗卷晴雪。长围渐合汤山东，两翼闪闪牙旗红"③，描绘忽必烈狩猎时展现的蒙古民族的骁勇善猎："飞鹰走犬汉人事，以豹取兽何其雄。"④

　　写上都帝王游皇城活动和仪式也极为壮观，如袁桷《皇城曲》："岁时相仍作游事，皇城集队喧憧憧。吹螺击鼓杂部伎，千优百戏群追从。宝车瑰奇耀晴日，舞马装鬐摇玲珑。红衣飘裾火山耸，白伞撑空云叶丛。王官跪酒头叩地，朱轮独坐颜酡烘。蚩氓聚观汗挥雨，士女簇坐唇摇风。"⑤极尽游皇城时壮大的队伍在鼓乐声天、车马隆响中在上都城东、城西间的游动，杂以千优百戏、红衣飘裾、白伞撑空、百官跪地、万民观看等热闹非凡又盛大繁华、庄严肃穆的场面。

　　4. 淳朴自然的草原生产生活风情

　　元代诗文集中的草原书写，还有令人新异的草原生产生活等民风民俗，为我们展现了一幅幅民间的以上都为核心的草原日常风情画卷。在前往上京途中文人们就不断歌咏迥异于中原、江南的风土民俗。如楚石梵琦《黑谷二首》《当山即事二首》就是对黑谷、当山两地的居民畜牧与农耕混杂的生产方式以及饮食、居住等生活民俗的歌咏。

　　　　石涧鸣秋水，柴门暗晓烟。棠梨红可食，苜蓿翠相连。马识新耕

　　①　张昱：《张光弼诗集》卷三《辇下曲》，《四部丛刊续编》本。
　　②　胡助：《纯白斋类稿》卷十四《滦阳杂咏十首》，文渊阁《四库全书》本。
　　③　王恽：《秋涧先生大全文集》卷六，《四部丛刊》本。
　　④　王恽：《秋涧先生大全文集》卷六《飞豹行》，《四部丛刊》本。
　　⑤　袁桷：《清容居士集》卷十五《皇城曲》，《四部丛刊》本。

地，驼知旧饮泉。家家厌酥酪，物物事烹煎。（楚石梵琦《黑谷二首》其一）

北去终无极，南还未有期。犹嫌江路远，不与土风宜。晚翠看卢橘，春香忆楚葵。兹山吾可老，饮水啖棠梨。（楚石梵琦《黑谷二首》其二）①

土窟金缯市，牙门羽木枪。地炉除粪火，瓦碗软蒸羊。小妇担河水，平沙簇帐房。一家俱饱暖，浮薄笑南方。（楚石梵琦《当山即事二首》其一）

水草频移徙，烹庖称有无。肉多惟饲犬，人少只防狐。白毳千缣叠，清尊一味酥。豪家足羊马，不羡水田租。②（楚石梵琦《当山即事二首》其二）

当然，以上都为中心，对上都蒙古民族粗犷质朴的日常生产、生活风土民情的歌咏数量最多、最为集中。正如危素所说："当封疆阻越，非将与使弗至其地，至亦不暇求其物产而玩之矣。我国家受命自天，乃即龙冈之阳、滦水之滣以建都邑，且将百年。车驾岁一巡幸，于是四方万国罔不奔走听命，虽曲艺之长，亦求自见于世，而咸集辇下，谓九州所产者，昔之人择其可观，莫不托诸豪素，而是名家矣。顾幸生于混一之时，而获见走飞草木之异品，遂写而传之。"③ 以草原文化为主的上都独特的风土民情，对来自中原、江南的文人来说，极具吸引力。文人笔下呈现的上都风情也是极为丰富和生动的。文人不仅对这些风土民情加以客观的描写，还往往对上都居民给予特写，在民与俗、动与静的交织中，以一幅幅形象生动的画面展现了上都醇厚又多姿的风土民情。

描写粗犷质朴的生产、生活民俗文化。如对上都百姓服饰习俗的描写："上都五月雪飞花，顷刻银妆十万家。说与江南人不信，只穿皮袄

---

① 释楚石梵琦：《楚石北游诗》，吴定中、鲍翔麟校注，浙江古籍出版社 2010 年版，第 97 页。

② 释楚石梵琦：《楚石北游诗》，吴定中、鲍翔麟校注，浙江古籍出版社 2010 年版，第 98 页。

③ 危素：《说学斋稿》卷三《赠潘子华序》，文渊阁《四库全书》本。

不穿纱。"① "胡女裁皮衣，奚儿挽角弓"②，就是描写在草原寒冷的天气里，居民都穿长袍皮袄以御寒的风俗。不仅如此，还要戴上毛制的帽子，极寒的天气也使前往上都的文人都必须穿着貂裘等才能御寒，"风高马惊嘶，露下黑貂薄"③，"貂帽驼裘休叹侬，从官车骑莫从容"④ 等，否则禁不住寒冷的侵袭。有对上都居民饮食习俗的描写。"今秋天饷住冬粮，万穴空来杀气苍。渴饮马酮饥食肉，西风低草看牛羊。"⑤ "野帐吹烟煮羊肉"⑥ 是对草原地区饮食以马酮、肉类为主的描写，乃至于当地"土风不解重鱼鸟，东邻西舍唯烹羊"⑦。

有描写上都居民居住习俗的。蒙古族人习惯居住适宜搬动的毡包，俗称蒙古包，如 "塞雨初干草未霜，穹庐秋色满沙场"⑧ "西关轮舆多似雨，东关帐房乱如云"⑨ 等，是对蒙古人居住的白色毡房数量之多的描写。还有对大汗所居华丽恢宏的毡包，即失剌斡耳朵的描绘，如 "帐殿横金屋，毡房簇锦城"⑩，柳贯《观失剌斡耳朵御宴回》最为详细："毳幕承空柱绣楣，彩绳亘地掣文霓。辰旗忽动祠光下，甲帐徐开殿影齐。壁衣面面紫貂为，更绕腰阑挂虎皮。大雪外头深一尺，殿中风力岂曾知。"自注云："车驾驻跸，即赐近臣洒马奶子御筵，设毡殿失剌斡耳朵，深广可容数千人。"失剌斡耳朵系蒙古语，汉意为黄帐、金帐，其外施白毡，也亦有包银鼠、黑貂之皮者，内以黄金抽丝与彩色毛线织物为衣，柱与门以金裹，

---

① 范玉壶：《上都》，杨瑀《山居新话》，《知不足斋丛刊》本。

② 释楚石梵琦：《楚石北游诗》之《开平书事》（之四），吴定中、鲍翔麟校注，浙江古籍出版社 2010 年版，第 8 页。

③ 廼贤：《金台集》卷二《次上都崇真宫呈同游诸君子》，文渊阁《四库全书》本。

④ 吴当：《学言稿》卷六《王继学赋柳枝词十首书于省壁至正十有三年扈跸滦阳左司诸公同追次其韵》（其八），文渊阁《四库全书》本。

⑤ 王恽：《秋涧先生大全集》卷三十二《甘不剌川在上都西北七百里外董侯承旨扈从北回遇于榆林酒间因及今秋大猎之盛书六绝以纪其事》（其六），《四部丛刊》本。

⑥ 张昱：《张光弼诗集》卷三《塞上谣》八首（其六），《四部丛刊续编》本。

⑦ 马臻：《霞外诗集》卷三《开平寓舍》五首（其一），文渊阁《四库全书》本。

⑧ 柳贯：《柳待制文集》卷五《还次桓州》，《四部丛刊》本。

⑨ 宋本：《上京杂诗》十七首（其二），《永乐大典》（第四册）770 卷，中华书局 1986 年版，第 3578—357 页。

⑩ 袁桷：《清容居士集》卷十五《开平第二集·上京杂咏》十首（其七），《四部丛刊初集》本。

钉以金钉，帐内极为深广、华贵。上都居民住土屋者也很多，大量的诗句
对此有所描绘，如"筑城侵地断，居室与天连"①，"土屋层层绿，沙坡簇
簇黄"②，描写土屋连绵之多；"土屋难安寝，飞沙夜击门"③，描写居住
土屋时草原风沙敲击门窗的声响。还有将土屋、毡房并列来写的，"毡房
联涧曲，土屋覆山椒"④，"土屋粘蜜房，文毡围锦褰"⑤，以突出居住房
屋之多样、密集，突出了上都的居民之多，充满生气。对牧民日常生活习
俗及场景的描写，如"毡房纳石茶添火，有女褰裳拾粪归"⑥。描写上都
居民使用的燃料是从野外拾来马粪及松柴等木料。"杂沓毡车百辆多，五
更冲雪渡滦河。当辕老妪行程惯，倚岸敲冰饮橐驼"⑦，"每厌冰霜苦，长
寻水草居。控弦随地猎，刳木近河渔"⑧。描写上都居民出行使用毡车，
以及恶劣的劳动环境和艰辛的游牧生活场面。打猎是游牧民族特有的生产
和生活技能，是他们生活的重要组成部分，上都风情诗也多有描写百姓游
猎生活地场景的，如："旋卷木皮斟醴酪，半笼羔帽敌风沙。丈夫射猎妇
当御，水草肥甘行处家。"⑨ 描写了上都蒙古民族男子打猎、女子主家的
日常生活。

（2）描写特定的草原民族文化生活场景

上京纪行诗有大量描写草原生活着的普通百姓、宫廷各色人物，甚至
舞女、歌姬等侑酒女郎等，展现了草原民族独特的文化生活场景。有对上
都侑酒歌女的豪爽泼辣的描写，"曾见上都杨柳枝，龙江女儿好腰肢。西
锦缠头急催酒，舞到秋来人去时"⑩。对头插小花的蒙古族少女描写："双

---

① 释楚石梵琦：《楚石北游诗》之《开平书事十二首》（其二），吴定中、鲍翔麟校注，浙
江古籍出版社 2010 年版，第 79 页。

② 袁桷：《清容居士集》卷十五《上京杂咏》十首（其二），《四部丛刊初集》本。

③ 释楚石梵琦：《楚石北游诗开平书事》（其十二首），吴定中、鲍翔麟校注，浙江古籍出
版社 2010 年版，第 83 页。

④ 袁桷：《清容居士集》卷十五《云州》，《四部丛刊初集》本。

⑤ 袁桷：《清容居士集》卷十五《登候台》，《四部丛刊初集》本。

⑥ 杨允孚：《滦京杂咏》卷下，《丛书集成初编》本。

⑦ 酒贤：《金台集》卷二《塞上曲》（其二），文渊阁《四库全书》本。

⑧ 释楚石梵琦：《楚石北游诗》之《漠北怀古》十六首（其十二），吴定中、鲍翔麟校注，
浙江古籍出版社 2010 年版，第 84 页。

⑨ 柳贯：《柳待制文集》卷六《后滦水秋风词》，《四部丛刊》本。

⑩ 王士熙：《上都柳枝词》（其一），顾嗣立编《元诗选二集》卷十一。

鬟小女玉娟娟，自卷毡帘出帐前。忽见一枝长十八，折来攒在帽檐边。"①
黄溍对草原女性自由奔驰场面的描写："圆象无停运，日驭转西陆。凉野
多归人，翩翩共驰逐。"② 对亲眼所见巡幸队伍的仗藜老者喜悦神态的描
写："细沙新筑御家坡，恰有清尘小雨过。扶杖老翁先喜舞，翠华闻已渡
滦河。"③ 有对蒙古族少女热情好客豪爽不羁又能歌善舞的描写："胡姬二
八面如花，留宿不问东西家。醉来拍手趁人舞，口中合唱阿剌剌。"④ 有
对蒙古族少年醉酒行为的描写："马上黄须恶酒徒，搭肩把手醉相扶。见
人强作汉家语，哄着村童唱塞姑。"⑤ 有对蒙古族卖酒女郎的描写："玉貌
当炉坐酒坊，黄金饮器索人尝。胡奴叠骑唱歌去，不管柳花飞过
墙。"⑥ 千姿百态，各具风情，男女老少都展现了完全迥异于中原、江南
百姓的不同生活情趣。尤其对女性的描写，着墨最多。如杨允孚《滦京
杂咏》对蒙古族女性的描写：

> 翎赤王侯部落多，香风簇簇锦盘陀。燕姬翠袖颜如玉，自按辕条
> 驾骆驼。
> 元夕华灯带雪看，佳人翠袖自禁寒。生平不作蚕桑计，只解青骢
> 鞯绣鞍。
> 汲井佳人意若何，辘轳浑似挽天河。我来濯足分余滴，不及新丰
> 酒较多。
> 紫菊花开香满衣，地椒生处乳羊肥。毡房纳石茶添火，有女褰裳
> 拾粪归。⑦
> 狼山山下晓风酸，掩面佳人半怯寒。倚户殷勤唤尝粥，正宜倦客
> 宿征鞍。(俗卖豆粥)⑧

---

① 廼贤：《金台集》卷二《塞上曲》(其三)，文渊阁《四库全书》本。
② 黄溍：《丁亥春二月起自休致入直翰林夏四月抵京师六月赴上京述怀六首》 (其六)，
《金华黄先生文集》卷四，《四部丛刊》本。
③ 叶衡：《上京杂咏》十首 (其九)，《文翰类选大成》卷八十四。
④ 张昱：《张光弼诗集》卷三《塞上谣八首》(其六)，《四部丛刊续编》本。
⑤ 张昱：《张光弼诗集》卷三《塞上谣》八首 (其四)，《四部丛刊续编》本。
⑥ 张昱：《张光弼诗集》卷三《塞上谣》(其二)，《四部丛刊续编》本。
⑦ 杨允孚：《滦京杂咏》，文渊阁《四库全书》本。
⑧ 张昱：《张光弼诗集》卷三《辇下曲》，《四部丛刊续编》本。

这些诗作都是直接描写蒙古族女性日常生产中的驾车、绣马鞍、汲井打水、拾粪烧茶、卖豆浆等劳作，并没有掺杂任何恶劣生活环境的描写，或者为女性辛苦劳作的悲苦，而是用极为轻松的笔调描写蒙古族女性的勤劳朴实。也有对上都蒙古少年生活的描写，如张昱《辇下曲》中的几首：

> 少年马后抱熊黑，便佞相倾结所知。一日搭名帮草料，好官多属跨驴儿。
>
> 闲家日逐小公侯，蓝棒相随觅打球。向晚醉嫌归路远，金鞭梢过御街头。
>
> 争抱荆筐拾马留，贫儿朝夕候鸣驼。不知金印为何物，肯要人间万户侯。
>
> 斗鹌初罢草初黄，锦袋牙牌日自将。闹市闲坊寻搭对，红尘走杀少年狂。
>
> 卖酒人家隔巷深，红桥正在绿杨阴。佳人停绣凭阑立，公子簪花倚马吟。①

描写了蒙古少年的活泼可爱、爱好玩耍，甚至有些游手好闲的形象，打猎、玩球、斗鹌、牙牌的丰富日常娱乐生活，其中还有对蒙古族少男少女之情的描写，都是采用白描手法，清新自然，赋予形象性和画面感。

张昱的辇下曲、吴莱的《北方巫者降神歌》，其中后者描写尤为细腻：

> 天深洞房月漆黑，巫女击鼓唱歌发。高粱铁镫悬半空，塞向墐户迹不通。酒肉滂沱静几席，筝琵朋指凄霜风。暗中铿然哪敢触，塞外诸神唤来速。陇坻水草肥马群，门巷光辉耀狼纛。举家侧耳听语言，出无入有凌昆仑。妖狐声音共叫啸，健鹘影势同飞翻。瓯脱故王大猎处，燕支癈碛黄沙树。休屠收像接秦宫，于阗请驲关汉路。古今世事一渺茫，楚襪越女幾灾祥。是邪非邪降灵场，麒麟披发跨地荒。

---

① 张昱：《张光弼诗集》卷三《辇下曲》，《四部丛刊续编》本。

该诗歌生动的描绘了女巫降神的过程，从降神音乐"降神仪式"降神场面等几个方面展示了萨满教降神活动的场景，以诗歌的形式生动表现了元上都本土民族宗教文化的多神性与丰富性特点。这里特别值得关注的宗教文化价值在于：多神信仰的民族宗教文化体系本身即具有开放性和灵活性，这正是元上都多元宗教文化共存的民族宗教文化的思想基础。

二　华夷一体下的草原历史文化的重新思考与元人的历史观

（一）探寻遗迹，凭吊历史，思接古今

在两都绵延千里的旅途中，元代文人们的游历中吊古之情普遍、浓郁，他们对自己所经行之处的任何历史遗迹或历史影子都产生了极大的兴趣，诗文中多有寻找、追寻、探听等这样的表述，甚至想象心中已有的经验历史，表达自己的吊古之思。"却寻长城窟，饮马水不腥"[①]，"崇崇道傍土，云是古长城"，"我欲重寻旧题处，湿云寒藓满岩扃"[②]，在众多历史遗迹的访寻中，对李陵台遗迹的访寻最为显目。到了元代，李陵台已经荒颓，甚至看不到迹象。耶律铸《发凉陉偏岭南过横山回寄淑仁》的"想得玉滦河北畔，有人独上李陵台"，注云："土俗呼为李陵台者，在偏岭东北百里，李陵失利在无定河外，意其好事者名其山为李陵台也。"柳贯说"俚言虽莫稽，陈迹尚可访"[③]，廼贤在行经枪竿岭时，见到"山腰长城遗迹尚存"，可见文人们都在尽量地打探、找寻，甚至考证李陵台之所。李陵台即便已经如此的模糊不清，道士张嗣德将李陵台列为"滦京八首"之一，足以见出元代文人对李陵的关注程度。柳贯《望李陵台诗》："李陵思乡台，驻马一西向。"陈孚《李陵台约应奉冯昂霄同赋》："空有台上石，至今尚西向。""道陵敕建祠宇，故址尚在。"[④] 乃至于面对地处郁葱佳气草原的上都城，也有不尽的访迹追踪之意。宋褧《冻雨晚晴自成物门归院马上口占》云："碧山缭绕昼阴垂，云湿宫城雨湿衣。芳草远含春意态，微阳闲弄晚光辉。滦河委曲经千里，魏阙嵯峨壮九围。

---

① 黄溍：《金华黄先生文集》卷一《上京道中杂诗十二首·榆林》，《四部丛刊》本。
② 张翥：《张蜕庵诗集》卷四《扈从之上京过龙门》，《四部丛刊》本。
③ 柳贯：《柳待制文集》卷二《望李陵台》，《四部丛刊》本。
④ 王恽：《秋涧先生大全文集》卷八十《中堂事记》，《四部丛刊》本。

满目郁葱佳气在，莫从陈迹访依稀。"①

　　文人不仅刻意找寻历史遗迹，有时还因为风吹草动容易勾起他们对曾经的历史场景的想象。"昔闻桑乾名，今日登桑乾。……门外毡车风雨来，平地轰轰惊霹雳。汉唐百战场，绿草今满碛。野夫耕田间，犹有旧铁戟。道傍谁欤三叹息？布袍古帽江南客。"② 陈孚是带着对桑干岭的经验认识，找寻往昔之桑干岭，看到毡车的往来川流不息，车轮隆隆作响，陈孚都会想到汉唐时的战场之景。就算是看到元初的尘土飞扬都会想起战场英雄。"天阔云中郡，刚风起沈寥。……遥看尘起处，深羡霍嫖姚。"③ 霍去病在汉武帝时期曾任嫖姚将军。路过驿站会对站名都会引发对历史的追思。如陈孚经过统幕驿站对其地名来源的历史想象："千里茫茫草色青，乱尘飞逐马蹄生。不知何代开军府，犹有当年统幕名。"④ 几乎所有的历史遗迹都会成为元代文人吊古的对象，如居庸关、长城、弹琴峡、昭君墓、李陵台、轩辕台、长城、祠堂、蒙金作战之所野狐岭、金之界墙、金莲川金之离宫等，数不胜数。他们往往借此阐发自己对历史人物、历史事件的看法。

（二）超越民族界限：元人关于华夷一体的历史观

1. 宽容的心态：重塑历史争议人物

　　在对历史人物进行评价时，往往对历史人物更加宽容，如对历史争议性人物李陵的看法，几乎都将之视为悲剧的英雄人物。而李陵在历代咏史诗中，都是出于人格节操问题，贬多于褒，对其人格加以否定。元代上都纪行之作中，与李陵有关的吊古诗有四十余首，数量上居于吊古诗榜首，很多文坛名公都有涉及，如袁桷、贡奎、柳贯、胡助、陈孚、许有壬、张翥、张鸣善、色目诗人马祖常、迺贤、玄教道士陈义高、马臻、僧人楚石梵琦、高丽诗人李穀等。这些诗歌大多数都在突出望乡之义、高台之形等李陵思乡之深的主题，在人格上予以忠心于汉廷的认可，把李陵塑造成悲剧英雄，对李陵遭遇表示无奈和同情、李陵投降认为是汉廷的薄情所致。如张翥、胡助的两首：

---

① 宋褧：《燕石集》卷七《冻雨晚晴自成物门归院马上口占》，文渊阁《四库全书》本。
② 陈孚：《陈刚中诗集》卷三《桑乾岭》，文渊阁《四库全书》本。
③ 袁桷：《清容居士集》卷十五《滦河云州》，《四部丛刊》本。
④ 陈孚：《陈刚中诗集》卷三，文渊阁《四库全书》本。

路出桓州山缦回，仆夫指是李陵台。树遮望眼仍相吊，云结乡愁尚未开。海上抵羊秋牧罢，陵头石马夜嘶哀。英雄不死非无意，空遣归魂故国来。①（张翥《过李陵台（分教上京）》）

西照荒台远，犹惭太史公。君恩如水覆，臣罪与天通。汗简家声坠，降旛士气空。河梁他日别，凄断牧羊风。②（胡助《李陵台》）

再如贡奎《李陵台》：

赴死宁无勇，偷生政有为。事疑家已灭，身辱义何亏。汉网千年密，河梁五字悲。荒寒迷宿草，欲问意谁知。③（贡奎《李陵台》）

贡奎更是对李陵的人格大加赞扬，突出李陵的忠贞之节操，认为李陵投降匈奴的行为只是暂时的缓兵之计，目的是有机会更好地报效汉廷。但是命运捉弄，武帝灭李氏家族之举，令李陵无法返汉，有辱节与义之事也被坐实下来。这种对李陵事件的解读和李陵人格的赞扬，超越以往。道士陈义高《李陵台》则用对比的手法突出英雄的悲剧人生：

将军少年真英雄，陇西家世凌边锋。奇材剑客五千士，自当一队驰威风。浚稽山前突戎骑，被围未蹈生擒计。强弓劲弩百万兵，流血成丹皆战惊。谁知管敢漏机密？遂使空卷冒锋镝。归无面目见君王，将身未免降劲敌。继曾杀李绪，尚欲谋归去。蒙恩虽已深，实起怀乡心。高陵筑台望乡国，中郎去后空哀吟。累土高一尺，望天近一尺。谁为削平山？望见长安陌。望乡不见春复秋，将军一去台空留。我家住在南海上，今日登台重凄怆。辽天漠漠飞黄云，草中但见牛羊群。家山不识在何处？教人空自忆将军。④

---

① 张翥：《张蜕庵诗集》卷四，《四部丛刊续编》本。
② 胡助：《纯白斋类稿》卷七，文渊阁《四库全书》本。
③ 贡奎：《李陵台》，贡奎、贡师泰、贡性之：《贡氏三家集》，邱居里、赵文友校点，吉林文史出版社 2010 年版，第 83 页。
④ 陈义高：《秋岩集》卷上，文渊阁《四库全书》本。

极力铺排渲染李陵武艺高超、领兵才能、战场奋勇杀敌之忠勇之英雄气概，只因战败无颜面对汉廷君王，而投降匈奴，继而又渲染李陵高筑望乡台，表达他的思乡之深切，悲剧英雄形象十分突出。

借李陵悲剧命运，诗人还往往表达一种普遍意义的历史变幻之感，超越了对人物本身的评价。如黄溍《李陵台》写道："日暮官道边，土室容小憩。汉将安在哉？荒台犹鬶髢。低徊为之久，怀古增歔欷。"现在的李陵台已成芜废荒凉的遗迹，当年登台望乡的李陵却早已消逝在时间的洪流中，诗人"低徊为之久，怀古增歔欷"，表达的应该是作者的一种古今变幻的历史观。再如胡助《再赋李陵台》：

> 李陵台畔秋云黄，沙平草软肥牛羊。当时不是汉家地，全躯孳戮宁思乡。塞垣西北逾万里，此去中原良迩止。安得有台滦水测，好事千古空相传。可怜归期典属国，雪埋幽窖无人识。

作者将李陵投降、望乡与现在的滦京胜景作时空的对照，将古今、边塞与京城对照，抒发的还是超越了人物的悲剧命运而对历史变幻的观念的表达。

吊古之作中，除了对历史争议人物表示极大的宽容外，思乡主题在吊古的表达中也比较普遍。南方文人来至此地，远离家乡几千里，思乡之情在所难免，特别是对李陵人物的评价上，当李陵筑高台望乡行为与文人内心的思乡情感有了内在的衔接，影响文人对李陵评价的倾向性，普遍突出他的思乡的情绪，如汪元量的上都吊古诗。汪元量是随南宋祈请使团使至远距临安几千里上都的，作为亡国的旧臣，在面对新朝时的心情首先想到的是忠君节操，思念故国和乡愁是在所难免的。因此，他的吊古诗中对李陵、苏武的评价别有一番自己此时情感的体味。汪元量《李陵台》："伊昔李少卿，筑台望汉月。月落泪纵横，凄然肠断裂。当时不爱死，心怀归汉阙。岂谓壮士身，中道有摧折。我行到寰州，悠然见突兀。下马登斯台，台荒草如雪。妖氛霭冥蒙，六合何恍惚。伤彼古豪雄，清泪泫不歇。吟君五言诗，朔风共鸣咽。"[①] 并不提及李陵投降匈奴事件，只关注李陵

---

① 汪元量：《增订湖山类稿》，中华书局 1984 年版，第 82 页。

的思乡，将对李陵的思乡之情与自己的思乡融合一起，动人心弦。其《居延》诗也是如此："忆昔苏子卿，持节入异域。淹留十九年，风霜毒颜色。啮毡曾牧羝，跣足走沙碛。日夕思汉君，恨不生羽翼。一朝天气清，持节入汉国。苏子生别离，回视如块砾。丈夫抱赤心，安肯泪沾臆。"① 对苏武持节被稽留十九年的苦难中守忠贞之节行为的描述后，强调苏武思乡归汉的情感，借苏武形象抒发自己对元朝所抱定的态度和人生选择。

2. 超越历史高度：对胡汉战争的理性思考

在元代以前，边塞诗也有以战争为主题的，这也是有人将元代的吊古诗看作边塞诗的一个主要原因。但是边塞诗对战争的描写多以战争场面、军旅生活、士卒思乡以及歌颂远赴边塞的建功立业积极乐观的人生追求。但是元代上京纪行中的吊古诗更多的是对战争的反思，以冷静、理性的心态看待历史上大小的战争以及胜负、英雄与士卒，抒发自己的历史感。如耶律铸经过长城感叹："为谁到古长城外，又自经今战地边。木烛岭空悬素月，炉门山只锁荒烟。"② 僧人楚石梵琦面对漠北时感怀："旷野多遗骨，前朝数用兵。烽连都护府，栅绕可敦城。健鹘云间落，妖狐塞下鸣。却因班定远，牵动故乡情。"③

吊古诗多把历史遗迹、战争、白骨等突出战争负面性的意象相连，当然，这不是元代才有的，在汉乐府诗中也有，如"君独不见长城下，死人骸骨相支柱"④。但是元代却有更深广理性的思考，如陈孚《秦长城》：

> 驰车出长城，饮马长城窟。朔云黄浩浩，万里见秋鹘。白骨渺何处？腥风卷寒沙。蒙恬剑下血，化作川上花。祖龙一何愚，社稷付征杵。长城土未干，秦宫已焦土。千载不可问，但闻鬼夜哭。矫首武陵源，红霞满山谷。

---

① 汪元量：《增订湖山类稿》，中华书局 1984 年版，第 83 页。

② 耶律铸：《双溪醉隐集》卷五，文渊阁《四库全书》本。

③ 释楚石梵琦：《漠北怀古十六首》（其四），《楚石北游诗》，吴定中、鲍翔麟校注，浙江古籍出版社 2010 年版，第 86 页。

④ 郭茂倩：《乐府诗集》，上海古籍出版社 1998 年版，第 437 页。

陈孚把长城的自然景观与白骨、腥风、寒沙营造了一个萧杀阴森的氛围，而漫山遍野的鲜花，就是蒙恬率军与匈奴征战杀伐流下的鲜血。始皇建长城，长城却未能保全秦始皇的万世梦想，修筑长城耗费的国力和暴殄于百姓的做法，反而加速了秦国的灭亡，这一切又是如此短暂，"长城土未干"，秦宫却早已成为焦土废墟。站在长城下，历史过去了，许多王朝也过去了，不腐朽的只有夜哭的鬼魅，这正是战争带来的结果。这是一种超越具体历史事件，对战争、对朝代兴亡的历史观念，不再着眼于战争本身的正义与否，胜败与否，也不就历史空乏议论，而是由眼前所见，表达历史之思考。

长城不能挽救王朝的灭亡，那什么才是永保万世的法宝？柳贯《过长城》给予了进一步的深思：

> 道德藩墉亿万年，长城谩与朔云连。秦人骨肉皆为土，汉地封疆已罢边。饮马窟深泉动脉，牧羝沙晚草生烟。神京近在玄冥北，九域开荒际幅员。

在柳贯的认知中，永恒存在的是道德筑起的藩篱，看似迢远的长城，其与朔云的联结其实是徒然无用的，历经千年秦人骨肉已成土，曾经几百年的汉地封疆如今已经失去的边界，已由以往的胡汉纷争的战场、地理的边塞，成为海宇混一的正常生活空间，并成为元代两京途中惹眼的一道风景，"神京近在玄冥北"。

三　记述文人的草原生活：清雅与思乡

（一）文人清雅的草原生活和文章自信

在上都清简的生活条件下，文人的生活是清雅的。马祖常《上都翰林分院记》写道："惟词臣独无它为，从容载笔，给轺传，道路续食，持书数囊，吏空牍。旬日不一署文书。夙夜虽欲求细劳微勤以自效，而亦无有，然后知上之人不欲役其心，使之精研于思虑，而专以文字为职业，非如众有司，务以集事为贤者也。"① 记述了上都翰苑文臣"专以文字为职

---

①　马祖常：《石田文集》卷八《上都翰林分院记》，文渊阁《四库全书》本。

业”的日常工作生活状态。在凉爽的上都，清闲的工作和清简的生活，
游览盛景、吟诗作赋、唱和赠答等，成为文人最重要的生活内容，文人多
有直接对这种清雅生活的歌咏。这种"上京玉暑清凉境，闲伴鳌峰作弟
兄"① 的闲暇生活，得到文人的普遍的赞叹，略举几例：

　　　上国群公集，秋深画省开。虚檐河影近，凉苑树声来。独坐多幽
趣，高吟有逸才。平明当献纳，骑马踏轻埃。(陈孚《次韵阿容参政
省中夜坐上都》)②

　　　急霤散晴雪，仲夏天气清。闭户北窗坐，稍稍新月生。客至设棋
局，言忘遗世情。尽日无王事，白云与簷平。(袁桷《次韵继
学》)③

　　　闭门拥雪绝知闻，坏壁行蜗古篆文。谁遣白衣传剥啄，新诗如雪
酒如云。

　　　短发藤冠似晋贤，瀛洲独坐酒如泉。明知白眼轻余子，客至题诗
似屋椽。(袁桷《陈景仁都事以诗惠酒次韵》二首)④

可以看出，前往上都的文人在"尽日无王事"的闲暇时光里，赋咏新诗、
酬唱赠答、观书题画、下棋烹茶等清雅生活充溢着文人的生活，虽然或许
有些寂寥，文人依然对此抒发着自己的惬意心情和自适之感，可以看出，
清雅已成为上都文人生活的主要格调。这种清雅也并不是到上都才有，而
是在前往上都近八百里的途中就有不断的吟咏作赋，甚至同僚好友的诗酒
雅集，文人对此是极为欢乐和兴奋的。如袁桷《次韵李伯宗学士途中述
怀》六首，就写尽了文人轻松愉悦的心情：

　　　山巍碛瘦马逶迟，尽日云阴变四时。晓渡桑干雪新作，倚松参坐
斗题诗。其一

---

　　① 马祖常：《石田文集》卷八《上都翰林院两壁图寒江钓雪秋谷耕云》（其二），文渊阁
《四库全书》本。
　　② 陈孚：《陈刚中诗集》卷三《次韵阿容参政省中夜坐上都》，文渊阁《四库全书》本。
　　③ 袁桷：《清容居士集》卷十五，《四部丛刊初集》本。
　　④ 袁桷：《清容居士集》卷十五，《四部丛刊初集》本。

　　李陵台下日迟迟，惆怅河梁执别时。汉武不知歌四牡，千年竞作五言诗。其二

　　萦纤驰道属车迟，白发微臣际盛时。侍猎能追上林赋，登台愿继栢梁诗。其三

　　紫禁天低夏日迟，深红芍药胜春时。共仰云孙李学士，乐府新填更进诗。其四

　　内宴初筵舞尉迟，榴花未吐艾花时。宫词久矣无王建，把笔争传应制诗。其五

　　鳌峰土冷菊花迟，滴滴金明八月时。留取东平老学士，烹羊分韵酒催诗。其六①

　　文人甚至把上都的清雅与大都的繁闹生活对比，马祖常《闲题》云："客来散我床上书，客去风吹忽成帙。平生情思苦爱诗，更喜坐啸销永日。京都王门可曳裾，鳌峰翠石相揶揄。睡醒茶瓯绿香满，谁能走马汗挥珠。"② 对于已经习惯了的清雅生活，一旦诗友很少时，文人便觉得寂寥寡味，袁桷在《崇真宫阒无一人经宗师丹房惟蒲苗杨柳感旧有作》中发出"寒日淡无华，朔风助之悲"的感叹。③ 当"闲闲真人未至"便书信相催，"崇真观里独徘徊，门锁蛛丝燕子猜。玄度来迟愁欲绝，为凭白鹤寄书催"④上都的清雅生活也是文人上都生活值得回忆的生活经历之一。如道士朱思本《发都中》就有真切的表达："畴昔居上京，结交翰墨场。壮志日以舒，归心已遗忘。重来感斑鬓，故旧半存亡。但见浮云驰，终风自飘扬。登高纵遐观，到京垂精光。神州拥元气，瀛海翻微芒。浩然发幽兴，驾言还旧乡。回首金台巅，耿耿遥相望。"⑤ 在天高云阔、清爽惬意的上都都城，纵目远眺，在倍感盛世时代的自豪情绪下，文人回归自由的诗赋生活，是最令人心情舒畅的。

　　对文章的自信还表现在对文人群体诗赋创作兴致高涨和善写文章的赞

---

① 袁桷：《清容居士集》卷十五，《四部丛刊初集》本。
② 马祖常：《石田文集》，文渊阁《四库全书》本。
③ 袁桷：《清容居士集》卷十六，《四部丛刊初集》本。
④ 袁桷：《清容居士集》卷十六《闲闲真人未至》，《四部丛刊初集》本。
⑤ 朱思本：《贞一稿》卷二，清嘉庆《宛委别藏》本。

扬上。袁桷《再次韵答李彦方应奉》："良会难具陈，岁月流颓波。念昔邂逅初，黑发云冠峨。群公擅碑板，雄文记头陀。于时接英武，奉身如素娥。粲粲白玉署，墨沼争渐摩。所思笔成塚，不计印积裹。君时皎冰霜，正色羞倒戈。习隐吏金马，吊古师铜驼。瞬息已廿载，愧彼桑干河。"① 极大地赞美了僚友们"群公擅碑板，雄文记头陀"，"粲粲白玉署，墨沼争渐摩"的肆意文墨的兴致。袁桷还将题材拓展到以巡幸上都事件为中心的翰林文臣在朝堂"文思如泉涌墨林"的诗赋歌咏盛会的赞叹。上都翰林院在元代被称为"视草堂"，袁桷就有《视草堂四咏》组诗，分别歌咏月、雪、雨、日上都视草堂前的光景，其中第四首是歌咏传召赋诗的热闹场景的描绘："视草堂前日，传宣趣制词。藁裁初刻上，朝罢八砖移。乌御行黄道，龙光映玉墀。薰风生殿阁，小立独多时。"② 再如袁桷《翰林故事莫盛于唐宋聊述旧拟宫词十首》：

　　禁钟初动趣传宣，衣袖薰香到御前。渐近宫门扶下马，内官分引导金莲。

　　御笔圆封草相麻，龙笺香透拥金花。仪鸾敕设庭前候，赐酒方终更赐茶。

　　制草涂鸦未敢删，内珰宣引侍龙颜。已分笔格金蟾滴，更赐端溪紫砚山。

　　春帖分裁阁分多，宫娥争馈缬绡罗。春丝菜饼银盘送，幡胜新题墨旋磨。

　　文思如泉涌墨林，屏风院史不须寻。旧时内相诸孙在，犹有当年扫阁金。

　　入院听宣席未温，赐金已向按头存。清晨上马还家去，内出黄麻付阁门。

　　清馥香温酒玉脂，祝文已撰报都知。夜来奉旨传丞相，五朵云浓押省咨。

　　天孙夜度玉潢清，内托银盘涌化生。秋思未多团扇在，拟题宫怨

---

① 袁桷：《清容居士集》卷十五，《四部丛刊初集》本。
② 袁桷：《清容居士集》卷十六，《四部丛刊初集》本。

月分明。

　　盘鵰晕锦是冬衣，鸽炭初生酒力微。闻到边臣风雪苦，口宣腽药布皇威。

　　赞书誊副节楼前，筐筐盈庭邸吏传。深恨胡芦陶学士，受渠犀玉索金钱。

袁桷的十首组诗是对盛极一时的翰林文墨才华的整体、生动的写照，认为"莫盛于唐宋"，抒发了文章的自信，彰显了文人高昂、自信的时代精神。

（二）抒发文人草原生活的思乡之情

1. 远游者的普遍乡愁

上都文人的思乡咏怀是普遍而浓郁的，但这种乡愁并不是文人到了上都才有的，它既是元代文人思乡情绪在上都的延续，上都的思乡之情又是在整个元代的作品中最为浓郁和感人的。中国人自古以来就有着浓郁的安土重迁的乡情观念。《汉书·元帝纪》载永光四年十月诏："安土重迁，黎民之性；骨肉相附，人情所愿也。"《潜夫论·实边篇》："且夫土重迁，恋慕坟墓，贤不肖之所同也。民之于徙，甚于伏法。伏法不过家一人死尔，诸亡失财货，夺土远移，不习风俗，不便水土，类多灭门，少能还者。代马望北，狐死首丘，边民谨顿，尤恶内留。"思乡也成为中国文学的永恒主题。对于思乡，陶东风在《中国文学的思乡主题》一文中有精彩的论述，他说：

　　思乡的基础是离乡，处于流浪状态中，在乡的人不会思乡。只有当一个人在实际的存在状态中陷入了无家可归或有家难归的困境，"乡"才会成为一种补偿价值，成为流浪儿的精神支柱，成为思的对象。当一个人已获得现实之家后，心中之家或梦中之家就将消失，因为补偿已经没有必要。这样，思乡就常常与作客相联系。他乡再美也是"异乡"，而不是家乡，可见家乡的价值是精神性，与外在的美、与物质生活的富饶都无关。……"客"的身份永远是流浪者，是不能介入这个世界的"局外人"，是飘泊天涯的游子。①

---

① 陶东风：《中国文学的思乡主题》，《求索》1992年第4期。

由此可见，对于元代文人而言，离家远游再到上京，更有一种离家更远的感受。虽然元朝已经受到草原文化等各种社会条件的影响，文人的安土重迁思想已经松动，游历成为风气，但是，游历的行为本身从开始到结束，伴随着的思乡是不会变的。这与民族、信仰无关，与地位和身份无关。随便翻开元人文集，文学作品中远游客愁都极为普遍，如在大都。廼贤《发大都》"顾我远游子，沈思郁中肠。更涉桑干河，照影空彷徨"，"顾我远游子"是针对自己从江南北游大都的经历而言，并不是到上都才成为游子。只是在空间距离上，上都比大都、江南更远，孤寂飘零感更浓。这是对北游大都游子情绪的一种延续，绝不是前往上都时或到上都后才出现的。在大都抒发游子情绪的还有"独怜倦游客，白首不胜情"① "天寒游子客衣单，梦绕家林到夜阑"② "仆本南海人，暂为北京客"③ 等诗句，多不胜数。袁桷在大都就有"从宦京师，藐然孤身"④ "节物似怜游宦客，风埃终媿醒吟人"⑤ "梦绕故园追过雁，眼穿乡愁认归舟"⑥ 的反复咏叹。虞集曾写苦寒的组诗，柳贯次韵，《次伯庸韵赋苦寒三首》也描绘了在富贵繁华的大都，南方文士饱受"严风铄肌骨"贫寒之苦的悲哀，最为典型。"我衣疏布缝，彼裘众毛集。将微御冬具，奈此飞霰夕。衣完幸掩胫，裘温更重袭。燠寒非尔私，宁观俟其复。"（其一）"且无金辟寒，顾有犀镇帷。穷年一莞席，仰胁涕流渐。敲门求束缊，彼固吝所施。美哉南檐曝，一煦吾敢私。"（其二）⑦ 这些贫寒之苦、羁旅之苦、思乡之情，乃至由此而生的归隐之思等远游的悲叹，是元代文士普遍的情绪。但是在上都咏怀之作中，远游之叹不仅是普遍、鲜明的，还是最为浓郁的。可以这样说，文人们的上京之旅乃客中之游，京师已是他乡，上京更在这个客居的他乡之外，在离故乡更远的上京，他们的思乡之情只会更加浓郁。

---

① 吴师道：《礼部集》卷六《送甘生南归》，文渊阁《四库全书》本。

② 王祎：《王忠文公集》卷三《枕上有怀》，文渊阁《四库全书》本。

③ 释楚石梵琦：《春日花下听弹琵琶效醉翁体》，《楚石北游诗》，吴定中、鲍翔麟校注，浙江古籍出版社 2010 年版，第 149 页。

④ 袁桷：《清容居士集》卷三十三《亡妻郑氏事状》，《四部丛刊初编》本。

⑤ 袁桷：《清容居士集》卷十《客中端午简善之》，《四部丛刊初编》本。

⑥ 袁桷：《清容居士集》卷十二《寄城南友人》，《袁桷集》，李军等点校，吉林文史出版社 2010 年版，第 180 页。

⑦ 柳贯：《柳贯诗文集》卷一，《四部丛刊初编》本。

　　2. 上都文人思乡之普遍

　　上都的乡愁更为普遍，主要表现为前往上都的文人几乎都有。无论是扈从文臣、释道人士，还是游历文人，也不论是南方文人、北方文人，还是少数民族文人，都是如此。先看北方文人上都思乡的几首诗：

　　　　百年行止料皆难，今是昨非豹一斑。辜负夙心泉石畔，累垂短发缙绅间。梦回枕上闻归雁，雨霁城中见远山。三径就荒松菊在，人生底事不能闲。① （刘秉忠《寓桓州》）

　　　　土屋羃灯板榻虚，一瓶一钵似僧居。半编翰草从人读，两鬓霜华向晓梳。客子衾裯残梦短，暑天风物暮秋初。故园松菊荒多少，岂不怀归畏简书。② （王恽《开平夏日言怀》）

　　　　穷沍惟沙漠，昔闻今信然。行人鬓有雪，野店灶无烟。白草牛羊地，黄云雕鹗天。故乡何处是？愁绝晚风前。（张养浩《上都道中二首》其一）

　　以往北方文人的上都思乡很少被人明确提及，其实元代自始至终北方文人也都不适应草原的生活方式。著名元代史学家陈高华就曾说，抚州城的重建，就是为解决这一问题而实施的。文中说金莲川幕府的大多数文人习惯于城居，难以适应草原生活方式。为解决这一矛盾，忽必烈于宪宗四年（1254）年8月"复立抚州"，以赵柄为抚州长官，充作幕府人员的暂时住所。③ 因此，从金莲川藩府文人开始，北方文人的思乡之情就是鲜明的，中后期的北方文人与南方文人一起，共同作为蒙古族政权上的"外人"和对草原文化的不适应，抒发思乡之情。

　　少数民族文人的乡愁也是普遍的，如自小就生活在蒙古汉廷都城和林的契丹人耶律铸，以及自小生活在中原、江南的色目人马祖常、廼贤等，都是如此：

　　　　去年寒食在天涯，寒食今年又别家。天北天南人万里，春风开尽

① 刘秉忠：《藏春集》，李昕太、张家华等点注，花山文艺出版社1993年版，第195页。
② 王恽：《秋涧先生大全文集》卷十五，《四部丛刊》本。
③ 陈高华、史卫民：《元大都上都研究》，中国人民大学出版社2010年版，第155页。

马莲花。(耶律铸《沙碛道中》)①

　　红芍花开端午时，江南游客苦相疑。上京不是春光晚，自是天家日景迟。(马祖常《五月芍药》)②

　　高秋远行迈，入谷云气暝。稍稍微雨来，渐怯衣裳冷。萦纡青崦窄，杳霭烟林迥。峰回稍开豁，夕阳散微影。霜叶落清涧，寒花媚秋岭。途穷见土屋，人烟杂虚井。平生爱山癖，憩此惬幽静。月落闻子规，怀归心耿耿。(廼贤《李老谷》)③

　　以往对少数民族的上都思乡也是很少被明确提出的，很多学者还认为由于少数民族与蒙古族一样，都同属于草原游牧民族，来到上都，有种回家的情感和文化认定，更具有文化寻根意识，这是区别于汉族文人的基本特征。如杨义《重绘中国文学地图通释》中在谈到游牧文化政权下的文学时，以元代文学为例，认为中原人士与蒙古色目人士的主客位置的变换，改造了元代边塞诗的内质和情调。④ 实际上，这些少数民族文人来到上都，都产生了明显的思乡之情。

　　以江浙和江西人为主的南方文人的思乡之情，常被学界提及，与北方文人、少数民族文人相比，他们的思乡之情更为强烈，仅举一例就可看出，甚为感人：

　　三月十九日，客行桑干坂。杜鹃啼一声，清泪凄以潸。故园渺何处？万里隔云巘。燕子三见归，我车犹未返。杜鹃尔何来？吊我万里远。同行二三子，相顾一笑莞。问我此何鸟，怪我苦悲惋。掉头不复言，日落千山晚。(陈孚《李老峪闻杜鹃呈应奉冯昂霄》)⑤

3. 上都文人深切的思乡之情
文人们看到一草一木、一山一水以及日月星河、接到家书等一切能触

① 耶律铸：《双溪醉隐集》卷五，文渊阁《四库全书》本。
② 马祖常：《石田文集》卷四，文渊阁《四库全书》本。
③ 廼贤：《金台集》卷二，文渊阁《四库全书》本。
④ 杨义：《文学地理学会通》，中国社会科学出版社 2013 年版，第 79 页。
⑤ 陈孚：《陈刚中诗集》卷三，文渊阁《四库全书》本。

动自己的事物，都会勾起思乡的情绪，如王恽《开平晚归七月一日授翰职》："龙首冈边野草深，秋风滦水动归心。百年蓬巷开圭窦，一日恩光照一林。吟鬓有光浮镜玉，家书封喜认泥金。料应晓月帘枕底，干鹊飞来报好音。"① 虞集在端午节 "龙沙冰井夏初融，簪笔长随避暑宫。蜡烛烟轻留贾谊，铜盘露冷赐扬雄。南村久病思求艾，北客多情问转蓬。忽听满船歌白纻，翻疑昔梦倚春鸿"②。"忽听满船歌白纻" 都以为是回到了家乡。做梦会回到家乡，马臻《滦都寓兴》："昨夜分明梦到家，庭前开遍石榴花。龙门不放东风过，五月平滦雪满沙。"③ 深夜不眠也会思乡，袁桷《泰定甲子上京有感，次韵马伯庸待制》："翰音迎日毂，仪羽集云路。寂寞就书阁，老大长郎署。为山望成岑，织锦待盈度。我行起视夜，星汉非故处。"④ 这种思乡之苦文人们还反复咏叹，"一弹去日短，再弹行路难。两跃疾飞隼，归云生树端。远游感凤昔，努力慎风餐"⑤。袁桷《次韵圆上人》三首就是：

> 大荒沙漠境全真，平楚天低绝见闻。此处无愁谁会得，琵琶一曲问昭君。
> 我家鄞水望江神，君住鄞山半岭云。同向天涯作行客，定知猿鹤有移文。
> 万解千言任所之，一花五叶总牟尼。九龙峰锁难分别，会见芙蕖长玉池。⑥

"此处无愁谁会得" 是说在上都愁苦之广泛，思乡情绪之浓郁。而且随着扈从上都次数的增加，这种乡愁会日益加剧。在开平第一集中很少有乡愁的诗作，从第二集开始点缀着 "过翼时频数，乡心日夜悬" 的思乡情绪了，第三、第四集《王澹游墨竹》"客向流离浑老尽"、《近为卢真人作桐

---

① 王恽：《秋涧先生大全文集》卷十五，《四部丛刊》本。
② 虞集：《道园遗稿》卷三《端午节饮客与赵伯高》，文渊阁《四库全书》本。
③ 马臻：《霞外诗集》卷三，文渊阁《四库全书》本。
④ 虞集：《道园学古录》卷一，文渊阁《四库全书》本。
⑤ 袁桷：《清容居士集》卷十五《次韵李齐卿呈吴闲闲嗣师》，《四部丛刊》本。
⑥ 袁桷：《清容居士集》卷十六，《四部丛刊》本。

柏山赋以旧贤四咏复令赋诗次韵·再次韵》（之四）"嗟余犹是征涂客，四上开平数雁翎"等就是很普遍的思乡咏怀了。如《视草堂岁久倾圮述怀二首》（之一）："视草堂前草木青，微臣三入鬓星星。坏墙雨透蜗生角，旧竈泥深菌露钉。深恐雨钟催晓箭，独听寒殿响风铃。堂堂诸老冰渐尽，病叟应归种茯苓。"再如袁桷《客舍书事》之七：

　　　　宿雾成疏雨，寒蓬卷细尘。云飞疑到地，草长不知春。香几蜂喧密，寒房燕语真。白头关塞外，犹作未归人。

客舍外宿雾延绵成微雨，漫天沙尘仍然笼罩着眼前的寒天枯草，云飞欲坠；室内蜂喧密燕语真的春日景象，最后感怀自己竟在关塞之外无法归乡，将凄凉的客中风景，与身处异域乡愁融合。袁桷《客舍四咏》也是这种情绪的抒发，作者借孤云、孤灯、孤雁、孤鹤传达深深的孤独感和浓烈的思乡之情。这些形单影只的事物，即孤独的诗人，异乡的孤独感越强，思乡自然浓郁。文人们甚至都想象自己退隐山林后的美好生活，如许有壬《文过集》中的《再用前韵答王仁甫左丞》诗作：

　　　　寒暑催浮景，功名负圣时。胶荣今老矣，得酒且中之。才不能匡世，吾将任采诗。藩篱可翔集，何用刷天池。（其一）
　　　　青年无可畏，况到二毛时。啸傲思元亮，风流愧牧之。莫谈今日梦，但咏古人诗。已作家书去，先开数亩池。（其二）①

可见，文人上都生活之不如意、思乡之浓。因此，当文人们能够从上京返回大都，士人们大多会有一种难掩的兴奋和归家的感受，虽然大都也不是家。色目士人廼贤《还京道中》掩饰不住喜悦的心情："客游倦缁尘，梦寐想山水。停骖眺远岑，悠然心自喜。晨霞发暝林，夕溜涧清泚。出峡凉风驰，入谷塞云起。霜清卉木疏，日落峰峦紫。迢递越关河，参差望宫雉。家童指归路，居人念游子。各嗟行路难，深垂摄生理。终期返南山，高揖谢城市。"胡助《上都回》对上都生活、羁旅之途带有总结性质的抒

---

　　① 许有壬：《至正集》卷十三，文渊阁《四库全书》本。

怀，表达想尽快"到家"的强烈感情。"去时两马行迟迟，回时四骑如飞
驰。良友勖我虞险阻，不知渐老筋力衰。赤松风度銮坡客，襄阳浩然爱哦
诗。回仙笑谈时绝倒，路人逢我呼太医。秋光晴日殊可喜，向所未见今得
窥。一朝风雨天莫测，泥涂烂熳衣淋漓。黄昏下马投土室，薰然煨榻舒四
肢。五更睡熟又催起，此身安乐知何时。居庸山水新霁色，左右清景轩须
眉。健德门前一杯酒，崎岖已复还京师。长歌纪述上都回，聚散行止非人
为。"① 而我们知道，大都也不是他们的家，但相比于上都，对文人而言，
大都在此时就是他们的家。

　　为表达羁旅之苦和思乡之切，文人往往突出空间距离之广大和时间之
漫长。如廼贤"饮马长城下，水寒风萧萧。游子在绝漠，仰望浮云飘"②。
楚石梵琦："万里故乡隔，扁舟何日还。黄云蓟北路，白雪辽西山。马倦
客投店，鸡鸣人出关。吾思石桥隐，绝顶尚容攀。"③ "塞北逢春不见花，
江南倦客苦思家。千寻石戴孤峰驿，一望云横万里沙。去路多嫌葱岭碍，
归途半受雪山遮。张骞往往游西域，未许胡僧进佛牙。"④ "关河万里"
"绝漠"等字眼在上京纪行之作中非常普遍。这种写法一是对两都空间距
离事实上的描述，当与羁旅联系在一起时，就成了文人表达劳顿之苦的手
段了。还突出时间之长，如胡助《秋夜长》：秋夜长，月微茫，七月已似
十月凉。风传禁柝车马静，沙际毡庐灯火光。梦回酒醒衾絮薄，不知此身
在滦阳。群雁飞鸣向南去，问君何时还故乡。⑤

　　另外，南方文人的上都思乡咏怀之作，多有江南意象。从上述所举大
量的诗例可以看出，北方文人的诗歌没有出现江南意象，他们表达思乡情
感的主要方式是直抒胸怀，或寓情于眼前之景中，只有在南方文人的作品
中才大量出现江南意象。除了我们所熟悉的南方文人如袁桷、虞集、胡
助、周伯琦等外，不常被提及的南方文人也是如此，如江西人吴当："神

---

　　① 胡助：《纯白斋类稿》卷五，文渊阁《四库全书》本。

　　② 廼贤：《金台集》卷二《枪杆岭》，文渊阁《四库全书》本。

　　③ 释楚石梵琦：《楚石北游诗》，吴定中、鲍翔麟校注，浙江古籍出版社 2010 年版，第
96 页。

　　④ 释楚石梵琦：《楚石北游诗》，吴定中、鲍翔麟校注，浙江古籍出版社 2010 年版，第
62 页。

　　⑤ 胡助：《纯白斋类稿》卷五，文渊阁《四库全书》本。

京高寒春力微，晴絮飞时花尚稀。忽忆钱塘斜日岸，箫鼓画船扶醉归。"① 王懋瞻《上都寄许参政》："野草侵阶水绕门，西风飒飒雨纷纷。小轩坐对炉熏冷，却忆溪南一片云。"② 很多学者将之称为江南意象，并多有论述。③ 其实，这只是文人思乡的一种表达手法，借熟悉的家乡之景与上京北国风情对比，更加衬托自己的思乡之情，并不是元代文人的刻意为之，故求新异，而是一种不自觉的表现手法。

第二节　盛世气象：草原文化对元诗风貌的影响

元代诗文学界已达成一个共识，即元代中后期的诗文风貌是南北合流下的盛世气象。草原文化的审美崇尚自然、质朴，加之地理空间的阔大无垠、草原人性格的率真爽朗，呈现出以大为美的文化特质。随着文人北上上都，不论沿途游历所见、观礼所想，还是草原帝都生活的在场体验，都无处不影响着文人的由感官刺激到心理、到心态、到精神气质的变化。他们深切地体验到了上都区域再也不是唐朝的边塞、两宋的他朝，草原再也不是战火烽烟或气候严酷之地，而是元代的政治中心、文化中心、华夷共居之所，是与大都一起共同构成元代政治、地理空间的腹里。可以说，在一统政治、华夷一体时代背景下，上京纪行诗的审美风貌是盛世气象，且是元诗盛世气象的典型代表，这一现象是与元代文人北上上都、体验草原帝都生活有关、感受草原文化的至大至美有关。

一　上京纪行诗是元诗盛世气象的典型代表

元代是"四极之远，载籍之所未闻，振古之所未属者，莫不涣其群

---

① 吴当：《王继学赋柳枝词十首书于省壁至正十有三年扈跸滦阳左司诸公同追次其韵》（其五），《学言稿》卷六，文渊阁《四库全书》本。

② 王懋瞻：《上都寄许参政》，《皇元风雅》卷十四，元建阳张氏梅溪书院刻本。

③ 如李嘉瑜《不在场的空间——上京纪行诗中的江南》，《台北教育大学语文集刊》2010年第18期；邱江宁《奎章阁文人群体与元代中期文学研究》，人民出版社2013年版；施贤明《元代江南士人群体研究》第五章第二节"'域外文学'中的江南意识——以色目诗人廼贤为例"，博士学位论文，北京师范大学，2013年；施贤明《论葛逻禄诗人廼贤的江南情怀》，《民族文学研究》2014年第1期等。

而混于一"① 的统一王朝，政治一统，疆域超迈，华夷一体，文人自然滋生一种生于斯世的强烈的时代自豪感和盛世感叹，进而影响文人的时代自信。可谓"千纪以来，是不一姓，惟今皇元为最盛；四极之内，是不一都，惟今大都为独隆……语其疆埸之广，则商周所未睹、汉度所未闻；称其都邑之壮，则崤函不为雄、京雒不为尊也"。这是国之大气象，都之大气象。而"夫有盛德大业者，必有巨笔鸿文，铺张扬厉，高映千古，以昭无穷"②。与之相副之文，也需要大气象。时代在改变，对于文人而言，其时代担当和社会责任自然也落在了讴歌时代赞歌，传播盛世之音，文学成为时代文化的有利载体，因此，张扬文学精神的文学观念成为元代中后期的文坛主流。这不是自上而下的号召，而是文人自觉承担的社会文化责任和自我定位。不得不说，这是形成元代诗文盛世气象审美风貌的关键因素。而这一文学精神和对盛世气象的自觉追求，随着文人的北上上都，深切感受草原文化的至大至美，以及时代的一统盛世有关。

1. "今日车书逢混一，不辞垂老看毡乡"

对于元朝的疆域之广、文治之盛，"辙迹之罕及者，非我元统一之大，治平之久，则吾党逢掖章甫之流，安得传轺建节，拥侍乘舆，优游上下于其间哉！"自己也有责任："以著其概，不惟使观者得以扩闻见，抑以志吾生之多幸也欤？"③ 正是文人这种高昂的时代自信和文学精神的发扬，普遍有着无比激动的心情，在创作上也"际此圣明代，历览山水奇。不学古行役，空伤木兰诗"④ "今日车书逢混一，不辞垂老看毡乡"⑤，文人游历上都的盛世气象也更鲜明和耀眼。如江浙文人袁桷《居庸关》："扈跸朝上京，严装戒脩途。……在昔恃险隘，当关守千夫。一朝天马来，岩崿成康衢。大统叶天运，神武开皇谟。信矣经启功，聿超神禹图。"作者通过描写居庸关之险，表达了过去是"在昔恃险隘，当关守千夫"，而今日则是"一朝天马来，巌崿成康衢"的时代自豪。再如北方文

---

① 许有壬：《至正集》卷三十五《大一统志》序，文渊阁《四库全书》本。

② 李洧孙：《大都赋并序》，于敏中、英廉等编：《日下旧闻考》卷六，文渊阁《四库全书》本。

③ 周伯琦：《扈从集》前序，文渊阁《四库全书》本。

④ 马臻：《霞外诗集》卷三《黑山》，文渊阁《四库全书》本。

⑤ 张翥：《张蜕庵诗集》卷三《上京秋日三首》（其二），《四部丛刊》本。

人刘敏中《至元丙子初赴上都赤城至望云道中》："晓日曈昽过赤城，风烟遥接望云亭。好山解要新诗写，瘦马能摇宿酒醒。高下野桃红漫漫，萦回沙水碧泠泠。人家剩有升平象，满地牛羊草色青。"① 作者通过对两京途中所见美景，发出"人家剩有升平象"的赞叹，表达了天下一统的盛世情怀。可以说，不管是作为扈从大臣的文坛名流，还是为了游历上都、求取功名、追随名流的游历者，在他们的眼里，以上都为代表的草原不仅充满了奇异之美、动人心弦，而且处处彰显了天下一统下的百姓生活祥和、华夷一体。这种对蒙古政权一统的赞叹和草原文化的接纳、赞美甚至羡慕的态度，既与历代文学不同，也体现了元代文人普遍的华夷一体政治观、民族观、文化观，这是其盛世气象美学风貌的情感和心态基础。

2. 文人上都之行的盛世时代感受与上京纪行诗的盛世气象

（1）文人草原游历诗的盛世表达

元代是中国唯一不筑长城的王朝②，唐人深切冀望的"但得将军能百胜，不须天子筑长城"③ 在元代真正实现了。当元代文人行走在通向帝国两都间的道路上，元帝国那种八荒一宇、海内一家的一统霸业，以及盛世巡幸所展现的帝国气象，无不时刻深深地触动文人的内心。因此，在前赴上京的纪行游览和吊古之作中都非常鲜明地体现了文人生逢盛世的时代自豪感，以及对帝王功业和盛世气象的无限赞美，并将这种高昂的时代精神在古今对比的创作模式中加以凸显，借助观览之景、吊古之思抒发自己的情怀，而不是单纯的对游历之景、吊古之思的描写。

游历自然山水的作品大量的将自然景象与巡幸、盛世等勾连并举来写，甚至直接抒怀表达文人的这种时代的自豪感。如直接描写随行车驾的盛况："上都避暑频来往，飞鸟犹能识衮龙"④ "侍从千官成夜宿，徘徊万骑若云屯"⑤。描写居庸关之险峻雄壮与旷世之巡幸的融合："形势自雄

---

① 刘敏中：《中庵集》卷四，文渊阁《四库全书》本。

② 辽、金、清都曾筑长城。辽代曾在辽东修筑长城，在漠北的第二松花江沿岸挖掘边壕。金代长城则有两处，一在黑龙江牡丹江地区，一在吉林延边地区。清代则在顺治、康熙年间，在今辽宁和吉林南部修建"盛京边墙"，即民间所称的柳条边。参见景爱《中国长城史》，上海人民出版社 2006 年版，第 236—287、324—339 页。

③ 胡皓：《大漠行》，《搜玉小集》，文渊阁《四库全书》本。

④ 释楚石梵琦：《居庸关》，《北游诗》，第 59 页。

⑤ 释楚石梵琦：《龙门》，《北游诗》，第 61 页。

壮，古来番汉分。千年有今日，四海喜同云。木落楼台出，山深鸡犬闻。危阑闲立马，壮气扫千军。"① "重关设天险，王气舆坤轴。"② "黄屋年年度，深仁育黔黎。从官多名儒，山石遍题诗。伊余备史属，斐然愧文辞。矧兹中兴运，歌诵职所宜。皇灵符厚德，岂曰恃险巇。"③ 胡助又将居庸与名儒扈从联系起来，难逢的盛世激励着扈从文臣的创作灵感，纷纷题壁作诗，抒怀皇威，并宣扬一统江山靠仁德而不是靠险峻的屏障。周伯琦更将驻跸龙虎台之名与巡幸联系："巍巍百尺台，荡荡昌平原。隆隆镇天府，奕奕环星垣。居庸亘北纪，隩区敛全燕。仓龙左蟠拏，白虎右踞蹲。斯名岂易得，天以遗吾元。明明传正统，圣子及神孙。巡归遂驻跸，衣冠照乾坤。山川皆改容，草木亦被恩。"④ 将龙虎台天然的军事地理位置和龙虎名称的气势，与元朝政权的继正统地位的认可、巡幸驻跸的光照乾坤的旷世盛景相并举，山川、草木都随之换发异彩。苏天爵《中书参议府左右司题名记》云："先王之巡狩也，盖省观民风，设施政教，非以纵游田而事晏乐也。昔我世祖皇帝肇作两京，岁时巡幸，振民布政，发号出令。远则边徼咸畏其威，近则臣庶不知其劳，是亦先王巡省之遗意欤！"⑤

　　元代文人的这种盛世情怀，甚至直接把自然景观描绘成拱卫帝京、观览四方朝圣的太平弓矢。"居庸千古翠屏环，飞骑将军驻两关。万里车书来上国，太平弓矢护青山。"⑥ 居庸关成为拱卫帝京的太平弓矢，是四方藩国通往中央之国的门户。正如高丽李穑所云"元有天下，四海既一，三光五岳之气，浑沦磅礴，动荡发越，无中华边远之异"。元代广阔的疆域、强大的国力，成为四方诸国的核心。因此，在游览自然的作品中也多有高丽、交趾附属国以及其他外国人士前赴上都朝见的图景出现，展现出对帝国极大的自信和自己强烈的时代自豪感。"高昌句丽子入学，交趾蛮

---

　　① 刘鹗：《惟实集》卷五《居庸关》，文渊阁《四库全书》本。

　　② 迺贤：《居庸关》，《金台集》卷二，文渊阁《四库全书》本。

　　③ 胡助：《纯白斋类稿》卷二《上京纪行诗七首》（其三：《居庸关》），文渊阁《四库全书》本。

　　④ 周伯琦：《龙虎台》，《扈从集》，文渊阁《四库全书》本。

　　⑤ 苏天爵：《滋溪文稿》卷二《中书参议府左右司题名记》，陈高华、孟繁清点校，中华书局1997年版，第14页。

　　⑥ 杨允孚：《滦京杂咏》（其六），文渊阁《四库全书》本。

官贡麟角"①，"椎髻使来交趾国，橐驰车宿李陵台"②，"马前军吏侯，使节几时还"③，"缅帷古塞北，八州犹汉疆"④，"建瓴东列国，休羡汉关河"⑤。

总体来看，上京游览之作有一个明显的创作模式，即眼前之景与天下一统的时代相联系，彰显自己的时代自豪感和对帝国一统的豪迈情绪，诗歌也因此更具奇崛雄浑而雍雅之正的情感。陈孚《居庸关》："车棱棱，石角角。车声彭彭闘石角，马蹄蹴石石欲落。不知何年鬼斧凿，仅与青天通一握。上有藤束万仞之崖，下有泉喷千丈之壑。太行羊肠蜀剑阁，身热头痛悬度索。一夫当关万夫郤，未必有此奇巇嶭。吾皇神圣混地络，烽火不红停夜柝，但有地险今犹昨。我扶瘦笻息倦脚，欲叩往事云漠漠，平沙风起鸣冻雀。"⑥ 在陈孚笔下，极力夸饰居庸关高大险峻，鬼斧神工，马车路过时都要小心翼翼，似乎一不小心那些摇摇欲坠的石头就被踢落下来。但是，这样的险峻在元代已经失去了用场，"吾皇神圣混地络，烽火不红停夜柝，但有地险今犹昨"，对险峻的夸张性的描述以及险峻的无用，更显示出蒙元皇帝的神圣。

（2）文人吊古咏怀诗的盛世表达

文人凭吊历史遗迹、歌咏草原文化历史也都有很明显的古今对比，突出当世的一统和平。《野狐岭》"岭界南北甚寒，南下平地则暄矣。"诗云："……牛羊岁蕃息，土沃农事专。野人敬上官，柴门暮款延。休养嘉承平，禹迹迈古先。汉唐所羁縻，今则同中原。大哉舆地图，垂创何其艰。张皇我六师，金汤永深坚。"⑦ 扈从集吊古诗大多将古今衔接，将战争与和平、边塞与巡幸对举，以古衬今之盛世，以今映古之战乱的凄惨，彰显了诗人的时代自豪感和帝王一统功业的赞颂。袁桷《弹琴峡 在居庸》："寒泉飞玉峡，谁弹使成声。下有战士骨，呜咽水中鸣。丝石本异

---

① 马祖常：《石田文集》卷五《北歌行》，文渊阁《四库全书》本。

② 贡师泰：《玩斋集》卷六《滦河曲》，文渊阁《四库全书》本。

③ 周伯琦：《九月一日还自上京途中纪事》五首（其五），《扈从集》，文渊阁《四库全书》本。

④ 柳贯：《柳待制文集》卷二《度居庸关》，文渊阁《四库全书》本。

⑤ 许有壬：《至正集》卷十二《居庸道中次韵》（其一），文渊阁《四库全书》本。

⑥ 陈孚：《陈刚中诗集》卷三，文渊阁《四库全书》本。

⑦ 周伯琦：《野狐岭》，《扈从集》，文渊阁《四库全书》本。

调，摩戛生亏成。凿迹非神禹，佳兵构秦嬴。驻马为听之，逝者何不平！虚牝纳新雨，急促浊复清。重华初省方，百神静相迎。为作薰风弦，散彼岩下情。"① 再如袁桷《居庸关》："扈跸朝上京，严装戒脩途。首夏天宇肃。寒云惨不舒。足弱跨鞍鞯，喋喋询前途。萦纡入南口，松籁吹笙竽。在昔恃险隘，当关守千夫。一朝天马来，巉崿成康衢。大统叶天运，神武开皇谟。信矣经启功，聿超神禹图。"这是扈从蒙古帝王前往上京途中，袁桷由眼见的居庸关、弹琴峡想到的古今之变。对于弹琴峡旧时"下有战士骨，鸣咽水中鸣"战争下的阴森哀鸣，而今日帝王巡幸，文臣扈从，弹琴峡却"为作薰风弦，散彼岩下情"的轻柔宁静的美。居庸关"在昔恃险隘，当关守千夫"，而今日"一朝天马来，巉崿成康衢"，旧时的天险关隘早已不再有军事防御之用，而这条一千多年早已紧闭的胡汉门户，在元代已转变为往来通行的宽广衢道。蒙古帝王是承天运的正统，开创治理天下的宏伟大业，疆域也远超大禹所定时的九州版图。高丽李谷《居庸关》："天限燕云有古关，崎岖细路两山间。太平此日车方轨，黄屋年年此往还。"对居庸过去"天限燕云有古关"仅容两车并行的关隘险道，变为今日太平年岁中已成为帝王年年巡幸之途。甚至直接强调居庸关下的巡幸盛况，"六龙扶日御，万骑拥云旌。游豫诸侯度，欢歌兆民迎"。② 作为吊古对象之古之战场，如今在文人的笔下，随着帝王的巡幸，文武百官的扈从，李陵台、野狐岭、界墙等都成为见证和承载一统盛世和帝王气象的地理展现。以至于文人强烈的时代自豪感和自我幸运感时时涌现，不时地抒发"斯人亦何幸，生时属休明。向来边陲地，今见风尘清"的无限自豪之情。"惟天设限蔽，万古何雄哉。抚迹思往代，键钥每自摧。皇衢坦荡荡，来往无惊猜。……愚生一何幸，获忝儒臣陪。凭高未成赋，琐琐嗟微才。"③ 再如吴师道吊昭君墓时的感受："穹庐敕勒秋风曲，青冢婵娟夜月魂。今日八荒同一宇，向来边徼不须论。"④ 由汉到元一千多年的时间流转，同是一个地理空间，如今八荒同宇，再也没有所谓的出塞、归与不归的心理隔膜了。柳贯站在滦水边上，则发出"朔方窦宪留屯处，上

---

① 袁桷：《清容居士集》卷十五，《四部丛刊初集》本。

② 周伯琦：《扈从集》，文渊阁《四库全书》本。

③ 吴师道：吴师道《礼部集》卷三《居庸关》，文渊阁《四库全书》本。

④ 吴师道：《礼部集》卷八《闻危太朴王叔善除宣文阁检讨》，文渊阁《四库全书》本。

郡蒙恬统治年。今日随龙看云气，八荒同宇正熙然"① 的千年感叹，"却笑燕然空勒石，万方今日尽升平"②。马祖常《北歌行》也是最典型的诗作：

> 君不见，李陵台，白垄堆，自古战士不敢来。黄云千里雁影暗，北风裂旗马首回。汉家卫霍今何用？见说军还如裹痛。不思百口仰食恩，岂念一身推毂送。如今天子皇威元，大碛金山烽燧鲜。却将此地建陪京，滦山回环抱山转。万井喧阗车戛轮，翠华岁岁修时巡。亲王觐圭荆玉尽，侍臣朝绂蠙珠新。高昌勾丽子入学，交趾蛮官贡麟角。斗米三钱金如土，国人讴歌将军乐。将军乐，四海清，吾皇省方岂。田猎观风，察俗知太平。③

无论写山地、草原，还是写李陵台、昭君墓等历史古迹，对景物描写大多都是大处落笔，气势流畅，基调昂扬。多古体，特别是写奇异、险峻的山川荒岭，基本上都用五七言古体，风格多雄浑奇崛，豪放高古，以气势夺人。如对居庸关、龙门、桑干岭等近五百里山地路段中的驿站或地景的描写都是如此。袁桷《行路难》五首其一："桑乾岭上十八盘，赫日东出红团团。回首平田树如发，北去沙石何弥漫。青帘高低知客倦，劝汝一杯下前坂。马蹄护铁声琮琤，帖石朱阑列危栈。"钱基博评其诗"俊迈……其原出于陈子昂、李白"④，指的应该就是此类诗。对草原风光的描写多清新壮阔，诗歌意象上多选取草原、平沙、牛羊、大雁、秋风、夕阳、白雪、奶香等。"新雨霏霏绿罽匀，马蹄何处有沙尘。阿谁能剪山前草，赠与佳人作舞茵。"⑤ "平原细草绿迢迢，十脚穹庐二丈高。羊角风来忽掀去，干霄直上似盘鹏。"⑥ 都是清新壮阔之景。辽阔的草原给诗人造

① 柳贯：《柳待制文集》卷五《滦水秋风词四首》（其二），《四部丛刊》本。
② 周伯琦：《近光集》卷一《过居庸关二首》，文渊阁《四库全书》本。
③ 马祖常：《石田文集》卷五《北歌行》，文渊阁四库全书本。
④ 钱基博：《中国文学史》，中华书局 1993 年版，第 381 页。
⑤ 王士熙：《竹枝词十首》（其三），顾嗣立编：《元诗选二集》，中华书局 1987 年版，第 554 页。
⑥ 宋本：《上京杂诗》（其五），《永乐大典》册四 770 卷。

成的视觉震撼和心理震撼同山行的郁闷经历和压抑感觉形成鲜明的对比，给人的印象是纵目远眺，浑浑莽莽，天地相与为一，视通万里，毫无阻隔。在这种宏阔自然环境的熏染影响之下，诗人的心胸必然为之而恢宏开阔，创作出来的作品在感情上自不可能缠绵悱恻，忸怩作态。

（3）文人上都观礼的盛世表达

查洪德先生认为："大元气象，其内涵是元代的时代精神，表现元人超越往古的时代自信。'大'，是元代的时代特征，国号大元，都曰大都。国力强大，气运盛大，关于其'大'的表述还有很多，如阔大、宏大、远大、旷大、大境界、大心胸、大气象、大气魄、大度包容、大大落落等等。元人对版图和国势的描述，都突出'大'，所谓'大元至大古今无'，所谓'堂堂大元'。元人常说的'海宇混一''夷夏同风''无远弗至'，体现的都是'大'的精神，也就是大元气象。这种时代精神的形成，在相当程度上是受了草原文化的影响，是草原文化精神与中原文化精神融合而成。"① 可以说，元代文人在精神上开始张扬"大一统"的大元气象，大元气象与草原文化的以大为美有关。他还认为元人突破了传统一统观的内涵，建立了自己的新的理解。元人之所谓"大一统"，有两个方面的含义：一是夸耀"混一海宇之盛"，二是中原文化远被四夷，是文化之"大一统"。② 而这两点在文人的上都之行有着最为集中的体现，因此，来到上都的文人诗歌创作更加集中彰显了一统盛世，进而激增文人的传盛世之音的时代使命感，形成了元代文人对自我的文化角色定位和文学精神的张扬。如王逢《览周左丞伯温壬辰岁拜御史〈扈从集〉感旧伤今敬题五十韵》：

> 华夷今代壹，畿甸上京遥。游豫循常度，恬熙属累朝。六飞龙夹日，独角豸昂霄。御史箴何忝，贤臣颂早超。咨诹新境俗，观采众风谣。文用弥邦典，忠惟振宪条。执徐当景运，仲吕浸炎歊。愠解民心结，烦除圣念焦。雨工趋汛埽，市令薄征徭。大口欢移畔，庸关肃卫刁。缙云峰立晓，茢月水涵宵。傲道臣臣俊，清尘骑骑骁。豹貙严御

---

① 查洪德：《大元气象——元代文化精神的基本概括》，《哈尔滨工业大学学报》（社会科学版）2018 年第 1 期。

② 查洪德：《"海宇混一"鼓舞下的元代盛世文风》，《南开学报》2008 年第 4 期。

靮，驼象妥銮镳。仪仗真如画，车徒不敢嚣。侏言来部落，皮币赆荒
要。岳牧恭迎舜，封人愿祝尧。六宫程缓缓，列寺思飘飘。丝袅双行
辀，璆鸣杂佩瑶。宝钿榆英小，锦鞲草花娇。绣袄珠韝络，香鬒玉步
摇。婕妤辞并载，王母会频邀。拾翠深沙岭，梯虹复洞桥。天长躔北
日，斗近建南杓。珍味高陀鼠，丹馨散地椒。庐儿分逐兔，土屋竞停
鹛。白貉衣温座，黄羊酪冻瓢。桓城金合沓，滦阙紫嶕峣。社稷尊王
统，山河固庙祧。明明神爽降，秩秩礼文饶。宠遂光幽朔，畋同阅獯
苗。蹛林酺已举，款塞福皆徼。楼殿三呼岁，枫墀九奏箫。祝融回酷
暑，少昊戒灵飙。旧制先回轪，良辰次起轺。谢恩多帝胄，纪实得台
僚。至治音俱雅，于皇德孔昭。相如惭禅议，谋父感祈招。蕞尔蕲兴
裰，纷然颖煽妖。漕输横扈鳄，衡祀缺瞥萧。边警初传箭，军容半珥
貂。荐添烽堠迫，有甚火云骄。衮服中垂拱，微垣外寂寥。几多遗鹤
发，曾共望鸡翘。二洛遄通晋，三韩复入辽。不无双国士，正赖一嫖
姚。求剑舟难刻，更弦瑟好调。扶颠须砥柱，拨乱岂刍荛。戎幕辞巢
父，诗坛老伍乔。式瞻阿阁凤，驯止泮林鸮。并论公殊迹，吾知迈
董晁。①

全诗从天下一统，两都巡幸之制开始写起，极尽对巡幸盛大、两京途中风
物、到达上都仪礼的描摹，最后表达元朝是超迈往古的，自己生逢于斯，
应观风以展太平之盛。"华夷今代壹，畿甸上京遥。游豫循常度，恬熙属
累朝。六飞龙夹日，独角豸昂霄。御史箴何忝，贤臣颂早超。咨诹新境
俗，观采众风谣。"这不仅是文人的兴之所动、抒己之怀，更成了亲历者
文人的文化使命。

　　周伯琦《扈从集》后序更加直接颂扬元代疆域之广、文治之盛，"辙
迹之罕及者，非我元统一之大，治平之久，则吾党逢掖章甫之流，安得传
轺建节，拥侍乘舆，优游上下于其间哉！"表达了自己"以著其椠，不惟
使观者得以扩闻见，抑以志吾生之多幸也欤"② 的文化责任与文学的使命
感。可谓"声成文谓之音"，当文人有幸亲历草原帝都，感受一统之和

　　① 王逢：《梧溪集》卷四下，《知不足斋丛书》本。
　　② 周伯琦：《扈从集》后序，文渊阁《四库全书》本。

平，文轨之混同，自己有责任以诗文传播时代的盛世气象。王祎《上京大宴诗序》："故观是诗，足以验今日太平极治之象，而人才之众，悉能鸣国家之盛，以协治世之音，祖宗作人之效，亦于斯见矣。……今赓唱诸诗，其所铺张扬厉，亦不过模写瞻视之所及，而圣天子盛德之至，垂拱无为，所以致今日太平，极治者隐然自见，岂非小雅诗人之意欤？"① 在对诈马宴盛大的排场和衣食用度等进行汉赋般的夸饰后，直接表达了元代上都摹写诈马宴的诗作都是写"瞻视之所及"的文人真实所见，是对繁华奢侈的上都宫廷宴会和太平盛世的真实写照，是从传盛世之音的诗歌表达，体现了元代文人集体的盛世心态和文学精神。

文人上都诗歌的盛世气象也是元代文坛的一致评价，苏天爵《跋胡编修上京纪行诗后》云："尝闻故老云：宋在江南时，公卿大夫多吴、越之士。起居服食，率骄逸华靡。北视淮甸，已为极边。及当使远方，则有憔悴可怜之色。呜呼，士气不振如此，欲其国之兴也难矣哉。今国家混一海宇，定都于燕，而上京在北又数百里，銮舆岁往清暑，百司皆分曹从行，朝士以得侍清燕，乐于扈从，殊无依依离别之情也。予友胡君古愚生长东南，蔚以文采，身形瘦削，若不胜衣。及官词林，适有上京之役，雍容闲暇作为歌诗，所以美混一之治功，宣承平之盛德，余于是知国家作兴士气之为大也。后之览其诗者，与太史公疑留侯为魁梧奇伟者何以异。"② 苏天爵不仅高度赞誉元人上京纪行诗的盛世气象，还具体分析了与宋代奉使诗萎靡气象不同的原因，认为国运影响士气，士气不同，诗风不同。大量的上京纪行诗所展现的盛世气象，即使抒发文人的思乡愁苦之作，也没有激愤之情、讽刺之味，而只是对自己草原饮食、居住生活习俗不适应的真实表达。

二 歌咏王道政治，赞叹帝王功业

上京纪行诗在主题内容上还大量歌咏和赞扬元代的一统盛世的帝王功业、王道政治。如周伯琦《上京杂诗十首》其一：

---

① 王祎：《王忠文集》卷六，文渊阁《四库全书》本。
② 苏天爵：《滋溪文稿》卷二十八，陈高华、孟繁清点校，中华书局1997年版，第470页。

　　　皇图基正统，朔易建神京。地厚南坡煖，天低北斗明。禁垣金銮阁，朝市石为城。盛业超前古，侯王作干桢。①

在对元朝正统政权的认可下，营造"北斗明"的神京氛围，上都在北，用北斗喻政权之极正，直接赞颂元朝那凌越往古的一统盛业如同北斗光芒映照天地。张昱《辇下曲》对帝国一统下皇权的威严和四海之民汇于上都的盛大气象也直接予以歌咏：

　　　州桥拜伏两珉龙，向下天潢一派通。四海仰瞻天子气，日行黄道贯当中。（其三）
　　　万朝犹是未明天，玉戚轮竿已俨然。百兽蹲威绘旟下，万臣效职内门前（其四）。②

诗歌描绘了帝国盛世的威仪，不仅万臣效职，还四海仰瞻。贡师泰《上都诈马宴五首》其五：

　　　清凉上国胜瑶池，四海梯航燕一时。岂谓朝廷夸盛大，要同民物乐雍熙。当筵受几存周礼，拔剑论功陋汉仪。此日从官多献赋，何人为诵武公诗。③

该诗并没有如上都风情诗那样以正面描绘诈马宴的举行过程和场面，以突出其盛大奢华，而是由盛大奢华的诈马宴，直接生出对一统帝国的盛大、四海朝天的觐拜、民物雍熙的融乐的赞颂，表达一种即使是汉代也无法与之相比的时代自豪感。贡师泰还有一首咏怀诗《上京大宴和樊时中侍御》，有着更为直接的抒发：

　　　一元开大统，四海会时髦。畿甸包幽蓟，天门启应皋。群黎皆属望，百辟尽勤劳。蕃国来琛献，边陲绝绎骚。剑韬龙尾匣，弓属虎皮

---

① 周伯琦：《近光集》卷一《上京杂诗》十首（其一），文渊阁《四库全书》本。
② 张昱：《张光弼诗集》卷三《辇下曲》，《四部丛刊》本。
③ 贡师泰：《玩斋集》卷四《上都诈马宴五首》（其五）。

橐。列圣尊皇极，元臣异节旄。宗盟存带砺，世胄出英豪。岁驾严先跸，居人望左纛。平沙班诈马，别殿燕楼毛。凤簌珍珠帽，龙盘锦绣袍。扇分云母薄，屏晃水晶高。马湩浮犀椀，驼峰落宝刀。暖茵攒芍药，凉瓮酌葡萄。舞转星河影，歌腾陆海涛。齐声纔起和，顿足复分曹。急管催瑶席，繁弦压紫槽。明良真旷遇，熙洽喜重遭。化类工成冶，声同士赴甃。隆恩虽款洽，醉舞敢呼号。拜命荣三锡，论功耻二桃。重华跻舜禹，盛业继夔皋。燕飨存寅畏，游畋戒逸遨。乾坤春拍拍，宇宙乐陶陶。争献公交车颂，光荣胜衮褒。①

作者借对诈马宴的粗线条描绘，赞美一统盛世下的天下和乐。当一统天下，四海会于上都，百姓期盼，藩国觐见，虽远在北之边陲，却物品极盛，文治太平。用于作战的弓弩、宝剑也早已收于珍贵的匣橐之中，派不上用场。宗亲会盟，列宴上都，吃穿用度和耳娱之乐都是那么丰盛和精美，这一切的铺张之乐也是"化类工成冶，声同士赴甃"。而缔造一统之盛的元代帝王功业，也犹如"重华跻舜禹，盛业继夔皋"般伟大，普天之下都"乾坤春拍拍，宇宙乐陶陶"。当文人置身其中，感受上都其乐融融的太平生活时，不仅发出吾皇万万岁的祝愿。"玉帛朝诸国，公侯宴上京。泼寒奇技奏，兜勒古歌呈。地设山河险，天开日月明。愿将千万岁，时祝两三声。"②

文人来到上都，歌咏元代的王道政治也很集中。对王道政治的歌咏，主要集中在仁宗以后，多通过儒臣执事的纪事和被儒化的帝王形象描绘实现，多有对上都儒学、科举、经筵进讲等文治事业的歌咏，直接抒发对王道政治的赞叹。如对上都儒学、分教上都之事，虞集、柳贯、胡助、许有壬、张昱等文人都有对此的歌咏。许有壬希望"但期得真才，持用拯黎庶。风俗回雍熙，帑庾日丰裕"③的美好愿望。柳贯《五月八日至上都国子监作》在对巡幸队伍到达上都的庄重威严仪式描绘后，想到自己此来上都分教国子监的职务，表达了上都偃武修文、培养人才的文治政策的赞

---

① 贡师泰：《玩斋集》卷五，文渊阁《四库全书》本。

② 释楚石梵琦：《楚石北游诗》之《上都》十五首（其十四），吴定中、鲍翔麟校注，浙江古籍出版社 2010 年版，第 78 页。

③ 许有壬：《至正集》卷四《监试上都次杨廷镇韵》，文渊阁《四库全书》本。

颂。"怀铅徙北征，古来玄朔地。雅颂亦铿轰，丰芑德甚广，韦编义尤
精。前修有轨辙，后生多俊英。抑将授何业，可使器早成。宁无子衿刺，
仅免吏牍婴。高居谢暑浊，旷矣羲皇情。"① 张昱《辇下曲》则表达对国
子生人数之多和帝王对人才培养、科举取士的赞扬。"胄监诸生盛国容，
大官羊膳两厨供。六经尽是君臣事，卿相才多在辟雍。""文明天子念孤
寒，科举人材两榜宽。别殿下帘亲策试，唱名才了便除官。"②

　　赞叹王道政治更为集中的是通过对上都经筵进讲的歌咏进行的。经筵
是蒙元帝王为研读经传史鉴而特设的御前讲席，翰林儒臣担任进讲经筵
官。如以下两首：

　　　　王德体元观太始，坤珍乘运戒先迷。欲知圣学成仁大，鱼在深渊
鸟在栖。③（柳贯《伯庸少卿在上京有诗贻经筵诸公书来录以见示次
韵继作俟南还奉呈》）

　　　　水精宫殿柳深迷，朝罢千官散马蹄。只有词臣留近侍，经筵长到
日轮西。（叶衡《上京杂咏十首》之二）④

　　来到上都的文人普遍对王道政治的歌咏，对帝王一统功业的歌咏，都
在说明文人蒙古族一统政权的态度，再也不是以往历代的华夷之防，而是
华夷一体，是对当世政权的接纳，对一统盛世的赞叹，反映了元代文人突
破民族界限，从文化角度、华夷一体角度用文学的方式对政权做了时代的
阐释。

三　草原文化题材的以赋写诗与近景白描

　　文人来到草原，一切都是新鲜的、奇异的，要想把这些迥异与中原、

① 柳贯：《柳待制文集》卷二《五月八日至上都国子监作》，《四部丛刊》本。
② 张昱：《张光弼诗集》卷三《辇下曲》，《四部丛刊》本。
③ 柳贯：《柳待制文集》卷五《伯庸少卿在上京有诗贻经筵诸公书来录以见示次韵继作俟
南还奉呈》，《四部丛刊》本。
④ 叶衡：《上京杂咏》十首（其二），《文翰类选大成》卷八十四，文渊阁《四库全
书》本。

江南的文化事项、自然景观、生产生活、宫廷活动、国家典仪一一写尽，用体量较小的诗歌文体很难做到，于是文人采用了两种途径来实现，一是采用赋的手法进行可长可短的古体诗创作，二是采用不限诗歌数量的组诗进行创作。

　　1. 以赋法写诗

　　歌咏上都的盛大、奢华的蒙古宫廷风情的诗歌，不仅数量多，文人摹写集中，而且在创作上基本都以赋的手法对繁盛精致的物品和壮阔宏大的活动场面进行描摹，以凸显上都之蒙古风情下的神圣与富丽，如上述周伯琦《诈马行》诗，可看作诗赋。还有直接以赋体歌咏诈马宴的，如顺帝年间郑泳的《诈马赋》，全文1130字，依次记录和描述作文的缘起，诈马宴的会场环境，排列在平坡上的盛装马匹，官员所服质孙之衣的特点，角觚、射箭等竞技活动以及百戏杂陈、奏乐宴饮的热闹场面。文中铺张渲染了作者身预诈马宴盛会时所见到的盛大场景，既丰富又细腻，既富于夸饰铺排，又几乎是真实的记述，这又与汉赋虚构的艺术处理和讽谏的主旨完全不同。"前数里之左右兮，有两山之对峙；矧诈马之聚此兮，易葱芊之绮丽。额镜贴而曜明兮，尾银铺而插雉；雉丛身而□袋兮，铃和鸾而合清徽。镫钻铁而金嵌兮，鞍砌玉而珠比；□□辔靶，亦皆重宝。"① 前四句是指殿前数里地的草坡上排列着马群，它们被盛装打扮，因而原本葱郁的草地变得绮丽耀眼。后八句是具体写马的装饰：它们的额头上贴了金片而闪着亮光，马尾上插着雉羽，长长的雉羽苗条摇曳，马颈上的鸾铃叮咚作响，马镫、马鞍分别被嵌上金片和饰以珠玉，而缰绳、革套也缀上宝物，都极为绚丽珍贵，凸显出马的名贵与漂亮。在铺排、宏大的叙事中，又有大量的写实。郑泳《诈马赋》序完全是叙述举行诈马宴的规矩，对举行的时间、地点、参与人员及服饰、规模等进行史笔的介绍："皇上清暑上京，岁以季夏六月大会亲王，宴于棕王之殿三日。百官五品之上赐只孙之衣，皆乘诈马入宴。富盛之极，为数万亿，林林戢戢，若山拥而云集。"赋中纪实描写，如对棕王殿（即棕毛殿）的建筑形式，"覆以枅桐之皮""緪以黄绒之施""下系铁杙"以固定、"周回廊隅，满望平芜"，描写只孙之衣"惟织纹之暗起"的织造特点，"三朝三易，一日一色""必具名

---

① 郑泳：《义门郑氏奕叶文集》卷二，文渊阁《四库全书》本。

而请奏""始蒙恩而有锡"的颁奏和穿着规定，"饮朱阑"而"举圣训之音旨，陈嘉谟与嘉猷"（即宣读成吉思皇帝的大札撒）的会场程序。以至于上都的富贵，"今代称文士，谁能赋《两都》。内盘行玛瑙，中宴给醍醐。夜雪关河断，春风草木苏。不才惭彩笔，何得近青蒲"①。让文人们惊叹不已，无法用诗文表达。

2. 组诗使用的普遍现象

在笔者统计的今存近百人的上京纪行诗作者的诗作，使用组诗的有28人，三首以上的组诗的诗作有642首，如袁桷的《上京杂咏》十首、《再次韵》十首、《次韵继学途中竹枝词》十首、《开平昔贤有诗片云三尺雪一日四时天曲尽其景遂用其语为十诗》，柳贯的《同杨仲礼和袁集贤上都诗十首》，胡助的《滦阳杂咏十首》，黄溍的《上京道中杂诗》十二首，廼贤的《上京纪行》组诗十二首、《宫词》八首，萨都剌的《上京即事》十首，王沂的《上京》十首，吴当的《王继学赋柳枝词十首书于省壁至正十有三年扈跸滦阳左司诸公同追次其韵》十首、《竹枝词和歌韵自扈跸上都自沙岭至滦京所作》九首，许有壬的《上京十咏并序》十首、《元统甲戌分台上京饮马酒而甘尝为作诗丁丑分省日长多暇因子土产可纪者尚多又赋九题并旧作为上京十咏云》，叶衡的《上京杂咏》十首、张昱《辇下曲》一百二首、《塞上谣》八首，周伯琦的《上京杂诗》十首、《九月一日还自上京途中纪事十首》《是年五月扈从上京宫学纪事绝句二十首》，释楚石梵琦的《上都十五首》《开平书事十二首》《漠北怀古十六首》等。这些组诗，多数集中描写草原文化的各个层面，立体地展现了北方草原民族的生产生活、宫廷活动、自然地理、景观物候等文化，为我们提供了13—14世纪中叶丰富的草原文化立体画面。由于篇幅所限，此不举例。

四　上京纪行诗的文学史意义和价值

元代诗歌的盛世气象是政治一统、疆域超迈、华夷一体时代的产物，也深受文人北上草原帝都真切的见闻和生活感受的影响，上京纪行诗盛世

---

① 释楚石梵琦：《楚石北游诗·上都十五首》（其七），吴定中、鲍翔麟校注，浙江古籍出版社2010年版，第74页。

气象的典型代表。同时，我们需认识到，上京纪行诗的这种盛世气象所展现出来的统一性，又是与因不同缘由、不同身份地位而前往上都进行书写的诗歌所呈现的多样性相统一。这种多样性既有文人因背井离乡，或不适应草原饮食生活，或长途的羁旅之苦，或前往上都的次数和时期不同等产生的思乡之情，也有因上都求仕不得、生活失意、被政治疏离等而产生的人生困顿之感，这些情感文人也会通过诗歌加以表达，带来独具文人个性的心灵抒怀。通观今存的一千余首上京纪行诗，这些不是上京纪行诗审美风貌的主流。

　　由于文人的文学精神和社会文化责任，当文人有机会来到草原帝都，都刻意对这一时代盛世进行自然地理、社会文化、宫廷生活、国家典制、帝王巡幸等进行留存，在诗学观念上主张"观风备揽，以存一代之典"，由此，诗歌的纪事性与实录创作态度格外凸显。从读者和实录角度，为了诗歌的叙事性更为准确，读者接受起来更为真切，上京纪行诗多采用诗、序、注结合的方式进行创作，这样就可以更大程度解决在诗歌展现因没有在场而不好解读丰富奇异的草原文化内容，而做出互补和文人的自我注解。江西文人周伯琦是对上都往返行程、见闻等诗歌纪事。周伯琦深得顺帝隆宠，一生扈从十数次，至正十二年壬辰（1352），周伯琦由翰林直学士兵部侍郎拜监察御史，可以有幸跟随皇室成员走东西两路，并用两篇长序（《扈从集》前后序）详细记述往返行程情况。而周伯琦《扈从集》34 首诗，即前往上都所记行程的 24 首和返还大都行程的 10 首诗。第一首开始从大都出发，周伯琦就表明了自己的创作旨归："乘舆绳祖武，岁岁幸滦京。夏至今年早，山行久雨晴。日瞻黄道肃，夜拱北辰明。随步窥形胜，周谘记里程。"因此，周伯琦纪两都沿途的生态文化和地理空间最为周详。不仅对具体的行程起始、所经的驿站等按次序一一记述，还对文臣扈从人员所走路线的规制进行叙述。对每个驿站、地名、地理环境的描述，并对地名加以解释，让人一目了然前后驿站的地理方位、距离里程、周边生态环境、居民生活状况等自然和文化生态，成为两都间舆地史料最详实的记述，后世的舆地考证多赖于此。而且，前后两序所纪对象也前后照应，避免内容上的重复和雷同，如对所经同一驿站的记述，周伯琦从不同视角进行记述。如察罕脑儿，前序云："至察罕脑儿，犹汉言白海也。水泺深不可测，气皆白雾，其地有行在宫，曰亨嘉殿，阙庭如上京而杀焉。置云需总管府以掌之。沙井甘洁，酿酒以供上用。又作土屋养鹰房，驻跸于是，秋必校猎焉。"① 察罕脑儿，武帝时在此建行宫，此地汉族人称为白海，作者对白海水之深，水雾之大，殿庭建筑、管理情况、水源品质、养鹰房等都着意记述，并指出此地是帝王秋猎之所。而在后序中对察罕脑儿的记述，为避免重复只简单提起察罕脑儿地名，就进入对怀秃脑儿的描述："越三日，至察罕脑儿。由此转西至怀秃脑儿，犹汉言后海也，有大海在纳钵后，故云。曰平陀儿，曰石顶河儿，土人名为鸳鸯泺，其地南北皆水，水禽集育其中，国语名其地曰遮里哈剌纳钵，犹汉言'远望则黑'也。两水之间，壤土隆阜，诸部与汉人杂处，因商而致富者甚多。自察罕脑儿至此百余里，皆云需府境也。界是而西，则属兴和路矣。"这段文字就建立起了察罕脑儿与怀秃脑儿、白海与黑水之间的地理空间关系，并指出了在两地间所生活的居民，当时已经蒙汉等多族杂居，经济上又比较发达的情况。前后两序对同一路段的叙述各有取舍，也是从读者和实录精神角度做的努力。两序篇幅之长、记录之各有取舍与 34 首诗歌本身及每首诗的自注形成强烈的相互补充、注解的关系。

因为文人自觉地文学精神和存一代之典的纪事性和实录精神，使上京纪行诗具有极高的文献史料价值，特别是蒙文文献缺乏、宋金记述不具体、明代蒙古文化记录缺乏的情况下，显得更为珍贵。明清文人乃至当今学界考证元代的上都、蒙元文化等，多采用诗文薇史料，并因此形成了最初上京纪行诗史料价值挖掘的研究路径，对当下的研究仍有影响。这些诗歌不仅表现了元代内蒙古地区，也多有歌咏漠北等更广阔地域的丰富草原文化，也真实记录了元代蒙古宫廷文化和民间社会文化。这种诗歌创作的观念、诗歌创作形式对明清的边疆纪行诗产生了重要影响。

与南宋使金诗形成鲜明的审美气质差异明显，薛瑞兆认为使金诗在内容描写丰富，有关于金代及草原地域的自然地理、风土人情、使者外交、重要事件、帝王、金国社会、宫廷生活等，记述力求客观。但在看似客观纪事采风、事件记述、社会实录，实则隐含了很多的情绪和对金国作为草原民族的态度，主要体现在：大量的使用夷狄、胡地、腥膻类用语，对金国所属草原地界的生活风俗的鄙夷；刻意歪曲历史事件和历史人物，炫耀

① 周伯琦：《扈从集》前序，文渊阁《四库全书》本。

南宋的存在感，以期满宋主，慰藉士流；对金国的态度仇恨；金地燕云等地汉族百姓的胡化现象的担忧、心痛，对百姓"向南"情绪的欣喜；矛盾、隐痛、无奈、仇恨情绪；情感深沉的历史纠结。① 可以看出，南宋文人在对草原文化的态度完全与对立的政治立场、政权绑架在了一起，也因此失去了客观性。关于使金诗的萎靡的诗歌气象，胡传志、王昊等学者也多有论述。与唐代边塞诗相比，无论在文人心态、草原文化态度、草原自然地理等都呈现了不同的立场、情感，这直接影响了文人的诗歌创作风貌。唐代边塞诗文人积极奔赴边塞为朝廷建功立业的高昂斗志、乐观精神，以及突出奇寒、风沙、蛮荒的恶劣气候与紧张激烈的战争场面的描写等都显示了雄浑壮阔的诗歌风格。手法上，夸张、写意更突出，属于远距离的观望、想象状态，缺少"在场"的近距离观察的写实、白描手法。我们把唐代边塞诗人的代表高适、岑参诗作与元代上京纪行诗作对比，一目了然。

元代文人因上都之旅所彰显的社会文化使命的时代担当精神，以及文学精神的张扬下的注重诗歌实录与自觉追求盛世气象的诗歌观念，使上京纪行诗在元代文坛独树一帜，甚至被热捧而成为文坛现象，也因其诗歌盛世气象创作的示范性和文人的名流效应，对地方文坛起着引领和辐射作用，推动了元代诗歌的南北合流、盛世之风的形成。同时，上京纪行诗所表现出的独特性和盛世气象，也是对传统文学的发展和创新。

第三节　草原文化对元代题画诗的影响

题诗于画是诗人的一种艺术活动，元代有题画之风，这在查洪德《元代诗学通论》② 有详细的论述。而元代的题画诗不仅数量多，又极具自己独特的美学风貌，尤其是文人在草原生活期间的题画诗，以及对草原主题画作的题咏，不仅数量大，还形成了极具"草原风"的美学风格。这些题画诗彰显了元代文坛的时代风气，使其成为元代草原文化传播的重要载体，极大推助了草原帝都形象及其影响。

---

① 薛瑞兆：《使者语录、文人日记、诗歌等对金的记录：论两宋涉金著述的价值与局限》，《江苏大学学报》（社会科学版）2014 年第 1 期。

② 查洪德：《元代诗学通论》，北京大学出版社 2014 年版，第 118 页。

一 题画诗之草原风情的书写

元代实行两都巡幸制，地处金莲川草原的开平城升为上都，为元代的夏都（今内蒙古锡林郭勒市上都镇），与大都（今北京）南北相望。作为草原帝都，随着每年帝王的巡幸扈从，都有大批文人聚集草原，这些文人有扈从文臣、擅辞章的执事大臣，也有出于追随名流，或游历上都等目的的文人。他们在草原生活几月之久，由于生活闲暇，吟诗作赋、品题书画等高雅活动成为生活常态。以草原为题的画作，及其题画诗大量的产生，成为元代题画诗最为重要、也最为亮丽的题材。

（一）书写草原自然风光

上都作为元代草原帝都，以其自身的魅力吸引了四方文士的聚集，其中，也有画师长期居于上都，邢和卿、潘子华、王振鹏等，手绘很多两都途中及上都风情画，文人对这些画作多有题咏，杨允孚曾云"紫菊花，惟滦京有之，名公多见题品"①，画师潘子华就是其中一位。

潘子华，钱塘人，工绘事，早年游历两都，70岁仍居于上都，以画上都花鸟著称，其画作数量多，也多得文人题咏，名声著称两都。危素《赠潘子华序》云："开平昔在绝塞之外，其动植之物，若金莲、紫菊、地椒、白翎、爵阿监之属，皆居庸以南所未尝有。当封疆阻越，非将与使勿至其地，亦不暇求其物产而玩之矣。我国家受命自天，乃即龙江之阳滦水之濋以建都邑，且将百年，车驾岁一巡幸，于是四方万国，罔不奔走听命，虽曲艺之长，亦求自见于世，而咸集辇下。钱唐潘君子华，工绘事，谓九州所产，昔之人择其可观者，莫不托之毫素，而足名家矣。"② 熊梦祥《析津志辑佚》亦载："上都有老画师潘子华，年逾七十，画紫菊、金莲、野兽、闲花，官员往往构之。"③ 危素也说潘所画"动植之物若金莲、紫菊、地椒、白翎、爵阿监之属，皆居庸以南所未尝有……择其可观者，莫不托之毫素，而足名家矣"。④ 足以看出，以上都自然风物、人文景观

---

① 杨允孚：《滦京杂咏》卷下《紫菊花》自注，文渊阁《四库全书》本。

② 危素：《说学斋稿》卷三，文渊阁《四库全书》本。

③ 熊梦祥：《析津志辑佚》，北京古籍出版社1983年版，第221—222页。

④ 危素：《赠潘子华序》，《说学斋稿》卷三，文渊阁《四库全书》本。

等为题材的绘画创作是极为盛行的。创作了大量的草原画作的潘子华羁旅两都四十年，与文坛名流也多有交游，文人对他草原画作的题咏数量不菲。仅今存文人在草原上都对其画作题咏序跋的就有翰苑文臣吴当《潘子华画上京花鸟》《潘子华画上都花鸟》二首、危素《赠潘子华序》、虞集《题杂画三十首》中一些上都风情画如《白芍药》等。还有对赵孟頫《滦菊图》的题画诗，此图目前尚存，绢本设色画菊花九枝，花瓣各不相同，就有来自尚师简、潘迪、梁初、署名北廷元正氏、张裕、沈梦麟、兰轩、澳叟等人的题诗，可见，这些草原风情题画诗被文坛追捧之极。

如吴当《潘子华画上京花鸟》《潘子华画上都花鸟》两首：

> 滦阳三月雪正飞，陇树四月青红稀。白翎啄沙黄草薄，阿蓝短翅寒相依。南薰吹水振群蛰，满川花草浓云湿。穹庐露冷牛马肥，蒺藜沙上西风急。潘侯妙笔留神都，金莲紫菊谁家无。江南莺花春冉冉，谁写当年蛱蝶图。(《潘子华画上京花鸟》)①
>
> 冰泮东风鸟力微，暖云将雨湿芳菲。不知天上寒多少，谁剪春罗作舞衣。(《潘子华画上都花鸟》)②

吴当对潘子华所画的上都花鸟，进行诗歌语言的描绘，将上都特有的草原风光和自然物产、春季气候等实现了诗画结合。虞集也有《题杂画三十首》多是对各地名物画题诗，其中有些花卉也独属于草原的。如第二首《白芍药》："金鼎和芳柔，滦京已麦秋。当阶千本玉，看不到扬州。"第十七首《雪茶双雀》："玉茗深宫里，春妍带雪残。可怜五色羽，相并不知寒。"③这些都是对上都金莲川草原山水花鸟等名物的题画诗。

草原的菊花十分有名，文人题草原菊画诗也较多。如赵孟頫画有《滦菊图》。作为草原帝都的上都又称滦京，《滦菊图》所画为上都草原生长的菊花。此图目前尚存，绢本设色画菊花九枝，花瓣各不相同，《菊花图》对于赵氏以人、马、山、水为主的画作来说，滦菊图更显珍贵无比，

---

① 吴当：《学言稿》卷三，文渊阁《四库全书》本。
② 吴当：《学言稿》卷六，文渊阁《四库全书》本。
③ 虞集：《道园遗稿》卷四《题杂画三十首·雪茶双雀》(其十七)，文渊阁《四库全书》本。

当时就有很多翰苑文臣、一般文人为之题画，如尚师简、潘迪、梁初、署名北廷元正氏、张裕、沈梦麟、兰轩、澳叟等都有题诗，且今尚存。这些画作、题画诗都是赞美上都菊花之艳丽贵气，大加描绘其外形和神韵。从这些作品依然可以窥见当时草原画作的巨大吸引力。如翰苑文臣尚师简《题赵孟頫滦菊图》：

> 龙沙漠漠菊成花，黑赤为霜艳莫加。间色岂能存晚节，清香聊为壮京华。欲酬风景须沽酒，闲对秋容莫啜茶。他日诸公当一看，定从滦水觅潘家。①

尚师简（1282—1346），字虞仲，官奎章阁学士院承旨学士，工篆书，曾多次扈从上都。这首题画诗对上都菊花之形、香、品、用等都极尽描绘和赞美，表达了画者的画艺之精，和远在万里之外的思乡之情。还有上都兰花题画诗，如黄溍《题明公画兰》：“吴僧戏笔点生绡，嫋嫋幽花欲动摇。梦断楚江烟雨外，秋风滦水暮潇潇。”② 开篇点名了画者的僧人身份和画兰的态度“戏笔”，之后描写上都兰花之娇嫩幽静，在草原独自经受风雨，自开自落，孤芳自赏，以上都之兰喻己，乃至整个元代文人，表达了孤寂幽兰般的节操与淡淡的哀伤情调。

在金莲川草原的上都城附近也是元代养马的场所，马成为画家、文人笔下展现的主要对象之一。元代有画马的风气，文人题画马之作也很多。检索《全元诗》《全元文》可知，直接描写马，或以马为主要内容之一的作品数量非常之多，在上都更能够容易看到马群、马队、马的各种表演。因此，文人题画草原马也就不足为奇了。如王祎《题画马》：“沙苑秋深苜蓿肥，五花毛色烂生辉。奚官莫把青丝鞚，自是龙媒不受羁。”③ 据其《上京大宴诗序》云，王祎是至正九年（1349）前往草原上都的，这首题画诗也应该作于此年。该诗赞美了上都马匹的膘肥漂亮和本来就属于草原的天性，建议管理者莫用美丽华贵的青丝鞚拘束了马儿自由奔跑的天性，

---

① 尚师简：《题赵孟頫滦菊图》，《密殿珠林石渠宝笈合编》（第四册），张照、梁诗正等编，上海书店 2011 年版，第 986 页。

② 黄溍：《金华黄先生文集》卷六《题明公画兰》，《四部丛刊》本。

③ 王祎：《王忠文公集》卷三，文渊阁《四库全书》本。

具有深层意味。

（二）歌咏草原历史文化

元代题画诗还有大量的以描写草原历史文化为题的诗作，彰显了元代文人对历史人物、历史事件的看法和华夷观念。数量之多，与文人游历草原，在草原生活，受吊古之情激发感染有关。

草原自古是北方游牧民族的休养生息之地，中华民族发展伴随着胡汉战争，汉武帝时期李陵事件、苏武牧羊故事就发生在草原，为历代文人反复歌咏，并付诸画艺，如苏武牧羊抱雏图、苏武持节图、苏武泣别图、李陵送苏武图、李陵归汉图等。题诗苏李画在元代很多，据统计有 102 题157 首，① 不仅如此，还有大量题画诗作直接作于草原，这就更增添了文人对此类画作的独特感受和理解。如袁桷《苏武牧羊抱雏图》："寒毡啮尽节旄稀，野旷风低短草肥。忽见婵娟新月上，却疑身似梦中归。"② 前两句描绘苏武在高寒旷野的恶劣环境牧羊的画面，突出"节旄稀"的时间之久，蕴含着对苏武忠贞节操的赞美之情。后两句陡然一转，表达对苏武思乡的深切同情，当然，这种思乡之情也是袁桷自己情感体验的抒发。全诗以画人诗，诗中有画，寓情于景，情景交融，极富画面感，生动感人。

这些题画诗与草原自然风光题画诗不同，它重议论，轻画面，往往直接发表对历史人物的议论，揭傒斯《题李陵送苏武图》三首、许有壬《和谢敬德学士题苏武泣别图韵》二首：

> 一与故人别，死生宁复亲。休言典属国，犹得画麒麟。
> 今朝送汉节，迢递入秦关。惟有沙场梦，相随匹马还。
> 惨澹河梁路，参差塞上山。谁言是死别，日夜望生还。（揭傒斯《题李陵送苏武图三首》）③
> 死节吾已矣，生还又不如。天王非太忍，臣罪不胜诛。
> 亲交生别去，子复弃遐荒。只道还家好，还家恨更长。（许有壬

---

① 刘继才：《中国题画诗发展史》，辽宁人民出版社 2010 年版，第 256 页。
② 袁桷：《清容居士集》卷十五，《四部丛刊》本。
③ 揭傒斯：《揭文安公集》卷四，《豫章丛书》本。

《和谢敬德学士题苏武泣别图韵》二首)①

揭傒斯借送别画旨发表自己对苏武忠贞不渝至死不休的高尚人格的赞美。许有壬直接抒发了历史人物悲剧命运的同情，表达兼济天下与独善其身两难的复杂境地。许有壬作为扈从文臣，并没有如历代只一味地歌咏忠贞节操，而是跳出历史，站在人生和历史文化舆论的层面看待这一具有普遍意义的历史人物。

这类题画诗还有元代名臣王恽所作的《题汉使任少公招李陵归汉图后》：

> 自古有死将而无降将。至于兵败力屈，此正人臣授命之秋，更无他议，譬犹弱妇不幸而遇强暴，有杀身而已。曾不此思，而曰"虽受污一时，吾将有以报之"，此正李左校之妄图也。子孟专使远招，纵复南归，将何为颜？予始读陵传，壮其初心愤发，哀其一败而瓦裂也。中统辛酉春予扈跸北上，次桓之北山，或曰此李陵台也。徘徊四顾，朔风边草为之凄然，于是咏河梁之诗，叹曹柯之议。又且惜武皇信相术而族李陵家，安在其为雄才大略也？自辛酉迄今三十余年，复观斯画因感而书此，以为人臣忠止之劝。②

据文中后半部分交代，许有壬于中统辛酉即中统二年（1261）扈从上都，三十年后即至元二十八年（1291）"复观斯画因感而书此"。足以见出，其题画诗作不仅作于草原，还与自己作为扈从文臣的草原生活有密切关系。该诗前部分直接对汉使任少公招李陵归汉历史事件发表见解，认为李陵只能死忠才不愧为英雄，谴责了历史上认为李陵投降只是更待时机以伺报汉的开脱之词。这与王恽《跋苏武持节图》（其三）所表达对苏武人格节操的赞美一致："两行衰泪血霑襟，代节酬恩北海深。卫津有知惭即死，更来游说此何心！"③赞美苏武思念故国、死忠汉廷的高尚节操，怒斥劝降的卫津。

---

① 许有壬：《圭塘小稿别集》卷下，文渊阁《四库全书》本。
② 王恽：《秋涧先生大全文集》卷七十三，《四部丛刊》本。
③ 王恽：《秋涧先生大全文集》卷二十五，《四部丛刊》本。

　　对草原历史文化题画诗，除苏李画外，还有大量的对昭君出塞图、金主画作、金主游猎图、草原游猎图等的题咏。这些题画诗在汉唐、宋金时期也有题写，但是都没有元代如此集中。而且，在写法上都是绕过画作的人物形象及技法表达，直接抒发对历史人物、实践的议论，实则是以画为载体，发表自己的历史观和民族观，表达了对草原历史文化的看法，抒发了元代以蒙古族为代表的草原文化的态度。

二　题画诗之“草原风”美学风格

　　综观元代题画诗，无论是对草原主题画作的题咏，还是对非草原主题画作的题写，由于受草原文化的影响，这些很多题画诗都具有鲜明的“草原风”之美学风格。

　　元代实行两都巡幸，每年都有大量的文人聚集草原帝都，他们在草原生活期间，不仅诗酒歌赋、观书题画，也会产生各种情思。他们会在诗中以草原为底色，抒发文人情感，使这些题画诗作极具“草原风”。“草原风”即指具有草原风情、草原风韵的美学风格。它的出现，往往是文人在草原上生活期间所作，是直接受草原生活影响产生的。

　　上都翰苑学宫、宫殿寺庙等都有很多壁画，文人在上都生活期间，常对这些壁画反复题咏，这些题画诗就具有草原风韵。如在上都崇真宫陈炼师壁间有大学士李衎所画的墨竹图，对这幅画，为崇真宫道士、前来上都的文人纷纷题咏，延续半个世纪之久，创作了大量的墨竹图题咏诗，惜其多数诗作今已不存。但就今存的诗作来看，数量依然可观，为之题咏的文人层次多为翰苑文臣、文坛名流，可见，李学士墨竹题画诗在当时文坛的影响之大。

　　上都崇真宫陈炼师壁间所挂的墨竹图为元代大学士李衎所画。李衎（1245—1320），字仲宾，号息斋道人，晚年号醉车先生，大都人。仁宗皇庆元年（1312）任吏部尚书，拜集贤殿大学士、荣禄大夫。李衎善画墨竹，其子士行也善画竹，与袁桷常提及的著名画家李倜（士弘）[①] 是宗

---

　　① 李倜（？—1331）字士弘号员峤，元代河东太原（今属山西）人，大德中，出为临江路总管，后为延平路总管，两浙盐运使。工诗文，善书画，尤以墨竹最著名。书法宗晋唐，以右军为尚，曾临右军帖多本，与赵孟頫善，每临一帖便求其题跋，魏公赞其书：“落笔云烟吐波涛”。

亲，与赵孟頫、高克恭并称为元初画竹三大家，著有《竹谱详录》。上都崇真宫是元代的玄教道场，玄教宗师常住居所，由于玄教在元代具有极高的政治地位，道士多擅长诗赋丹青，重交际应对，而翰苑文臣与玄教道士，特别是历代宗师关系密切，因此，崇真宫也是文坛名流常聚集诗赋赏画的场所之一。今所知李氏墨竹题画诗就有玄教道士吴全节，翰苑文臣袁桷、虞集、元明善、揭傒斯，以及游历文人廼贤、临时寄居于崇真宫的倪仲恺、江西文人李存等诗作。袁桷至治元年（1321）扈从上都时，作有《李仲宾墨竹图》《次韵虞伯生墨竹画壁》二首，说明虞集在此之前也有题画诗作；李存《俟庵集》卷二作有和吴全节次韵元明善的题画诗《次韵吴宗师和元参议道宫墨竹诗》；揭傒斯作有《题上都崇真宫陈真人屋壁李学士所画墨竹走笔作》；至正九年（1349），廼贤游历上都期间作有《题崇真宫陈炼师壁间竹梅邀倪仲恺同赋》，说明是与倪仲恺同时题诗。就今所存的题陈炼师壁间墨竹诗作可以看出，其浓郁的草原风韵美学特色。

这些题画诗作，在文人笔下，在对本生于南方又象征君子高洁情操的竹子品格的抒发外，赋予了草原的高寒环境和高冷气韵。袁桷《李仲宾墨竹图》："笔底玄云冰雪姿，云洲玉佩映参差。如何昔日阁中令，晚岁羞称老画师。"[1] 将竹之高洁品格与象征草原极寒的冰雪相映衬，更显竹之精神。同时，极大称赞了李衎的画艺之高。

写的最气韵生动、最具草原风韵的文人代表是袁桷，作为翰苑文臣，袁桷一生四次扈从上都，每一次都有大量的诗歌创作。至治元年（1321）是袁桷第三次扈从上都，在此期间作有《次韵虞伯生墨竹画壁》，为这类题画诗的代表：

　　墨云参差平地涌，碧窗淅沥寒风生。截为嵯峒白玉管，蛰龙夜啸幽凤鸣。六月雪花飘上京，峥嵘直与星斗平。出门忽作江海兴，推枕先闻金石声。[2]

---

① 袁桷：《清容居士集》卷十五，《四部丛刊》本。
② 袁桷：《清容居士集》卷十五，《四部丛刊》本。

全诗抛开直接描写墨竹风姿，而以草原极寒的恶劣环境，曲折委婉地凸显了墨竹的品格和气韵。诗歌画面感极强，生动形象，想象奇特，对比鲜明。

首联以黑云翻涌、陡生寒风起句，渲染了草原不同南方的寒冷，又为全诗歌咏竹的气节奠定基础；后两联又分别从六月飘雪、巨大风浪两方面具体渲染夏季草原极寒的特征，如果不看诗题，俨然为一首专门描写草原风情的诗作。

同年，袁桷还作有与上一首草原风韵一致的《题李士弘学士画明复斋风竹》题画诗：虚声出素壁，冷冷天地秋。矧此三伏凉，居然索重裘。荡摩神光旋，戛击玄露浮。浩荡白玉京，顷刻潇湘洲。昂昂负峤仙，笔底寒飕飕。高斋袭道气，深根淡无求。① 先极尽描写草原之寒，尾联才直指李氏风中竹画的精神品格，前三联都在为此作底色，作铺垫，使全诗极具草原风韵。

还有很多题画诗虽然也是大众视野中的抒发文人的各种情绪、情感，但是由于是文人在草原生活期间的题诗歌咏，也极具草原风韵。有抒发身在草原、思念家乡的，如袁桷题《王淡游墨竹》："阴阴密叶铁钩锁，淡淡疏柯水玉簪。客向流离浑老尽，临风题笔望江南。"《上都客舍王弘为作风竹》："门巷泥深笑独清，此君潇洒未忘情。无端昨夜风花急，却送秋声作雨声。"② 前一首描写墨竹的风姿和画艺的高超，表达了袁桷身在草原心望家乡的思乡之情。后一首"无端昨夜风花急"突出了草原六月飞雪的天气特征。有表达深厚友情和相思之情的，如廼贤《题崇真宫陈炼师壁间竹梅邀倪仲恺同赋》："空谷天寒雪如堵，短篷载酒沧江浦。系船偶傍竹篱边，一树梅花才半吐。别来京国久相思，梦断愁闻画角吹。"③ 有借画作抒发扈从经历的，如揭傒斯《题邢先辈西壁山水图》："参差楼观照林红，松桧凄迷起朔风。昆仑蓬莱不可到，赤城白帝遥相通。……复从大驾上滦京，始投邢君多意气。君昔扈从戎马间，少壮不知行路难。月明饮马长城窟，雪深射虎祁连山。万里归来太平日，坐我江山

---

① 袁桷：《清容居士集》卷十五，《四部丛刊》本。
② 袁桷：《清容居士集》卷十五，《四部丛刊》本。
③ 廼贤：《金台集》卷一，文渊阁《四库全书》本。

忧百失。平明万骑出天门，又驾官车就行役。"①

可以试想，如果不是在草原题咏，如果文人没有草原生活经历，抑或是一些画作不是上都著名建筑壁画，很难想象这些题画诗会与草原产生什么关联，更不会出现浓郁的草原风韵。

值得注意的是，元代题画诗的这种极具草原风韵的作品，还往往具有盛世诗风。由蒙古族肇建的大元帝国，天下一统、华夷一家，这种国家士气，不仅激起文人昂扬的时代气质，诗歌创作追求盛世气象。如一代名臣苏天爵《跋胡编修上京纪行诗后》云：

> 尝闻故老云宋在江南时，公卿大夫多吴越之士，起居服食率骄逸华靡，北视淮甸已为极边，及当使远方则有憔悴可怜之色。呜呼！士气不振如此，欲其国之兴也难矣哉！今国家混一海宇，定都于燕，而上京在北，又数百里，銮舆岁往清暑，百司皆分曹从行，朝士以得侍清燕乐于扈从，殊无依依离别之情也。予友胡君古愚生长东南，蔚以文采，身形瘦削，若不胜衣，及官词林，适有上京之役，雍容闲暇，作为歌诗，所以美混一之治功，宣承平之盛德，予于是知国家作兴士气之为大也，后之览其诗者，与太史公疑留侯为魁梧奇伟者，何以异？②

苏天爵认为，宋元两代士大夫在北方边地的不同表现，反映了两代士气之不同，而士气之不同源于国运之不同。正因宋元两朝国运不同、士气不同，在边地的创作气象才不同，元代则展现出"殊无依依离别之情也"的审美风貌，士人在创作中则着意于"美混一之治功，宣承平之盛德"，这是与宋代边地诗歌创作差异的根源所在。苏天爵在跋文中所说的其实就是盛世气象，即使抒发愁苦之作，也没有激愤之情、讽刺之味。盛世文风的基本内涵是"风醇而实，理胜而文在其中"③。元代题画诗也具有这种盛世气象，这是不同于以往历代以及后世明清题画诗的重要特征。如虞集

---

① 揭傒斯：《揭文安公诗集》卷五，《豫章丛书》本。
② 苏天爵：《滋溪文稿》卷二十八，陈高华、孟繁清点校，中华书局1997年版，第470页。
③ 查洪德：《"海宇混一"鼓舞下的盛世文风》，《南开学报》（社科版）2008年第4期。

题《王鹏梅东凉亭图》：

> 滦水东流紫雾开，千门万户起崔嵬。坡陁草色如波浪，长是銮舆
> 六月来。①

《东凉亭图》为王振鹏②所画，为元代著名画作之一。凉亭，又称凉楼，有东、西凉亭，是元代帝王巡幸时的游猎之所，也是上都至古北口驿路的驿站名称，在今内蒙古多伦县北白城子古城。凉亭在元代久负盛名，成为文人歌咏和绘画的主要对象。虞集这首题画诗不仅描写了夏季草原上悠远的滦河之水、散落居住的千家万户、一望无尽的微风吹拂下如浪潮一样涌动的碧草，进而衬托出了每年帝王巡幸的雄壮盛大的场面，以及作为帝王游猎之所的东凉亭的宏伟壮观的气势，通过具体生动的写实描写，烘托草原上东凉亭无以比拟的盛况，诗歌极具盛世气象。

盛世气象的题画诗，还体现在文人的时代自信上，在题画诗中时时充溢着文人这种昂扬的精神气质，如题画马的诗作。马是北方草原马背民族最为喜爱的动物之一，蒙古民族也不例外，马成为画家、文人笔下展现的主要对象之一。元代有画马的风气，也便有文人的题画马之作。对草原马画作的题咏，如王祎《题画马》："沙苑秋深苜蓿肥，五花毛色烂生辉。奚官莫把青丝鞚，自是龙媒不受羁。"③ 该诗赞美了草原马的膘肥漂亮和本来就属于草原的天性和风骨。王逢《敬题汪氏天马图》："世皇勃起燕云开，网罗六合蒐英材。许公刘公驾万乘，奔走扈从皆龙骙。流传骏骨八十载，始见拂郎天马来。天马来，光昭回。却追电殿奔雷周，图揭赞漫汗九垓。星房元精降恢台，锺毓水德真休哉。金沟柳拂青毰毸，弄影路寝鸣义台。今或以之靖氛埃，三卫七校纷后陪。刍豆莫漫肥驽骀，刍豆莫漫肥驽骀。"④

---

① 虞集：《道园遗稿》卷五，文渊阁《四库全书》本。
② 王振鹏，字朋梅，永嘉人，生平事迹见虞集，《道园学古录》卷十九《王知州墓志铭》；夏文彦《图绘宝鉴》卷五；陈高华《元代画家史料》，上海人民美术出版社 1980 年版，第 260 页。
③ 王祎：《王忠文集》卷三，文渊阁《四库全书》本。
④ 王逢：《梧溪集》卷三，文渊阁《四库全书》本。

三 题画诗与草原文化之传播

元代是蒙古族政权，其所代表的草原文化对元代社会、政治、文化、文学等都产生了重要影响。如实施两都巡幸，坐落在金莲川草原的开平城为上都，成为元代名副其实的草原帝都，每年都有大批文臣因扈从、征召、执事等来到这里，一般都在这里有几月之久的生活。而这些人又是元代文坛精英，所谓"清朝富文物，冠盖塞两京。角艺百技并，论经千儒并"①。他们走到哪里，哪里就是文化文学活动中心。因此，元人游历草原帝都成为社会时尚，这样，每年在草原聚集大量的各领域精英，他们在此开展诗画创作、雅集唱和、题赠序跋、观书赏画等各种文化艺术活动。在草原作画、在草原上题写画作，是草原文化对元代题画诗影响的最直接外因。

而随着文臣的仕宦流动、游历文人的南北流动，这些草原画作、草原风的题画诗也被传到大都、南北文坛，由此形成文坛的一大风气，即元代文人浓郁的上都情结，这种情结的实质是对以蒙古族文化为代表的草原文化的热爱，以及由帝王巡行所带来的上都的神秘性和神圣性的向往。由此，草原文化形象就在文人的草原书写的诗作、草原主题的画作，以及由草原而返的南北文人的口头叙述中得到快速传播。从这一角度看，"草原风"的题画诗是元代草原帝都形象、草原文化传播的重要载体。检索《全元诗》《全元文》可知，元代具有草原风的题画诗很多并不是在草原所作，很多草原风情画也并非在草原上所作。如玄教道士马臻曾在前往草原帝都时绘有《桑干》《龙门》二图，龚开《霞外诗集序》云："大德辛丑（五年），嗣天师张真人（与材）如燕，主行内醮。玄教名流，并翼然景从，王子繇、马志道（臻）在焉。明年，来归，志道出往来吟卷及手画桑干、龙门二图，仆幸得一见随喜。"② 马臻从草原返回钱塘后的若干年，又作有《题画龙门山桑干岭图》题画诗："昔我经龙门，晨发桑干岭。回盘郁青冥，驱车尽绝顶。驿骑倦行役，苦觉道路永。引领望吴楚，

---

① 马祖常：《石田文集》卷一《昌平道中次继学韵》，文渊阁《四库全书》本。

② 马臻：《霞外诗集序》，文渊阁《四库全书》本。

日入众山暝。归来惬栖迟，山水融心境。寸毫写万里，历历事可省。理也存自然，畴能搜溟涬。"① 再如元代对白翎雀画作的题咏。"白翎雀，燕漠间鸟也。初，世皇命伶官石德闾制《白翎雀》曲。"② "白翎雀"即"上都"等草原地区代表性的留鸟"蒙古百灵"。世祖朝伶官仿其鸣声创制的《白翎雀》乐曲。《白翎雀歌》主题基本表达了尽管草原上的冬季严酷肃杀，然而，犹如诸"留鸟"一样，蒙古人热爱家乡，绝不背乡离井而他走的情感。旋律苍凉而不乏热烈、雄放而略具哀怨。③ 成为元代最有特色的乐曲，常为丹青、文人所入画、入诗，题画白翎雀诗文较多。如王袆《白翎雀图》、曹文晦《题白翎雀手卷》二首，揭傒斯《题季安中白翎雀》、王沂《白翎雀》等都是很著名的题画诗。这些题画诗不论所写内容倾向于草原鸟，还是草原乐曲，最终都实现了对草原文化的传播，对草原自然地理、草原帝都形象的传播。且看王袆《白翎雀图》："白翎雀，雪作翎，群呼旅食啁唶鸣。何人翻作弦上声，传与江南士女听。南人听声未识形，画师更与图丹青。图丹青，一何似，知尔之生何处是？秋高口子草如云，风劲脑儿沙似水。"④ "画师更与图丹青"是说画白翎雀鸟的很多，而所画之鸟又是写实手法，逼真地再现了广袤草原上空白翎雀翱翔的矫健身姿和与之相称的草原地理，客观上实现了草原文化的传播。

另外，由于草原帝都为元代政治、文化中心之一，随着翰苑文臣来到草原几月之久，地方名流多慕名追随至草原，以求题赠画卷，由此也创作一些草原风的题画诗，并随着文人的南返家乡，得到对草原文化的传播。虽然这类文献多淹没不存，仅从所存文献也可看出这种风气。如大学士危素赠题画家潘子华画卷作《赠潘子华序》，许有壬在仁宗延祐七年庚申（1320）扈从上都期间，曾为好友冯致远画卷题诗，相隔七八年后的泰定年间，许又扈从上都期间，冯又携画卷来拜谒许，许次前韵又为画卷题诗

---

① 马臻：《霞外诗集》卷七，文渊阁《四库全书》本。

② 王逢：《梧溪集》卷三《奉陪神保将军大王宴朱将军第闻弹白翎雀引并序》，文渊阁《四库全书》本。

③ 王颋：《音仿白翎——元代乐曲"白翎雀"考》，《西域南海史地考论》，上海人民出版社 2008 年版，第 292 页。

④ 王袆：《王忠文集》卷三，文渊阁《四库全书》本。

《庚申题冯致远画卷越七八年携以来谒次韵归之》。① 这些题画诗作也随着文人的返乡展示、口头述说等，实现了对草原文化的传播。

综上所述，这些极具草原风的题画诗作，带给元代文坛以清新气象和无限生机，又拓宽了文人对以蒙古族为代表的草原文化的表达和书写的途径，借助诗画表达对草原文化的认知、情感、文化态度、价值观念，让我们了解了元代文人对草原文化的那份新奇、惊叹、向往、接纳的文化态度。客观上传达了元代文坛名流心中的草原文化色彩和草原帝都形象。

元代题画诗所体现的对草原的集中书写和"草原风"的美学风格，不是凭空产生的，是与元代蒙古族一统天下时代背景，以及以蒙古族代表的北方草原文化的影响密不可分的。正如查洪德先生所说："游牧文明对于农耕文明所造成的冲击，使得元代的文学改革是胶合着书画艺术改革来影响的。"② 而元代文人的题画之作，在题材、风格上也体现了草原文化对汉族文化圈文学创作的影响。在元代热衷题画的文坛风气的推动下，正是这种影响，使这类草原风的题画诗成为元代文坛的一大风景。随着文人的南北游动，这些承载草原文化的诗作又成为各地文人了解草原文化的载体，反过来又推动草原风题画诗作的创作，这在中国文学发展史上是不多见的。

① 许有壬：《圭塘小稿别集》卷下，文渊阁《四库全书》本。
② 查洪德：《值得大力探究的元代诗文世界》，《陕西理工学院学报》（社会科学版）2015年第2期。

第七章　草原文化对元杂剧的影响

有元一代是由北方游牧民族入主中原、一统天下的时代。统一全国之后，元政府采取了一系列不平等的民族政策，将国人分为四类：蒙古人、色目人、汉人和南人，当然，他们在政治地位、法律以及经济等各方面待遇也是不同的。如在法律上蒙古人、色目人是针对汉人、南人享有特权，在政府统治机构中，规定自元廷的中书省、枢密院、御史台以及地方行省的行台、宣慰使、廉访使及路、府、州、县的主官（达鲁花赤）必须由蒙古人任职，其他机构及各种副职，尽量任用色目人，而"汉人"和"南人"一般是充任属员。正因为这种情况带来了人们对元代一系列问题认识上的偏差，对元代历史文化的特殊性认识远远不够，对元代文学的研究，也存在着严重的不符合历史实际的主观解读。不过，恰恰是因为元代是由草原游牧民族统治中国的时期，才给元代的文学带来了异质文化、民族交融、文化创新等新特色，正如方龄贵先生所说："元代作为一个民族大融合、中外交通大开的时代，给传统的古老的中国（这里主要应该说汉族）文化注入了新的血液，催动着勃勃生机。"[①] 由此也迎来了元代俗文学的繁荣，中国古代戏曲——元杂剧在戏曲艺术长期孕育、发展的基础上形成并高度繁荣于蒙古民族君临天下的元代。我们知道，元杂剧的兴盛，是诸多条件共同促成的。

第一节　元杂剧兴盛的多种因素

元代统一全国后，社会经济的繁荣为元代杂剧的兴起奠定了物质基础和群众基础。（一）忽必烈时期已经出现了社会稳定、经济复苏、思想宽

---

① 方龄贵：《关于元史研究的几个问题》，《社会科学战线》1986 年第 4 期。

松的局面，至元至大德年间，是元代社会经济最为繁荣的时期，这为元杂剧的发展提供了社会经济文化环境。版图的空前统一与交通的日益顺畅，尤其是元代商业的发展和繁荣，出现了闻名于世的大都、杭州、泉州等商业大都市。城市商业经济的繁荣、城市规模的扩大，市民的大量增加，推动了城市文化娱乐活动的发展，"勾栏""瓦肆""倡优"纷纷增多。戏曲这种供人们娱乐的一种大众性的娱乐，离不开普通民众，那么有了观众，有了活动场所，也就有了元代戏曲发展的绝佳的空间和舞台。（二）任何文学艺术的繁荣，都离不开思想自由活动的空间。元代的思想文化是元杂剧繁盛的依托，元代出现了相对自由的文学创作环境，这样一个多元文化并存特殊的环境，非常有利于元代戏曲的发展。元代这种宽松的文化环境更利于这种长期游离于正统文学且难登大雅之堂的俗文学戏曲的兴盛，成就了元代俗文学的发展。（三）元杂剧的创作主体和元代文人对元杂剧创作的态度是促成元杂剧发展的一个重要原因。元代科举不兴，直至元仁宗朝才实施科举，时断时续，读书人通过科举以博取功名的人生追求和人生价值观念被改变了。统治者多用经济之士和义理之士而辞章之士受到排斥的用人导向，影响了元代文人的人生价值取向，元代文学形成雅俗分流，元代文士分化，或归雅或趋俗。元初北方那些从文人雅士中分离出来而走入市井的才子文人，投身于杂剧和散曲的创作，形成了具有相当规模俗文学作家队伍。这部分文士混迹于秦楼楚馆，纵情花酒，就是所谓的浪子文人。他们出没于都会市井勾栏，书会戏场，与优伶娼妓结伴为伍，成为社会的浪子，他们滑稽玩世、风流放荡，成为杂剧元曲创作的主体。正是这些以文字玩世者，不再如唐宋文人兴之所至可能会偶尔光顾下里巴人的俗文艺，而是把杂剧创作当成谋生的手段，俗文化、俗文学，到元代得到了自由发展的空间，杂剧在元代繁荣兴盛。（四）北方草原文明及西域商业文明对元杂剧创作影响及元政府对元杂剧创作的扶持。中国古代戏曲在金元之际以元杂剧为标志而走向艺术成熟，是各民族之间的文化交流与融合的结果。中国自古就是一个多民族共存的国家，在元朝统一中国之前，辽、宋、金汉族政权及契丹、女真族等少数民族政权在北中国交错、更替。元朝统治者依靠武力征伐与战争手段获取政权，先占领了金人统治的北方，其后灭了南宋，建立了"北崘阴山，西极流沙，东尽辽左，南越海表"的幅员辽阔多民族统一的政权。随着蒙古大元的统一，促使了多种民族的融合，多族文化在碰撞、对峙中又渐趋交流、相互影响，并逐渐形成了多元文化的并存态势，元代社会与元代文化明显具有了区别于其他朝代的特殊性。元朝统治者虽然在文化上远落后于拥有深厚的传统文化的汉民族，但在文化制度上反而更容易对不同的文化采取包容、宽松的态度，多元化的统治理念也必然带来文化领域多元共存的局面：中原农耕文明与北方草原文明及西域商业文明的并存；中原文化中固有的儒、释、道与外来的伊斯兰教、基督教、犹太教、摩尼教、祆教以及蒙古族原有的萨满教等并存；士阶层雅文化与市井俗文化的并存；北方承金而来与南方承宋而来各具鲜明特色的地域文化的并存。这种宽松的文化环境和多元文化并存的局面为元杂剧的发展和繁荣提供了条件，蒙古统治者对戏曲歌舞的爱好与关注等均为元杂剧提供了更为广阔的发展空间。元杂剧带有鲜明的元代所特有的文化印记，从这一角度深入寻绎发掘元杂剧的发展很有必要而且是不可回避的一方面。明凌濛初在《谭曲杂札》中提出早已经为学术界普遍接受的著名的命题"曲始于胡元"，这一观点，正是北方草原文明及西域商业文明与中原农耕文化的冲突与融合的角度研究元代杂剧，研究元代所特有的文化印记——蒙古民族等北方草原游牧民族的文化与西域商业文化大量涌入中原地区汉族文化与之聚合交会，同时又互相渗透，各民族乐曲、语言、风俗等冲撞与融合，价值观念与信仰彼此影响，才出现了元杂剧的繁荣兴盛局面，才出现了元杂剧在内容上和艺术上不同于前代的风貌。

元朝是蒙古人建立的政权，是中国历史上一个特殊的时代，也是中国历史上又一次农耕文化与草原游牧文化的大融合，其次是西域商业文化的涌入，元杂剧即是在多民族交汇融合的大背景出现的，元杂剧有着鲜明的时代个性。

我们知道，民族文化的交流既有冲突也有影响，然后是互相融合。元代的民族融合是中国历史上第一次把中国各个地区、各个民族统一在一个中央政权之下的大融合，各民族长期往来中，形成认同感的最重要结果。虽然汉族是元朝各民族中人数最多、居住面积也最广的民族（包括原金、宋统治区内的绝大多数居民），而且影响了中国几千年的儒家思想，早已根深蒂固，仍然居主流地位，随着民族融合的深入，汉族深厚的传统文化自然会影响少数民族的文明程度，但是，蒙古族作为统治民族，凭借政权的威力强制推行其文化，草原游牧民族所固有的审美趣味、价值观念、生活信念、文化特质等必然会冲击高度发展的中原传统农业文化，汉族人民也会主动从草原游牧文化中汲取新的思想观念，给多元交织的中原文化注入新鲜、活泼的生机。诸如草原游牧民族所特有的尚武外向、豪放不羁、质朴粗犷、豪放率直、个性张扬、率意任情，甚至世俗享乐的个性给汉民族注入了新的活力和新的气息，异质文化的潜入使当时社会呈现出一种清新、蓬勃的气象。元代戏剧有了新的生存的土壤。儒家所谈及的义利关系，重义轻利，似乎与西域商业文明以营利为目的不太合拍。元代西域商人早在蒙古族元朝建立过程中，随蒙古大军进入中国，元立国之后，更多的西域商人利用日益开放的陆海道东来中土，从事商业贸易，在整个国家活动范围极广，而且由于他们的兴衰与蒙古贵族的利益直接相关，蒙古统治者又没有汉族传统的重农抑商思想的束缚，元代商业发达，市场活跃，都市繁荣，西域商人占据了元代课税扑买、斡脱经营、市舶贸易等商业活动，因而，西域商业文化必定会影响中原文化。尤其是在元代儒家的基本精神重"践履"的经世致用，赞成义利统一、义利兼重的价值观，为西域商业文明打开了一条通道。我们看一下北方草原文明及西域商业文明对元杂剧创作的影响。

第二节　草原文化对元杂剧曲乐、审美风格、语言的影响

一　草原民族乐曲与元杂剧

吴梅先生在《中国戏曲概论·金元总论》说："今日流传古剧，其最古者出于金元之间，而其结构，合唐之参军、代面，宋之官剧、大曲而成，故金源一代，始有剧词可征。第参军、代面，以语言动作为主。官剧、大曲，虽兼歌舞，而全体亦复简略。若合诸曲以成全书，备纪一人之始末，则诸宫调词，实为元明以来杂剧传奇之鼻祖。"[1] 从形式上来看，

---

[1] 吴梅：《吴梅词曲论著四种》，商务印书馆 2010 年版，第 232 页。

元杂剧是众多"杂"的技艺的整合，"以歌舞演故事"，融乐曲、百戏、滑稽戏、舞蹈、讲唱等于一体，讲究"唱、做、念、打"的一种文艺形式。杂剧中的乐曲主要有大曲诸宫调、胡夷之曲和北方民歌俗谣。王骥德在《曲律》卷四里说："元时北虏达达所用乐器，如筝、纂、琵琶、胡琴、浑不似之类，其所弹之曲，亦与汉人不同，见《辍耕录》。"① 金元之际女真与蒙古先后进入中原，带进了他们大量的乐曲与乐器，独具特色的音乐与原来中原的音乐碰撞交融，多被元杂剧编写演唱者所采用，故而"胡夷之曲"对杂剧的繁荣兴盛的影响很深。元杂剧中使用的音乐曲调，就是由大曲、诸宫调、胡夷之曲等构成的，其中有中原地区的，也有北方少数民族乐曲，即胡夷之曲，是来自北方草原民族如蒙古族和女真族的，以及自西域色目等民族的。北方草原及西域色目等少数民族的音乐丰富充实了杂剧的曲牌，影响了元杂剧的总体风格，这是音乐自身发展的需要，也是民族融合的产物，随着女真、蒙古族入主中原，蒙古等北方少数民族节奏旋律强烈、风格雄浑豪放的乐曲也大量地涌入中原农业地区，其独具特色的音乐与中原汉民族的乐曲相互碰撞、交流、融合并形成了新的乐曲系统，被元杂剧所吸收，这种壮伟狠戾的北方少数民族音乐使人耳目一新，给元杂剧注入了新的元素，也更具有生命力。

诸如，蒙古族和西域少数民族信仰萨满教，主持者萨满，介于人神之间，一般善歌能舞，娱神医人，在举行萨满仪典，即跳神的时候，常用的乐器主要是萨满鼓，有一种说法因神灵喜欢鼓声，敲鼓是为了聚神。萨满鼓不仅是萨满教中的法器，也是萨满音乐中的主要伴奏乐器。萨满在跳神中表现神鬼天人喜怒、哀乐场面的热烈、阴森、欢腾、恐怖及表现各种情感的均离不开鼓点的渲染和烘托。萨满教是蒙古族和西域少数民族所信仰的古老宗教，其宗教音乐与舞蹈历史悠久，别有情趣，自然会对元杂剧的舞蹈和音乐带来影响。元诗人吴莱在《北方巫者降神歌》描写到："天深洞房月漆黑，巫女击鼓唱歌发。高粱铁镫悬半空，寒向墙户迹不通。酒肉滂沱静几席，筝琶朋裪凄霜风。"萨满在作法时，除了以萨满鼓伴奏，还有筝和琵琶这两种较高级的拨奏乐器。虽然目前无从考证元杂剧演出时使用乐器的情况，但从山西省考古研究所集体撰写的《山西运城西里庄元

---

① 王骥德：《王骥德曲律》，陈多、叶长海注译，湖南人民出版社 1983 年版，第 208 页。

代壁画墓》[①] 一文，山西洪洞县明应王殿元代戏曲壁画《大行散乐忠都秀在此作场》可证元杂剧的乐器里有鼓、笛、象板、琵琶等，元无名氏杂剧《蓝采和》第四折有"持着些枪刀剑戟，锣板和鼓笛"，也可为旁证，均可以见到草原音乐对元杂剧的影响。

元杂剧是载歌载舞戏曲艺术，从杂剧歌舞表演中完全能看出继承和吸收唐、宋歌舞大曲的痕迹，当然也离不开有北方草原歌舞的滋养。随着元代多民族的融合，蒙古人和西域色目人也带来了大量本民族的歌舞，不同的语言，特有的民间乐器，各有千秋、千姿百态的舞蹈荟萃中原，带来视觉和听觉的无限冲击。蒙古族是一个热情奔放、能歌善舞的民族，歌舞以观赏和愉悦为目的，音乐文化十分发达。蒙古族的歌舞除了用于宫廷和祭祀外，还有一部分鞭鼓舞、倒喇、黑山鸡舞、海青拿天鹅等民间自娱的舞蹈。如《白翎雀》是一组具有神灵崇拜意味的蒙古族宫廷舞蹈，元代诗人多有描述，袁桷《白翎雀》一诗中描述："五坊手擎海东青，侧言光透瑶台层。解绦脱帽穿碧落，以掌击捆东西倾。离披交旋百寻袤，苍鹰助击随势运。初如风轮舞长杆，末若银球下平板。"[②] 节奏强烈，动人心弦，在粗犷、铿锵、强烈急促的音乐下，一个男性舞者矫健奔放地跳跃舞蹈着。西域少数民族有骆驼舞、萨玛舞、阿剌剌舞等，元代张昱《塞上谣》描写西域女子跳阿剌剌舞的情形："胡姬二八面如花，留宿不问东西家。醉来拍手趁人舞，口中合唱'阿剌剌'。"[③] 北方民族的歌舞与汉族的歌舞艺术彼此渗透、交流、融合，在元朝宫廷有"素袖佳人学汉舞，碧鬟官妓拨胡琴"的热闹场面。蒙古族及北方其他游牧民族的歌舞音乐，不仅丰富了元杂剧的歌舞表演，而且还丰富充实了杂剧的曲牌。宋曾敏行《独醒杂志》卷五说："先君尝言：宣和末客京师，街巷鄙人，多歌蕃曲，名曰［异国朝］［四国朝］［六国朝］［蛮牌序］等，其言至俚，一时士大夫亦皆歌之。"这里所说的"蕃曲"，就是北方少数民族歌曲。当然这些早在北宋末年就已为汉族人民所喜爱传唱的歌曲，也会被元杂剧创作吸收。王世贞在《曲藻》中比较北曲（元杂剧）与南曲，说北曲主"劲切

① 孙进已、苏天钧、孙海等编：《中国考古集成》（华北卷），哈尔滨出版社1986年版，第990页。

② 《口北三厅志》卷十五《艺文志》，乾隆二十三年刊本。

③ 张昱：《张光弼诗集》卷三《辇下曲》，《四部丛刊》本。

雄丽"，南曲主"清丽柔远"，总结出北曲"字多而调促，辞情多而声情少，力在弦，亦和歌，气易粗"的特点，元杂剧经过蒙古民族的音乐文化的滋养，吸收蒙古等北方各个草原民族富有民族色彩和地方特色民谣歌曲，使其具有了刚劲豪健与劲切雄丽的基调。王国维先生在《宋元戏曲史》关于元杂剧的音乐歌舞受到少数民族音乐影响有一段很精辟的论述：

　　至我国乐曲与外国之关系，亦可略言焉。……宋教坊之十八调，亦唐二十八调之遗物。北曲之十二宫调，与南曲之十三宫调，又宋教坊十八调之遗物也。故南北曲之声，皆来自外国。而曲亦有自外国来者，其出于大曲、法曲名似南曲者，亦当自蕃曲出。而南北曲之赚，又自赚词出也。至宣和末，京师街巷鄙人，多歌蕃曲，名曰《异国朝》、《四国朝》、《六国朝》、《蛮牌序》、《蓬蓬花》等，其言至俚，一时士大夫皆能歌之。（见上）今南北曲中尚有《四国朝》、《六国朝》、《蛮牌儿》，此亦蕃曲，而于宣和时已入中原矣。至金人入主中国，而女真乐亦随之而入。《中原音韵》谓："女真《风流体》等乐章，皆以女真人音声歌之。虽字有舛讹，不伤于音律者，不为害也。"则北曲双调中之《风流体》等，实女真曲也。此外如北曲黄钟宫之《者刺古》，双调之《阿纳忽》、《古都白》、《唐兀歹》、《阿忽令》，越调之《拙鲁速》，商调之《浪来里》，皆非中原之语，亦当为女真或蒙古之曲也。①

杂剧中《者刺古》《阿纳忽》《古都白》《唐兀歹》《阿忽令》《拙鲁速》《浪来里》等曲子都是来自女真或蒙古之曲，这些曲子融入当时人们所喜闻乐见的戏曲当中，其热烈奔放、雄浑欢快的节奏给人耳目一新的感觉，使元杂剧具有草原游牧狩猎文化的特征，草原民族强悍、刚毅、勇敢善战等鲜明的民族性格也融入杂剧曲调。

　　据王世贞《曲藻序》所云："曲者，词之变。自金、元入主中国，所用胡乐，嘈杂凄紧，缓急之间，词不能按，乃更为新声以媚之。"元杂剧中承接歌辞的元曲并非来自传统的韵文——宋金词，而是来源于民间流行

---

　　①　王国维：《宋元戏曲史》，岳麓书社1998年版，第112页。

的北曲。辽、金和蒙古等民族到中原之后，他们的民族歌舞和乐器也随之传到中原地区，无论是行腔歌辞还是伴奏乐器均给人一种全新的感觉，促使汉族地区的音乐与外来音乐互相吸收融合。生活在我国北方和西北部的契丹、渤海、女真、蒙古和西域各族，多数能歌善舞，流传着各种各样的俗谣歌曲，很富有民族色彩和地域特色，而且早在宋、金时期，各民族的歌曲早已在汉族地区广为流传。因而，元曲便是以这些俗谣俚曲为基础，将契丹、渤海、女真、蒙古等族的武夫马上之歌与中原地区的民间小调融会在一起所创造的以中原乐系为主融合契丹、女真、蒙古族诸乐的曲子，即北曲，声调慷慨激越、质朴浅切、刚劲豪健，曲辞语言大众化、口语化、通俗化，并且宜于咏歌。元散曲是从北方民间兴起的新声，不仅给中原音乐带来了新的生气和活力，而且质朴浅切的口头语言为各族人民喜闻乐见，深受人们的喜爱，非常适应元代大众群体所接受。元杂剧离不开音乐，它伴随北曲的产生而发展，是音乐自身发展的需要。元杂剧在宋杂剧和金院本及诸宫调的基础上，经过金元异族乐曲和风俗的熏染，大量异质文化的流传，对粗犷豪放音乐、歌舞的爱好，改变了长期以来的汉族传统审美风格，在元曲的基础上形成了元杂剧幽默诙谐而通俗质朴，刚劲豪健而浅俗鄙俚深受大众喜爱的风格，成为各民族人民群众共同喜爱的娱乐艺术。所以，顾肇仓先生曾有过精要阐述：“它大致只是用北方的歌曲做基础，经过金代的酝酿，又受到了诸宫调那种漫长的叙述体的描状人物故事的说唱文学的影响，从而创造了这种新的戏曲形式。而这种新的戏曲形式，得到了元朝的支持和接受，取得了普遍流行的地位，成为了北方代表性的戏曲。”①

二　草原民族尚俗趣味与元杂剧的雅俗共赏

也正因此，元杂剧具有雅俗共赏的群体娱乐特性，这一特征不仅容易得到蒙古族统治者的喜爱和认可，而且为社会全体成员共同接受。我们知道，蒙古族是一个对歌舞有着很大兴趣的草原游牧民族。在《蒙古秘史》中多次记载古代蒙古族欢宴歌舞的场景：“蒙古部众，很是欢悦，跳舞，

---

① 顾肇仓：《元人杂剧选》，人民文学出版社1956年版，第3页。

宴会。忽图剌被推选为合罕，在豁儿豁纳黑主不儿地方，在繁茂的树荫下，跳舞，欢宴，把杂草踏烂，地皮也踏破了。"① 可以想象当时的蒙古人对娱乐性歌舞的喜好程度，欢乐地宴饮之后快活地跳舞，几乎忘我。清末蒙古族学者罗卜桑旺丹《蒙古风俗鉴》也有类似的记载："是时，成吉思汗每宴饮游乐之余，尤喜听唱歌奏乐，汗妃叶遂族人……事无巨细，善会其妙，辄能造就新声，多合人意……"成吉思汗对唱歌奏乐情有独钟，宠爱能唱新声的汗妃。又《蒙靼备录》"宴聚舞乐"条下，记载了蒙古木华黎国王出师的情景："国王出师亦以女乐随行。率十七八美女，极慧黠，多以十四弦等弹大官乐等曲，拍手为节，甚低。其舞甚异。"木华黎行军出师都以女乐随行，可以想见乐曲和舞蹈在蒙古族生活中的重要性。欢愉的享乐性歌舞和乐曲一直在蒙古统治者生活中占有很重要地位。据《元史·礼乐志》载："元之礼乐，摇之于古，固有可议"，"元之有国，肇兴朔漠，朝会燕飨之礼，多从本俗"，"若其为乐……大抵其于祭祀，率用雅乐，朝会飨燕，则用燕乐，盖雅俗兼用者也"。在礼乐制度方面，除在个别极为庄重的场合采用中原礼仪和雅乐之外，其他场合仍从蒙古族风俗，多用俗乐——燕乐。不过关于蒙古族舞蹈对元杂剧的影响，根据目前限有的史料记载和一些残存的元代杂剧演出壁画，也未能明显看出，"但从逻辑推理和艺术规律来看，元代蒙古族宫廷及民间舞蹈应对杂剧的舞蹈表演有一定影响。因为杂剧采用了不少蒙古族及北方其他少数民族具有刚健勇武特色的音乐，其舞蹈肯定亦会吸收具有同样特点的蒙古族舞蹈"②。

　　元杂剧是中国戏曲成熟形态的标志，它一出现便表现出与传统雅文学截然不同的体式和风貌。元杂剧的主要功能不是"文以载道"，首先是娱乐，为满足观众的感官娱乐与精神心理需求，采用寓教于乐的形式，每一剧以一本四折一楔子的形式，叙演一个完整的故事，在简单热闹的声色之娱中使观众充分得到感官娱乐，同时又通过完整的故事情节得到了心理的满足，因而，元杂剧是一种属于民间大众化的艺术。

　　蒙古和西域草原民族具有鲜明的文化特质，粗犷、自然、直率，高兴

---

① 《蒙古秘史》，策·达木丁苏隆编、谢再善译，中华书局1956年版，第40页。

② 云峰：《论蒙古民族及其文化对元杂剧繁荣兴盛之影响》，《内蒙古师范大学学报》（哲学社会科学版）2003年第4期。

时便尽情狂欢舞蹈，他们更重视歌舞的愉悦性和观赏性。他们在观看杂剧演出时，不管是通俗口语化唱词，还是精致典雅的曲子，他们都听不懂，但依然可以通过观看演员的表情和动作，聆听演员的歌唱和乐器伴奏等非会话语言艺术，消除因民族不同而产生的语言障碍。因而，在元代这个特殊多民族文化、多民族语言并存的环境中，杂剧演出活动，无论是针对中原汉族和通晓汉语的少数民族观众，还是不能够通晓汉语的蒙古和其他北方少数民族观众，都能满足他们的艺术审美欣赏和审美需求，能够拥有具有了更为广泛的观众基础。汤显祖这样评说戏剧的感染力和娱乐功能："使天下之人无故而喜，无故而悲。或语或嘿，或鼓或疲，或端冕而听，或侧弁而咍，或窥观而笑，或市涌而排。乃至贵倨弛傲，贫啬争施。瞽者欲玩，聋者欲听，哑者欲叹，跛者欲起。无情者可使有情，无声者可使有声。寂可使喧，喧可使寂，饥可使饱，醉可使醒，行可以留，卧可以兴。鄙者欲艳，顽者欲灵。"（汤显祖《宜黄县戏神清源师庙记》）① 从文学接受角度看，蒙古族和西域草原民族进入中原之前，生活在荒凉辽阔的戈壁草原上，以放牧、游猎为生，蒙古族还没有文字，文化修养还不高，文学是口耳相传，虽然入主中原居于统治地位，但他们无法如中原历代统治者一样支持诗、词、文、赋等一类雅文学，再有，他们原本就喜爱歌舞音乐，出于娱乐消遣之目的，使他们更趋近于本身层次的娱乐即平民通俗文化的元杂剧。因在文学欣赏方面，更易于接受融乐曲、百戏、滑稽戏、舞蹈、讲唱等于一体而且曲辞语言大众化、口语化、通俗化的元杂剧，而且乐曲是吸收了他们带进的大量的乐曲与乐器的北曲，宾白中也有蒙族的语言，元杂剧不仅更符合他们的审美眼光和审美趣味，也容易得到他们的认同，无疑会受到元代统治者的喜爱。朝廷的扶持对元杂剧在元代繁荣和兴盛产生了直接影响。元代文人杨维桢《宫辞》中之二首所描绘的元代朝廷对于歌舞戏剧的高度接受：

　　开国遗音乐府传，《白翎》飞上十三弦。大金优谏关抑在，伊尹扶汤进剧编。

　　北幸和林幄殿宽，句丽女侍婕好官。君王自赋昭君曲，敕赐琵琶

---

① 汤显祖：《汤显祖诗文集》，徐朔方笺校，上海古籍出版社1982年版，第1127页。

马上弹。①

宫廷对于诸如戏剧、歌舞等的通俗娱乐有着极高的需求，其中"乐府"
"白翎曲"都是君王所喜好的乐曲，还有皇帝"自赋"昭君曲以配弦。朱
有燉《元宫词》之一："尸谏灵公演传奇，一朝传到九重知。奉宣贵与中
书省，诸路都教唱此词。"元代文献屡见向宫廷"献剧"的这种记载，一
旦传入宫廷，必然能扩展其影响力，因而，我们现在所能见到的元杂剧本
子，多有"录之御戏监"或"内府"字样。戏曲若能进奉朝廷并受到赞
许，便能广为流传。元兰雪主人《宫词》"传入禁苑宫里悦，一时咸听唱
新声"，我们可以看到，元王朝从皇帝到蒙古贵族、各级朝臣都喜爱歌
舞、戏剧。据《马可波罗游记》载，当时宫廷贵族的宴会不是伴以高雅
的临席赋诗填词，而常常是通俗的戏剧歌舞表演。元代朝廷对戏剧比较重
视，元世祖中统元年（1260），朝廷"立仙音院，复改为玉宸院，括乐
工"。中统二年（1261）设立教坊司，元代宫廷中经常由教坊司演出各种
歌舞和杂剧，而且元代的教坊乐部规模非常庞大，在中国历史上前所未
有。《元史·百官志一》载：

　　　　教坊司，秩从五品。掌承应乐人及管领兴和等署五百户。中统二
年始置。至元十二年，升正五品。十七年，改提点教坊司，隶宣徽
院，秩正四品。二十五年，隶礼部。大德八年，升正三品。延祐七
年，复正四品。达鲁花赤一员，正四品；大使三员，正四品；副使四
员，正五品；知事一员，从八品。令史四人，译史、知印、奏差各二
人，通事一人。②

元代教坊的品秩要高于此前唐、宋，此后的明、清诸朝代，元代礼部尚书
也仅是"正三品"，而管理承应乐人的教坊司，初设从五品，在大德时曾
达到了最高的正三品，与礼部同一个品秩，还有蒙古和色目人任职的达鲁
花赤为乐官，并设立译史、通事等翻译官员，均说明朝廷对戏剧的重视，

① 顾嗣立编：《元诗选初集》下，中华书局1987年版，第2003页。
② 宋濂等：《元史》卷八十五，中华书局1976年版，第1243页。

这在中国古代史上是从不曾有过的。一些从事元代戏曲研究的学者历来把《元典章·刑部·杂禁·禁治妆扮四天王等》所记载的一段文字视为元朝政府对杂剧演出的限制，我们仔细分析一下便知道远非如此："道与小李，今后不拣什么人，十六天魔休唱者，杂剧里休做者，休吹弹者。四大天王休装扮者，骷髅头休穿戴者，如有违犯要罪过者！仰钦此。"[①] 元朝自立国奉藏传佛教（即喇嘛教）为国教，宫廷中所演奏的宗教音乐有萨满教音乐，儒释道三教音乐，由于藏传佛教在宫中极为兴盛，其音乐在宫中影响也很大。元世祖至元十八年时所颁发的这条禁令，其中禁止杂剧演出采用"四大天王"和"十六天魔"的宗教音乐，《十六天魔舞》是喇嘛教用来赞佛的舞曲，"四大天王"与"骷髅头"指藏传佛教舞蹈跳的"查玛"（蒙古语音译"羌姆"，俗称"跳神""打鬼"）。应当是元杂剧表演中的这些内容，触犯了佛教的尊严，故遭到限制。从这条禁令可以看到几点，一是元世祖朝杂剧已在宫廷流行，元杂剧在宫廷的流行，对上层社会发生了影响，那么就会产生更大的社会影响，促成元杂剧的流行；二是颁布圣旨限制演出涉及有关喇嘛教舞蹈的具体条款，恰恰说明当朝统治者对杂剧演出是非常关注的。所以，幺书仪在其《戏曲》里说："元王朝统治阶级对歌舞戏曲的爱好，鼓励了戏曲的发展。"[②]

　　元杂剧的观众群体主要成员是普通市民，吴晟认为：瓦舍勾栏的观众以商人、官吏、军士为主要对象，总体来看，瓦舍勾栏的观众主要是城市平民。[③] 清代刘继庄《广阳杂记》卷二说："余观世之小人，未有不好歌唱看戏者。"他们虽没有多少文化修养，但元杂剧通俗直率大众化的风格，雅俗共赏的群体娱乐特性，深受他们欢迎，很快风靡于北中国城乡之间。如此，元杂剧这种以俗为标记的通俗文艺样式，不仅存在于商业都会中的勾栏瓦舍和乡野路歧、僧道庙观，而且在宫廷中也取得了一席之地，得到蒙元统治者的喜爱和认可。中国的戏剧有了新的生存土壤，为社会全体成员共同接受，戏曲的流传，不只在民间，而是拥有民与官两个渠道，元代便成为中国历史上戏剧发展的第一个黄金时期。

---

① 《元典章·刑部·杂禁》，中国书店 1990 年版，第 821 页。
② 幺书仪：《戏曲》，人民文学出版社 1994 年版，第 83 页。
③ 吴晟：《瓦舍文化与宋元戏剧》，中国社会科学出版社 2001 年版，第 113 页。

三　草原民族语言与元杂剧

日本汉学家青木正儿《元人杂剧序说》："蒙古人的爱好歌舞和强制推行俗语文，这两件事对于助成杂剧的盛行上，大概具有重大的关系。"（《元人杂剧序说》）① 所指出的两点很重要，一是包括蒙古族在内的北方草原民族及西域商业民族对歌舞的喜爱，二是元代北方新的语言体系的形成对元杂剧的流行也起到推波助澜的作用。元杂剧是以金、元之交的河北、河南、山东等中原地区的北方话为基础，并吸收和糅和了女真、蒙古等前后入主中原的两个北方游牧民族所使用汉语的腔调及其语言，特别是蒙古族语言而形成的产物，通俗活泼，生动跳脱、丰富多彩，诙谐幽默，质朴浅切，丰富多彩的元杂剧词汇特别适合于普通民众的欣赏口味儿。胡适在《吾国历史上的文学革命》中说："文学革命，至元代而登峰造极。其时，词也，曲也，剧本也，小说也，皆第一流之文学，而皆以俚语为之。其时吾国真可谓有一种'活文学'出世。"② 是从语言角度，给予元杂剧以很高的评价。

在元杂剧的语言中吸收了大量的北方少数民族的语言词汇，特别是蒙古语词汇，不仅增加了不少新的词语和句式，双音词和多音词有了明显的增加，而且丰富了元杂剧的词汇和表现力，加强幽默诙谐气氛，烘托演出效果，使其通俗化、民间化和口语色彩更浓，正如臧懋循在《元曲选序》所说："人习其方言，事肖其本色，境无旁溢，语无外假。"元杂剧中大量使用蒙古语的情况，在贾晞儒的《元杂剧中的蒙古语词》③ 一文中有较为详细的介绍。诸如：阿堵兀赤、把都儿、不良会、孛知赤、波、答剌孙（又写作打剌孙、打剌酥、打剌苏）、倒剌、阿者、古堆帮、哈剌（又写作哈喇）、哈敦、哈搽儿、忽里打海、虎剌孩、虎儿赤、火里赤、磕搭、莽古歹、米罕、民安、抹邻、蒙豁、慕古（有的写作暮古）、那颜、弩门、奴末赤、奴海赤、撒敦、莎搭八（又写作莎塔八、锁陀八）、巴都儿、牙不、站、胡同、扫兀、速门、速胡赤、速木赤、石保赤、铁里温、

---

① ［日］青木正儿：《元曲研究》乙编，隋树森译，台北里仁书局 2001 年版，第 7 页。
② 姜义华主编：《胡适学术文集·新文学运动》，中华书局 1993 年版，第 4—5 页。
③ 贾晞儒：《元杂剧中的蒙古语词》，《青海民族学院学报》（社会科学版）1982 年第 4 期。

腾克里、五都魂、兀的、兀那、兀剌赤、耶步（有的写作哑步、牙不）、牙不约儿赤、站赤、钻懒、者等，最大限度地吸收和熔铸了蒙古族语言文化的精髓。那些使用频率较高的一些词汇，多是反映蒙古民族游牧生活所特有的民族风俗事物，为汉族及其他少数民族人民所理解和接受。元杂剧在作品中穿插一些蒙古语，使语言配合音乐曲牌，在相应的故事情节中出现，不仅可以丰富剧本的内容与词汇，而且可以在艺术表现力和创造力以及娱乐的功能上增强戏剧的表现效果，也容易和蒙古族统治者形成认同感。以下是关汉卿的《哭存孝》中李存孝上场时的一段，使用了一连串的蒙汉混合语：

　　　　米罕（肉）整斤吞，抹邻（马）不会骑，努门（弓）和速门（箭），弓箭怎的射！撒因（好）答刺孙（酒）见了抢着吃，喝的莎塔八（醉），跌倒就是睡，若说我姓名，家将不能记，一对忽刺孩（贼），都是狗养的。①

寥寥数语把一个贪得无厌、好吃懒作的无赖的形象活脱脱刻画出来。人们通常把元杂剧多用俗语口语、较为本色的特征论述与概括"蒜酪""蛤蜊"风味，元杂剧吸收蒙族语未尝不是增加其本色风味儿的一种方式。黄元吉的杂剧《黄廷道夜走流星马》剧中有大量蒙古族和西域少数民族的语言，元杂剧中也存在着不仅有大量反映西北少数民族生活和民族文化风情的描述，如展示沙陀地貌景观的描写，而且剧中有大量西域诸少数民族、女真族、蒙古族的生活口语做宾白，这些词语都是以汉字语音的形式出现在元杂剧里，如第二折通事白："孛赤那颜亦来，孛者塞因，孛者赤那颜锁忽塌把，塞因！塞因！"② 对话生动形象，既烘托了人物特征，又具有了丰富的少数民族文化特色，极易赢得各族人民的喜爱。元杂剧的语言风格，明显有着文化碰撞的烙印，才滋润出元代杂剧所特有的辛辣而醇美的"蒜酪味"和"蛤蜊味"的风格。

　　元人戴良说："我元受命，亦由西北而兴，而西北诸国，如克烈、乃

---

① 王季思主编：《全元戏曲》第 1 卷，人民文学出版社 1999 年版，第 3 页。

② 王季思主编：《全元戏曲》第 5 卷，人民文学出版社 1999 年版，第 564 页。

蛮、也里克温、回回、吐蕃、天竺之属，往往率先臣顺，奉职称藩。其沐浴休光，沾披宠泽，与京国内臣无少异。积之日久，文轨日同，而子若孙遂皆舍弓马而事诗书。"① 北方色目子弟舍弓马而喜诗书，学习汉文化，在元代杂剧创作队伍中出现了一大批包括蒙古、女真、色目等民族的杂剧作家，如蒙古人阿鲁威、杨景贤，女真人奥敦周卿、石君宝、李直夫，色目人阿里西瑛、赛景初、沐仲易、薛昂夫等。他们的审美取向、风俗、音乐、语言都会对元杂剧创作产生一定影响，元杂剧中有浓郁异样风情的音乐曲调和具有北方游牧民族特性的生活与自然景观描写。如蒙古族剧作家杨景贤的《邓夫人苦痛哭存孝》中李克用的开场白：

> 番，番，番；地恶，人奔；骑宝马，坐雕鞍。渴饮羊酥酒，饥餐鹿脯干。凤翔箭手中施展，宝雕弓臂上斜弯。林间酒阑胡旋舞呵，着丹青写入书图间。②

这一段文字有着典型的游牧民族的生活气息和精神气质，文风豪放酣畅，是自古生活在西北草原沙漠地带民族风情及生存环境的反映，笔下的沙陀地貌景观非常具有典型特征，这也是中原汉族作家所缺少的，也改变了几千年来汉民族尚雅的传统，出现了以俗为美的审美风格。

在北方草原和西北商业民族的传统文化中，有传统的民歌，英雄史诗和长调，深受人民的喜爱，这些俗文学也对元杂剧和元曲的繁荣也起了一定作用，北方草原与西域商业民族的文化从审美、行腔、曲调、歌舞、语言、风格对元杂剧的创作均产生了很大影响，所以说杂剧的繁荣兴盛离不开多民族的交流和融合。中国戏曲黜雅尚俗的审美导向，天然的娱乐性和传播方式以及元代的社会文化背景共同促进了有元一代文学的瑰宝——元杂剧繁荣，使俗文学成为中国古代文学的主体。

俗文化、俗文学，到元代得到了自由发展的空间，杂剧在元代繁荣兴盛。据庄一拂《古典戏曲存目汇考》估计，元杂剧存目有 530 种，今存本 162 种。正如近代学者所言：

----

① 戴良：《九灵山房集》卷十三《鹤年吟稿序》，《丛书集成初编》本。
② 王季思主编：《全元戏曲》卷五，人民文学出版社 1999 年版，第 235—236 页。

戏曲者，普天下人类所最乐睹、最乐闻见者也，易入人之脑蒂，易触人之感情。故不入戏园则已耳，苟其入之，则人之思想权未有不握于演戏曲者之手矣。使人观之，不能自主，忽而乐，忽而哀，忽而喜，忽而悲，忽而手舞足蹈，忽而涕泗滂沱，虽些少时间，而其思想之千变万化，有不可思议者也。[①]

中国戏曲黜雅尚俗的审美导向，天然的娱乐性和传播方式以及元代的社会文化背景共同促进了有元一代文学的瑰宝——元杂剧繁荣，使俗文学成为中国古代文学的主体。在元代之前，中国文学的主要类型是诗、词、文、赋，元代之后，中国文学的主要类型中增加了小说和戏曲。

---

① 三爱（陈独秀笔名）：《论戏曲》，载阿英编《晚清文学丛钞》（小说戏曲研究卷），中华书局 1960 年版，第 52 页。

第八章　草原文化对元词、散曲的影响

元词与宋金词相较而言，出现一些新风貌。在创作主体上，非汉族文人队伍壮大，多族文人圈形成，以词为载体的雅集唱和活动普遍。在题材内容上，集中描写草原文化，表达一统政权下的和合精神，元词由此呈现了一种正大宏朗的盛大气象。元词的新变，不是词体内部变革的结果，是元代文人的中华文化共同体观念这一社会时代环境的产物，散曲也大体如此。

第一节　草原文化与元词的和合精神、正大宏朗气象

元代在中国历史上是比较特殊的，它政权统一，疆域广迈，民族众多，蒙古、色目等非汉族文士队伍逐渐壮大，特别是元代中后期还形成了一个以同乡、姻戚、师生、座师门生与同年、同僚为纽带的多族士人圈。他们进行文学雅集、书画题跋、唱和赠序等文化互动，形成了华夷一体的文学创作主体特征。这实际上打破了以往人们印象中的蒙古、色目人高高在上，对汉文化极少接触，各族士人相互隔离、欠缺统合的认知。元代是由蒙古族肇建的统一政权，结束了自唐末以来几百年分裂的局面，特别是随着每年文人两都巡幸的扈从，见证了一统政权带来的和平盛世，文人的精神气质也更为自信昂扬，这不仅打破了文人华夷相妨的旧观念，也燃起了文人对草原文化的想往，以及游历大都、上都的社会风气，华夷一体的文化观念形成。元词深受这一特殊社会时代环境的影响，在词人主体、题材内容、表达的精神以及词的气象上都出现不同宋金的新风貌。本文即从中华文化共同体视角考察元词的新风貌，以此寻绎元词在中国词史上的价值。

一 元代非汉族文人队伍的壮大与词人雅集唱和的多族互动

(一) 非汉族文士的壮大与多族文人的以词雅集唱和

元代文人胡行简在《方壶诗序》中谈到非汉族文人群体的壮大以及文学成就,他说:"海宇混合,声教大同,光岳之气冲融磅礴,而人材生焉!西北贵族联英挺华,咸诵诗读书,佩服仁义。入则谋谟帷幄,出则与韦布周旋,交相磨砻,以刻厉问学,蔚为邦家之光。至元、大德间,硕儒巨卿前后相望。自近世言之:书法之美,如康里氏子山、札刺尔氏惟中;诗文雄混清丽,如马公伯庸、泰公兼善、余公廷心,皆卓然自成一家。其余卿大夫士以才谞擅名于时,不可屡数。"[①] 所谓"西北贵族",即蒙古、色目等非汉族文士,认为他们在元代海域混一的一统时代环境中,浸润于汉文化之中,与汉族文人关系紧密切,彼此切磋攻错、敦睦情谊,称赞马祖常、泰不华、余阙等非汉族文人群体的文化文学成就为邦家之光,这种评说反应了元代文坛特有的华夷一体的文学创作主体构成特征,元代文学的盛世气象也正是以此为前提,在各族文人密切交往交流后所呈现的文教广被、化服远人的结果。2010 年刘嘉伟在其博士学位论文《元代多族士人圈文学活动研究》中对元代非汉族文人进行了统计,其结果是:蒙古118 人(包括女子 2 人)、色目 160 人(包括女子 5 人)等计 278 人;女真 12 人、契丹 9 人、北魏拓跋后裔 2 人等计 39 人,总计 303 人。这些非汉族士人在时代分布上,以元代中后期更为壮观,其中,前期、中期、后期以及不详者的人数分别是 49、74、171、8 人,占比分别是 16.1%、24.4%、56.4%、2.7%。总体而言,非汉族文人在元代中后期有 245 人,占比 80.9%。这些数字足以见出元代非汉族文人队伍的蔚为壮观。而对于元代词体领域而言,彭曙蓉仅从《全金元词》中的元词题序涉及非汉族的文人就有近 30 人。其中,蒙古人八儿思不花,契丹人耶律铸、耶律希逸、耶律舜中,女真人完颜振之、完颜正甫、阿里仁甫、兀颜思忠、奥敦周卿、徒单文,北魏拓跋氏后裔元明善,鲜卑人尉迟亨亨甫,其余多为族别涵盖复杂的色目人,有的不可考,主要有畏兀儿人廉希宪、贯云石,

---

① 胡行简:《樗隐集》卷五《方壶诗序》,文渊阁《四库全书》本。

回回的马昂夫、萨都剌、薛昂夫、扎忽觲，以及瓜尔夹士常、忽治中英甫、万奴、唐古氏、千奴、马哈马拉、朵罗歹等。① 由此可见，在元代词创作群体中，与汉族词人关系密切的非汉族文人（当然也包括非汉族词人）的数量不在少数。

可以说，忽必烈定鼎中原后，上层的北方民族世家偃武修文，与汉族文人通过各种关系进行交往交流，向汉族文人学习，大量的蒙古、色目、契丹、女真等文人士子揽结粹精，敷为文章，为一代之盛。汉族文人也突破了传统的"夷夏"之妨，淡化了族群属性，突出了文化属性，元初大儒郝经说："能行中国之道，则中国主也。"② 如此，各族文人在思想观念上渐渐形成了以文化认同超越了以往族别认同的主流态势，中华文化共同体观念凸显。这不仅为多族文人的文化文学活动提供了更加畅通的社会环境，也为包括词在内的文学创作的盛世气象创造了条件。

（二）元代以词为主的多族文人雅集唱和活动

词，经过两宋的发展已经成为文人们沟通交际的重要途径，是文人唱和雅集的重要手段。元代多族文人以词为载体的唱和活动很普遍。从今存的这些唱和词来看，内容有写景状物、记事咏怀、序跋赠答等，有的表达多族文人之间交往的友情，有的关注现实和历史，抒发政权更迭兴亡之感，有的抒发仕途牢骚，表达向往山林的志向。如虞集的《鹊桥仙·寄阿里仁甫》："维舟南浦。临流不渡。踏破城南蔬圃。故人直是不相忘，把酒看、沙头鸥鹭。青云得路。兰台乌府。早晚新承恩露。轻车切莫便乘风，先报与、山翁知取。"③ 虞集是元代中期文坛领袖，诗词文、书画无所不能，虞集的这首唱和词表达了对非汉族友人阿里仁甫的关怀，感情真挚。宋褧有《菩萨蛮·送辽西宪孙橡还司延佑己未乐亭县作》《菩萨蛮·卫州道中至元四年十月与巴尔斯布哈御史同行按行河南四道》《蝶恋花·河内王干臣号竹溪》④ 等词，宋褧诗词文兼通，这三首是以祝寿、记事、谈论时政为沟通交流唱和词作，所唱和的对象皆是非汉族

---

① 彭曙蓉：《论民、汉文化与民、汉士人关系在元词题序中的反映》，《民族文学研究》2013 年第 3 期。

② 郝经：《陵川集》卷三十八《复宋国丞相论本朝兵乱书》，文渊阁《四库全书》本。

③ 唐圭璋编：《全金元词》（下册），中华书局 1994 年版，第 862 页。

④ 宋褧：《燕石集》卷，文渊阁《四库全书》本。

文人。

　　元代的非汉族词人，有的担任要职，有的是文坛名流，如耶律铸、耶律希逸、偰玉立、奥敦周卿、贯云石、马昂夫、萨都剌、廉希宪等，在文学雅集等活动中多为核心人物，处于主导地位，且有的文人雅集就在他们的府邸花园进行。

　　以词为主的雅集活动文献较多。我们以王恽与色目人忽治中英甫的交往及词的雅集唱和为例。忽治中，本名别乘合剌思，西域人，与王恽是多年的同僚好友，忽治中英甫的汉语名字是王恽在至元九年（1272）秋为其所取。① 关于其词雅集活动，王恽在《点绛唇》序中记载："后六月二是二日，同府僚宴饮白云楼，时积雨新晴，川原四开，清嶂白波，非复尘境。忽治中英甫坚索鄙语，酒酣耳热，以乐府歌之。"其在《酹江月》序中也云："平阳府倅第，有来禽两株，以托根官舍，有空谷幽居之叹。逮亚尹明卿来培植顾护，始知重惜。今年清明前，花盛开，芳姿绰约，顿增容色。侯置酒高会，遂极欢赏。予因念草木之微，岂轻重显晦，亦有数存其间耶，乃以《酹江月》歌之。同饮者忽治中英甫、刘提举老哥。时至元甲戌（1274）春二月十有三日也。"可惜的是忽治中唱和词作今不存。由王恽的两篇词作小序可以看出，忽治中英甫对王恽的敬重以及对词作的喜爱，词在多族文人圈雅集交往中的自然。

　　张之翰的《沁园春》记述了至元二十三年（1286）冬在李昂私邸以词为主的雅集活动，这在元代文坛很负盛名，且发生在忽必烈时期，多为学界论及。其序及词如下：

---

①　李修生主编：《全元文》（第六册），江苏古籍出版社 1999 年版，第 286 页。王恽《"忽治中"名字说》："予官御史时，闻尚书工部郎中、今治中别乘合剌思，喜功名，乐善言，而与士君子游。某尝望君于稠人中，飘然有玉立云飞之举，欲愿交而未暇也。至元壬申秋，得同僚平阳，相接如平生欢。共事既久，爱其才识通敏，廉介有守，处心临政，多中事宜，殆与往闻无异。一日，请名于予，且求其说。予曰：上古之民，林林而生，系出一本，圣人见其厥类藩庶，恶夫无别，于是因官因封，或勋或守。王父之子，赐姓名以明之，立名讳以识之，表德业以贵之。又以性有刚柔、进退、好恶之异，而寓抑扬与夺之义焉。君姓忽氏，盖父字也，世为唐瀚海军都护府人，其国郊于乾兑之间，据云天之雄，故其人多沉潜刚克，内明而外毅。今君子秉彝奇特，超拔伦萃，表著于一时，岂非能明其初德而光扬于外者乎？《传》曰：'德明惟明。'其是之谓与？故以德辉名君，而英甫字之。盖英者，德之光发见于外者；甫者男子之美称也。吾子以为何如？乃书以赠。"

不肖掾内台，时西溪王公（王博文）为侍御史，遵晦韩兄（韩彦文）为监察御史，恕斋霍兄（霍肃）为前台掾。其后柳溪耶律公提刑河北，颐轩李兄（李昂）都司台幕，皆平昔所敬慕者。至元甲申（二十一年1284）春，不肖以南台里行求去，退居高沙。又二年冬十月，迫以北归，由维扬至金陵，别行台诸公。适西柳、柳溪拜中丞，遵晦擢侍御，颐轩、恕斋授治书。越二十有五日，会饮颐轩寓第。时风雨间作，以助清兴。西溪草书风雨会饮之句，柳溪复出燕脂井阑之制，遵晦、恕斋道古今之事，颐轩歌乐府之章。某虽不才，亦尝浮钟举白，鼓噪其旁，一谈一笑，不觉竟醉。窃尝谓人生同僚为难，同僚相知为难，相知久敬为尤难。今欢会若此，可谓一台盛事，因作《沁园春》歌之。

四海交亲，别离尽多，会合最难。见西溪老子，情怀乐易，柳溪公子，风度高闲。铁石心肠，风霜面目，更著中朝霍与韩。知音者，有颐轩待御，收拾清欢。不才自顾何颜。也置在诸公酬酢间。似兼葭倚依，琼林玉树，萧蒿隐映，春蕙秋兰。南北乌台，当时年少，双鬓而今半欲斑。明朝去，向德星多处，遥望锺山。①

这次雅集除霍肃、耶律柳溪、李昂三人外，后五人《元史》均无传。王博文，东鲁人，累官至河东山西道提刑按察使，后历任吏部尚书、大明路总管等职，② 耶律柳溪即耶律希逸，字义甫，一作羲甫，号柳溪，又号梅轩，中书左丞耶律铸之九子。③ 喜交游，与汉族文人胡祗遹、张之翰、王博文、王恽、刘敏中、韩彦文等多有诗文往来。至元二十三年（1286）冬，耶律希亮、王博文擢升中丞，张之翰从维扬到金陵，与众人相聚于李昂寓所，本次雅集内容主要有泼墨书法、诗词创作、宴饮弹歌、谈古论今，是一次综合性的高级别的多族文人雅集活动。

西域畏兀儿人廉希宪的廉园常是元代文人雅集的场所，廉希宪，从小

---

① 唐圭璋编：《全金元词》（下册），中华书局1994年版，第717页。
② 李修生主编：《全元文》（第五册），江苏古籍出版社1998年版，第89页。
③ 王博文《耶律公楚才神庙碑》载："公之子中书左丞相名铸，字成仲。希逸，丞相之第九子也。"李修生主编：《全元文》（第五册），江苏古籍出版社1998年版，第98页。

师从汉族大儒学经学，"从名儒许衡、姚枢辈，资访治道"，官至平章政事，好读书，爱交游，具有极高的文学修养。很多文坛名流都聚集过廉园，今所存与廉园有关的诗词很多，廉园雅集词活动也被陶宗仪在《南村辍耕录》中记录："京师城外万柳堂，亦有一宴游处也。野云廉公，一日于中置酒，招疏斋卢公、松雪赵公同饮。时歌儿刘氏，名解花语者，左手折荷花，右手执杯，歌《小圣乐》云……《小圣乐》乃小石调曲，元遗山先生好问所制，而名姬多歌之。"①

女真人完颜正甫的舒啸园也是多族文人雅集的主要场所。舒啸园，取名陶渊明《归去来兮辞》"登东皋而舒啸，临清流而赋诗"诗句，寓有归隐欢喜田园之趣，也是元代文人雅集的主要场所之一。今存关于舒啸园以词雅集的作品不少，如刘敏中有《沁园春·题户部郎完颜正甫舒啸园仍用卢疏斋韵》词。王恽《水龙吟》序云："丙戌（至元二十三年1286）八月十二日宴李氏宅，郡侯扎忽斛酒酣，为余亲弹琵琶劝酒，明日赋此曲以谢。"② 王恽词序中所提到的李宅也是雅集常聚之地，这首词本身赞美了蒙古族人扎忽斛的琵琶弹奏技艺，描绘了琵琶与银筝合奏创造的清雄缥缈的艺术效果。

这些雅集活动，让我们非常直观地了解到元代和谐的多族文人频繁的文化文学交流活动，也让我们感受到雅集各族文人之间关系的自然和谐、轻松率真。

二　元词的草原文化书写与和合精神的表达

（一）词人对草原文化集中书写的社会历史文化原因

两宋偏安一隅，元代政权一统。元代的辽阔疆域，不仅突破了原有唐宋时期所属地域的南北界限，还囊括了以往游牧民族代代生息的草原区域，包括居庸关以北的漠南、漠北草原。漠南的地域核心是以位于金莲川草原上的开平为中心的上都（今内蒙古锡林浩特上都镇），漠北指的是以

---

① 陶宗仪：《南村辍耕录》卷九《万柳堂》，《元明史料笔记》，中华书局1959年版，第110页。

② 唐圭璋编：《全金元词》（下册），中华书局1994年版，第654页。

蒙古汗国早期都城哈拉和林为中心的岭北行省①（今蒙古国乌兰巴托）。
上都是元代的夏都，与作为冬都的大都（今北京）共同作为元廷的"腹
里"之地，承担着元代政治中心、文化中心的使命。上都、岭北行省所
辖区域的主导性文化类型是草原文化，又因上都特殊战略和政治地位，
"控引西北，东际辽海，南面而临制天下，形势尤重于大都"②、"天下视
为根本之地"。③ 这对汉族文人特别是南方文人而言是神秘而又神圣的。
元代交通发达，伴随着每年盛大的帝王巡幸，除翰苑文臣扈从上都外，各
族文人游历上都成为元代文人的一大情结。一般情况下，文人多先到大
都，而再北游上都，乃至和林，他们或"浮秦淮，历齐鲁墟，过泰山，
拜孔林，而迤北至于京师"④，或"浮彭蠡而过秦淮，或由黄河之南，经
泰山之下，望孔林而走京师"⑤，或"涉洪都，道武昌，历金陵，抚关洛，
以造京师"。⑥ 可谓不远万里，长途跋涉，形成了"四方之游京师者，且
相属道路矣"⑦ 的景观。这是元代词人集中书写草原文化题材的词创作的
社会基础和文化心理，文人游历草原，自然而然地激发了文人的文学创作
冲动，所谓"山川发雄文"⑧，文人用词体对草原文化的集中书写，成为
词坛的一个文化现象和文学热潮。也正是由于词人能够亲历草原，感受大
都、上都华夷一体的盛大气象，词人在词作中表达对和合精神表达是很凸
显的。

（二）元代词作和合精神的表达

相较于宋词对草原文化的书写而言，元词的创作主体是以翰苑文臣为

---

　　① 岭北行省是元带最北的行省，以哈拉和林为政治中心。辖区为：北至北海，包括西伯利
亚中部、外蒙古大部，西南至额尔齐斯河，西接钦察汗国和察合台汗国；东南至大兴安岭。统辖
漠北、漠西诸地，南隔大漠与中书省和甘肃行省辖地接。

　　② 虞集：《上都留守贺公墓志铭》，苏天爵编《元文类》卷五十三，商务印书馆 1936 年版，
第 761 页。

　　③ 宋濂等：《元史》卷一百二十六《廉希宪传》，中华书局 1976 年版，第 3095 页。

　　④ 李存：《鄱阳仲公李先生文集》卷十九《送杨显民远游序》，《北京图书馆古籍珍本丛
刊》本。

　　⑤ 李存：《鄱阳仲公李先生文集》卷十九《赠徐伯轫序》，《北京图书馆古籍珍本丛
刊》本。

　　⑥ 刘诜：《桂隐文集》卷二《送欧阳可玉》，文渊阁《四库全书》本。

　　⑦ 傅若金：《傅与砺文集》卷五，文渊阁《四库全书》本。

　　⑧ 胡助：《纯白斋类稿》卷二《同吕仲实宿城外早行》，《丛书集成初编》本。

中心的多族南北词人群体，词在题材上第一次大范围地对北方草原自然地理、风土人情、音乐艺术、历史文化等进行集中地书写。就词人而言，有的是词人亲历草原甚至在草原长久生活期间对自己所见所感所想而做，有的是词人没有草原生活下的历史经验而作，或阅读他人词作而作，或日常生活中有感于草原文化影响的自觉创作。就词作草原文化书写的表现形式而言：一是直接、正面地歌咏、描写草原文化，二是将草原文化作为词作的物象，以衬托情感。但是不论哪种形式的草原文化书写，这类词作总体表现出文人激动昂扬的时代自信和接纳、赞美草原文化，表达多民族文化于一体的和合精神，这类词作没有矛盾、冲突，更多的是华夷一体，生活祥和，从中体现了元代文人对元代草原文化由内而外的接纳、认同、赞美，词的气象呈现出一种不同于两宋词的盛世气象。这与宋人对辽金草原文化的政治立场和文化态度迥异，也与宋代词人描写草原文化呈现的凌厉词风、鄙夷态度完全不同。

1. 直接描写草原自然地理、风土人情，展现一统盛世下的和合精神。

这类词作数量不少，不论是翰苑文臣，还是底层游历文人，都有很多作品。元代中前期的北方翰苑文臣王恽，曾多次扈从上都，创作了大量的书写草原文化的文学作品。其中，描写草原自然风光的词作，如《江城子》二首：

> 滦江晴漾首山前。玉为渊。秀相连。总把华英，都付使君贤。梅竹堂深歌吹动，香似雾，酒如川。　　列城千里听鸣弦。颂声喧，觉春偏。争遣翱翔，犹是贰车权。满泛一杯添寿酒，悬斗印，看他年。
> 　　一枝繁杏宋墙东。翠帷重。卷春风。留得残妆，帘月拜玲珑。云作鬟蝉霞作袂，香雾湿，玉鬟松。　　闲情都付烛华红。琐窗中，照芳容。细逐行云，零乱紫金峰。天外翠鸾仙侣在，城阙晚，梦芙蓉。[①]

这两首词描写了上都所在地金莲川草原的美丽风光，连绵不绝的曲水滦江如一条玉带，给上都城带来灵动，上都宫城管乐齐名，一派盛世祥和景象。

---

① 王恽：《秋涧先生大全文集》卷七十五，《四部丛刊》本。

刘敏中词作中有五首歌咏草原上的芍药、金莲花等。山东文人刘敏中也是元中前期重要的文臣、文坛名流，时人誉为"四朝良佐，一代真儒"①，在文坛极富盛名，贯云石赞其"中庵四海名"②。刘敏中一生四次到过上都并较长时间生活于此，分别为十三年（1276）、至元十七年（1280）、至元十八年（1281）、大德四年（1300）扈从而至③，并在上都有丰富的文学活动，成果丰硕。④ 今存上都词作九首，如《鹊桥·上都金莲》：

> 重房自拆，娇黄谁注，烂熳风前无数。凌波梦断几番秋，只认得三生月露。川平野阔，山遮水护，不似溪塘迟暮。年年迎送翠华行，看照耀，恩光满路。⑤

上都金莲花在元代久负盛名，多为文人记录、歌咏，刘敏中歌咏金莲的词作，对金莲色彩之黄艳、繁盛之遍布川野的烂漫壮美、经风耐冷的精神品格进行简笔勾勒，并赋予其为盛大的帝王巡幸、华夷一体、一统盛世历史见证者的政治身份，全词平易和美。

也有描写草原奇险的自然景观，表现自己背井离乡的凄苦思乡情绪与一统政权下自己能够体验草原奇美、感受华夷一体时代盛世的自豪情感。如曹伯启的《酹江月·次王君阳李敏之过龙门韵》："洪崖中断，似蜃楼幻出、层檐叠脊。欲问真源凌绝顶，安得乘风羽翮。势利相忘，驱驰不惮，面背皆京国。源泉混混，恍如夹右碣石。遥想巢父襟怀，东溟烟雾

---

① 刘敏中：《中庵先生刘文简公文集》卷首《刘文简公神道碑牒文》，《北京图书馆古籍珍本丛刊》本。

② 贯云石：《翰林寄友》，胥惠民、张玉声辑：《贯云石作品辑注》，新疆人民出版社 1986 年版，第 116 页。

③ 《七星山》序云："大德四年庚子（1300）夏四月，与潜庵郑君偕赴上都，憩独石驿，仰见驿东山巅有七小峰，森布离立，状若北斗然。访诸其人，云：'此七星山也。'意甚奇之。而自念，自至元丙子（至元十三年），至庚辰（至元十七年）、辛巳（至元十八年）逮今，凡四过此山而乃始识之，岂以其尘容俗状，方役役于得失奔走之中，而不暇顾也。而此山超然物表，静阅万古，岂复有得失奔走之患乎！然则兹山之识汝也，顾已久矣。"刘敏中：《中庵先生刘文简公文集》卷十九，《北京图书馆古籍珍本丛刊》本。

④ 王双梅：《元上都文学活动》，博士学位论文，南开大学，2017 年，第 94 页。

⑤ 刘敏中：《中庵先生刘文简公文集》卷二十五，《北京图书馆古籍珍本丛刊》本。

里，片帆如席。逸气峥嵘今老矣，惆怅剑门千尺。细草平沙，敝裘羸马，长路无人识。家山回首，不应犹作行客。"① 写草原之景奇崛瑰丽、细草平沙，情感由高亢而怅然、孤寂，衬托了元代一统政权下作者能够闻见草原风情、感受草原人文的真情实感，词调昂扬，气象宏大。

2. 密集使用草原物象，凝练草原文化意象，营造宏大词境。

即使文人没有到过草原，或者词不是文人在草原创作的，元词也有大量描写草原自然风光、人文景观的作品。如张野的《满江红·和金直卿冬日述怀》中的"冻云垂野，乍乾坤惨淡，冰花飞落。卷地朔风寒彻骨，且把貂裘重着"。许有壬的《寿同馆虎贲百夫长邓仁甫》中的"爱朔云边雪，一声寒角，平沙细草，几点飞鸿。湖海情怀，金兰气谊，莫惜琼杯到手空。君知否，怕明朝回首，渭北江东"。魏初的《木兰花慢·为冯副使寿》中的"醉听滦河夜雨，清吟太液秋蝉"。张野的《太常引·寿高右丞自上都分省回》："巍然勋业历台司。一柱尽能支。报国与忧时。怎瞒得、星星鬓丝。龙门山色，滦河云影，添入介眉诗。沉醉莫推辞。趁秋满、天香桂枝。"词中所用的出塞琵琶、风沙淅沥、龙门山色、滦河云影等，都鲜明地凸显了北方草原才有的自然地理和人文景观。

这些词作，虽主题不一，但不论是友朋间的唱和赠答，还是词人的睹物抒怀，即景抒情，抑或是描写草原自然地理，词作中都有草原景观的密集使用，营造了鲜明的草原文化意象，给元词增添了一种不同于两宋词的异样格调。这类词作的惯用手法往往是通过南、北对比，草原与中原、江南的对比来表现。

元词中有不少借助音乐将草原文化作为意象的词作。元末文人邵亨贞《贺新郎》将琵琶曲的美妙与草原文化意象浑成：

　　沙德润、任以南相与追和贯酸斋《琵琶词》韵，拉予同赋，第元韵出入，读之不纯也。

　　马上貂裘裂。料明妃、几番回首，旧家陵阙。留得胡沙千年恨，写入冰弦四列。想历遍、关河风雪。弹动伊凉哀怨曲，把梨园风韵都销歇。南部乐，向谁说。多情只记潇湘瑟。纵而今、宫移羽换，此怀

---

①　曹伯启：《曹文贞公诗集》卷十，文渊阁《四库全书》本。

难竭。便有传来中原谱，终带穹庐烟月。甚长是未歌先咽。顾曲周郎今已矣，满江南、谁是知音客。人世事，几圆缺。

开篇"马上貂裘裂"描写了极其恶劣的草原寒冷的自然气候，奠定了全词高亢悲凉的格调。将琵琶曲与昭君出塞历史事件有机结合，用胡沙、冰弦、关河风雪、穹庐等草原物象和草原场域，烘托了词境的苍凉悲慨和个人命运的悲歌。不由令人想到：这样的悲歌只会发生在过往的历史，如今的一统时代下再也不会有昭君般的命运遭际。可以说，这些词作通过运用草原文化物象，凝练了草原文化意象，营造了词作的宏大境界。

三　中华文化共同体与元词的正大宏朗气象

我们知道，元代文化是多元的，由草原文化、中原农耕文化、西域商业文明共同构成，元代文化又是华夷一体的，多民族在文化认同的基础上实现了文化上的交往交流交融，共同铸就了中华文化共同体。许有壬在《大一统志序》中云："春秋所以大一统者，六合同风，九州共贯也。然三代而下，统之一者，可考焉：汉拓地虽远，而攻取有正谲，叛服有通塞，况师异道，人异论，百家殊方，指意不同，亡以持一统，议者病之。唐腹心地为异域而不能一者，动数十年。若夫宋之画于白沟，金之局于中土，又无以议为也。我元四极之远，载籍之所未闻，振古之所未属者，莫不涣其群而混于一。则是古之一统，皆名浮于实，而我则实协于名矣！"[1] 一统政权，疆域超迈，华夷一家，普天祥和，天下再无华夷之争。查洪德认为元代的文化精神可以用大元气象来概括，这"表现元人超越往古的时代自信。'大'，是元代的时代特征，国号大元，都曰大都，国力强大，气运盛大。关于其'大'的表述还有很多，如阔大、宏大、远大、旷大，大心胸、大气象、大气魄、大度包容、大大落落……这种时代精神的形成，与草原文化影响有关，是草原文化精神与中原文化精神融合而成。"[2] 可以说，元代因"大"而有包容，而和谐。这种大元气象，文

---

① 许有壬：《至正集》卷三十五，文渊阁《四库全书》本。

② 查洪德：《大元气象：元代文化精神的基本概括》，《哈尔滨工业大学学报》（社会科学版）2018 年第 1 期。

人在草原文化场域中感受的是至大至美、自然和谐、华夷一家。特别是随着每年帝王得巡幸大批文人扈从上都，能够在草原帝都生活几月之久，更见往古胡汉分界变为今朝之贯通，更为一统下的华夷一家、盛世祥和所感染，词作也更表现出一种超越两宋词的深婉、艳丽，以及苏辛词的豪放、激越，而呈现出正大宏朗的气象，这是文人文化共同体观念感召的结果。这在多族文人词作中都有所表现。

魏初的《满江红》（为双溪丞相寿）："借问中朝，谁得似、相公勋旧。记前日、风云惨淡，雷霆奔走。万里野烟空绿树，旌旗莫卷熊罴吼。更挺身、飞出虎狼群，人能否。元自有，谈天口。初不负，经纶手。更诗书万卷，文章星斗。乐圣衔杯应暂耳，不妨桐院闲清书。愿寿杯、青与北山松，俱长久。"① 双溪丞相，即耶律铸。耶律铸（1221—1285），生于西域，辽东丹王耶律倍的九世孙，耶律楚材的次子。一生三入中书，诗文词曲兼擅，"法令雅乐多为赞定，经济文章绰有父风"②。魏初与之交好，这首词赞美了契丹人耶律铸虽生长于西域却对汉文化、文学有极高的造诣，体现了文人圈层的华夷一体和多民族文人和谐的关系。元词的正大宏朗气象，以南方文人欧阳玄的《渔家傲》十二首最为典型。

欧阳玄的《渔家傲南词并序》十二首序云："余读欧公李太尉席上作《十二月渔家傲》鼓子词，王荆公亟称赏之。心服其盛丽，生平思仿佛一言不可得。近年窃官于朝，久客辇下，每欲仿此，作十二阕，以道京师两城人物之富，四时节令之华，他日归农，或可资闲暇也。……虽乏工致，然数岁之中，耳目之所闻见，性情之所感发者，无不隐括概见于斯。至于国家之典故，乘舆之兴居，与夫盛代之服食器用，神京之风俗方言，以及四方宾客宦游之况味，山林之士未尝至京师者，欲有所考焉，此亦可见其大略矣。"③ 从序中可知作者有感于欧阳修《十二月渔家傲》以及自己生于盛世时代，自己身在京师所见的服食器用、风俗方言、四方宾客宦游等盛况，不能为未尝至京师者所知，由此以词传达。十二首词作中，在内容上，除第三、七、八首没有明显的草原文化的描写，有九首都写到了草原文化，我们且录这九首：

---

① 魏初：《青崖集》卷三，文渊阁《四库全书》本。
② 清丁丙：《善本书室藏书志》卷三十三。
③ 欧阳玄：《圭斋文集》卷四，《四部丛刊》本。

正月都城寒料峭，除非上苑春光到。元日班行相见了。朝回早，阙前褫帕欢相抱。　汉女姝娥金搭脑，国人姬侍金貂帽。绣毂雕鞍来往闹。闲驰骤，拜年直过烧灯后。

二月都城春动野，引龙灰向银床画。士女城西争买架。看驰马，官家引佛官兰若。　水暖天鹅纷欲下，鹰房奏猎催车驾。却道海青逢燕怕。才过社，柳林飞放相将罢。

四月都城冰碗冻，含桃初荐瑛盘贡。南寺新开罗汉洞。伊蒲供，杨花满院莺声弄。　岁幸上京车驾动，近臣准备銮舆从。建德门前飞玉鞚。争持送，葡萄马乳归银瓮。

五月都城犹衣夹，端阳蒲酒新开腊。月傍西山青一捺。荷花夹，西湖近岁过苕雪。　血色金罗轻汗浃，宫中画扇传油法。雪腕彩丝红玉甲。添香鸭，凉糕时候秋生榻。

六月都城偏昼永，辘轳声动浮瓜井。海上红楼歌扇影。河朔饮，碧莲花肺槐芽渰。　绿鬓亲王初守省，乘舆去后严巡警。太液池心波万顷。间芳景，扫官人户捞渔艇。

九月都城秋日亢，马头白露迎朝爽。曾向西山观苍莽。川原广，千林红叶同春赏。　一本黄花金十镪，富家菊谱签银榜。龙虎台前驼鼓响。擎仙掌，千官瓜果迎銮仗。

十月都人家旨蓄，霜菘雪韭冰芦菔。暖炕煤炉香豆熟。燔獐鹿，高昌家赛羊头福。　貂袖豹祛银鼠褥，美人来往毡车续。花户油窗通晓旭。日寒燠，梅花一夜开金屋。

十一月都城居暖阁，吴中雪纸明如垩。锦帐豪家深夜酌。金鸡喔，东家撒雪西家噱。　纤指柔长宫线弱，阳回九九官冰凿。尽道今冬冰不薄。都人乐，官家喜受新年朔。

十二月都人供暖箑，宫中障面霜风猎。甲第藏钩环侍妾。红袖搣，笑歌声送金蕉叶。　倦客玉堂寒正怯，晓洮金井冰生鬣。冻合灶觚锡一碟。吴霜镊，换年懒写宜春帖。

欧阳玄（1283—1358），江西庐陵人，是欧阳修的后代。延祐二年（1315）进士，历任翰林待制兼国史编修、奎章阁任艺文少监等职，累官至翰林学士承旨。参与纂修《经世大典》，曾负责编修《四朝实录》，担任

《宋史》《辽史》《金史》的总裁官。作为南方文人，长久地生活在大都，出入翰苑、奎章阁，曾多次扈从上都，他以自己的草原文化见闻和感受，细致描写了大到帝王巡幸、游猎活动的盛大、浓郁的宫廷草原文化风情，小到侍从穿着用度的金貂帽、毡车以及一般草原人家庭的暖炕煤炉香豆熟，无不体现了元代海宇混一下普遍的盛世气象和华夷一体的和合精神。同时，也出处洋溢着作者的高昂自信的时代精神，词风平易正大、气象宏朗。朱元璋这样评价元朝："天生元朝，太祖皇帝起于漠北，凡达达、回回、诸番君长尽平定之。太祖之孙以仁德著称为世祖皇帝，混一天下，九夷八蛮，海外番国，归于统一。其恩德孰不思慕，号令孰不畏惧，是时四方无虞，民康物阜。"① 马致远在《中吕·粉蝶儿》作品中也表达了"至治华夷，正堂堂大元朝世"的认知，元词的正大宏朗词风与此时代精神相合。

2008 年查洪德提出"有元一代，平易正大、伉健雄伟、气象宏朗的盛世之文比比皆是"② 的论断，得到学界的认可，元词也是如此，呈现出不同于宋金的新变，即词人的多族互动交流、题材内容上集中的书写草原文化，以及词作的正大宏朗气象。这与大元气象的时代精神息息相关，也与质朴自然、以大为美的草原文化关系密切。对元词的精神而言，鲜明地表现对草原文化的认同、赞美，抒发了多元文化于一体的和合精神。对元词的风格、气象而言，有正大宏大的气象，也有"铁马秋风塞北，杏花春雨江南"融伉健雄浑、温婉柔美，以及元词的类曲等多元风格。可以说，元词的这些新风貌，是元代文化的多元一体的体现，是元代文人中华文化共同体观念下的产物。同时，在词体的表现题材和地域拓展上，也突破了宋金两朝，不仅普遍重视草原文化题材，也将词所表现的地域范围大大向北推移到金莲川草原，甚至更北的哈拉和林、西域等区域。

明清文人不满于元词，对元词评价很低，认为"词衰于元"。张惠言评其说"自宋之亡而正声绝，元之末而规矩隳"③。陈廷焯认为"词兴于唐，盛于宋，衰于元，亡于明，而再振于我国初，大畅厥旨于干嘉以还

---

① 胡广纂修《明太祖实录》卷一九八"洪武二十二年十一月甲子"条，台北研究院语言研究所 1962 年版。

② 查洪德：《"海宇混一"鼓舞下的元代盛世文风》，《南开学报》2008 年第 4 期。

③ 唐圭璋编：《词话丛编·张惠言论词·附录》，中华书局 2005 年版，第 1617 页。

也"。① 刘毓盘认为"句萌于隋，发育于唐，敷舒于五代，茂盛于北宋，煊灿于南宋，剪伐于金，散漫于元，摇落于明，灌溉于清初，收获于乾嘉之际"。② 等等不一而足。这些基本都是基于词宗雅俗视角的评价。而元词在描写的草原文化题材、表达的和合精神、呈现的盛世气象主要是由元代多元一体、大元气象的社会时代精神外部影响的产物，并非词体内部出于变革的产物，从这一视角看，元词在中国古代词史上的地位和价值不可替代，且不容忽视。

第二节　草原文化与元散曲的审美
风尚与发展走向

散曲是元代盛行的一种新的诗歌体式，它与元代戏曲共同构成了元曲，并成为元代"一代之文学"的典范。就散曲而言，元代散曲具有"文而不文、俗而不俗、富于情趣、雅俗共赏"③ 特征。散曲的形成是多种因素综合作用的结果，赵义山先生论及元散曲形成和发展时以为：

> 北曲曲乐体系的形成，仍是以传统的词乐为主体，在此基础上，再吸收北方少数民族音乐和北方汉族的民间音乐，经过融合改造，最后才形成一个既主要来源于词乐而又有别于词乐的新的曲乐体系的形成，从音乐的角度说，是一个新的曲乐体系的形成，但从文化背景上看，它却是民族融合的历史产物，是落后民族掠夺先进民族之文化而最终又被先进民族之文化逐渐征服的产物。④

赵先生全面分析了以北曲为代表的元散曲形成过程，他特别强调元散曲的形成，从宏观视角看，是民族文化融合的产物，因而元散曲中包含源自北地的草原文化的因素。

元散曲是北曲的直接产物。散曲，作为一种文体，在元代达到艺术创

---

① 唐圭璋编：《词话丛编·白雨斋词话·卷一·引言》，中华书局 2005 年版，第 3775 页。

② 刘毓盘：《词史》，上海书店 1983 年版，第 213 页。

③ 赵义山：《20 世纪元散曲研究综论》前言，上海古籍出版社 2002 年版，第 1 页。

④ 赵义山：《元散曲通论》（修订），上海古籍出版社 2004 年版，第 11 页。

作的高峰，成为有元一代的文学代表。散曲缘起和形成是多种因素综合形成的结果，但民族融合和文化融合是其形成的最重要的因素。就其体式、曲体和艺术审美风格来说，无不具有浓重的草原文化的色彩。

元代散曲中"曲"的称谓，最早并不是来自元代人，它最早出现在明朝朱有燉《诚斋乐府》，朱有燉用"散曲"专指散曲中的小令。元代人则用乐府、今乐府、北乐府、新声曲、歌曲、乐章等指称散曲。元人编选的元朝作家的散曲选本，流布最广的有四种，即《阳春白雪》《太平乐府》《乐府新声》《乐府群玉》。《阳春白雪》全称为《乐府新编阳春白雪》，《太平乐府》全称是《朝野新声太平乐府》。特别是《阳春白雪》和《太平乐府》均为元朝人杨朝英编选。可见元人视元散曲为乐府，乃是当时普遍状况。乐府这种诗体最早来自民间，这是元代作家对散曲曲体特征和体式的共识，元散曲也是源自民间，具有俗的特征；新声之谓，则又显示了元人认为其创作的散曲又与汉、唐所做的传统乐府诗的差异，具有新的特征。而这些新特征中有部分因素包含了草原文化的因素。

元代散曲审美风格的草原文化特征。元人将散曲视作乐府，所选作品，元人将之归入词类，但认识到，这些作品与传统宋词审美风格有很大差异。明代徐渭总结元人北曲与南词差别时说："今之北曲，盖辽、金北鄙杀伐之音，壮伟狠戾，武夫马上之歌，流入中原，遂为民间之日用。南词既不可被管弦，南人亦遂尚此。"[①] 徐渭主要根据元散曲的音乐给受众产生的审美感受，认为它具有雄壮浑厚、暴烈的审美风格，与宋词风格迥异，并且推究其根本，认为它主要与北地，特别是草原文化战争征伐有关。马桂英在分析草原文化特征时，指出：

　　迁徙、雄踞形成了一条滚滚的历史长河，因而使游牧人形成一种勇武、浩荡、豪迈、无畏、进取的尚武精神气质。游牧人自幼至长，惟力是恃，惟力是爱，勇力出众者，众人敬重之。如果说草原文化是一种武力文化也并不为过。建立在游牧经济基础上的游牧民族的生活

---

① 徐渭：《南词叙录注释》，李复波、吴澄宇注释，中国戏剧出版社 1989 年版，第 24 页。

的几乎所有方面，都无不反映其尚武精神。①

草原族群所独具的尚武精神积淀在草原文化之中，发而为曲，也体现了它们异于南方作家创作的词曲风格。就散曲创作而言，元散曲的草原风味及散曲体式风格特征，使具有北曲风格特色散曲逐渐压倒南曲，占据了曲坛主导地位。试以大约同时、同题的伯颜散曲［中吕］喜春来与曹德曲作［中吕］喜春来对比可见二者的差异：

> 金鱼玉带罗襕扣，皂盖朱幡列五侯，山河判断在俺笔尖头。得意秋，分破帝王忧。(伯颜)②
>
> 春云巧似山翁帽，古柳横为独木桥。风微尘软落红飘，沙岸好，草色上罗袍。
>
> 春来南国花如绣，雨过西湖水似油。小瀛洲外小红楼，人病酒，料自下帘钩。(曹德)③

曹德与伯颜大约同时，但稍略晚。隋树森先生考证说：

> 伯颜擅权之日，……明善（曹德字）时在都下，作［清江引］二曲以讽之。……伯颜怒，令左右暗察得实，肖形缉捕。……居数年，伯颜事败，方入京。③

伯颜与曹德分属不同族群。曹德衢州人，属于南人，其散曲描写景物，具有江南婉约风味，曲风典丽。伯颜曲作同为写景，但其重心不在于写景，以写景方式描绘具有英武之气的大将，运筹帷幄，指点江山，为国建功，为主分忧，其蕴含的英武气、杀伐之音可以闻见。

"蛤蜊"味与"蒜酪遗风"亦彰显草原文化因素。元散曲不同于以往的诗词韵文，它的审美风格尽管前后期有发展变化，但有明显的内在的、一致的审美风味。这一点自元代至今，不断为学者所讨论。钟嗣成在

---

① 马桂英：《略论草原文化特征》，《天府新论》2006 年第 1 期。

② 隋树森编：《全元散曲》，中华书局 2018 年版，第 82 页。

《录鬼簿·序》中提出："使已死未死之鬼，作不死之鬼，得以传远，余又何幸焉？若夫高尚之士、性理之学，以为得罪于圣门者，吾党且唉蛤蜊，别与知味者道。"①《录鬼簿序》用"且唉蛤蜊"，乃是"且食蛤蜊"的变形。《南史》中王弘传附王融记载：

> 融躁于名利，自恃人地，三十内望爲公辅。初爲司徒法曹，诣王僧佑，因遇沈昭略，未相识。昭略屡顾盼，谓主人曰："是何年少？"融殊不平，谓曰："仆出于扶桑，入于汤谷，照耀天下，谁云不知，而卿此问？"昭略云："不知许事，且食蛤蜊。"融曰："物以群分，方以类聚，君长东隅，居然应嗜此族。"其高自标置如此。②

"且食蛤蜊"，《辞源》释为："姑置不问的意思。"同样，钟嗣成用这个成语也是此意，意思是可以不用考虑开罪于卫道之人。但"别与知味者道"，实际上就是相当于知音之意。这其实主要强调元散曲不同于宋以来的诗词风格。"知味者"既包括欣赏新的曲体者，也必然包括某些深味散曲创作三味的元散曲作者。后世论者，往往不察其衷肠，常以此"蛤蜊"味总结元散曲前期审美风格，如"前期散曲的蛤蜊味少了，源自于民间文艺通俗平易的特色和质朴自然的意趣也弱了"③。如果用"蛤蜊味"概括元散曲前期审美特征，可以概括为新鲜、鲜美。它可以用来区分日益雅化的案头之作的诗词创作，新的散曲创作体式和风格，为这种新的诗体注入新鲜的生命力，具有与以往不同的风格、情感。

"蒜酪"风味能够鲜明、形象、准确概括元散曲前期审美风格。"蒜酪"遗风，乃是明人对元代散曲创作体现出来的整体审美风格的概括，它主要用来区分元散曲和前代的诗词创作，也用它显示元代散曲，特别是散曲前期创作区别于元散曲后期创作风格、区别于明代及其以后散曲创作的艺术风格。沈德符曾提出："嘉、隆间度曲知音者，有松江何元朗，蓄

---

①　中国戏曲研究院编：《中国古典戏曲论著集成》（二），中国戏剧出版社 1959 年版，第101 页。

②　李延寿：《南史》，中华书局 1975 年版，第 576 页。

③　张晶：《中国诗歌通史》（辽金元卷），人民文学出版社 2012 年版，第 652 页。

家僮习唱，一时优人俱避舍，以所唱俱北词，尚得金、元遗风"在《万历野获编》中则作"金、元蒜酪遗风。"①可见，沈德符用"蒜酪"风味形象、生动、准确区分明代嘉靖、隆庆年间散曲风格及其音乐风格等与元代散曲风格的差异。无独有偶，明代何良俊也主张：

> 则诚才藻富丽，如《琵琶记》"长空万里"，是一篇好赋，岂词曲能尽之！然既谓之曲，须要有蒜酪，而此曲全无，正如王公大人之席，驼峰、熊掌、肥脂盈前，而无蔬、笋、蚬、蛤，所欠者，风味耳。②

凡曲，必须要有"蒜酪"味，方可谓之曲；若没有蒜酪之风味，就丢失了根本，可以视为词赋。蒜酪味中的"蒜"，言其如蒜，味道辛辣；酪，是一种奶制品，言其味道甘醇。所谓"风味"，正如筵席所必需的调味品，有了它们，各种食物才可以给人真正的丰富的体验与况味，动人心神，而不仅仅是文字游戏，案头把玩之物。元杨显之杂剧《张孔目风雪酷寒亭》第三折有"蒜酪"味"秃秃麻食"：

> 小人江西人氏，姓张名保。因为兵马壤乱，遭驱被掳，来到回回马合麻沙宣差衙里。往常时在侍长行为奴作婢。他家里吃的是大蒜臭韭、水答饼、秃秃茶食，我哪里吃的？我江南吃的都是海鲜。③

元忽思慧《饮膳正要》载："秃秃麻食系手撇面。补中益气。白面六斤，作秃秃麻食，羊肉一脚子，炒焦肉乞马。右件，用好肉汤下炒葱，调和匀，下蒜酪、香菜末。"④回回马合马沙即原西夏国统治区域，属于草原

---

① 中国戏曲研究院编：《中国古典戏曲论著集成》（四），中国戏剧出版社 1959 年版，第 204、223 页。

② 何良俊：《曲论》，中国戏曲研究院编《中国古典戏曲论著集成》（四），中国戏剧出版社 1959 年版，第 11 页。

③ 臧晋叔：《元曲选》，中华书局 1958 年版，第 1008 页。

④ 忽思慧著，刘玉书点校：《饮膳正要》，人民卫生出版社 1986 年版，第 32 页。

地貌。"秃秃麻食"或"秃秃茶食"就是西北人常吃的羊肉面，以蒜酪、香菜为佐，味道十足。可见"蒜酪"风味，也是草原饮食文化的一种。明人以"蒜酪"风味比况元散曲前期风格，意在强调它的豪爽泼辣、质朴自然，来自民间、具有地域特点。

结　　论

在过去的很长时间里，由于"中心文化"观念的盛行，作为人类文化样式之一的草原文化被定义为"野蛮文化"，游牧民族被认定为"蛮族"，是"征服者""侵略者""破坏者"，这影响了人们对草原文化的研究态度、研究视野和研究结论，也影响了草原文化对中国文化、文学艺术等影响的客观判断和实事分析。在中国历史上，元代独特的历史文化和社会时代背景，即是北方草原民族蒙古族入主中原、一统天下，形成了元代独特的文化精神和文化环境，政治上处于统治地位的蒙古族所代表的草原文化自身在不断变化、发展，更对固有的中原传统文化圈下所形成的政治生活、社会风气、审美趣味、文学艺术等方面都产生了重要影响，元代社会、文化环境、文人精神等都带来了重大影响，在宏观层面上，由此形成特殊的元代社会、文坛特征、文人精神、文学地域格局等的变化，在微观上，对元代诗歌、诗学、杂剧、散曲、词等各体也产生重要影响，这直接决定了元代文学在中国古代文学发展史上的独特性和重要性。本书即是对草原文化与元代文学关系的研究，探讨的是草原文化对元代文学的影响，以及元代文学对原有文学传统的继承，以此来探讨元代文学在中国文学发展史上的变迁和历史作用。而从草原文化视角考察元代文学相比于中国古代文学传统出现的新变化，以及对文学传统继承延续性问题，是元代文学研究的重大课题，具有极高的学术价值和意义。本书课题组立足文学创作主体在特殊的文化环境中的文化互动、文学交游，以及由此引起的文学创作和审美风貌的变化，这既是对元代文学整体研究和具体研究的新探索，推动元代文学研究的深入，也是一种新视角和新方法的尝试。同时，关注草原文化精神渗透和体现在具体事物、文人行为、文人心理、文学创作，突出对元代文人精神、元代文学的草原文化视角的具体考察，有利于对草原文化精神的挖掘。本书探讨的主要问题和达成的主要观点如下：

一　草原文化与元代文化精神的关系

1. 元代文化精神突出体现为"大"，我们概括为"大元气象"。元代文学以各种方式张扬其国土、国力之大，气象、气势、气魄之大。因"大"而有包容，而和谐。元代疆域广阔，民族众多，宗教多样，各种矛盾与冲突客观存在，但和谐是主导。又因"大"而宽松，有利于思想文化及文学的自由发展。这一时代精神对文学的影响是广泛而深刻的，不管是文学的内容还是风格，都与之密切相关。把握这一时代精神，才能认识元代文学的特点。

2. 具体而言，元代的时代精神是草原文化精神与中原文化精神融合而成。蒙古进入中原，将草原文化精神也带到了中原，中原文人在一定程度上受其影响，甚至接受了其中的一些观念。一统华夷的"大元"，是草原文化与中原文化所共有，唯其为中原文化与草原文化共同崇尚的精神，才能成为元代的文化精神。大元气象，是元代的文化精神，也是元代的文学精神：文学中体现着这一文化精神。大元气象，表现元人超越往古的时代自信。

3. 在文学上，大元气象表现也是多方面的，主要表现为：文人对大元气象之铺张、对"混一海宇之盛"与"王化大行"的盛赞、大元气象之大气包容的统治者胸怀和文人气度。总之，由于元代文化政策宽松，元代文人写作基本无禁忌，元人想写什么，怎么写，要表达什么，都有充分的自由。这又使元代诗文具有表达直白、无忌讳等特点，与此相关的，是抨击时政及时事诗多。

4. 元代文化的宽容精神，还体现在对历史人物的评价表现出充分的宽容与理解。

5. 大元气象之大气包容，在各个方面体现出宽容精神。宽容，有利于对学术及文学的发展。也由此，元代文学中体现出非常突出的和谐精神，这也是元朝这样一个地域差异、种族差异、文化差异都很大的国家的需要。如元人编《天下同文集》合和天下文学，"洪纤曲直，青黄赤白，均为大巧之一巧"（吴澄《吴文正集·皮照德诗序》卷十五），容纳一切，肯定一切，才有和谐。

6. "大"也有负面的东西,我们概括为大而疏略。大而疏略,难免疏漏,缺乏细密与严谨,会带来社会上的混乱。这突出的表现是官制之乱,政治之乱;还表现在行政运作上、军事管理、法制上,以及政府无信,执行力不强、朝令夕改,无所适从。这也直接影响了元代文学的主题、内容、精神等。

二　草原文化品格与元代文人精神、文坛特征的关系

1. 草原文化品格与元代文人精神、文坛特征的关系主要体现在如下几对关系中:草原文化对意识形态上的"无为"与元代文人盛世情怀、肆口而言的精神风貌、蒙古统治者重儒轻文的用人政策与元代文人文道离合、多才汇通的知识结构特征;草原文化的包容性与元代文人开阔正大的文化胸怀、草原文化的开放性与"文倡于下"的文坛环境;草原文化的包容性与创作主体的华夷一体文坛特征、草原文化的尚俗趣味与元代文坛的赏曲之风等文坛风气。

2. 这些对应关系聚焦于民族观、历史观、文化观的华夷一体,凸显了包容性和谐精神,这无不体现着草原文化对元代文人及其文学创作的影响,最终使元代文坛在文人主体构成、士林风气、文人审美趣味、文人精神气质及其诸体文学创作等各方面都呈现出不同于以往历代的特征。如元代文人群体构成之华夷一体特征,元代蒙古、色目等非汉族士人群的形成,一方面根植于中原文化,师从中原大儒,蒙古色目子弟通过师生、同门、姻亲关系、朋友等关系与中原大儒建立联系,居汉地、行汉俗、事华学而士人化,建立多族士人的社交网络及交际中的深度融合,超越族群之上。另一方面,在观念上,无论汉与非汉文人,都在"儒"无华夷之别的观念上达成一致,元人的观念中,儒士就是儒士,没有汉儒与蒙古色目儒士的区分;多族士人书同文,文同趣,在国土、国家与文化上实现了认同,最终建立了华夷文人融合一体、共生共存的局面,强调了和谐精神,这对元代文人、文学创作、文坛风气等都自然产生一定影响。

三　草原文化与元代文学地域格局的新变

元代实行两都巡幸制,一为上都,坐落在金莲川草原;一为大都,坐

落于汉地。上都作为草原帝都，集中代表和体现了以蒙古族为代表的草原文化和草原自然生态，在远离中原传统文化、江南文化的草原地区，形成文学活动中心本身，就打破了原有以儒家文化圈为核心的传统文学发展格局，使中国古代文学活动中心大大地向北延扩。之所以如此，主要有三个背景条件：一是上都特殊的地理位置和政治地位，皇帝每年巡幸上都时间基本上从四月、五月出发，七月、八月返回，来此避暑并处理政务近半年之久，大批大臣扈从，而翰苑文臣在哪里，哪里就是中心，这是上都文学活动得以发生和繁荣的政治基础。二是随着上都各种文化机构的建设和文臣扈从制度的形成，大批文臣得以聚集上都，这是上都文学活动得以发生和繁荣的必要条件。三是元代游历之风的盛行，大量文人因求仕而游历两都，不仅壮大了上都文人队伍，而且成为上都与地方文学活动联系的重要纽带，这是上都文学活动得以发展、繁荣的社会基础。

四　草原文化与元代非汉族文人群的形成与创作

元代华夷一体，由于以蒙古族为代表的草原文化特殊的地位，很多蒙古、色目人士人化，诞生了一大批非汉族文人。虽然我们今天所看到的元代非汉族文士的文集多不存，但是元代非汉族士人群体的出现，是中国历史上新异的景观的文学现象却是应引起我们极大关注的。元代非汉族文人包括蒙古族、契丹、女真等北方草原民族文人，也包括西域等其他非汉族文人。《元代非汉族士人一览表》表一收录蒙古 118 人（包括女子 2 人）、色目 160 人（包括女子 5 人），天竺（今印度）1 人、尼波罗国（今尼泊尔）1 人，共计 280 人。表二收录女真 12 人、契丹 9 人、北魏拓跋后裔 2 人，高丽 9 人、日本 1 人，共计 39 人。两表总计 313 人。不仅数量大，创作水平也极高，这是以往历代所没有的文坛现象。如元代中期翰苑文臣马祖常，他是元中期名臣，也是影响颇大非汉族文人，他在多族士人圈的互动中，马祖常与翰苑文友往来频繁、关系默契；又以自身巨大的影响力，通过选拔、举荐人才等途径，引领文坛风气。而他的诗歌创作趋于风雅，艺术风格上也不似一般台阁之诗华艳虚浮而缺乏骨力，而是具有优雅春和，又不失秀骨的艺术风貌。再如元代后期萨都剌、廼贤等人。总之，非汉族文人与汉族士人优势互补、活力互注、素质互融，彼此感情深挚、联系紧密，形成了前所未见的多族士人圈。多族士人圈频繁文化互动促成的"清和"诗风是元代诗风的主导，也是元诗的特色。

五　草原文化对元代诗学的影响

上都作为元代的文化和文学活动中心之一，不仅上京纪行诗创作繁荣，对上京纪行诗创作的评价也极为积极。而这种文学评论不仅是元代诗论的重要组成部分，更重要的是对元代文人描写草原文化、文人草原生活、草原见闻等文学创作的评论，可以说，是元代草原文学理论的重要组成部分。这些评论主要通过文人对上京纪行诗序跋题咏，集中体现在诗评上。具体而言，文臣扈从制度、文人游历草原帝都的情结，为元代草原诗学的繁荣奠定了基础。诗学观念内容具体表现在："山川发雄文""率尔赓和"的创作观；"观风备览""存一代之典"的文学功用观；"盛世气象"的审美标准与自觉追求。上京纪行诗序跋题咏独特的诗学观念，是元代诗学、中国古代诗学的重要组成部分。可以说，谈元代文学、诗学，抛开上京纪行诗及其序跋题咏，是不全面的。

六　草原文化对元代文学各体创作的影响

（一）草原文化对元代诗歌的影响

每年以翰苑文臣为核心的文人，在草原帝都进行丰富的文化文学活动，如宴饮雅集、赠答唱和、论诗谈曲、观书题画，进行诗歌等的创作。因此，草原文化对元诗的影响极大，主要表现在以下几点：

1. 诗歌题材的草原文化书写。元代是胡汉一统政权，元代文人不同于以往历代，能够有机会北过居庸关，跨越历史上的胡汉界限，来到草原，来到草原帝都，且能较长时间、集中地生活于此，感受草原文化的一切，因此，他们的创作以草原文化为主体，展现草原的一切。在题材上，有游历草原的描写，具体描写了他们对奇崛雄伟的山川、荒岭的惊叹、对草原风光和上都景观的欣喜、记两都沿路的生态文化、对奇异而丰富的草原物产等。有对草原风情的描写。具体表现在对草原帝都的蒙古宫廷风情的肆意铺排、淳朴的草原风土民情、四海来朝的世界风情的描写。有的草原历史文化的描写、对自己草原生活的描写，等等。包括对题画诗的描写也是如此。

2. 诗歌气象的盛世之音。元代文人心怀"际此圣明代，历览山水奇。不学古行役，空伤木兰诗"（马臻《霞外诗》卷三）的激动和神往，游览山水成为前赴上都文人的内心意愿，其激动的心情在元代文人作品中常常直接表达，文人正是以饱览自然山水的游历者心态出发的，因此，在他们的眼里，一切都是奇异之美，一切都那样动人心弦。同时，由于华夷一体，胡汉一家，又伴随着每年盛大的帝王巡幸，元代文人普遍都带有一种高昂的热情、时代的自信、激动的心情来到草原帝都，文人们的精神气质不同于以往历代，诗歌创作在气象上，也呈现出盛世之音。他们无论在对自己的草原之景、草原风情、草原见闻，还是草原生活、草原历史文化、草原帝宫的描写，普遍都有海宇混一的盛世气象。如对草原风情的描写，文人往往在描写神圣与盛大的帝王巡幸、奢华的宫廷宴饮、壮阔的天子游猎、规模宏大的游皇城、四方使者朝觐的场面等中得以体现，在一派繁盛奢华、恢宏壮大的场面中，体现以帝王为中心极具蒙古族风情的宫廷生活。文人用诸多笔墨极力描绘帝王巡幸的场面、礼仪、随从和护卫队伍、旅程用度等，突出巡行行为本身的盛大、荣耀、尊贵。对淳朴的草原风土民情的描写，也展现草原文化的和美、大气、淳朴、自然，甚至表达对草原文化的热爱、接纳、羡慕、向往。

3. 对草原历史人物评价的包容，重塑历史争议人物。如对历史争议性人物李陵的看法，几乎都将之视为悲剧的英雄人物。而李陵在历代咏史诗中，都是出于人格节操问题，贬多于褒，对其人格加以否定。再如，对胡汉战争的理性思考表达了对以往历代胡汉战争的反思，以冷静、理性的心态看待历史上大小的战争以及胜负、英雄与士卒。这与辽金、唐宋诗歌描写都是不同的。

4. 真实描写文人的草原生活。人们离开了自己熟悉的乡土，来到大都，又来到更北、更远的上都，文人不仅抒发自己草原生活的悠闲、雅趣、和美、激动、快乐，还由于文人"客"的身份，也多抒发文人羁旅之苦与草原生活的不适。如不适应上都高寒气候、蒙古族生活方式，羁旅之苦、时日漫长的寂寥孤苦等愁苦之情，以及对自己老病身体的哀愁、浓郁的乡愁等情感的抒发。

　　总之，元代是多民族国家的空前统一，文化上多元一体，来自不同文化体系的文人会集一起，在各个方面体现了不同。但是，在对草原文化的书写上，且展现了一致的态度和书写的热情。上都创作基本有两条路数，一是围绕自然人文景观进行白描、铺排，以极尽展现草原生态环境下的独特景观的客观展现，突出居庸关以北蒙古高原特有的景观，甚至一些题画诗，如数量较多的风竹、墨竹题画诗，对本生于南方，又象征君子高洁情操的竹子，赋予了上都的高寒环境和高冷气韵。另一路数是文人们在草原文化的熏染和草原长期生活的感受下，直接对自我内心情感的抒发，或不适、思乡、煎熬等感受和情绪。但是，文学精神就是在对草原文化的感受和自我草原生活中自觉的表达。而这一切，都是以文人正大和美、激动自信的文人精神主导，以文人所创作的盛世之音的诗歌气象为主导。元代是将草原文化书写推向历史高峰，也在这一过程中，重塑了草原帝都形象、草原文化形象，并直接影响了明清文人的认知。

　　（二）草原文化对元杂剧、元词、散曲等其他各体文学的影响

　　1. 元杂剧在元代产生又在元代繁荣，是文学发展史的特殊现象。元杂剧的兴起和繁荣与草原文化关系密切。主要体现在草原民族乐曲对元杂剧的产生起到至关重要的作用，并成为元杂剧重要的组成部分。草原民族尚俗的审美趣味，形成了元杂剧雅俗共赏的风格。北方草原民族语言对元杂剧语言产生极大的影响。总之，元杂剧繁荣，使俗文学成为中国古代文学的主体。在元代之前，中国文学的主要类型是诗、词、文、赋，元代之后，中国文学的主要类型中增加了小说和戏曲。

　　2. 草原文化对元词的影响。元词在题材、风格、气象、创作主体等方面出现了新变，很大程度上，这些新变不是因词体内部文人主动变革的产物，而是元代一统政权下、独特的草原文化影响的产物。具体表现在：元词中有数量较多的对草原自然风光的描写，且元词草原书写的伉健雄伟、平易正大、宏朗气象的盛世之音是比较凸显的。同时，元词在风格上，又呈现出草原自然风光描写与刚健雄伟的词风、草原风情的描写与清奇平和的词风、元词草原民族曲乐艺术书写。在气象上，元词草原书写，集中体现出平易正大、气象宏朗的词风。另外，由于散曲的新兴和快速繁盛，使得元词在创作的过程中出现了散曲化倾向，并形成了元代词作的浅

俗风格。在词作的创作主体上，非汉族文人的大量出现及其创作，成为元代词坛的现象，他们又与汉族文人积极的互动，开展多民族文人以词雅集唱和活动。这些非汉族词人，有的担任要职，有的是文坛名流，因此在文学活动中还处于更为主导的地位。而且，有的文人宴集就在他们的宅邸或私家花园进行，如廉希宪、完颜正甫等。

3. 草原文化对元散曲的影响。草原族群所独具的尚武精神积淀在草原文化之中，发而为曲，也体现了它们异于南方作家创作的词曲风格。就散曲创作而言，元散曲的草原风味及散曲体式风格特征，使具有北曲风格特色散曲逐渐压倒南曲，占据了曲坛主导地位。"蛤蜊"味与"蒜酪遗风"亦彰显草原文化因素。元散曲不同于以往的诗词韵文，它的审美风格尽管前后期有发展变化，但有明显的内在的、一致的审美风味。这一点自元代至今，不断为学者所讨论。

总之，草原文化与元代文学的关系密切而复杂，它带给中国传统文学的新异程度和文学史意义，应该不仅仅是以往学者所说的注入新的活力，起码在客观上具有文学革新意味。更为重要的是，由此还引发我们关于草原文学精神的思考，即如何看待处于主位的草原民族与汉族为主体的非草原民族的草原文学精神？这是草原文学研究必须要面对的一个重要问题。

参考文献

参考文献分为基本文献类、论著编著类、学术论文三类，每一类按首字拼音升序排序。

一 基本文献类

陈邦瞻：《元史纪事本末》，中华书局1979年版。

陈孚：《陈刚中诗集》，文渊阁《四库全书》本。

陈高：郑立于校点，《陈高集》，浙江古籍出版社2014年版。

陈基：《夷白斋稿外集》，《四部丛刊》本。

陈田：《明诗纪事》，上海古籍出版社1993年版。

陈义高：《秋岩集》，文渊阁《四库全书》本。

程端礼：《畏斋集》，《四明丛书》本。

仇远：《山村遗集》，《续修四库全书》本。

戴表元著，李军、辛梦霞校点：《戴表元集》，吉林文史出版社2008年版。

邓文原：《巴西集》，文渊阁《四库全书》本。

邓雅：《邓伯言玉笥集》，清抄本。

丁福保辑：《历代诗话续编》，中华书局1983年版。

丁鹤年：《鹤年先生诗集》，《琳琅密室丛书》本。

方回：《桐江续集》，文渊阁《四库全书》本。

冯从吾：《元儒考略》，文渊阁《四库全书》本。

傅若金：《傅与砺文集》，文渊阁《四库全书》本。

傅习辑：《元风雅》，文渊阁《四库全书》本。

高启：《高青丘集》，上海古籍出版社1985年版。

贡奎、贡师泰、贡性之著，邱居里等校点：《贡氏三家集》，吉林文史出版社 2010 年版。

贡师泰：《玩斋集》，文渊阁《四库全书》本。

顾嗣立编：《元诗选初集》，中华书局 1987 年版。

顾嗣立编：《元诗选二集》，中华书局 1987 年版。

顾嗣立编：《元诗选三集》，中华书局 1987 年版。

顾瑛辑编：《玉山名胜集》，中华书局 2008 年版。

贯云石著，胥惠民、张玉声等辑注：《贯云石作品辑注》，新疆人民出版社 1986 年版。

郭茂倩编：《乐府诗集》，中华书局 1979 年版。

哈萨、马永真编：《草原文化》，中央广播电视大学出版社 2014 年版。

郝经：《陵川集》，《北京图书馆古籍珍本丛刊》本。

何文焕辑：《历代诗话》，中华书局 1981 年版。

洪希文：《续轩渠集》，文渊阁《四库全书》本。

胡行简：《樗隐集》，文渊阁《四库全书》本。

胡祗遹著，魏崇武、周思成校点：《胡祗遹集》，吉林文史出版社 2008 年版。

胡助：《纯白斋类稿》，《丛书集成初编》本。

黄溍著，王颋点校：《黄溍全集》，天津古籍出版社 2008 年版。

纪昀等：《四库全书总目提要》，中华书局 1965 年版。

揭傒斯著，李梦生点校：《揭傒斯全集》，上海古籍出版社 1985 年版。

金涓：《青村遗稿》，德化李氏木犀轩钞本。

金幼孜：《金文靖集》，文渊阁《四库全书》本。

康熙：《庭训格言》，中州古籍出版社 2010 年版。

孔齐著，庄敏、顾新点校：《至正直记》，上海古籍出版社 1987 年版。

郎瑛：《七修类稿》，中华书局 1959 年版。

李存：《鄱阳仲公李先生义集》，《北京图书馆古籍珍本丛刊》本。

李开先著，路工辑校：《李开先集》，中华书局 1959 年版。

李修生主编：《全元文》，凤凰出版社 2004 年版。

李渔：《闲情偶寄》，中华书局 2007 年版。

李玉：《北词广正谱》，《续修四库全书》本。

厉鹗：《宋诗纪事》，上海古籍出版社 1983 年版。

刘秉忠著，李昕太、张家华等点注：《藏春集》，花山文艺出版社 1993 年版。

刘鹗：《惟实集》，文渊阁《四库全书》本。

刘将孙：《养吾斋集》，文渊阁《四库全书》本。

刘敏中：《中庵集》，文渊阁《四库全书》本。

刘祁：《归潜志》，中华书局 1983 年版。

刘仁本：《羽庭集》，文渊阁《四库全书》本。

刘诜：《桂隐文集》，新丰文出版社 1985 年。

刘昫等：《旧唐书》，中华书局 1975 年版。

刘因：《静修先生文集》，《四部丛刊》本。

刘岳申：《申斋集》，文渊阁《四库全书》本。

鲁贞：《桐山老农集》，文渊阁《四库全书》本。

陆文圭：《墙东类稿》，文渊阁《四库全书》本。

陆友仁：《研北杂志》，《丛书集成初编》本。

马臻：《霞外诗》，文渊阁《四库全书》本。

马致远著，傅丽英、马恒君校注：《马致远全集校注》，语文出版社 2002 年版。

马祖常：《石田文集》，文渊阁《四库全书》本。

廼贤：《金台集》，文渊阁《四库全书》本。

欧阳玄：《圭斋文集》，《四部丛刊》本。

偶桓编：《乾坤清气集》，文渊阁《四库全书》本。

钱谦益著，许逸民、林淑敏点校：《列朝诗集》，中华书局 2007 年版。

萨都剌：《萨天锡诗集》，《四部丛刊》本。

释楚石梵琦著，吴定中、鲍翔麟校注：《楚石北游诗》，浙江古籍出版社 2010 年版。

释善住：《谷响集》，文渊阁《四库全书》本。

舒頔：《贞素斋集》，文渊阁《四库全书》本。

舒岳祥：《阆风集》，文渊阁《四库全书》本。

宋褧：《燕石集》，文渊阁《四库全书》本。

苏天爵著，陈高华、孟繁清点校：《滋溪文稿》，中华书局 1997 年版。

隋树森编：《全元散曲》，中华书局 1964 年版。

唐圭璋编：《词话丛编》，中华书局 1986 年版。

唐圭璋编：《全金元词》，中华书局 1994 年版。

陶宗仪：《南村辍耕录》，中华书局 1959 年版。

陶宗仪：《书史会要》，文渊阁《四库全书》本。

汪元量：《湖山类稿》，文渊阁《四库全书》本。

脱脱等：《辽史》，中华书局 1974 年版。

脱脱等：《金史》，中华书局 1975 年版。

脱脱等：《元史》，中华书局 1976 年版。

脱脱等：《宋史》，中华书局 1977 年版。

王祎：《王忠文公集》，文渊阁《四库全书》本。

王季思编：《全元戏曲》，人民文学出版社 1990 年版。

王冕著，寿勤泽点校：《王冕集》，浙江古籍出版社 2012 年版。

王士点：《秘书监志》，文渊阁《四库全书》本。

王恽著，杨亮、钟彦飞点校：《王恽全集汇校》中华书局 2013 年版。

危素：《说学斋稿》，文渊阁《四库全书》本。

危素：《云林集》，文渊阁《四库全书》本。

魏初：《青崖集》，文渊阁《四库全书》本。

吴澄：《吴文正集》，《四部丛刊》本。

吴当：《学言稿》，文渊阁《四库全书》本。

吴师道：《礼部集》，文渊阁《四库全书》本。

谢应芳：《龟巢稿》，《四部丛刊》本。

熊梦祥：《析津志辑佚》，北京古籍出版社 1983 年版。

许有壬：《至正集》，文渊阁《四库全书》本。

许有壬：《圭塘小稿》，文渊阁《四库全书》本。

杨朝英编：《朝野新声太平乐府》，中华书局 1958 年版。

杨基：《眉庵集》，《四部丛刊三编》本。

杨士奇等：《历代名臣奏议》，文渊阁《四库全书》本。

杨维桢：《东维子文集》，《四部丛刊》本。

杨瑀：《山居新语》，上海古籍出版社 2012 年版。

杨允孚：《滦京杂咏》，《清知不足斋丛书》本。

杨载：《杨仲弘集》，《四部丛刊》本。

姚燧著，查洪德编校：《姚燧集》，人民文学出版社 2011 年版。

姚桐寿：《乐郊私语》，上海古籍出版社 2012 年版。

耶律铸：《双溪醉隐集》，文渊阁《四库全书》本。

叶申芗：《本事词》，古典文学出版社 1957 年版。

叶子奇：《草木子》，中华书局 1959 年版。

于敏中、英廉等：《日下旧闻考》，文渊阁《四库全书》本。

余阙：《青阳集》，文渊阁《四库全书》本。

虞集著，王颋点校：《虞集全集》，天津古籍出版社 2007 年版。

元好问著，姚奠中编：《元好问全集》，山西人民出版社 1990 年版。

元淮：《水镜元公诗集》，齐鲁书社 1997 年版。

袁桷：《清容居士集》，《四部丛刊初编》本。

张可久著，吕薇芬、杨镰校注：《张可久集校注》，浙江古籍出版社 1995 年版。

张以宁：《翠屏集》，抄明成化刻本。

张昱：《张光弼诗集》，文渊阁《四库全书》本。

张廷玉等：《明史》，中华书局 1974 年版。

张仲深：《子渊诗集》，文渊阁《四库全书》本。

张翥：《张蜕庵诗集》，《四部丛刊续编》本。

赵汸：《东山存稿》，文渊阁《四库全书》本。

赵孟頫：《松雪斋集》，文渊阁《四库全书》本。

赵文：《青山集》，文渊阁《四库全书》本。

郑泳：《义门郑氏奕叶文集》，文渊阁《四库全书》本。

周伯琦：《近光集》，文渊阁《四库全书》本。

周伯琦：《扈从集》，文渊阁《四库全书》本。

周南瑞编：《天下同文集》，文渊阁《四库全书》本。

朱思本：《贞一斋杂著》，文渊阁《四库全书》本。

朱晞颜：《瓢泉吟稿》，文渊阁《四库全书》本。

《永乐大典》，中华书局 1986 年版。

《元典章》，中国书店 1990 年版。

二　今人论著、编著类

［德］傅海波、［英］崔瑞德编，史卫民等译：《剑桥中国辽西夏金元史》，中国社会科学出版社 1998 年版。

［日］青木正儿著，隋树森译：《元曲研究》，台北里仁书局 2001 年版。

［日］佐口透：《日本学者研究中国史论著选译》，中华书局 1993 年版。

阿英编：《晚清文学丛钞·小说戏曲研究卷》，中华书局 1960 年版。

巴特尔主编：《草原文化与文学艺术论丛》（第四辑），内蒙古人民出版社 2008 年版。

白寿彝主编：《中国通史》（第八卷），上海人民出版社 1989 年版。

策·达木丁苏隆编、谢再善译：《蒙古秘史》，中华书局 1956 年版。

曹基础注：《庄子浅注》，中华书局 2000 年版。

陈得芝：《元史论集》，人民出版社 1984 年版。

陈高华、史卫民：《元大都上都研究》，中国人民大学出版社 2010 年版。

陈高华、史卫民：《中国政治制度通史·元代》（第八卷），人民出版社 1996 年版。

陈高华：《元代画家史料》，上海人民美术出版社 1980 年版。

陈垣著，陈智超导读：《元西域人华化考》，上海古籍出版社 2000 年版。

陈鼓应：《老子注译及评介》，中华书局 1984 年版。

党宝海：《蒙元驿站交通研究》，昆仑出版社 2006 年版。

邓绍基：《元代文学史》，人民文学出版社 1991 年版。

费孝通：《中华民族多元一体格局》，中央民族学院出版社 1989

年版。

顾肇仓：《元人杂剧选》，人民文学出版社 1956 年版。

何文焕辑：《历代诗话》，中华书局 2004 年版。

李治安：《元代政治制度研究》，人民出版社 2003 年版。

林庚：《中国文学史》，清华大学出版社 2009 年版。

刘继才：《中国题画诗发展史》，辽宁人民出社 2010 年版。

刘毓盘：《词史》，上海书店 1985 年版。

邱江宁：《奎章阁文人群体与元代中期文学研究》，人民出版社 2013 年版。

史卫民：《都市中的游牧民——元代城市生活长卷》，湖南出版社 1996 年版。

王国维：《人间词话》，中国华侨出版社 2015 年版。

王国维：《宋元戏曲史》，东方出版社 2012 年版。

王骥德著，陈多、叶长海注译著：《王骥德曲律》，湖南人民出版社 1983 年版。

王易：《词曲史》，东方出版社 1996 年版。

翁独健编：《中国民族关系史纲要》，中国社会科学出版社 2001 年版。

吴梅：《吴梅词曲论著四种》，商务印书馆 2010 年版。

吴晟：《瓦舍文化与宋元戏剧》，中国社会科学出版社 2001 年版。

夏承焘等编选：《金元明清词选》，人民文学出版社 2005 年版。

萧启庆：《蒙元史新研》，允晨文化实业公司 1994 年版。

萧启庆：《内北国而外中国：蒙元史研究》，中华书局 2007 年版。

萧启庆：《元朝史新论》，允晨文化实业公司 1999 年版。

萧启庆：《元代史新探》，新文丰出版公司 1983 年版。

杨伯峻译注：《论语译注》，中华书局 1980 年版。

杨义：《文学地理学会通》，中国社会科学出版社 2013 年版。

杨志玖：《元代回族史稿》，南开大学出版社 2003 年版。

幺书仪：《戏曲》，人民文学出版社 1994 年版。

姚从吾：《姚从吾先生大全集》（第七册），中正书局 1982 年版。

叶新民、齐木德道尔吉编著：《元上都研究文集》，中央民族大学出版社 2003 年版。

俞为民、孙蓉蓉编著：《历代曲话汇编》（唐宋元编），黄山书社 2006 年版。

袁冀：《元史研究论集》，台湾商务印书馆 2006 年版。

云峰：《元代蒙汉文学关系研究》，民族出版社 2005 年版。

查洪德：《元代诗学通论》，北京大学出版社 2014 年版。

张晶：《中国诗歌通史》（辽金元卷），人民文学出版社 2012 年版。

赵义山：《元散曲通论》（修订），上海古籍出版社 2004 年版。

赵园：《想象与叙述》，人民文学出版社 2009 年版。

中国戏曲研究院编：《中国古典戏曲论著集成》，中国戏剧出版社 1959 年版。

三　学术论文类

方龄贵：《关于元史研究的几个问题》，《社会科学战线》1986 年第 4 期。

胡蓉、杨富学：《元代畏兀双语作家考屑》，《民族文学研究》2016 年第 5 期。

贾敬颜：《从金朝的北征、界豪、榷场和宴赐看蒙古的兴起》，《元史及北方民族史研究集刊》1985 年第 9 期。

贾晞儒：《元杂剧中的蒙古语词》，《青海民族学院学报》（社会科学版）1982 年第 4 期。

贾洲杰：《元上都调查报告》，《文物》1997 年第 5 期。

李嘉瑜：《不在场的空间——上京纪行诗中的江南》，《台北教育大学语文集刊》2010 年第 18 期。

李嘉瑜：《上京纪行诗的"边塞"书写——以长城、居庸关为论述主轴》，《台北教育大学语文集刊》2008 年第 7 期。

李军：《"诈马"考》，《历史研究》2005 年第 5 期。

李云泉：《略论元代驿站的职能》，《山东师范大学学报》（社会科学版）1996 年第 2 期。

李治安：《元代上都分省考述》，《文史》（第 60 辑），中华书局 2002

年版。

刘浦江：《春水秋山——金代捺钵研究》（上），《文史》第 49 辑，1999 年 12 月版。

刘浦江：《春水秋山——金代捺钵研究》（下），《文史》第 50 辑，2000 年 7 月版。

罗斯宁：《元代艺妓与元散曲》，《中山大学学报》（社会科学版）1998 年第 1 期。

马桂英：《略论草原文化特征》，《天府新论》2006 年第 1 期。

马昕：《仕胡汉臣的历史评价分析》，《江苏师范大学学报》（社会科学版）2015 年第 1 期。

彭曙蓉：《论民、汉文化与民、汉士人关系在元词题序中的反映》，《民族文学研究》2013 年第 3 期。

任红敏：《北方草原文化及西域商业文化对元杂剧创作的影响》，《内蒙古社会科学》2016 年第 1 期。

萨兆沩：《元翰林国史院述要》，《北京行政学院学报》1999 年第 1 期。

施贤明：《论葛逻禄诗人廼贤的江南情怀》，《民族文学研究》2014 年第 1 期。

施贤明：《元代江南士人群体研究》，博士学位论文，北京师范大学，2013 年。

陶东风：《中国文学的思乡主题》，《求索》1992 年第 4 期。

王风雷：《元上都教育考》，《内蒙古师范大学学报》（哲学社会科学版）2000 年第 8 期。

王昊：《论金词与元词的异质性——兼析"词衰于元"传统命题》，《文学遗产》2011 年第 2 期。

王颋：《音仿白翎——元代乐曲"白翎雀"考》，《西域南海史地考论》，上海人民出版社 2008 年版。

王兆鹏、刘尊明：《风云豪气，慷慨高歌——简说金词》，《古典文学知识》1997 年第 5 期。

魏坚：《元上都的考古学研究》，博士学位论文，吉林大学，2004 年。

吴团英：《草原文化与游牧文化》，《内蒙古社会科学》2006 年第

5 期。

  吴小红：《元代龙虎山道士在两都的活动及其影响》，《元史论丛》（第十二辑），内蒙古教育出版社 2010 年版。

  薛瑞兆：《使者语录、文人日记、诗歌等对金的记录，论两宋涉金著述的价值与局限》，《江苏大学学报社科版》2014 年第 1 期。

  姚大力：《元朝科举制度的行废及其社会背景》，《元史及北方民族史研究集刊》1982 年第六期。

  叶新民：《元上都的官署》，《内蒙古大学学报》（社会科学版）1983 年第 1 期。

  叶新民：《元上都的驿站》，《蒙古史研究》（第三辑），内蒙古大学出版社 1989 年版。

  云峰：《论蒙古民族及其文化对元杂剧繁荣兴盛之影响》，《内蒙古师范大学学报》（哲学社会科学版）2003 年第 4 期。

  云峰：《试论元代统治者对元杂剧创作之影响》，《黑龙江民族丛刊》2006 年第 5 期。

  查洪德：《"海宇混一"鼓舞下的元代盛世文风》，《南开学报》（哲学社会科学版）2008 年第 4 期。

  查洪德：《大元气象——元代文化精神的基本概括》，《哈尔滨工业大学学报》（社会科学版）2018 年第 1 期。

  张帆：《元代翰林国史院与汉族儒士》，《北京大学学报》（哲学社会科学版）1988 年第 5 期。王一鹏：《翰林院演变初探》，《内蒙古社会科学》1993 年第 6 期。

  赵维江：《略论金元词的类曲倾向》，《齐鲁学刊》2003 年第 3 期。

后 记

《草原文化与元代文学研究》要出版了，这是我从事元代文学研究的一个阶段性成果，有些激动，也不禁勾起了我与本书的一些相关往事。

2013 年，很荣幸能如愿跟从查洪德老师读博，开始进入到元代文学的研究领域。虽然自己一直在高校从事中国古代文学教学，但在那个时候，我对元代文学的认知大体还停留在文学史教材的水平，对元代文学缺少基本的学术认知。老师不仅为我打开了真正的学术之门，带给了我学术之光，还让我坚定了学术信念，确定了富有研究空间自己又喜欢的学位论文选题——"元代上都文学活动"。正是因为这个选题，让我能够更多地搜集、了解、思考一些相关问题，如北方草原文化的基本特征是什么？它带给元代文学哪些影响？它与中国古代文学的发展演进关系如何？元代文人来到内蒙古地区的心态如何？这是申报"草原文化与元代文学研究"这一课题的动因。

本书稿是在结题报告基础上的修订稿，共七章。第一章、第二章第一节、第二章第三节由业师查洪德撰写。序、第三章、第四章、第五章、第七章、结论、参考文献由王双梅撰写。第三章第二节由刘嘉伟撰写。第六章由任红敏撰写。

课题能够得以结题、出版，非常感谢课题组所有成员的努力与配合，感谢中国社会科学出版社编辑宫京蕾老师、内蒙古社会科学院赵知微老师。由于时间、水平有限，本书还存在一些问题需要进一步探究，也恳请方家不吝赐教，批评指正。

王双梅

2022 年 6 月 28 日